HTA
HistorischTheologische Auslegung

Neues Testament

Herausgegeben von
Gerhard Maier · Rainer Riesner · Heinz-Werner Neudorfer · Eckhard J. Schnabel

Gerhard Maier

Der Brief des Jakobus

SCM R.BROCKHAUS, WITTEN
BRUNNEN VERLAG GIESSEN

2. Auflage 2009

Umschlag: **krauss**werbeagentur.de
Satz: Ulrich Harst, Markgröningen
Druck: FINIDR, s.r.o., Tschechien
ISBN 978-3-417-29722-5 (SCM R.Brockhaus)
ISBN 978-3-7655-9722-0 (Brunnen)

INHALT

Vorwort der Herausgeber

Die Kommentarreihe „Historisch-theologische Auslegung des Neuen Testaments“ will mit Mitteln der Wissenschaft die Aussagen der neutestamentlichen Texte in ihrer literarischen Eigenart, im Hinblick auf ihre historische Situation und unter betonter Berücksichtigung ihrer theologischen Anliegen erläutern. Dabei sollen die frühere wie die heutige Diskussion und neben den traditionellen auch neuere exegetische Methoden berücksichtigt werden.

Die gemeinsame Basis der Autoren der einzelnen Kommentare ist der Glaube, dass die Heilige Schrift von Menschen niedergeschriebenes Gotteswort ist. Der Kanon Alten und Neuen Testaments schließt den Grundgedanken der Einheit der Bibel als Gottes Wort ein. Diese Einheit ist aufgrund des Offenbarungscharakters der Heiligen Schrift vorgegeben und braucht nicht erst hergestellt zu werden. Die Kommentatoren legen deshalb das Neue Testament mit der Überzeugung aus, dass die biblischen Schriften vertrauenswürdig sind und eine Sachkritik, die sich eigenmächtig über die biblischen Zeugen erhebt, ausschließen. Wo Aussagen der biblischen Verfasser mit außerbiblischen Nachrichten in Konflikt stehen oder innerhalb der biblischen Schriften Spannungen und Probleme beobachtet werden, sind Klärungsversuche legitim und notwendig.

Bei der Behandlung umstrittener Fragen möchten die Autoren vier Regeln folgen: 1. Alternative Auffassungen sollen sachlich, fair und in angemessener Ausführlichkeit dargestellt werden. 2. Hypothesen sind als solche zu kennzeichnen und dürfen auch dann nicht als Tatsachen ausgegeben werden, wenn sie weite Zustimmung gefunden haben. 3. Offene Fragen müssen nicht um jeden Preis entschieden werden. 4. Die Auslegung sollte auch für diejenigen brauchbar sein, die zu einem anderen Ergebnis kommen.

Unser Kommentar will keine umfassende Darstellung der Auslegung eines neutestamentlichen Buches in Geschichte und Gegenwart geben. Weder bei der Auflistung der Literatur noch in der Darstellung der Forschungsgeschichte oder der Auseinandersetzung mit Auslegungspositionen wird Vollständigkeit angestrebt. Die einzelnen Autoren haben hier im Rahmen der gemeinsamen Grundsätze die Freiheit, beim Gespräch mit der früheren und aktuellen Exegese eigene Akzente zu setzen. Die Kommentarreihe unternimmt den Versuch einer „geistlichen Auslegung“. Über die möglichst präzise historischphilologische Erklärung hinaus soll die Exegese die Praxis von Verkündigung, Seelsorge sowie Diakonie im Blick behalten und Brücken in die kirchliche Gegenwart schlagen. Die Autoren gehören zu verschiedenen Kirchen und Freikirchen der evangelischen Tradition. Unterschiede der Kirchen- oder Gemeindezugehörigkeit, aber auch unterschiedliche exegetische Meinungen wollen sie weder gewaltsam einebnen noch zum zentralen Thema der Auslegung machen.

Die Auslegung folgt einem gemeinsamen Schema, das durch römische Ziffern am Seitenrand angezeigt wird. Leserinnen und Leser finden unter **I** eine möglichst genaue Übersetzung, die nicht vorrangig auf eine eingängige Sprache Wert legt. Unter **II** ist Raum für Bemerkungen zu Kontext, Aufbau, literarischer Form oder Gattung sowie zum historischen und theologischen Hintergrund des Abschnitts. Unter **III** folgt dann eine Vers für Vers vorgehende Exegese, die von Exkursen im Kleindruck unterbrochen sein kann. Abschließend kann unter **IV** eine Zusammenfassung erfolgen, in der das Ziel des Abschnitts, seine Wirkungsgeschichte und die Bedeutung für die Gegenwart dargestellt werden, soweit das nicht schon im Rahmen der Einzelexegese geschehen ist.

Alle Auslegung der Bibel als Heiliger Schrift ist letztlich Dienst in der Gemeinde und für die Gemeinde. Auch wenn die „Historisch-theologische Auslegung“ keine ausdrückliche homiletische Ausrichtung hat, weiß sie sich dem Ziel verpflichtet, der Gemeinde Jesu Christi für ihren Glauben und ihr Leben in der säkularen Moderne Orientierung und Weisung zu geben. Die Herausgeber hoffen, dass die Kommentarreihe sowohl das wissenschaftlich-theologische Gespräch fördert als auch der Gemeinde Jesu Christi über die Konfessionsgrenzen hinaus dient.

Im Frühjahr 2004

Bischof Dr. Gerhard Maier, Stuttgart
Prof. Dr. Rainer Riesner, Dortmund
Prof. Dr. Eckhard J. Schnabel, Deerfield/Chicago
Dr. Heinz-Werner Neudorfer, Weil im Schönbuch

I. Einleitung

1. Der Jakobusbrief und die Jesustradition

Die besonders enge Beziehung des Jakobusbriefes zur Jesustradition der Evangelien findet in der Exegese überall Beachtung.

Häufig begegnen uns Urteile wie die folgenden: „the greatest affinity to the tradition of Jesus' sayings" (*Johnson* 55), „James echoes Jesus' teaching" (*Elwell-Yarbrough* 356), „es gibt keine Schrift des NT außer den Evangelien, die so mit Anklängen an Herrnworte gespickt ist" wie der Jakobusbrief (*Kittel,* ZNW 43, 84).[1]

Davids zählt zwischen 36 und 45 „allusions to the teaching of Jesus" (66). Wir selbst stellten in unserem Kommentar in 43 Versen von 108, also in vierzig Prozent der Verse des Jakobusbriefes, wahrscheinliche Rückgriffe auf die Jesustradition fest. Nun wird bei solchen Urteilen immer ein subjektives Element mitschwingen. Exakte Zählungen gibt es hier nicht. Es bleibt jedoch der Tatbestand bestehen, den einst W. *Beyschlag* mit den Worten beschrieb: „kein anderer neutestamentliche (sic!) Brief hat entfernt so viele Anklänge an die Lehre Jesu, insbesonderheit an die Bergpredigt."[2]

Die von uns festgestellten Beziehungen sind folgende:

Jak	1,5	vgl.	Mt 7,7f.; Mk 11,24; Lk 11,5ff.; Joh 14,13f.
	1,6	„	Mt 21,21; Mk 11,23
	1,7	„	Mt 7,7f.
	1,12	„	Mt 5,1ff.
	1,17	„	Mt 7,11f.
	1,18	„	Joh 3,3ff.
	1,20	„	Mt 5,22
	1,21	„	Mt 5,5; 11,29; 13,1ff.; 13,24ff.; 13,31f.; Mk 4,26ff.
	1,22	„	Mt 5,19; 7,21ff.

---

1 Ähnliches bei *Belser* 25; *Beyschlag* 16f.; *Davids* 66; *Carson-Moo-Morris* 416; *Guthrie* 743; *Hengel,* KS, 519f.569; *Michaelis* 276; *Mayor* I x II, *Paulsen* 490; *Lohse* 129; *Riesner* 67.

2 A.a.O.

1,25	„	Joh 13,17
2,5	„	Lk 6,20; Mt 5,3
2,8	„	Mt 22,39
2,13	„	Mt 5,7; 5,26; 18,23ff.
2,15 f.	„	Joh 13,34f.
3,1	„	Mt 23,8ff.; 12,33ff.; Lk 12,47f.
3,2	„	Mt 15,11.19
3,6	„	γέεννα nur bei Syn. und Jak
3,8	„	Mt 15,19
3,9	„	Lk 6,28; Mt 5,44
3,12	„	Mk 7,16f.
3,13	„	Mt 5,5
3,14	„	Mt 12,34ff.; 15,18f.
3,18	„	Mt 5,20; 5,9
4,1	„	Mt 5,21ff.; 15,19
4,3	vgl.	Mt 7,7ff.; Lk 11,9ff.
4,4		Mt 12,39; 16,4; Mk 8,38
4,6		Mt 19,26; 23,12; Lk 14,11; 18,14
4,9		Lk 6,25; Mt 5,4
4,10		Mt 23,12; Lk 14,11; 18,14
4,12		Mt 10,28
4,13		Mt 6,34; Lk 12,16ff.
4,17		Lk 12,47
5,2		Mt 6,19f.; Lk 12,33
5,3		Mt 6,19f.
5,7		Mt 13,3ff.; Mk 4,26ff.
5,9		Mt 7,1; 24,33
5,10		Mt 5,12; 23,31.35.37; Lk 13,33f.
5,11		Mt 5,10ff.
5,12		Mt 5,34ff.; 12,36f.
5,14		Mk 6,13
5,16		Mk 9,23.29
5,17		Lk 4,25
5,20		Mt 18,15ff.

Man diskutiert darüber, weshalb Jakobus angesichts seiner häufigen Verwendung von Jesustraditionen keine formalen Zitate aus letzteren bringt. Die Antworten auf diese Frage sind verschieden: Teils wird gesagt, in so frühen Zeiten habe man nicht zitiert (*Kittel,* ZNW 43, 84ff.), teils wird gesagt, Jakobus habe als Hörer des Herrn das Gehörte so ins Herz und Gedächtnis aufgenommen, dass er gar nicht zitieren müsse.[3] Die erstgenannte Aussage dürfte sich nicht halten lassen. Denn Act 20,35; I Thess 4,15; I Kor 7,10.12.25.; 9,14; 11,23 sind durchaus Belege für frühe Zitationen. Die zweite Antwort lässt sich besser begründen. Jakobus war ja mehr als ein bloßer Hörer Jesu. Als ältester Bruder Jesu und als Zeuge der Auferstehung konnte er die Jesustradition als sein Eigenes empfinden. Das Eigene aber braucht man nicht zu zitieren.

Die Forschung interessiert sich darüber hinaus für die Frage, welcher Art von Tradition Jakobus am nächsten stünde, ob er vielleicht Matthäus oder ein früheres Stadium der Überlieferung (Q?) voraussetze.[4] Eine Nähe zu Matthäus ist gegeben. Das liegt vor allem daran, dass die Bergpredigt und der Jakobusbrief sich inhaltlich und formal so stark berühren. Aber im Blick auf die Frage, ob Jakobus „an early paraenetic collection“[5] oder gar das nebulöse Q[6] oder Mt selbst benutzt habe, sollte man äußerst vorsichtig sein. In der Linie der bisherigen Überlegungen neigen wir zu der Ansicht von *Guthrie* (743) und *Elwell-Yarbrough* (356), dass Jakobus nicht auf die Benutzung einer schriftlichen Quelle angewiesen war.[7] Wenn er eine solche benutzt haben sollte, dann wäre es wohl am ehesten eine der zahlreichen Notizen und Sammlungen gewesen, die sich für kleinere Gruppen des frühesten Christentums vermuten lassen und deren Spuren wir sehr wahrscheinlich in Lk 1,1f.; Act 20,35; I Tim 5,18 oder II Tim 4,13 finden.

2. *Jakobus und Paulus*

Das Verhältnis des Jakobus zu Paulus ist in der modernen Forschung die am häufigsten untersuchte Relation des Briefes. *Johnson* kann beispielsweise

---

[3] So z. B. *Beyschlag* 17; *Mayor* lxxxv.

[4] Vgl. *Davids* 67; *Hengel,* Polemik, 251; *Johnson* 55.

[5] So *Davids* a.a.O. Ähnlich *Hengel* a.a.O. und KS 519.

[6] So *Johnson* a.a.O. bzw. 57.

[7] Ähnlich übrigens *Robinson* 125.

formulieren: „The volume of scholarship given to this one point over the past hundred years is overwhelming“(58). *Kittel* zufolge sind „die beiden schwersten Probleme“ des Jakobusbriefes das Verhältnis zur Bergpredigt und das Verhältnis zu Paulus (ZNW 41, 77).

Dabei herrscht in der historisch-kritischen Forschung auf protestantischer Seite die opinio communis, dass Jakobus und Paulus theologisch unvereinbar sind. Im Hintergrund steht der Zerbruch der Inspirationslehre. Protestantische Forscher ziehen daraus den Schluss, dass es eine „Pflicht zu evangelischer Kritik an Jk“ gebe[8] und dass Jakobus im Kanon des NT „unmöglich ... gleichberechtigt neben die paulinischen Lehrbriefe zu stellen“ sei.[9] Gelegentlich findet man die Ansicht, dass der Jakobusbrief eine bewusste „antipaulinische Polemik“ darstelle.[10]

Andererseits versucht man, als Angriffsziel des Jakobus nicht Paulus selbst, sondern nur einen evtl. „missverstandenen Paulinismus“ zu identifizieren.[11] Aber auch dann sind wir bei Jakobus „Paulus gegenüber ... in einer anderen Welt“.[12] Immerhin ergibt sich von da aus die Möglichkeit, dass Jakobus auch heute noch mit seiner Zielsetzung „seine Bedeutung“ behält.[13]

Es fehlt nicht an Hinweisen auf eine „sachliche Übereinstimmung mit Paulus“.[14] Aber eine Herausarbeitung der Gemeinsamkeiten zwischen Jakobus und Paulus auf exegetischer Basis sucht man im kontinental-protestantischen Bereich vergebens.

Die Forschungslage ändert sich, sobald man in den angelsächsischen und in den katholischen Raum kommt. George M. *Stulac* wies in seinem Kommentar von 1993 darauf hin, dass Jakobus nicht antipaulinischer sei als die Bergpredigt (16). Zum Herrenbruder, den er für den Verfasser des Briefes hielt, merkte R. W. *Dale* an: „he recognized the divine mission of Paul and exerted his immense influence to prevent the Judaizing teachers from hindering Paul's

---

8 *Kümmel* 367; *Stuhlmacher*, Ger, 194; ders., NTD, 249; *Hengel*, GuE, 88; *Bultmann* 514f.

9 *Stuhlmacher*, Bibl Th, 69.

10 *Hengel*, Polemik, 253. Ihm folgend *Stuhlmacher*, Bibl Th, 63.

11 So z. B. *Marxsen* 33; *Eichholz*, Jak, 38ff.

12 *Eichholz*, Jak, 40.

13 *Marxsen* 35; *Eichholz*, Jak, 45ff.

14 So H. *Sasse*, ThWNT III, 894. Vgl. *Stuhlmacher*, Ger, 194; *Peters* 27; *Windisch*, Gnomon, 380.

work"(2f.). *Moo* betont: „The picture of a legalistic, anti-Paul James must be rejected as a tendentious caricature"(21).

Erst recht sind katholische Forscher auf einen Zusammenhang zwischen Jakobus und Paulus bedacht: Repräsentativ ist hier der große Kommentar von Luke Timothy *Johnson* (1995). Er arbeitet eine ganze Reihe von Übereinstimmungen heraus, z. B. Jak 1,6 / Röm 4,20; 14,23; Jak 1,22ff. / Röm 2,13; Jak 3,17f. / Röm 7,23; Gal 5,16ff.; Jak 4,1 / Röm 7,23; Gal 5,16ff.; Jak 4,12 / Röm 14,4; Jak 5,3 / Röm 2,5.[15]

Dass Jak 2,18ff. im Widerspruch zu Paulus stehe, habe „little, if any, basis".[16] *Johnson* kommt zu dem Ergebnis, es zeige sich „no animus toward James on the part of Paul nor any negativ influence of James on Paul's mission".[17]

Schon wesentlich früher hatten die führenden englischen Kommentare von *Mayor* (1892) und *Ropes* (1916) auf positive Beziehungen zwischen Jakobus und Paulus hingewiesen,[18] wobei Joseph B. *Mayor* von einer zeitlichen Ansetzung des Jakobusbriefes vor den paulinischen Episteln ausging.

Wir versuchten uns in größtmöglicher Offenheit diesen Fragestellungen zuzuwenden.

Zunächst ist festzuhalten, dass Jakobus ebenso wie Paulus an der Glaubens-Thematik höchst interessiert ist. Die ganze Ausführung in Jak 2,14–28 wäre gar nicht vorstellbar, wenn Jakobus nicht dieses Interesse hätte. Ferner ist festzuhalten, dass es beiden, Jakobus wie Paulus, um die „Zuordnung von Glaube und Werken" geht.[19] Drittens sind beide darin einig, dass zum echten Glauben gute Werke gehören.[20] Fehlen sie, dann verspielt der Mensch unter Umständen seine Rettung. Man kann dies mit Georg *Eichholz* auf die These bringen: „Jakobus kommt es auf die unumgängliche Einheit von Glaube und Werk an."[21]

Ein Durchgang durch verschiedene Einzelaussagen des Jakobusbriefes zeigt immer wieder bemerkenswerte Parallelen zu Aussagen der Paulusbriefe. So steht Jak 1,12 inhaltlich in auffallender Nähe zu Röm 5,4. Dass die eigene

---

15 *Johnson* 60ff.

16 A.a.O. 62.

17 A.a.O. 94.

18 *Mayor* XCIff.; *Ropes* 21ff.

19 *Paulsen* 490.

20 *Burdick* 185; *Carson-Moo-Morris* 418.

21 *Eichholz*, Glaube, 143.

Begierde auf das Böse zielt, teilt Jak 1,14 mit Röm 1,24; 7,7; I Kor 10,16; Gal 5,16ff.; Eph 2,3; 4,22. Der Schlusssatz von Jak 1,15 mutet geradezu paulinisch an: „Die Sünde aber, wenn sie ihr Ziel erreicht hat, gebiert den Tod" (vgl. Röm 5,12; 6,21.23; 7,11). Als weniger gewichtige Parallele sei das μὴ πλανᾶσθε in Jak 1,16 notiert (vgl. I Kor 6,9; 15,33; Gal 6,7), ähnlich das δώρημα, das nur in Jak 1,17 und Röm 5,16 vorkommt. Größeres Gewicht besitzt die Nähe der Aussage, dass das kleine Häuflein der Christen „Erstlinge seiner Geschöpfe" hinsichtlich der neuen Schöpfung sein sollte (Jak 1,18) zu den Aussagen des Paulus (vgl. Röm 8,18ff.; II Kor 5,18ff.; Eph 1,10; Kol 1,18ff.).[22] Selbst nach G. *Schrenk*[23] „berührt" sich Jakobus mit Paulus, wenn er in 1,20 schreibt: „der Zorn eines Menschen schafft keine Gerechtigkeit bei Gott (δικαιοσύνη θεοῦ)". Man beachte, dass δικαιοσύνη θεοῦ einen Kernbegriff des Paulus darstellt und dass es auch bei Jakobus um die von Gott verliehene Gerechtigkeit geht.[24] Vgl. ferner Röm 12,19; Gal 5,20; Eph 4,26f.31; Kol 3,8; I Tim 2,8; Tit 1,7. Insbesondere fällt die Nähe von Jak 1,20f. zu Kol 3,8 auf, wo sich ebenfalls die Stichworte ὀργή, ἀποτίθεσθαι und κακία finden. Eine ähnlich enge Beziehung besteht zwischen Jak 1,22 und Röm 2,13. Hier stimmt nicht nur der Gedanke überein, dass es beim Gesetz Gottes auf das Tun ankommt, sondern es stimmen auch die Begriffe ἀκροαταί und ποιηταί überein. Was Jak in 1,25 über das „Gesetz der Freiheit" bemerkt, steht in einem sachlichen Zusammenhang mit dem „Gesetz Christi", von dem Paulus in I Kor 9,21; Gal 6,2 spricht. Beide, sowohl Jakobus als auch Paulus, gehen von einem für Christen gültigen Gesetz aus, das durch Jesu vollkommene messianische Tora übermittelt worden ist.[25]

Am Anfang des zweiten Jakobuskapitels ist vom κύριος τῆς δόξης die Rede (2,1), eine Wendung, die sich sonst im NT nur noch bei Paulus findet (I Kor 2,8). Ein gemeinsamer Sprachgebrauch drückt sich in dem οἱ ἀγαπῶντες αὐτόν aus (Jak 2,5; Röm 8,28; I Kor 2,9). Er setzt sich fort in dem τί τὸ ὄφελος von Jak 2,14 (vgl. I Kor 15,32).

Wie Paulus ist Jakobus davon überzeugt, dass Barmherzigkeit zuerst den Glaubensgenossen erwiesen werden muss (vgl. Jak 2,15f. mit Gal 6,10). Die sprachliche und inhaltliche Nähe dieser beiden Lehrer der frühen Christen zeigt sich ein weiteres Mal an der Formulierung Ἀλλ᾽ ἐρεῖ τις (Jak 2.18;

---

22 Vgl. *Mayor* 62: „It is he doctrine expressed by St. Paul".
23 ThWNT II, 202.
24 *Schrenk* a.a.O.; *Mayor* 66.
25 Vgl. schon *Belser* 82, sowie H. *Schlier*, ThWNT II, 499.

I Kor 15,35; vgl. Röm 9,19). Noch stärker prägt sich diese Nähe aus in der Formel ἡ γραφὴ ἡ λέγουσα Jak 2,23, die sofort an das sechsmalige λέγει ἡ γραφή bei Paulus erinnert (Röm 4,3; 9,17; 10,11; 11,2; Gal 4,30; I Tim 5,18). Das sind nicht die einzigen Parallelen, die wir bezüglich Jak 2,14ff. beobachten können. Hinzu kommt, dass Jakobus ebenso wie Paulus an entscheidender Stelle auf Gen 15,6 zurückgreift (vgl. Jak 2,23 mit Röm 4,3; Gal 3,6). Sein Denken kreist – in erneuter Parallele zu Paulus – intensiv um die Begriffe δικαιοσύνη und δικαιοῦσθαι (vgl. Jak 2,23.25 mit Röm 1,17; 3,20ff.). Für beide ist die Frage, wie der Mensch gerecht wird vor Gott, von zentraler Bedeutung. Paulus und Jakobus teilen also theologische Grundpositionen.

In Kap. 3 verurteilt Jakobus böses Reden. Dabei trifft sich Jak 3,10 mit der paulinischen Aussage in Eph 4,29. Die Abhandlung über σοφοί und σοφία in Jak 3,13ff. berührt sich mit I Kor 1,20. Das Bild vom „bitteren Eifer" und der „Streitsucht" in den Gemeinden schwebt Jakobus und Paulus gleicher Weise vor Augen (vgl. Jak 3,14 mit I Kor 1,10ff.; 3,3; Gal 5,20). Beide verurteilen auch das κατακαυχᾶσθαι bei denen, die Christus zuwider handeln (vgl. wieder Jak 3,14 mit II Kor 10,12ff.; 11,12; Gal 6,4). Weiter vgl. man in Kap. 3 die „Frucht der Gerechtigkeit" in V. 18 mit Phil 1,11, ebenso das σπείρειν im übertragenen Sinne (3,18) mit den entsprechenden Aussagen bei Paulus.[26]

In Kap 4 lässt sich die Situation, die von den μάχαι hervorgerufen wird, mit der Situation vergleichen, die uns in den paulinischen Briefen begegnet (vgl. Jak 4,1 mit I Tim 3,3; 1,4; II Tim 2,23f.; Tit 3,9). Wenn Jakobus schreibt, „dass in euren Gliedern eure Lüste Feldzuge unternehmen" (4,1), dann verrät er geradezu paulinischen Sprachgebrauch (vgl. Röm 6,13.19; 7,5.23). Die Christen von Jak 4,1–3 weisen dasselbe Nebeneinander eines geistlichen und eines natürlichen Menschen auf, wie es uns bei Paulus entgegentritt (vgl. Jak 4,1ff.; 1,18 mit Röm 7). Beim κόσμος-Begriff von Jak 4,4 fällt ebenfalls die Nähe zu Paulus auf (z. B. Gal 6,14; Röm 12,2; I Kor 7,31; Kol 2,20), wie H. *Sasse* herausgearbeitet hat.[27] Dasselbe lässt sich für den φιλία-Begriff feststellen (vgl. Jak 4,4 mit Röm 8,7). Das Wort von der „größeren Gnade" in Jak 4,6 erinnert an die größeren und kleineren χαρίσματα im 1. Korintherbrief (12,31; 13,13; 14,5).[28] Selbst die hohe Achtung des Gesetzes in Jak 4,11 hat durchaus eine Parallele bei Paulus (vgl. Röm 7,12). Die Frage „Du aber, wer

---

[26] Dazu S. *Schulz*, ThWNT VII, 546f.

[27] ThWNT III, 894.

[28] Vgl. W. *Grundmann*, ThWNT IV, 537.

bist du, dass du den Nächsten richtest?" könnte auch bei Paulus stehen (vgl. Röm 14,4). Die paulinische Wendung ἐὰν ὁ κύριος θελήσῃ I Kor 4,19 deckt sich völlig mit Jak 4,15.

Im fünften Kapitel des Jakobusbriefes setzt sich die Reihe der Parallelen fort. Teils handelt es sich um seltene sprachliche Ausdrücke wie das κύριος Σαβαώθ (im NT nur Jak 5,4; Röm 9,29), teils um allerdings weithin gebräuchliche Bilder wie das des Bauern (vgl. Jak 5,7 mit I Kor 9,10; II Tim 2,6), teils um ausführliche Wendungen wie das στηρίξατε τὰς καρδίας in Jak 5,8, das in I Thess 3,13 seine genaue Parallele hat. Hinzu kommen Lehrübereinstimmungen. Beispielsweise lehren Paulus und Jakobus über das Erdulden der Trübsale und die anschließende himmlische Herrlichkeit grundsätzlich gleich (vgl. Jak 5,11 mit II Kor 4,17). Selbst beim Thema „abirren von der Wahrheit" berühren sich Paulus und Jakobus (vgl. Jak 5,19 mit Gal 6,1).

Was ergibt sich aus diesen Beobachtungen? Soviel ist jedenfalls deutlich: Dem zugespitzten Satz von Georg *Eichholz*, wir befänden uns bei Jakobus „Paulus gegenüber... in einer anderen Welt",[29] können wir auf keinen Fall zustimmen. Aber auch *Mayor*s ansonsten bewundernswerte Analyse des gegenseitigen Verhältnisses (XCIff.) leidet unter seiner These, Paulus habe den Jakobusbrief gekannt, nicht jedoch Jakobus die Paulusbriefe.

Vielmehr muss man zunächst unabhängig von solchen zeitlichen Ansetzungen klären, wie es zu dem breiten Band von Übereinstimmungen zwischen Jakobus und Paulus kommt. Ein wichtiger Faktor liegt in der beiderseitigen Bezogenheit auf das Alte Testament und die jüdische Weisheitsliteratur. Judenchristliche Lehrer jener Epoche konnten gar nicht anders existieren und handeln, als dass sie das Alte Testament als ihre Basis geltend machten. Der zweite Faktor ist nicht weniger elementar: Als Angehörige einer jüdischen Minderheit, die an Jesus als den Messias glaubte, argumentierten sie grundsätzlich christologisch. Eine solche Argumentation verlief aber – jedenfalls bei Paulus und Jakobus – nicht spekulativ, sondern auf der Basis der jesuanischen Tora.[30] *Riesner* hat mit guten Gründen die Ansicht vertreten, dass Paulus „Unterricht in der Jesus-Überlieferung" erhielt und dass der Kreis um Jakobus speziell an der „Pflege von Jesus-Traditionen" interessiert war (66f.). Als dritter Faktor sind die Probleme der frühesten Christengemeinden zu bedenken,

---

[29] *Eichholz*, Jak, 40.

[30] Über die Weitergabe der Lehre vgl. die immer noch aktuelle Untersuchung von Rainer *Riesner* passim.

die trotz großer Variationsbreite geographischer, ethnischer, soziologischer und anderer Art doch auch Gemeinsamkeiten aufwiesen. Eine solche Gemeinsamkeit sehen wir beispielsweise in der Zuordnung von Glaube und glaubensgemäßer Praxis, in den für Minderheitsgruppen typischen Streitigkeiten oder im Miteinander des geistlichen und des natürlichen Menschen. Schließlich darf die einfache Tatsache nicht vergessen werden, dass Jakobus und Paulus demselben betont jüdischen Milieu entstammten.

Die verschiedenen Faktoren haben dazu geführt, dass bei Jakobus und Paulus das Gemeinsame eindeutig überwiegt. Das gegenseitige respektvolle Verhältnis, wie es uns in der Apostelgeschichte (Act 15) und im Galaterbrief (Gal 1,19; 2,1ff.) geschildert wird, ist also keine Geschichtskonstruktion, sondern eine sachlich treffende Darstellung.[31] Eine Polemik gegen Paulus können wir[32] nicht erkennen. Protestantische Geschichtsschreibung und Exegese muss sich von der Vorstellung verabschieden, dass es sich bei Jakobus und Paulus um Antipoden handelt. Vielmehr sind beide in originaler Weise Zeugen des Messias Jesus in den Anfangstagen der christlichen Gemeinde.

3. *Jakobus und Petrus*

Für Joseph B. *Mayor* war es klar, dass jeder „unprejudiced reader“ die Verwandtschaft zwischen Jakobus und dem 1. Petrusbrief entdecken musste. Ja, mehr noch: Er musste entdecken, dass Petrus den Jakobusbrief zur Vorlage nahm („took the Epistle of St. James as his model“, cii).

Aber auch andere Forscher sind davon überzeugt, dass es zwischen Jakobus und dem 1. Petrusbrief „A closer relation“ gibt.[33] So schreibt beispielsweise Werner Georg *Kümmel*: „Am stärksten sind die Berührungen mit dem I Pt“ und verweist auf die Verwandtschaft von Jak 1,2f. mit I Petr 1,6f. / 4,1 mit I Petr 2,11.[34] Forscher wie *Hengel*, *Johnson*, *Knopf*, *Mußner*, *Schrage* oder *Stulac* gehen in ähnliche Richtung.[35]

---

31 Ebenso *Riesner* 33.67f. Vgl. *Johnson* 94ff.; *Hengel*, KS, 570ff.

32 Im Unterschied zu M. *Hengel*, KS, 511ff.

33 So *Ropes* 22.

34 *Kümmel* 362.

35 *Hengel*, KS, 519; *Johnson* 54f.; *Knopf* Sp. 1023; *Mußner* 34f.; *Schrage* 9; *Stulac* 23.

Enge Berührungen lassen sich nicht leugnen. Einige seien im Folgenden angesprochen.

1) Sowohl Jakobus als auch Petrus wenden sich im Präskript an die διασπορά (Jak 1,1; I Petr 1,1). Nur in Joh 7,35 taucht dieser Begriff noch einmal im NT auf.
2) Die Wendung von den πειρασμοῖς ποικίλοις findet sich sowohl in Jak 1,2 als auch in I Petr 1,6. Nur an diesen Stellen wird das seltene ποικίλος im NT mit πειρασμός verbunden.
3) Dass die Anfechtung zum Grund der Freude werden soll, sagen sowohl Jak 1,2 als auch I Petr 4,13.
4) Die Reihe Bewährung – Geduld – Vollkommenheit in Jak 1,3f. spiegelt sich nicht nur in Röm 5,3ff. sondern auch in I Petr 1,6ff. wieder. Dabei fällt auf, dass δοκίμιον neutestamentlich nur in Jak 1,3 und in I Petr 1,7 begegnet.
5) Gemeinsam greifen Jakobus und Petrus auf Jes 40,6–8 zurück (Jak 1,10f.; I Petr 1,24).
6) Es berühren sich auch Jak 1,12 und I Petr 5,4.
7) Die Wiedergeburt aus dem Wort Gottes vertreten Jakobus und Petrus wieder gemeinsam (Jak 1,18; I Petr 1,23).
8) Eine enge Verwandtschaft lässt sich zwischen Jak 1,21 und I Petr 2,1 konstatieren (vgl. die Stichworte ἀποτίθεσθαι und κακία).
9) Die Betonung der Sanftmut in Jak 1,21 erinnert an I Petr 3,14ff.
10) Ferner erinnert das „eingepflanzte Wort, das eure Seelen retten kann" (Jak 1,21) an I Petr 1,9 und 23.
11) Was Jakobus in 1,26 über die Zunge sagt, entspricht I Petr 3,10ff.[36]

Auch wenn man Jak 4,1 mit I Petr 2,11 in Parallele setzt oder Jak 3,13 mit I Petr 2,12; Jak 4,6ff. mit I Petr 5,5ff.; Jak 4,11 mit I Petr 2,1; Jak 5,20 mit I Petr 4,8, so bleibt doch festzuhalten, dass die meisten und engsten Berührungen zwischen dem ersten Kapitel das Jakobusbriefes und dem 1. Petrusbrief gegeben sind. Diese Beobachtung widerspricht der These von einer literarischen Abhängigkeit zwischen Jak und I Petr.[37] Denn im Falle einer literarischen Abhängigkeit wäre eher anzunehmen, dass die Parallelen sich gleichmäßig auf verschiedene Teile der Briefe verteilen. Deshalb erscheint uns die These einleuchtender, derzufolge Jakobus und Petrus aus dem Vorrat einer ge-

---

36 *Mußner* 23 rechnet nur mit 7 Parallelen.

37 Gegen *Knopf* Sp. 1023; *Peters* 26.

meinsamen urchristlichen Lehre schöpfen[38] – jeder auf seine Weise. Es muss in den frühesten Zeiten der christlichen Gemeinde, vor allem in Jerusalem, eine große Gemeinsamkeit in puncto Verkündigung und Lehre gegeben haben.

4. Jakobus und die johanneische Tradition

Das Verhältnis des Jakobus zur johanneischen Tradition ist weit weniger untersucht worden als das zur jesuanischen, paulinischen oder petrinischen. Ausnahmen sind u. a. Joseph B. *Mayor*[39] und Luke Timothy *Johnson*. Aber ihre Urteile differieren. 1913 kam *Mayor* zu dem Ergebnis, es lasse sich eine „considerable resemblance" zwischen Jak und den johanneischen Schriften feststellen (lxxxviii). Dazu führte er 35 Stellen aus dem Johannesevangelium und den johanneischen Briefen an, die in Parallele zu Jakobus gesetzt werden können. *Johnson* ließ dagegen 1995 nur zwei „significant points of comparison" gelten, nämlich Jak 4,4 und Joh 15,15ff. bzw. I Joh 2,15 einerseits sowie Jak 2,14f.; 1,22ff. und I Joh 3,17 andererseits. Sein Schlussurteil bezüglich des Jakobusbriefes im Verhältnis zu den Johanneica lautet: „more unalike than alike" (53f.).

Notieren wir, was sich für uns im Kommentar ergeben hat:
1) Das ἄνωθέν ἐστιν καταβαῖνον ἀπὸ τοῦ πατρὸς in Jak 1,17 erinnert tatsachlich stark an die johanneische Sprache (vgl. Joh 3,3ff.).
2) Dasselbe gilt von Jak 3,15.17, wie auch *Johnson* zugibt (54).
3) Die Aussage des Jakobus, dass Gott „uns nach seinem Willen durch das Wort der Wahrheit geboren hat" (1,18), steht sprachlich und sachlich in großer Nähe zu *Joh 1.13 und 3,3ff.*
4) Die Kennzeichnung Gottes als „Vater der Lichter", bei dem „es keine Veränderung oder Verfinsterung durch einen Wandel der Stellung gibt", wiederholt in der Sache *I Joh 1,5.*
5) Theologisch erfolgt eine Bindung der Christen an das messianische Gesetz, das als „vollkommenes Gesetz der Freiheit" bezeichnet wird (Jak 1,25). In

---

[38] So z. B. *Guthrie* 752; *Mußner* 34f.; *Schrage* 9.

[39] *Mayor* beruft sich seinerseits auf P. *Ewald*, Das Hauptproblem der Evangelienfrage, Leipzig, 1890, 58ff. (*Mayor* lxxxviii).

dieser Bindung stimmt Jakobus auch mit Johannes überein (vgl. Joh 13,34; I Joh 2,3; 3,24).

6) Die Berührung von *I Joh 3,17* mit Jak 2,14ff. ist so eng, dass *Johnson* bezüglich der Johannes–Stelle konstatiert: „This matches perfectly the example given by James 2.14 – 16“ (54).
7) Fast genauso eng berühren sich Jak 1,22; 2,14ff. einerseits und *I Joh 3,18* andererseits.
8) „Dass die Freundschaft mit der Welt Feindschaft gegen Gott ist“ (Jak 4,4) hat seine engste Parallele in *I Joh 2,15.*
9) Überhaupt steht der κόσμος–Begriff bei Jakobus nahe beim johanneischen κόσμος-Begriff. Der κόσμος befleckt den Christen (Jak 1,27), hat eine andere Sicht als der Glaube (Jak 2,5), trägt das Merkmal der Ungerechtigkeit (Jak 3,6).
10) Eine weitere Parallele liegt bei Jak 4,16 vor. Die ἀλαζονεία begegnet uns außerhalb von Jak 4,16 nur noch in *I Joh 2,16* im NT. Die selbstherrliche Überhebung des prahlerischen Menschen wird beiderseits als böse und gottfeindlich beurteilt.

Überblickt man diese Parallelen, dann fallen sie natürlich zahlenmäßig weit weniger ins Gewicht als diejenigen zur Jesusüberlieferung oder zu Paulus. Sie sind auch insgesamt schwächer als die zum 1. Petrusbrief. Dennoch sind sie nicht unerheblich. Man darf ja auch nicht vergessen, dass der Jakobusbrief einen relativ geringen Umfang hat. Der erste Johannesbrief ist unter diesen Parallelen stärker vertreten als das Johannesevangelium.[40] Das mag damit zusammenhängen, dass auch der erste Johannesbrief ein paränetischer Lehrbrief ist. Überlegt man, wie die Gemeinsamkeiten zwischen Jakobus und Johannes zu erklären sind, dann ist mit J. B. *Mayor* an „remembrances of a common teaching“ zu denken, also an eine gemeinsame frühe judenchristliche Lehrtradition.[41] Sie scheint auf Jesus selbst zurückzugehen. Aus den genannten Beobachtungen ist der Schluss zu ziehen, dass der johanneische „Stil“ und die johanneische „Sprache“ keineswegs aus dem urchristlichen Lehrstrom herausfallen. Die Gemeinsamkeiten weisen uns vielmehr eindrücklich darauf hin,

---

40 J. B. *Mayor* verteilt die Parallelen etwa hälftig auf den Brief und das Evangelium, was aber angesichts des geringen Umfangs des Briefes nichts an dem obigen Urteil ändert (lxxxviii).

41 *Mayor* erwägt außerdem eine „continued association on the part of the two writers“(a.a.O.).

dass Johannes zu den frühesten urchristlichen Lehrern gehört. Darf man noch einen Schrittweitergehen und die Wurzel des „Johanneischen“ in der Lehre Jesu selbst sehen?

5. Jakobus und die alttestamentliche und jüdische Weisheit

Der weisheitliche Charakter des Jakobusbriefes steht für die Forschung im Allgemeinen außer Zweifel.[42] L. T. *Johnson* kommt zu dem Schluss: „The wisdom character of James and its multiple connections to the biblical wisdom tradition are recognized by virtually all commentaries“(33;119). Es verdient jedoch Beachtung, dass derselbe *Johnson* vor einer Überbewertung der weisheitlichen Elemente warnt: „the legal and prophetic aspects of the biblical tradition are equally important“(33).

Das Verhältnis des Jakobus zur Weisheit gestaltet sich auf drei Ebenen:

1) An zwei Stellen zitiert er direkt aus den Proverbien (Jak 4,6 = Prov 3,34; Jak 5,20 = Prov 10,12).
2) An zahlreichen Stellen zeigt er Berührungen und Anspielungen auf die Proverbien, Sirach, die Weisheit Salomos und die Psalmen.
3) Hinzu kommen konzeptionelle Übereinstimmungen bei der Bestimmung dessen, was „Weisheit“ ist.

Die weisheitlichen Stellen aus dem Proverbienbuch werden ebenso zitiert wie andere Stellen des AT. Das διὸ λέγει in Jak 4,6 entspricht sachlich dem εἶπεν καί in 2,11 oder dem ἡ γραφὴ ἡ λέγουσα in 2,23.[43] Immerhin ist es bemerkenswert, dass Jakobus vier Mal aus der Tora, zwei Mal aus den Proverbien und vermutlich zwei Mal aus den Propheten direkt zitiert – eine Relation, die gut zu den damaligen jüdischen Schriftauslegungen passt. Jedenfalls gelten die Proverbien für Jakobus im vollen Sinne als Heilige Schrift, so wie es auch für Josephus nach ContraAp l, 40 anzunehmen ist.

---

42 Vgl. *Carson-Moo-Morris* 416; *Johnson* 33f.; *Burdick* 164; *Elwell-Yarbrough* 354; *Moo* 40ff.; *Kittel*, ZNW 41, 77; *Riesner*, James, 1255.

43 *Mayor* 145: „The subject understood is probably God ... others take it as ἡ γραφή„; *Johnson* 282: Jakobus meint die Schrift. Wie *Johnson* auch *Mußner* 184.

Aus den zahlreichen Berührungen und Anspielungen weisheitlicher Art bei Jakobus seien im Folgenden nur Beispiele genannt: Μακάριος in Jak 1,12 und 1,25 geht zurück auf das hebr. אַשְׁרֵי, das typisch ist für die Psalmen und die Weisheitsbücher:[44] Auch der στέφανος in 1,12, zurückgehend auf hebr. עֲטָרָה, kommt als Zeichen der Ehre vor allem in den Psalmen und den Weisheitsbüchern vor.[45]

In Jak 1,13ff. zeigt sich, wie im Kommentar näher begründet wird, eine auffallende Nähe zu Sir 15,11ff. Beide Abschnitte verfahren dialogisch, ringen mit dem Theodizee–Problem und halten entschieden an der Verantwortung des Menschen für die Sünde fest. Beide, die jüdische wie die christliche Weisheit, konnten letzten Endes eine Prädestination des menschlichen Verhaltens nicht akzeptieren.

Wenn Jakobus dazu auffordert, „schnell zum Hören" zu sein, dann lehrt er auch hier in der Linie der alttestamentlichen und jüdischen Weisheit (1,19). Das ταχὺς εἰς τὸ ἀκοῦσαι hat seine genaue Parallele in dem γίνου ταχὺς ἐν ἀκροάσει σου Sir 5,11 LXX. Man vgl. dazu σπεύδειν in Koh 5,1 und 7,9 LXX sowie die Mahnungen in Prov 1,20; 4,7; 20,12; Koh 12,13. Die Aufforderungen „langsam zum Reden" und „langsam zum Zorn" haben ebenfalls ihre Parallelen in Koh 5,1; 7,9; Sir 5,11; 19,16 sowie Prov 15,1.18; 16,32; 19,19; 27,4.

In unmittelbarer Nähe zu Jak 1,19 finden wir die Mahnung zur Sanftmut, Πραΰς führt uns zurück auf das hebr. ענו bzw. עני . Sanftmut stellt sich nach der jüdischen Weisheitslehre dort ein, wo ein Mensch „von der göttlichen Weisheit beseelt ist".[46] Man vgl. Sir 1,27f.; 3,17; 4,8.

Sodann hat der „Spiegel", von dem Jak 1,23 spricht, eine Parallele in der Weisheitsliteratur (Sir 12,11; Weish 7,26). Dabei kann offen bleiben, ob sich Jakobus tatsächlich an dieses Bild der Weisheitsliteratur angelehnt hat.

Wenn Jakobus in 1,26 die Zungensünden tadelt, kann er erneut auf den weisheitlichen Hintergrund zurückgreifen. „Die auffällige Betonung der Zungensünden (ist) ... eine Eigentümlichkeit der jüdischen Lebensweisheit".[47] Man vergleiche z. B. Sir 19,16; Ps 34,14. Vgl. auch das zu Jak 3,1 Angemerkte.

Der Vorwurf „Ihr aber habt dem Armen seine Ehre genommen" in Jak 2,6 erinnert an Aussagen der Proverbien, die den Schutz des Armen zu ihrem

---

44 Vgl. H. *Cazelles*, ThWAT I, Sp. 482.

45 Vgl. W. *Grundmann*, ThWNT VII, 624ff.

46 F. *Hauck*; S. *Schulz*, ThWNT VI, 650.

47 J. *Behm*, ThWNT I, 720.

Anliegen machen (vgl. Prov 14,21.31). Der gewalttätige Hochmut der Reichen, der ebenfalls in Jak 2,6 verurteilt wird, wird auch in Prov 11,28; 18,10ff.; 28,6–11; Sir 31,5ff. verurteilt. Die Linie lässt sich weiterführen zu Jak 2,15f., das in Prov 3,27f. sein weisheitliches Pendant findet.

Schon Jak 1,26 hatte das Thema des menschlichen Redens bzw. der Zungensünden aufgegriffen. Das geschieht jetzt weit stärker in Jak 3,1–12. Man kann sagen, dass sich auch die Weisheit intensiv mit diesem Thema befasste (vgl. Prov 10,11ff.; 11,11ff.; 12,6.13ff.; 15,1ff.). Die Attraktivität des Lehrerberufes geht sowohl aus Jak 3,1 als auch aus Sir 39,1ff. hervor. Zu Jak 3,2 ergeben sich Prov 10,19 und Sir 14,1 als nahe Parallelen. Zu Jak 3,5 vergleiche man Prov 16,27; 26,21; Sir 28,12ff. Zu Jak 3,10 bilden Sir 5,13 und 28,12 Parallelen.

Für den anschließenden Abschnitt 3,13–18 liegt ein weiteres Mal der Bezug zur weisheitlichen Tradition auf der Hand. Der wahre Weise zeichnet sich durch seinen Lebenswandel aus (Jak 3,13; Sir 19,18ff.). Auch die alttestamentliche Weisheit warnte vor dem Selbstruhm (vgl. Jak 3,14 mit Prov 27,1ff.; Sir 20,7f.).

Dass „Herz“ und „Hand“ zusammengehören, sagen sowohl Jak 4,8 als auch Ps 24,4; 73,13; Sir 2,12; 38,10.

Der Kampf gegen die Verleumdung (Jak 4,11) kennzeichnet auch die Weisheit (vgl. Prov 20,19; 30,10).

Die Torheit der Verfügung über die Zeit tadelt nicht nur Jak 4,13ff., sondern auch Prov 27,1. Insbesondere die ἀλαζονεῖαι (Jak 4,16) werden in Weish 5,8 verurteilt.

Das Thema von der Gefahr des Reichtums, dem wir in Jak 5,1–6 begegnen, hat bereits die Aufmerksamkeit der Weisheitslehrer gefunden (vgl. Prov 11,28). Dass Edelmetalle rosten, sagt Jakobus (5,3) ebenso wie Ben Sira (Sir 29,13ff.). Jak 5,5f. könnte an Weish 2,6ff. anknüpfen. Der schwelgende Reiche hat sein Gegenbild in Sir 14,4; 21,15. Die Verfolgung des Gerechten in Jak 5,6 spiegelt sich in Weish 2,10ff. wider.

Μακροθυμεῖν (Jak 5,7f.) wird auch in der alttestamentlich–jüdischen Weisheit empfohlen (Koh 7,8ff.; Sir 2,1ff.).

Wir wenden uns noch kurz den konzeptionellen Übereinstimmungen zu.

Dass Jakobus sich selbst als διδάσκαλος und σοφός betrachtete, ergibt sich u. E. sowohl aus dem paränetischen Charakter des Briefes im Ganzen als auch aus 3,1ff. und 3,13ff. im Besonderen. Seit Sir 39 ist der Sofer zugleich der γραμματεύς, der Schriftgelehrte. So sind auch in Mt 23,34 beide Begriffe aufs engste verbunden. Ein Weisheitslehrer ist demnach in den heiligen Schriften verwurzelt, legt sie aus und befolgt sie in seinem Lebenswandel. So richtet sich der Prolog des Sirachbuches an Menschen, die „ihr sittliches Verhalten auf ein Leben nach dem Gesetz einstellen"(Prol 33ff., εννόμως βιοτεύειν).[48] Und Josephus sieht das Ziel der alttestamentlichen Weisheitsbücher darin, dass sie τοῖς ἀνθρώποις ὑποθήκας τοῦ βίου vermitteln.[49] Also nicht die Theorie, sondern die göttlichen Anforderungen und die zugehörige Lebenspraxis stehen im Mittelpunkt.[50] Gerade dies ist nun für Jakobus charakteristisch. Die wahre Weisheit zeigt sich an der ἀναστροφή und ihren Früchten (3,13ff.). Übrigens findet sich das Interesse an der Lebenspraxis auch in seiner Betrachtung der Propheten (5,10f.) – auch dies in Übereinstimmung mit dem Sirachbuch (vgl. Sir 48,1ff.; 49,1ff.).

Allerdings darf man nicht übersehen, dass die Einordnung der Weisheit in den christlichen Glauben zu ganz bestimmten Akzentuierungen führt. Da ist zum einen die Betonung, dass die wahre Weisheit „von oben" (ἄνωθεν, 3,15.17) stammt, wobei der pneumatische Bezug deutlich wird (vgl. Joh 3,3ff.). Da ist zum anderen die Überzeugung, dass die wahre Weisheit allen Christen eignet und durch Gebet erlangt wird (1,5; 3,13ff.), also nicht nur einzelnen geistbegabten Lehrern zukommt, wie es z. B. Ben Sira für sich in Anspruch genommen hatte.[51] Da ist drittens und letztendlich die Voraussetzung, dass der Zugang zur wahren Weisheit abhängt vom „Glauben an unseren Herrn Jesus Christus"(2,1).

6. Zur Auslegungsgeschichte des Jakobusbriefes

Eine vollständige Auslegungsgeschichte des Jakobusbriefes zu schreiben, würde einen umfangreichen Band erfordern. Wir notieren hier nur das Wesentliche in Kürze.

---

48 Vgl. *Maier*, WUNT, 43ff.

49 Contra Ap I,40.

50 Vgl. G. *Fohrer*, ThWNT VII, 476.

51 Vgl. *Maier*, WUNT, 37ff. und Sir 24,30-34.

Erste Spuren des Jak finden sich im 1. Clemensbrief, der auf ca. 95 angesetzt wird.[52] Während *Knopf* davon ausgeht, dass Jakobus vom I Clem abhängig sei,[53] wird heute meist eine literarische Abhängigkeit des I Clem von Jak angenommen.[54] In seiner gründlichen Prüfung kommt L. T. *Johnson* zu dem Ergebnis, dass sich beim I Clem an 17 Stellen „striking points of similarity" ergeben (72ff.). Man wird ihm zumindest für I Clem 38,2 (vgl. Jak 3,13) und 46,5 (vgl. Jak 4,1) zustimmen müssen.[55]

Im 2. Jahrhundert werden die Spuren reichlicher. Zwischen dem *Hirten des Hermas* (ca. 130–150 n. Chr.) und dem Jakobusbrief hat man zahlreiche Berührungen festgestellt.[56] Ob man aber berechtigt ist, daraus eine literarische Abhängigkeit des *Hermas* von Jakobus abzuleiten,[57] oder ob man mit der Erklärung „aus dem gemeinsamen Formelgut der paränetischen Tradition" zufrieden sein muss,[58] bleibt offen. Bei *Irenaeus* scheint die Berufung auf Abraham, „der ein Freund Gottes genannt wurde" (IV,16,2; vgl. IV,13,4) auf die Benutzung des Jakobusbriefes (2,23) hinzuweisen.[59]

Das erste ausdrückliche und direkte Zitat finden wir bei *Origenes* (ca. 185 – 254 n. Chr.).[60] In seinem Commentarium in Iohannem XIX, 6 zitiert er Jak 2,20.26 mit der Bemerkung: ὡς ἐν τῇ φερομένῃ Ἰακώβου ἐπιστολῇ ἀνέγνωμεν. An anderen Stellen nennt er den Brief scriptura divina (Hom in Lev 11,4), den Verfasser den „Bruder des Herrn" (Comm in Epistulam ad Romanos IV,8) oder den „Apostel Jakobus" (Hom in Ex III, 3; VIII,4). Für *Origenes* ist der Jakobusbrief also kanonisch und der Verfasser der Herrenbruder. Nach *Johnson* hat *Origenes* 36 Mal den Jak zitiert (130), und zwar aus 24

---

52 Vgl. R. *Knopf*, Die apostolischen Väter, HNT, Ergänzungsband, 1920, 43; *Mayor* lxx.

53 *Knopf* Sp. 1023.

54 So z. B. *Meyer* 307; *Johnson* 128.79; *Guthrie* 738; *Kümmel* 357; *Mußner* 36; *Mayor* lxx. Skeptisch *Ropes* 87.

55 Vgl. *Mayor* lxxi; *Mußner* 35f.

56 Vgl. *Johnson* 75ff.; *Mußner* 37f.; *Mayor* lxxivff.; *Kümmel* 357; *Carson-Moo-Morris* 417; H. *Weinel* in: Neutestamentliche Apokryphen, hrsg. von E. *Hennecke*, Tübingen/Leipzig, 1904, 229.

57 So z. B. *Johnson* 79 („virtually certain"); *Moo* 16; *Guthrie* 738; *Mayor* lxxiv.

58 So z. B. *Mußner* 38; *Ropes* 88; *Weinel* a.a.O.

59 So auch *Mayor* lxxix; vorsichtig *Johnson* 128. Skeptisch wieder *Ropes* 90. Bejahend auch *Zahn*, Einl, 98; *Mußner* 41; *Riesner*, James, 1257.

60 Vgl. *Kümmel* 357; *Guthrie* 736; *Carson-Moo-Morris* 417; *Tasker* 18; *Meyer* 307; *Mayor* lxxxif.; *Mußner* 38f.; *Ropes* 92ff.

verschiedenen Versen. Was φερομένη im oben genannten Zitat genau bedeutet, ist nicht leicht zu bestimmen. Heißt es, dass Jak „zu seinerzeit nicht allgemein als kanonisch gilt“, wie John *Schneider* (3) meinte? Oder heißt es „im Umlauf befindlich“?[61] Einen „Mangel an allgemeiner Anerkennung“ wollte auch *Zahn* aus den Formulierungen des *Origenes* ablesen.[62] Jedenfalls aber benutzte *Origenes* den Brief gerne und im Sinne einer kanonischen Schrift. Außerdem kann man aus der Schriftbenutzung des *Origenes* den vorsichtigen Schluss ziehen, dass die alexandrinische Katechetenschule schon länger den Jakobusbrief kannte und benutzte.[63]

Die Kirche des Ostens machte seit dem 3. Jh. n. Chr. häufig Gebrauch von Jakobus. Unklar bleibt zunächst, ob *Clemens von Alexandria* den Brief benutzte und als kanonisch betrachtete.[64] Doch lässt sich eine solche Benutzung nachweisen für *Dionysius von Alexandria* (248–265 Bischof), *Eusebius* (ca. 260/265–340), *Athanasius* (296–373), *Methodius* (gest. 311), *Ephraem der Syrer* (306–373), *Cyrill von Jerusalem* (315–386), *Gregor von Nazianz* (329–389), *Chrysostomus* (347–407) und *Cyrill von Alexandria* (gest. 444). Interessant ist u. a., dass der Letztgenannte die Gemeinschaft der göttlichen und der menschlichen Natur in Christus mit Jak 2,1 begründete.[65] Der erste uns noch erhaltene Kommentar zum Jakobusbrief stammt von *Didymus dem Blinden* (313–398) und trägt den Titel Enarratio in Epistolam Beati Iacobi.[66] Wie *Johnson* feststellt, bereitete der Ostkirche Jak 2,14–26 keine Probleme. Die Lösung des scheinbaren Widerspruchs zu Paulus erblickte man darin, dass Paulus diejenigen ansprach, die noch auf dem Weg zum Christsein waren, während Jakobus diejenigen ansprach, die schon getauft waren.[67]

Besonders zu erwähnen ist *Eusebius von Caesarea* (ca. 260/265–340). Sein Urteil ist nicht so eindeutig, wie man es sich wünscht. In seiner Kirchengeschichte spricht er davon, dass der Jak „für unecht gehalten wird“ (II,23,25). Andererseits bestätigt er, dass der Brief in den meisten Kirchen öffentlich

---

61 So *Johnson* 130; auch *Mußner* 39 tendiert dahin. Sogar *Ropes* 93 unterstützt dieses Verständnis.

62 *Zahn*, Grundriß, 43.

63 So auch *Mußner* 39; *Riesner*, James, 1257.

64 Eher bejahend *Johnson* 182f.; *Knopf* Sp. 1023; *Tasker* 18; *Mayor* lxxxf.; *Mußner* 39; eher skeptisch *Ropes* 91f.

65 Texte der Kirchenväter II, 94.

66 *Johnson* 128.

67 *Johnson* 134f.

verlesen wurde. An anderer Stelle sagt er, der Jak gehöre „zu den bestrittenen Schriften, welche indes gleichwohl bei den meisten in Ansehen stehen" (III,25,3). Er selbst scheint den Jakobusbrief als kanonisch anzuerkennen.[68] Für eine solche Anerkennung durch *Eusebius* spricht jedenfalls der Umstand, dass er den Jakobusbrief als den ersten der sieben katholischen Briefe bezeichnet: ἡ πρώτη τῶν ὀνομαζωμένων καθολικῶν ἐπιστολῶν εἶναι λέγεται (H. E. II,23,25). Bezieht sich also der Zweifel an der Echtheit auf andere Regionen der Kirche? Oder gar konkret auf eine „Ablehnung seitens der Lateiner und der Syrer", wie *Zahn*[69] meinte?

Im Westen scheinen die Kirchen von Rom und Karthago mit der Anerkennung des Briefes gezögert zu haben. Im Kanon Muratori fehlt der Jakobusbrief. Ob *Hippolyt* den Brief kannte, bleibt unsicher.[70] Immerhin wird man auch im Westen eine frühe Kenntnis des Briefes annehmen müssen, wie u. a. aus dem 1. Clemensbrief und dem Hirten dem Hermas sowie dem Schriftgebrauch des in Lyon verstorbenen *Irenäus* hervorgeht. *Zahn* meinte sogar, der Brief sei „sehr früh im Abendlande gelesen worden".[71] Woher kommt das Zögern im Westen? Die beste Erklärung bleibt immer noch diejenige, die z. B. von *Mayor* vorgetragen wird und die sich auf die Unterschiedlichkeit der Adressatenkreise bezieht: „The difference is easily explained from the fact that the Epistle was probably written at Jerusalem and adressed to the Jews of the Eastern Dispersion" (lxix). Auch *Riesner* kommt zu dem Urteil: „probably the Jewish Christian origin of James had complicated its acceptance"(1257).[72] *Hieronymus* (331–420), der in enger Verbindung zu den Ostkirchen stand, berichtet ähnlich wie *Eusebius* von Zweifeln an der Echtheit des Jakobusbriefes.[73] Dieses Urteil wurde deshalb kirchengeschichtlich bedeutsam, weil sich *Luther* und *Erasmus* später darauf beriefen. *Hieronymus* zitierte jedoch selbst öfters den Jakobusbrief, u. a. Jak 2,10f. und Jak 4,8.[74] Einen festen Platz im Westen gewann der Jakobusbrief dann endgültig durch *Augustin* (354–430). Er bestätigte den kanonischen Rang des Briefes in De doctrina christiana II, 13

68 So auch *Zahn*, Grundriß, 21; *Mayor* lxvif.

69 A.a.O.

70 Vgl. wieder *Zahn* a.a.O.; *Johnson* 135; *Riesner*, James, 1257; *Mußner* 41.

71 A.a.O.

72 Vgl. *Guthrie* 739; *Stuhlmacher*, Bibl Th, 60.

73 De viris illustribus 2. Vgl. *Kümmel* 357.

74 *Johnson* 137.

und benutzte ihn häufig.[75] Die Frage von Glauben und Werken löste *Augustin* durch eine Kombination von Gal 5,6 und Jak 2,19ff. Die Hochschätzung des Jakobusbriefs reicht bis in *Augustins* Bekenntnisse hinein, in denen er Gottes Barmherzigkeit für seine verstorbene Mutter unter Berufung auf Jak 2,13 erflehte.[76] Leider ist der Kommentar des *Augustin* zum Jakobusbrief (Retr II,32) verloren.

Festzuhalten bleibt, dass der Jakobusbrief im Westen wie im Osten auf den Herrenbruder zurückgeführt wurde.[77] Seit dem 39. Osterfestbrief des *Athanasius* vom Jahre 367 n. Chr. hat der Jakobusbrief seinen gesicherten Platz in den Kanonverzeichnissen.[78] Unter den mittelalterlichen Kommentaren ragen diejenigen des *Beda Venerabilis* (673–735) und des *Nikolaus von Lyra* (1270–1340) hervor.

Eine neue Phase der Auslegungsgeschichte setzt mit dem Humanismus und der Reformation ein. *Erasmus* von Rotterdam vermisste in seinen Annotationes in Epistolam Iacobi von 1516 „maiestatem illam et gravitatem apostolicam".[79] Allerdings konnte *Erasmus* Paulus und Jakobus recht gut harmonisieren.[80] Die erasmischen Urteile spiegeln sich wieder bei *Luther*. So wenn *Luther* schon 1519 schreibt: „primum stilus epistolae illius longe est infra Apostolicam maiestatem."[81]

Bei *Luther* begegnet uns eine Gespaltenheit im Blick auf die Bewertung des Briefes. Einerseits konnte er einzelne Stellen mit Zustimmung benutzen[82] und sogar die ganze Epistel loben.[83] Andererseits berief er sich darauf, dass Jakobus „von den Alten verworffen" wurde,[84] praktisch also von den Zweiflern, von denen *Eusebius* und *Hieronymus* berichten. Auch inhaltlich beurteilte er die Epistel verschieden. Einerseits bemerkte er positiv, „das sie gar kein Men-

---

75 Vgl. hier und im folgenden *Johnson* 137f.; *Mußner* 41f.

76 Texte der Kirchenväter IV, 454.

77 Dies wird allgemein zugestanden, vgl. *Schneider* 3.

78 Vgl. *Mußner* 39.

79 Vgl. *Johnson* 140f.; *Tasker* 14.

80 *Johnson* 141.

81 Vgl. *Mußner* 44.

82 Z. B. WATR, 5, Nr. 5565; Nr. 5428. Vgl. *Elwell-Yarbrough* 353; *Graf-Stuhlhofer* 117ff.

83 Die gantze Heilige Schrifft Deutsch, Wittenberg, Bd. 2, 1545 (Neudruck von 1972), 2454.

84 A.a.O.

schenlere setzt".[85] Aber dann kommen höchst gewichtige Einwendungen: 1) vertrete Jakobus „stracks wider S. Paulum" die Werkgerechtigkeit[86] (2,14ff.), 2) schweige er von Leiden, Auferstehung und Geist Christi,[87] 3) treibe er zum Gesetz statt zu Christus.[88] *Luther*s abfällige Urteile wiederholen sich in der Kirchenpostille und in seinen Predigten.[89] Positiv ist allerdings festzuhalten, dass *Luther* nur persönliche Bewertungen vornehmen und niemand anderen an seine Urteile binden wollte: „Wil aber damit niemand wehren, das er jn setze und hebe wie es jn gelüstet. Denn viel guter Sprüche sonst darjnne sind".[90] Bei manchen Gelegenheiten nahm seine Ablehnung des Briefes radikale Züge an. So in seinem Kommentar zu Jak 2,26: „Ei Marge (= Maria), Gotts mutter! Wie ein arme similitudo ist das!"[91] oder noch schlimmer in seinem bekannten Ausspruch: „Jeckel (= Jakobus) wollen wir schir aus der bibel stoßen hie tzu Wittemberg."[92]

Aber *Luther* fand schon in der Reformationszeit kräftigen Widerspruch. Ein hervorragendes Beispiel dafür bietet Philipp *Melanchthon*. In Art. IV der Apologie der Augsburger Konfession von 1531 beschäftigt er sich seitenlang mit Jakobus, um die Gegner zu widerlegen, die sich u. a. auf Jak 2,14–26 stützten. *Melanchthon* distanziert sich keineswegs von Jakobus, sondern nimmt umgekehrt Jakobus für seine eigene Position in Anspruch. Jak 2,24 sei durchaus verständlich („hat ... seinen einfältigen Verstand").[93] Jakobus rede wie Paulus in I Tim 1,5 „vom Glauben, damit lässt er Christum den Schatz und den Mittler bleiben, dadurch wir für Gott gerecht werden." In Jak 2,14–26 gehe es keineswegs darum, dass wir durch Werke Gnade oder Vergebung der Sunde verdienen". Vielmehr rede Jakobus von den Werken derer, die schon Christen sind. Ferner betont *Melanchthon*, dass Jak 1,18 ja die Wiedergeburt durchs Evangelium und nicht durch die Werke lehre. Summa: Jakobus „redet von Christen, wie sie sein sollen, nachdem sie nu neu geboren sind durch das E-

85 A.a.O.
86 A.a.O.
87 A.a.O.
88 A.a.O. 2455.
89 *Kawerau* 363.
90 Die gantze Heilige Schrifft usw. 2455.
91 WATR, 5, Nr. 5443.
92 WATR, 5, Nr. 5974. Vgl. Nr. 5443.
93 Vgl. hier und im folgenden BSELK, 5. Aufl., 1963, 207ff.

vangelium. Denn er redet von Werken, die nach dem Glauben folgen sollen, da ists recht geredt." Folglich „ist Jakobus S. Paulo nicht entgegen."

Von *Luther* und *Melanchthon* an gabelte sich die Auslegung in den Kirchen der Reformation. *Luther*s Position, rasch erkennbar an der Tatsache, dass er Jakobus 1522 nur in den Anhang seines Neuen Testaments aufnahm, wird schon 1525 in einen „Rathschlag" der Geistlichen in der Markgrafschaft Brandenburg übernommen.[94] 1527 übernimmt sie Bugenhagen. Der erste Kommentar des Luthertums, die „Andreae Althameri Brenzii Annotationes in Epistolam beati Jacobi" von 1527, wandelte in den schroffen Spuren *Luther*s. „Falleris, mi lacobe", hält er dem Jakobus entgegen.[95] Erasmus *Alber* in Neubrandenburg tadelt „eitel Plackerei" im Jakobusbrief, Andreas *Osiander* in Nürnberg (1498–1552) stellt generell die Christlichkeit des Jakobusbriefes in Frage,[96] kritisch kommentiert auch M. *Flacius* 1570.[97] Bis heute prägt diese lutherische Tradition Forscher wie H. *Windisch*, R. *Bultmann*, P. *Feine*, W. *Schrage* und P. *Stuhlmacher*. Selbst die konservative „Biblische Theologie" des letzteren von 1999 äußert sich noch dahin, dass Jakobus „unmöglich ... gleichberechtigt neben die paulinischen Lehrbriefe" gestellt werden könne.[98]

Dass aber auch echt lutherische Forscher zu sehr positiven Urteilen über den Brief kommen konnten, zeigen z. B. die Namen von Gustav *Kawerau* (366), Georg *Eichholz* (s. Literaturverzeichnis), Gerhard *Kittel* oder Leonhard *Goppelt* (II, 524ff.).

Im Sinne *Melanchthon*s, aber ganz eigenständig im Ansatz, halten *Calvin* und *Zwingli* am Jakobusbrief fest.[99] *Calvin* schrieb 1551 einen Kommentar zum Jakobusbrief. Er konnte keinen Widerspruch zwischen Paulus und Jakobus erkennen. Auch diese Linie setzt sich bis in die Gegenwart fort. So bekräftigte Douglas J. *Moo* in seinem Kommentar 1985: „Calvin's approach is surely the correct one"(19).

Besonderer Erwähnung bedürfen der Pietismus und der Biblizismus in Deutschland. Vor allem die exegetische Schule Johann Albrecht *Bengel*s (1687–1752) lenkte zu einer Hochschätzung des Jakobusbriefes zurück. *Bengel* wies die „entarteten Jünger" *Luther*s zurecht, die in Anlehnung an *Luther* im-

---

94 *Kawerau* 363.

95 *Kawerau* 364f.; *Bieder* 94,3.

96 *Bieder* a.a.O. •*Kawerau* 368f.

97 *Kawerau* 369.

98 *Stuhlmacher*, Bibl Th, 69; vgl. 61ff.

99 Vgl. *Johnson* 142f.; *Riesner*, James, 1257.

mer noch von einer „strohernen Epistel“ sprachen. *Bengels* eigene Überzeugung lässt sich auf den Satz focusieren: „Tota epistola ex novitate illa christiana fluit.“[100] Charakteristisch für die Generation nach *Bengel* ist Friedrich Christoph *Ötinger* (1702–1782). In einer Predigt zum Sonntag Kantate, gehalten über Jak 1,16–21, führte er u. a. aus: „Die Epistel Jacobi ist unter allen die tiefsinnigste Epistel. Johannes hat die Höhe, Jacobus die Tiefe, Petrus die Länge und Breite an Jesu ersehen.“[101] Wie weit positive Urteile auch im Umkreis von Biblizismus und Erweckung verbreitet waren, zeigt das Beispiel Bismarcks, der den Jakobusbrief in einem Brief an seine Braut vom 7. Februar 1847 lobte.[102]

Die römisch-katholische Kirche hielt im Zuge der Gegenreformation erst recht am Jakobusbrief fest. Schon in der 4. Sitzung des Konzils von Trient wurde am 8. April 1546 eine „maßgebende Grundsatzentscheidung“[103] über den Kanon getroffen. Sie bezog „Iacobi Apostoli una“ in den Kreis der kanonischen Schriften ein, die bei Androhung des Anathema „pro sacris et canonicis“ zu halten sind.[104] Damit war die lutherische Position ausgeschlossen. Mehr noch: Das Decretum de iustificatione der Sessio VI vom 13. Januar 1547 beruht in wesentlichen Aussagen auf dem Jakobusbrief.[105] In der Folgezeit verteidigte Robert *Bellarmin* (1542–1621) den Jakobusbrief in acht Argumenten.[106] Cornelius à *Lapide* (1567–1637)[107] und *Estius*[108] widmeten dem Brief umfangreiche Kommentare.

Eine epochale Zäsur bedeutete das Aufkommen der historisch-kritischen Exegese. Zwar darf man deren Ergebnisse nicht vereinseitigen. Diese Ergebnisse bleiben durchaus kontrovers. Auch gibt es beachtenswerte Beiträge, die sich gegen jede schematische Einordnung sperren. Als Beispiel sei Johann Gottfried *Herder* (1744–1803) genannt, der sich 1775 von *Luther* distanzierte und zum Jakobusbrief bemerkte: „Wenn der Brief strohern ist, so ist in dem

---

[100] Vgl. meine „Johannesoffenbarung und die Kirche“, WUNT 25, 1981, 416.
[101] *Ötinger* 204.
[102] Nach *Hauck* 5.
[103] Hubert *Jedin*, Kleine Konziliengeschichte, 7. Aufl., Freiburg-Basel-Wien, 1966, 87.
[104] Vgl. D 36, 1965, 365 (1503f.).
[105] A.a.O. 372ff. (1531; 1535; 1549).
[106] Vgl. *Johnson* 142.
[107] Commentaria in Scripturam Sacram, Vol. 20.
[108] Commentariorum in Epistulas Apostolicas, 1659.

Stroh viel starke, feste, nahrhafte, nur unausgelegte, unausgetretene Frucht."[109] Doch seit den Anfängen der historisch–kritischen Exegese tritt mehr und mehr die Tendenz des Zweifels an den alten christlichen Nachrichten hervor. Zugleich wird mehr und mehr der Erweis der Geschichtlichkeit zum Ausweis der Wahrheit. Und zugleich bestehen dogmatische Bindungen fort, wie sich nicht zuletzt am Einfluss der Urteile *Luther*s bei der Behandlung des Jakobusbriefes ablesen lässt. Schon bei Johann David *Michaelis* (1717–1791) und dessen „Einleitung in die göttlichen Schriften des Neuen Bundes" von 1750 werden diese Tendenzen erkennbar. Die Inspiration ist ihm weniger wichtig als die Echtheit der biblischen Bücher: „Die Frage, ob die Bücher des Neuen Testaments von Gott eingegeben sind, ist der christlichen Religion nicht völlig so wichtig, als die vorige, ob sie ächt sind?"[110] Bezüglich des Jakobusbriefes schließt er sich an *Luther*s Positionen an: Der Brief stamme „von einem Halbbruder Jesu, der kein Apostel war",[111] ist also nicht apostolisch. Außerdem sei er in der alten Kirche umstritten gewesen. Folglich könne er „den Brief, bey dem noch dazu die alte Kirche so getrennet ist, nicht für göttlich annehmen."[112] Immerhin glaubte er nachweisen zu können, dass zwischen Paulus und Jakobus kein Widerspruch bestehe.[113]

Wilhelm Martin Leberecht *de Wette* (1780–1849) teilte in seiner „Biblischen Dogmatik Alten und Neuen Testaments" von 1813 erstmals die neutestamentlichen Schriften in „drey Classen" ein, die an F. C. *Baur* und seine Schule erinnern. Es gibt 1) judenchristliche Schriften, zu denen auch Jakobus gehört, 2) alexandrinische oder hellenistische und 3) paulinische.[114] Von da an wird der Hinweis auf den „jüdischen Charakter"[115] des Jakobusbriefes ein Stück Standard–Repertoire vieler Exegeten bis hin zu Rudolf *Bultmann*s „Theologie des Neuen Testaments", die bei Jak „das spezifisch Christliche auffallend dünn" vertreten sieht (496). Im extremen Fall führt diese Bewertung zu der These, dass der Jakobusbrief ursprünglich eine jüdische Schrift darstell-

---

[109] In „Briefe zweener Brüder Jesu in unserem Kanon". Vgl. *Eichholz*, Jak, 5; *Johnson* 145f.

[110] Nach *Kümmel*, NT, 83.

[111] A.a.O. 85.

[112] A.a.O. 86.

[113] Vgl. *Johnson* 147, der aber aus mir nicht erkennbaren Gründen zu einer ansonsten verschiedenen Darstellung von *Michaelis* kommt.

[114] Vgl. *Kümmel*, NT, 126.

[115] So *Kümmel*, NT, 360.

te, die nur leicht christianisiert worden sei – eine These, die z. B. Friedrich *Spitta*,[116] L. *Massebieau*[117] und Arnold *Meyer* vertraten und die bei so renommierten Theologen wie Rudolf *Bultmann* Sympathien gewann (496.515).

Für Ferdinand Christian *Baur* (1792–1860), das Haupt der kritischen Tübinger Schule des 19. Jahrhunderts, wurde der Gegensatz zwischen Judenchristentum und Heidenchristentum zum bestimmenden Erklärungsmuster des Neuen Testaments. Anfänglich hielt *Baur* den Jakobusbrief noch für echt. Inhaltlich ordnete *Baur* den Brief unter die „Versuche zur Ausgleichung und Vermittlung" zwischen Judenchristentum und Heidenchristentum ein: „Unläugbar hat der Brief des Jacobus ... eine solche Tendenz."[118] Der Gedanke der „Ausgleichung" zwischen den beiden Strömungen musste jedoch unausweichlich zu einer Spätdatierung und zur Annahme der Pseudepigraphie führen. In der Tat vertrat *Baur* später die Meinung, dass der Brief nicht vom Herrenbruder stamme, also geschichtlich unecht und einer Spätzeit zuzurechnen sei.[119] L. T. *Johnson* hat darauf hingewiesen, dass *Baur*s Position stark beeinflusst wurde durch die historisch–kritische Untersuchung von F. K. *Kern* über „Character und Ursprung des Briefes Jacobi" aus dem Jahre 1835.[120]

Eine kritische Würdigung der historisch–kritischen Exegese darf nicht übersehen, dass das 19. und 20. Jahrhundert eine Blütezeit der Beschäftigung mit dem Jakobusbrief darstellte. Eine fast grenzenlose Zahl von Untersuchungen erörterte alle irgendwie als relevant empfundenen Aspekte des Briefes, eine große Reihe von Kommentaren erschien. Aus der englischsprachigen Literatur hob James B. *Adamson* 1976 drei Kommentare als „indispensable" hervor: nämlich diejenigen von F. J. A. *Hort* (1909), J. B. *Mayor* (1913) und J. H. *Ropes* (1916).[121] Ich möchte diese Reihe durch L. T. *Johnson* ergänzen, der im Rahmen der Anchor Bible 1995 einen hervorragenden amerikanischen Kommentar vorgelegt hat. In Deutschland beansprucht noch immer Martin *Dibelius* mit seinem Kommentar von 1921 einen Spitzenrang. Martin *Hengel* schrieb 2002: „Die deutsche Forschung ist auch heute noch beherrscht von dem groß-

---

[116] Der Brief des Jakobus untersucht, 1896 (Zur Geschichte und Literatur des Urchristentums, 2).

[117] L'epitre de Jacques: est-elle l'oeuvre d'un chretien?, RHR, 31/32, 1895, 249-283.

[118] In: „Die Christuspartei in der korinthischen Gemeinde", Tübinger Zeitschrift für Theologie, 1831, Heft 4, 61ff.

[119] Vgl. *Hirsch* 529; *Kümmel*, NT, 161.173.

[120] *Johnson* 147f. Vgl. dazu auch *Hengel*, KS, 511,1.

[121] *Adamson* 11.

artigen, jetzt 70 Jahre alten Kommentar von Martin *Dibelius*."[122] Daneben sollte man den wichtigen katholischen Kommentar von Franz *Mußner* (1987^5) sowie die neueren Beiträge von Martin *Hengel* und Ernst *Baasland*[123] nicht vergessen. Ein Name aber darf unter keinen Umständen fehlen, dem wir bis heute vieles an geschichtlichem Licht verdanken: Das ist der Name von Theodor *Zahn* (1838–1933). Er verfasste nicht nur Einzeluntersuchungen wie diejenige über „Brüder und Vettern Jesu" (1900), die *Hengel* eine „nach wie vor unübertroffene(n) Untersuchung" nannte,[124] sondern auch Gesamtdarstellungen wie die „Einleitung in das Neue Testament" oder den „Grundriss der Geschichte des neutestamentlichen Kanons" oder die „Geschichte des neutestamentlichen Kanons".

Versucht man die Ergebnisse dieser reichen Erforschung des Jakobusbriefes zu überblicken, dann drängt sich der Eindruck der Disparatheit auf. Schärfer noch formuliert Martin *Hengel*: „Der Jakobusbrief stellt – darin hat sich in rund 150 Jahren kritischer Auslegungsgeschichte kaum etwas geändert – den Leser vor tiefgreifende, bisher noch nicht befriedigend gelöste Aporien".[125] Auch Angehörige der jungen Forschergenerationen konstatieren: „Hier bleiben viele Fragen offen."[126]

In der Frage der Echtheit des Briefes bzw. der Pseudepigraphie stehen sich nach wie vor zwei große Lager gegenüber und zwar quer durch die Konfessionen. Immerhin konnte Rainer *Riesner* in seinem Artikel für The Oxford Bible Commentary 2001 feststellen: „At the present time the authenticity hypothesis is gaining new defenders".[127] Es bleibt jedoch eine schwerwiegende Tatsache, dass „aus historisch-kritischen Gründen" der „Zweifel an der Echtheit" seit dem 19. Jahrhundert weit verbreitet wurde.[128]

Unterschiedlich bleibt außerdem der zeitliche Ansatz. Sollte man den Jakobusbrief „auf das Ende des l. Jh. festlegen"?[129] Oder sollten wir „the time until

---

122 *Hengel*, KS, 513. Vgl. *Kümmel* 359; *Goppelt*, II, 531.
123 S. Literaturverzeichnis.
124 *Hengel*, KS, 549,1.
125 *Hengel*, KS, 511.
126 *Frenschkowski* 122.
127 *Riesner*, James, 1256.
128 Vgl. *Kümmel* 358.
129 So *Kümmel* 365.

the middle of the 40s" bevorzugen?[130] Oder eine andere Zeit?[131] Eine Klärung ist hier nur im Zusammenhang mit der Verfasserfrage möglich.

Hat der Brief überhaupt einen Zusammenhang und eine erkennbare Struktur? Auch diese Frage wird sehr verschieden beantwortet. Schon *Luther* erhob den Vorwurf, der Verfasser „wirfft so unördig (= unordentlich) eins ins ander."[132] In der Linie lutherischer Tradition haben Ausleger wie Martin *Dibelius* oder Werner Georg *Kümmel* denselben Vorwurf geäußert. *Kümmel* spricht sogar von einer „Zusammenhangslosigkeit des Briefes". Andere gehen von einer „geheimen Ordnung", einer „Einheitlichkeit",[133] einer „careful structure"[134] und „essential coherence"[135] aus.

Wie verträgt sich Jak 2,14ff. und Jakobus insgesamt mit Paulus? Hat Jakobus den Paulus überhaupt gekannt oder darf man „angesichts des völligen Missverstehens der paulinischen Formulierungen"[136] eine Kenntnis der Paulusbriefe gar nicht mehr voraussetzen? Auch hier differieren nach wie vor die Meinungen.

Vielleicht ist es zu scharf, zu sagen, dass die letzten zweihundert Jahre Auslegungsgeschichte in Aporien münden. Deutlich aber ist ein Pluralismus noch nicht versöhnter Meinungen.

7. *Verfasser*

Der Herrenbruder Jakobus ist in den letzten Jahren neu in den Mittelpunkt des Interesses gerückt. Als Beispiele dafür seien die Vorträge im Bard College am Ende der 90er Jahre erwähnt, die zu dem stattlichen Band „James the Just and Christian Origins" (1999) geführt haben, oder auch die neueren deutschen

130 So *Riesner*, James, 1257.

131 *Tasker* 32 datiert nach dem Römerbrief, also ca. 60 n. Chr.; *Hengel*, Polemik, 252 „zwischen 58 und 62"; *Knopf* Sp. 1024 „etwa 100-120".

132 Die gantze Heilige Schrifft usw. 2455.

133 So *Bieder* 96.

134 So *Riesner*, James, 1257.

135 So *Johnson* 15.

136 So *Kümmel* 362.

Arbeiten von Martin *Hengel* (Paulus und Jakobus, Kleine Schriften III, 2002) und Rainer *Riesner.*[137]

Ganz überraschend hat das öffentliche Bekanntwerden des Jakobus–Ossuars im Oktober 2002 die Debatte erneut belebt.[138] Seine Inschrift lautet: „Jakobus, Sohn des Josef, Bruder Jesu". Nach *Frenschkowski* (120) ist es „durchaus ... wahrscheinlich, dass wir (hier) das Ossuar des Herrenbruders" besitzen.

Frenschkowski bemerkt: „Dichter werden wir an den historischen Jesus archäologisch nicht herankommen können" (122). Neuerdings stellt sich der Fund jedoch als Fälschung heraus.

Wer immer sich mit der Verfasserfrage beschäftigt, steht vor zwei grundlegenden Tatsachen. Die eine liegt im Präskript des Briefes vor, das ein einfaches Ἰάκωβος als Verfasser angibt (1,1). Wer so schreibt, muss einen Grad von Bekanntheit besessen haben, der jede weitere Identifikation des Namens unnötig machte. Das Gegenbeispiel bildet Jud 1: Ἰούδας ... ἀδελφὸς δὲ Ἰακώβου. Infolgedessen nehmen diejenigen Forscher, die von einem Pseudepigraphon ausgehen, fast selbstverständlich an, dass der Brief vom Herrenbruder geschrieben sein will. So z. B. Wolfgang *Schrage*: „erhebt der Brief zweifelsohne den Anspruch, von diesem Herrenbruder geschrieben zu sein"(10).[139]

Die zweite Tatsache ist das einhellige Zeugnis der alten Kirchengeschichte, die dort, wo der Brief akzeptiert wird, überall den Herrenbruder als den Verfasser annimmt. Mit Recht bemerkt *Riesner*: „Wherever in the early church the letter was believed to be authentic it was also ascribed to this James."[140]

Wie kommt es dann zur Ablehnung einer Verfasserschaft des Herrenbruders? *Schrage* listet in seinem Kommentar von 1973 noch einmal die Gründe für diese Ablehnung auf:

1) Es fehle „der leiseste Hinweis auf die Geltung des Ritual- und Zeremoniengesetzes"(11). Den Herrenbruder aber könne man sich nur als steten Verfechter des Ritual- und Zeremoniengesetzes vorstellen.
2) Das „gepflegte Griechisch" des Briefes (11). Der Herrenbruder sei dazu nicht in der Lage gewesen.

---

137 Letzterer z. B. in dem Sammelband The Book of Acts in its First Century Setting, Vol,4: The Book of Acts in its Palestinian Setting, ed. by Richard *Bauckham*, Grand Rapids, 1995, vertreten.

138 Jüngstens nahm dazu *Frenschkowski* 2003 Stellung. Zum folgenden vgl. seinen Artikel sowie den Artikel von Peter *Lampe*, der zu denselben Ergebnissen kommt.

139 Vgl. *Knopf* Sp. 1021; *Lohse* 130; *Hauck* 3; *Goppelt*, II, 529; *Kümmel* 363.

140 *Riesner*, James, 1256.

3) Es gebe „wenig an direktem Niederschlag von Jesu Worten"(11). Einen solchen „direkten Niederschlag" aber müsse man beim Herrenbruder erwarten.
4) „Christus" werde bereits als Eigenname verwendet. Das deute auf eine späte Zeit (11).
5) Die späte kanonische Anerkennung. Der Herrenbruder hätte jedoch frühzeitig Anerkennung finden müssen (12).

Ganz ähnlich die Auflistung in Werner Georg *Kümmel*s „Einleitung" zehn Jahre später (1983):
1) „Die gebildete Sprache des Jk ist nicht die eines Palästinensers einfacher Herkunft"(364).
2) „Es ist kaum begreiflich, dass der gesetzestreue Herrenbruder... keinerlei kultisch–rituelle Gebote auch nur andeutungsweise erwähnt"(a.a.O.).
3) „Sollte der Herrenbruder wirklich jede Anspielung auf Jesus und seine Beziehung zu ihm unterlassen ...?"(a.a.O.).
4) Jak 2,14ff. „verrät auch eine so völlige Unkenntnis des polemischen Sinns der paulinischen Theologie, wie sie Jakobus ... schwerlich zugetraut werden darf"(a.a.O.).
5) Die langsame kanonsgeschichtliche Anerkennung des Jk zeigt, dass „eine alte Tradition über seine Herkunft vom Herrenbruder" offenbar nicht bestanden hat (a.a.O.).

Ob *Aland*, ob *Hauck*, ob *Knopf*, ob *Lohse*, ob *Marxsen*, ob *Meyer*, ob *Paulsen*, ob *Schneider*, ob *Stuhlmacher*, ob *Windisch* – immer wieder verläuft die Argumentation in diesen Schienen.[141] Doch tragen die angeführten Argumente wirklich die Hypothese der Pseudepigraphie?
Wir greifen die Argumente einzeln auf:

1) Das „gepflegte Griechisch" bzw. „Die gebildete Sprache" war jüngst eines der Themen der Konsultationen am Bard College. Peter H. *Davids* wies dabei hin auf die „significant evidence for the extensive use of Greek within first Century Jerusalem, let alone the rest of Palestine".[142] *Davids* stützte sich auf

141 Vgl. *Aland*, Sp. 100ff.; *Hauck* 3f.; *Knopf* Sp. 1022f.; *Lohse* 130; *Marxsen*, Einl, 196; *Meyer* 110f.; *Paulsen* 492; *Stuhlmacher*, Ger, 192,4; *Windisch*, Gnomon, 380; *Schneider* 4.

142 James the Just 42.

Sevenster und *Goodenough*, wobei deutscherseits noch Martin *Hengel* hinzuzufügen wäre. *Davids* bemerkt u. a.: „One even finds evidence for the knowledge and use of Greek philosophical ideas ... within Palestinian literature. Thus there is no prima fade reason why a Galilaen Jew would not have grown up bilingual and have spoken decent Greek ... There is even less reason to suppose that a Jewish-christian group in such an environment would not use good quality Greek to write to Diaspora adherents of the movement."[143] Hinzu tritt die Beobachtung zahlreicher Semitismen, so dass vor unseren Augen das Bild eines Autors entsteht, der beide Sprachen – aramäisch/hebräisch und griechisch – spricht und dabei von einem semitischen Hintergrund herkommt.[144]

In der Forschung wurde schon lange auf diese Punkte hingewiesen. *Zahn* hielt es für „eine willkürliche Annahme", Jakobus die ausreichende Kenntnis des Griechischen abzusprechen.[145] Er gab zu bedenken, dass Leute wie Jakobus „ohne eine beträchtliche Fertigkeit in mündlicher Handhabung der griechischen Sprache die nächsten Aufgaben ihres Berufs gar nicht erfüllen" konnten.[146] Ähnlich argumentierte Joseph B. *Mayor* in seinem großen Kommentar. Er wies insbesondere darauf hin, „that Galilee was studded with Greek towns, and that is was certainly in the power of any Galilean to gain a knowledge of Greek"(ccixiv). Es ist eben die Zweisprachigkeit der Heimat des Jakobus und die Notwendigkeit der Kenntnis des Griechischen in seinem Amt, die auch andere Forscher wie *Guthrie*, *Hengel*, *Kittel* und *Riesner* betont haben.[147] Nicht vergessen werden darf der semitische Charakter der Sprache, der „auf einen semitisch denkenden Verfasser" hinweist.[148]

Man sollte deshalb in Zukunft besser auf das linguistische Argument verzichten, wenn man die Verfasserschaft des Herrenbruders anzweifelt. Linguistische Beobachtungen sprechen eher für eine Verfasserschaft des Herrenbruders.[149]

---

[143] James the Just 42f.

[144] A.a.O. 44f.

[145] *Zahn*, Einl, 80f.

[146] *Zahn*, Einl, 32.

[147] *Guthrie* 747f.; *Hengel*, Polemik, 251; *Kittel*, ZNW 43, 78f.; *Riesner*, James, 1256.

[148] So *Mußner* 8, vgl. 30ff.

[149] So auch neben vielen anderen *Carson-Moo-Morris* 413; *Moo* 24; *Mußner* 8; *Peters* 24; *Robinson* 133; *Stulac* 13f. ; *Tasker* 29.

Die Frage, ob analog Röm 16,22 oder I Petr 5,12 ein Sekretär beteiligt war,[150] wird man nie abschließend beantworten können. Notwendig ist eine solche Annahme allerdings nicht. Dagegen erscheint die Erwägung von Peter *Davids*, Ralph P. *Martin* und Wiard *Popkes*, dass ein Späterer das ursprüngliche Schreiben des Herrenbruders überarbeitet und ediert habe, als unnötig, künstlich und überflüssig.[151]

2) Moniert wird das Fehlen ritual- oder zeremonialgesetzlicher Ausführungen im Jakobusbrief. Doch angenommen, der Herrenbruder hätte wirklich ein ritual- und zeremonialgesetzliches Interesse gehabt, hätte er dann in seinem einzigen erhaltenen Schreiben unbedingt davon sprechen müssen? Dass das Gesetz als solches für ihn wichtig war, lässt allerdings sein Schreiben vielfältig erkennen (vgl. 1,25; 2,8f.; 2,10ff.; 4,11f.). *Stulac* ist jedoch grundsätzlich zuzustimmen, wenn er schreibt, Jakobus sei nicht mit dem „ceremonial law", sondern mit dem „moral law" befasst (19). Was nötigte auch einen christlichen Verfasser, der an die Diaspora schrieb, Fragen des Zeremonialgesetzes aufzugreifen?

Mehrfach wurde in der Forschung schon unterstrichen, dass der uns historisch bekannte Herrenbruder kein strenger Legalist, sondern eine vermittelnde und integrierende Persönlichkeit gewesen ist: „the picture of a legalistic, anti–Paul James must be rejected as a tendentious caricature".[152] *Hengel* beschreibt Jakobus demgemäß als „ein Mann des Ausgleichs, der die Einheit der messianischen Jesusgemeinde aufrecht zu erhalten suchte."[153] *Hengel* ist außerdem überzeugt: Ohne seine Zustimmung hätte es die „gesetzesfreie" Heidenmission nicht gegeben.[154] Schon vor über siebzig Jahren hat Gerhard *Kittel* geltend gemacht, dass Jakobus kein radikaler Judaist gewesen ist, sondern „zu den Vermittelnden" gehörte.[155] Seitdem ist das Bild von „Jakobus dem Gerechten" viel reicher geworden. Aber auch in den Konsultationen vom Bard College z.

---

150 Mindestens offen für eine solche Annahme sind u. a. *Kittel*, ZNW 43, 80; *Mußner* 8; *Riesner*, James, 1256. Dagegen z. B. *Johnson* 116ff.

151 So mit Recht *Carson-Moo-Morris* 413; *Riesner*, James, a.a.O. Zu Peter H. *Davids* siehe zuletzt James the Just 54ff.; *Moo* 20f.

152 *Moo* 20f.

153 *Hengel*, GuE, 92.

154 A.a.O. Vgl. *Dale* 2f.

155 1931 in: *Kittel*, ZNW 30, 157. Ebenso *Hengel*, KS, 523; *Guthrie* 750; *Tasker* 26; *Carson-Moo-Morris* 412; *Mußner* 10; *Dale* 2f.

B. ist kein rituell-radikaler Jakobus zutage getreten, sondern ein mit der Lehre Jesu verbundener, also wirklich „christlicher" Jakobus, der etwa nach den Untersuchungen von Scot *Mc Knight* in „continuity with Jesus" die Reinheit „a matter of the heart" sein lässt.[156] Evtl. ist bei einer Frühdatierung auch zu bedenken, dass bestimmte später bei Paulus umkämpfte Themen wie die Heidenmission noch keine prominente Rolle spielten.[157]

Alles in allem ergibt sich aus dem Fehlen ritual- oder zeremonialgesetzlicher Ausführungen im Jakobusbrief kein tragfähiges Argument gegen die Verfasserschaft des Herrenbruders.

3) Das dritte Argument gegen diese Verfasserschaft wird daraus abgeleitet, dass Jakobus nirgends auf seine persönliche Beziehung zu Jesus anspiele.

Aber hat es Jakobus wirklich nötig gehabt, seine „autoritative Rolle"[158] auf eine solche Weise zu unterstreichen? Wenn Jakobus, wie S. *Mc Knight* schreibt, tatsächlich „a powerful, towering figure who led the Jerusalem church and whose leadership and influence extended well out into the Diaspora" war,[159] weshalb sollte er dann noch explizit von seiner Verwandtschaft zu Jesus sprechen? Es bleibt ja auch die Frage, ob nicht Überlieferungen wie die in Mk 3,20f.; 3,31ff.; Joh 7,5 Jakobus eher von solchen Darlegungen abgehalten haben.[160]

Aus der Nichterwähnung persönlicher Beziehungen zu Jesus lässt sich jedenfalls kein tragfähiges Argument gegen die Verfasserschaft des Herrenbruders gewinnen.

4) Steht es anders mit Jak 2,14ff., das der Herrenbruder nicht geschrieben haben könnte, weil es Paulus so völlig missversteht? Ein solcher Einwand macht eine Reihe von Voraussetzungen, die erst noch zu beweisen sind.

---

156 In: James the Just 129.

157 So z. B. *Stulac* 17; *Riesner*, James, 1256; *Moo* 33f.; *Michaelis* 279.

158 So *Kümmel* 364.

159 In: James the Just 101.

160 Ob die Verwandtschaft zu Jesus am Anfang der Kirchengeschichte wirklich so unwichtig war, wie *Carson-Moo-Morris* 411f. annehmen, sei dahingestellt. Vgl. auch *Guthrie* 749.

Falls Jakobus vor dem Galater- und Römerbrief geschrieben wäre, hätte eher Paulus auf Jakobus als Jakobus auf Paulus geantwortet. Eine solche frühe Ansetzung wird von einer stattlichen Reihe von Autoren vertreten.[161]

Aber polemisiert Jakobus überhaupt gegen Paulus? Martin *Hengel* hat seinen Aufsatz „Der Jakobusbrief als antipaulinische Polemik" (1987) 2002 noch einmal abdrucken lassen.[162] Hier ist die Polemik-Hypothese m. E. am schärfsten herausgearbeitet. Peter *Stuhlmacher* ist seinem Kollegen M. *Hengel* in der Biblischen Theologie von 1999 gefolgt.[163] Aber *Hengel* hat schon am Anfang seines Aufsatzes darauf hingewiesen, dass Ernst *Baasland*, mit dem zusammen er sein Jakobus–Seminar gehalten hatte, ihm in der Polemik-Hypothese nicht folgte.[164] Ein sorgfältiger Vergleich insbesondere von Jak 2,14ff. und Röm 3,21 lässt es immer bedenklicher erscheinen, ob hier Paulus getroffen werden sollte. Selbst profilierte Lutheraner wie Paul *Feine*, die grundsätzlich am polemischen Charakter von Jak 2,14 festhalten wollten, räumten ein, dass nicht „Paulus selbst", sondern eine „praktische Verirrung" von Jakobus angegriffen werde.[165] Ganz ähnlich dann die Urteile von *Goppelt* und *Eichholz*: „nicht Paulus selbst, sondern ein erschlafftes Christentum"[166] oder nur „ein formelhaft gewordener Paulus"[167] sei der Gegner des Jakobus. In unserem Kommentar kommen wir zu dem Schluss, dass Jak 2,14ff. und Röm 3,21ff. keinen Widerspruch in der Sache darstellen.[168] *Stulac* schreibt mit Recht, dass der Jakobusbrief nicht antipaulinischer sei als die Bergpredigt (16).

Die Polemik-Hypothese ist zu sehr auf Vereinfachungen angewiesen. Wenn man die Kompliziertheit des Verhältnisses Jakobus-Paulus bedenkt, dem erst kürzlich William R. *Farmer* und Markus *Bockmuehl* eindrucksvolle Studien gewidmet haben,[169] aber auch Richard *Bauckham*,[170] dann wird man sehr zu-

---

161 Z. B. *Riesner*, James, 1256 unter Berufung auf *Zahn*; *Mayor*; *Moo*; *Penner*; *Stulac* 15; *Moo* 33; *Kittel*, ZNW 43, 94ff.; *Carson-Moo-Morris* 414; *Robinson* 138; *Michaelis* 282; *Burdick* 162; *Zahn*, FGNK 6, 359; *Floor* 17; *Adamson* 21.

162 *Hengel*, KS, 511ff.

163 *Stuhlmacher*, Bibl Th, 61.

164 *Hengel*, KS, 511.

165 *Feine* 408.

166 *Goppelt*, II, 530. Ähnlich *Kittel*, ZNW 43, 94ff.

167 *Eichholz*, Jak, 38.

168 So auch die alte Kirche; *Melanchthon*; *Calvin*; *Zahn*, Einl, 89f. und viele moderne Ausleger, z. B. *Elwell-Yarbrough* 353; *Robinson* 127; *Johnson* 63; *Stulac* 16f.; *Carson-Moo-Morris* 418f.; *Burdick* 185.

169 In: James the Just 133ff. bzw. 155ff.

rückhaltend im Blick auf das, was Jakobus von Paulus oder vice versa verstanden hat.

Die Verfasserschaft des Herrenbruders kann also nicht mit der Vermutung möglicher Missverständnisse des Paulus im Jakobusbrief bestritten werden.

5) Die langsame kanongeschichtliche Anerkennung des Jakobusbriefes wird dafür in Anspruch genommen, dass es keine „alte Tradition über seine Herkunft vom Herrenbruder" gebe.

In der Tat bereitet die Aufnahmegeschichte des Jakobus in den Kanon Probleme. Hier liegt das stärkste Argument gegen die Verfasserschaft des Herrenbruders vor. Die Geschichte der Kanonisierung wird immer einen Ansatz zu Zweifeln nähren, wie es ja auch bei *Eusebius* und *Hieronymus* zu beobachten ist.

Bei genauerem Hinsehen zeigt es sich allerdings, dass diese Geschichte keineswegs so einlinig oder geradlinig verlaufen ist, dass man von einer „langsamen", „allmählichen" oder „mühsamen" Durchsetzung der Kanonisierung sprechen könnte. Das Bild ist viel komplizierter.

Geht man davon aus, dass Jak auf den I Clem und den Hirten des Hermas „eingewirkt hat",[171] dann kommt man an der Schlussfolgerung nicht vorbei, die *Hengel* so formulierte: „Offenbar war Jak in Rom zwischen 90 und 120 noch bekannt."[172] Für Kleinasien kommt im 2. Jh. *Irenäus* hinzu. In der alexandrinischen Kirche hat der Jakobusbrief seinen Platz gehabt, „soweit unsere Kunde zurückreicht",[173] wie *Zahn* formuliert. Daneben steht das Schweigen der Syrer, der Kirche Mesopotamiens, mancher Antiochener[174] und schließlich das Zögern Roms, wie es vielleicht schon aus dem Fehlen des Jakobusbriefes im Kanon Muratori ablesbar ist. Die Geschichte des Jakobusbriefes ist also eine verschlungene Geschichte. Noch immer hat diejenige Ansicht am meisten für sich, die davon ausgeht, dass der Jakobusbrief wegen seines judenchristlichen Charakters schwer tat, sich die allgemeine heidenchristliche Anerkennung zu sichern.[175]

---

170 Passim.

171 So *Hengel*, KS, 519.

172 A.a.O. *Meyer* 59ff. schreibt sogar von der „Beliebtheit des Briefes in Rom 90-150".

173 *Zahn*, Einl, 89.

174 Vgl. wieder *Zahn* a.a.O.

175 So *Zahn* a.a.O.; *Stuhlmacher*, Bibl Th, 60; *Riesner*, James, 1257; *Peters* 25f.

Summa summarum: Die gegen die Verfasserschaft des Herrenbruders vorgebrachten Argumente sind zu schwach, als dass sie eine solche Verfasserschaft ausschließen könnten.

Man kann aber auch umgekehrt fragen: Was spricht für die Verfasserschaft des Herrenbruders?

Manche der Argumente pro sind ebenfalls schwach. So das Argument des jüdischen Hintergrundes.[176] Denn Schriften mit jüdischem Hintergrund jüdischer Atmosphäre gab es damals sicherlich viele (vgl. Lk 1,1ff.; II Thess 2,2). Schwach bezüglich der Verfasserfrage ist auch der Hinweis auf die Ähnlichkeit mit der Jesustradition.[177] Lässt sich solche nicht auch beim Thomas-Evangelium und evtl. vielen alten Erzählungen, von denen Lk 1,1ff. spricht, finden? Nicht überzeugend ist ferner die Beweisführung mit Entsprechungen zwischen Jak und Act 15.[178] Hier sollte man sich von *Johnson* (118) und *Tasker* (26) zur Vorsicht mahnen lassen.

Stärker ist das Argument, das auf die soziale Lage und die frühe Kirchenordnung bei Jakobus hinweist. *Kittel* kam sogar zu dem Schluss; dass die im Jakobusbrief erkennbare soziale Lage „genau der Jerusalemer Urgemeinde" entspreche.[179] Einzelheiten wie die in Jak 2,2 genannte „Synagoge" als „a definite room"[180] weisen in diese Richtung.[181] *Riesner* könnte sich vorstellen, dass Jak 2,2 „Jewish synagogues before AD 70 in Judaea and/or Jerusalem" bezeugt.[182]

Zu bedenken sind drei weitere Argumente:

1) Der Brief enthält nichts „pseudepigraphisch Wirkendes".[183] Es wird keine Gruppe, keine Richtung erkennbar, die gestützt werden soll. Persönliche Anspielungen, die die eigene Würde erhöhen, fehlen.

---

176 Vorgebracht u. a. bei *Carson-Moo-Morris* 410; *Burdick* 162; *Guthrie* 741.

177 Zu finden u. a. bei *Guthrie* 743; *Burdick* a.a.O.; *Carson-Moo-Morris* a.a.O.

178 So z. B. bei *Carson-Moo-Morris* a.a.O.; *Guthrie* 741; *Moo* 22.

179 *Kittel*, ZNW 43, 81. Ähnliches bei *Burdick* 162 und *Riesner*, James, 1256 sowie *Riesner*, Synagogues, 207f.; *Guthrie* 746. Vgl. auch *Johnson* 120.

180 *Riesner*, Synagogues, 207.

181 So schon *Burdick* a.a.O.

182 *Riesner* a.a.O. 208.

183 *Kittel*, ZNW 41, 75, ähnlich *Guthrie* 753f.

2) Die Einfachheit des Absender-Namens beeindruckt.[184] Die „schmucklose Art, in welcher der Vf sich einführt", spricht deutlich gegen die Annahme einer literarischen Fiktion.[185] Dagegen spricht diese schmucklose Art durchaus für eine allseits bekannte, mit großer Autorität wirkende Persönlichkeit – wie es eben der Herrenbruder war.
3) Schwer wiegt das Zeugnis der Kirchengeschichte, die vom „Bruder des Herrn" oder „Apostel Jakobus" spricht.[186] Ein solches Zeugnis zu widerlegen, bedürfte es schwerwiegender Gründe.

Wenig Gewicht hat allerdings die Überlegung, es habe doch kein ausreichendes Motiv für ein pseudonymes Schreiben ausgerechnet unter dem Namen des „Jakobus" gegeben.[187] Es zeigt sich ja doch, dass das Judenchristentum die Stellung des Jakobus besonders hervorgehoben hat.[188] Deshalb wäre es grundsätzlich vorstellbar, dass ein dort beheimateter Autor zu dem Namen des Jakobus Zuflucht nahm, um seine Darlegungen wirkungsvoller vorzutragen.

Nach Abwägen der Argumente kommen wir jedenfalls in unserem Kommentar zu dem Schluss, dass die Annahme, der Herrenbruder Jakobus sei der Verfasser des Briefes, die naheliegendste, vernünftigste und am besten begründete ist.[189] Es ist wohl wahr – und darin ist *Johnson* (121) Recht zu geben –, dass es keinen „wasserdichten" Beweis für die Autorschaft des Herrenbruders gibt. Aber jede andere Annahme ist zweifelhafter.

---

184 Das wurde in der Literatur schon oft notiert. Vgl. *Guthrie* a.a.O.; *Mußner* 7; *Zahn*, Einl, 100; *Stulac* 16; *Robinson* 129; *Carson-Moo-Morris* 410; *Peters* 20; *Riesner*, James, 1256; *Mayor* I.

185 *Zahn*, Einl, a.a.O.

186 Vgl. *Carson-Moo-Morris* a.a.O.

187 So z. B. *Guthrie* 753-755; *Stuhlmacher*, Bibl Th, 60.

188 *Mußner* 5 unter Verweis auf *Hippolyt*; Hebr Ev; Thomas Ev Log 12; Pseudoklementinen.

189 Ebenso *Schlatter*, Jak, 136; *Zahn*, Einl, 72ff.; *Mußner* 7ff.; *Stuhlmacher*, Bibl Th, 60ff.; *Hengel*, KS, 523ff.; *Johnson* 121; *Riesner*, James, 1256; ders., Synagogues, 208; *Tasker* 20ff.; *Mayor* Iff.; *Beyschlag* 4ff.; *Dale* 1ff.; *Floor* 9; *Michaelis* 280; *Carson-Moo-Morris* 413; *Kittel*, ZNW 43, 104; *Moo* 20; *Elwell-Yarbrough* 354; *Guthrie* 758; *Robinson* 129; *Stulac* 15; *Burdick* 161; *Martin* 358; *Ruckstuhl* 486; *Belser* 1ff.

8. Abfassungszeit und Abfassungsort

Ist der Herrenbruder Jakobus der Verfasser des Briefes, dann ergibt sich eine Spanne von maximal 30 Jahren, in der der Brief geschrieben sein muss.

Jakobus wurde im Jahre 62 n. Chr. hingerichtet.[190] Das Jahr 30 ist das wahrscheinliche Todesjahr Jesu. In den Gemeinden des Jakobus existiert schon eine Ordnung der Abläufe und der Ämter (2,1ff.; 3,1ff.). Der messianische Glaube erfährt schon Verfälschungen und libertinistische Missverständnisse (2,14ff.). Deshalb wird man den Brief erst ab der Mitte der 30er Jahre ansetzen können.

Kann man noch weiter eingrenzen? Eine Reihe von Autoren plädiert für ein Datum vor dem sog. Apostelkonzil im Jahre 48. Die Begründung lautet: Im Jakobusbrief ist noch keine Problematisierung der Heidenmission zu erkennen, ja sie kommt thematisch überhaupt nicht vor. Eine solche Situation deute aber auf die Zeit vor 48 n. Chr.[191] Unterstützt werde ein solcher Zeitansatz durch die Erwägung, dass im Jakobusbrief der Druck auf die Gemeinde von den Reichen und Einflussreichen ausginge (5,1ff.; 2,1ff.), das heißt von der sadduzäischen Oligarchie und Königen wie Agrippa I.[192] Gelegentlich weist man auch ganz allgemein auf den Stand der „affairs“ hin, vor allem bezüglich Jak 2,14ff. das vor dem Apostelkonzil leichter verständlich sei.[193] Sehr häufig trifft man dann auf Datierungen wie „the middle of the 40s“, ca. 45–47, „kurz vor der Ersten Missionsreise, zwischen 40 und 50, oder schlicht ca. 50 n. Chr. Dies alles nach dem Vorgang von Theodor *Zahn*.[194] Sollte *Mußner* (19) Recht haben mit der Behauptung, dass Jakobus wenigstens die großen Paulusbriefe noch nicht gekannt habe, als er seinen Brief schrieb, dann müsste auch dieser Umstand auf das Datum um 50 n. Chr. führen.[195] Manche sprechen sich auch

---

[190] Vgl. *Chilton* 4. Die Datierung unterliegt leichten Schwankungen: für 61 auch *Tasker* 28.

[191] So dezidiert *Kittel*, ZNW 41, 71. Ähnlich *Michaelis* 279; *Moo* 33f.; *Guthrie* 761ff.; *Robinson* 122; *Mayor* cxivf.

[192] So z. B. *Riesner*, James, 1257; aber auch schon *Mayor* cxiv.

[193] So z. B. *Moo* a.a.O.; *Kittel*, ZNW 43, 94ff.; *Guthrie* 761ff.

[194] *Zahn*, Einl, 104; ders., FKNG 6, 359; *Riesner*, James, a.a.O.; *Moo* 33; *Floor* 17; *Kittel*, ZNW 43, 104; ders., ZNW 41.71f.; *Guthrie* 761ff.; *Burdick* 162; *Stulac* 15; *Robinson* 138; *Carson-Moo-Morris* 414. Einflussreich in diese Richtung votierte auch *Mayor* cl.

[195] *Mußner* selbst freilich zieht eine Ansetzung „um das Jahr 60 n. Chr.“ vor (19).

ganz allgemein für eine „Frühdatierung" aus[196] oder rubrizieren den Brief als eine der frühesten Schriften des NT[197] oder gar als älteste Schrift des NT.[198]

Eine Reihe von Autoren bleibt vorsichtiger und wagt es nicht, sich auf die 40er Jahre festzulegen. Typisch ist hier *Tasker*, der sich auf *Hort* beruft und zu dem Schluss kommt: „The most probable date of the Epistle would seem to be circa A. D. 60."[199] In der Erörterung der soeben erwähnten Argumente erklärt er: „None of these reasons are, however, conclusive" (31). Dieselbe Vorsicht kennzeichnet *Elwell-Yarbrough*, die ihre Datierung „sometime between the late A. D. 30s and the early A. D. 60s" vornehmen (354), *Johnson* („a very early writing from a Palestinian Jewish Christian source", 121), den späten *Kittel* (ZNW 43, 83: „etwa ... zwischen 40 und 60") sowie *Mußner* (19: ca. 60 n. Chr.) und *Hengel* (Polemik, 252: „zwischen 58 und 62").

Wir verhehlen nicht unsere Sympathie für eine Datierung vor oder um 50 n. Chr.[200] Zugleich erfordert es aber die wissenschaftliche Nüchternheit, einzugestehen, dass kein wirklich entscheidendes Argument für eine solche genauere Datierung vorhanden ist. Bis auf weiteres muss das Urteil also lauten: 1) eine Datierung auf die Zeit ca. 35–50 n. Chr. bleibt möglich, 2) sie lässt sich aber nicht durchschlagend genug begründen, so dass ebenso eine Datierung auf die Zeit ca. 50–62 erfolgen kann. Nur eins scheint uns unmöglich: den Brief dem Herrenbruder abzusprechen und damit Datierungen bis gegen das Ende des 1. Jh. oder sogar noch im 2. Jh. n. Chr. vorzunehmen.

Der Abfassungsort wurde verschieden bestimmt. Man dachte schon an Rom (*Knopf* Sp. 1024), Cäsarea (*Meyer* 307), Syrien (*Kümmel* 365), Palästina und Jerusalem. Angesichts der Autorschaft des Herrenbruders und angesichts des Kolorits wird man auf jeden Fall eine Abfassung in Palästina / Israel anzunehmen haben,[201] vermutlich sogar in Jerusalem.[202]

---

196 So z. B. *Stuhlmacher*, Bibl Th, 60; *Adamson* 21.

197 So z. B. *Johnson* XII.

198 So z. B. *Floor* 17; *Kittel*, ZNW 41, 71; *Robinson* 139; *Michaelis* 282.

199 *Tasker* 32.

200 Vgl. meinen Jakobuskommentar in der WStB, 12: „um 50 n. Chr.".

201 *Michaelis* 278; *Johnson* 121 ; *Kittel*, ZNW 43, 104 ; *Robinson* 120.

202 So auch *Riesner*, James, 1256; *Carson-Moo-Morris* 414; *Mußner* 23 *Beyschlag* 36.

9. Theologische Anliegen des Jakobusbriefes

Für die theologischen Anliegen des Jakobusbriefes ließe sich keine bessere Zusammenfassung finden als I Joh 3,18: „Lasst uns nicht lieben mit Worten noch mit der Zunge, sondern mit der Tat und mit der Wahrheit." Dass I Joh 3,18 dem Jakobusbrief sehr nahe steht, wurde ja schon oben ausgeführt.

Jakobus konzentriert sich auf die Glaubensnachfolge der Christen. Anders als im Römer- oder Galaterbrief geht es nicht um die Erlangung des Heils oder der Gerechtigkeit bei Gott, sondern um die Praktizierung der uns verliehenen Gerechtigkeit und den täglichen Gehorsam analog Röm 12,1–2. Paulus führt uns hin zum Kreuz, Jakobus kommt vom Kreuz her.

Paulsen hob hervor, dass hier eine „Theologie des Urchristentums" vertreten werde, vor allem eine jesuanische (490). In der Tat würde sich auch ein Satz aus der Bergpredigt ausgezeichnet als theologische Zusammenfassung des Jakobusbriefes eignen: „Es werden nicht alle, die zu mir sagen: Herr, Herr!, in das Himmelreich kommen, sondern die den Willen tun meines Vaters im Himmel" (Mt 7,21). Allerdings sind wir nicht mehr in der Epoche des Wirkens Jesu, sondern in der Zeit der von Jesus gegründeten Gemeinde, die auf Jesus zurückblickt. Aus dem ambivalent beurteilten Jesus ist eindeutig der Kyrios, ja der „Herr der Herrlichkeit" geworden. „Jesus Christus" ist jetzt ein Eigenname. Solche Aussagen des Briefes sind keine späteren Einschübe, wie *Spitta*, *Massebieau* oder *Meyer* meinten und Forscher wie *Bultmann*, *Marxsen* oder *Windisch* anzunehmen geneigt waren,[203] sondern – wie *Stulac* betont hat (17f.) – von hohem christologischen Gewicht. Sie sprechen die tragenden Fundamente an. Besagen sie doch die Herrschaft des göttlich gesalbten und ernannten Messias und die Gottheit Jesu (*Stulac* a.a.O.).[204] Es geht hier um eine wirklich „christliche Schrift".[205]

Aber wollte Jakobus überhaupt ein „Theologe" sein? Manche Urteile in der Forschung können daran Zweifel erwecken. 1931 schrieb *Feine* in seiner „Theologie des Neuen Testaments": „In Jak finden wir keine eigentliche Theo-

---

[203] Vgl. *Guthrie* 756; *Meyer* 117ff.; *Bultmann* 515; *Windisch* 4; *Windisch*, Gnomon, 384; *Marxsen*, Einl, 195; *Goppelt* 531.

[204] Ganz anders *Feine* 405: „Der Brief hat keine Christologie". Ähnlich *Schneider* 3. Wie *Stulac* jedoch *Riesner*, James, 1255; *Floor* 24ff.; *Kittel*, ZNW 43, 104.

[205] Vgl. *Kittel*, ZNW 43, 91; *Robinson* 119; *Feine* 405; *Paulsen* 490; *Kümmel* 361; *Peters* 15; *Lohse* 128.

logie" (5. Aufl., 405). Auch *Burdick* grenzt ein: Jak sei die am wenigsten theologische von allen Schriften des Neuen Testaments (164) – mit Ausnahme des Philemon. Ähnlich äußerte sich *Moo*: „No profound theologian, James' genius lies in his profound moral earnestness" (9). Verhältnismäßig zurückhaltend ist auch die Bewertung bei *Goppelt*: „eine paränetische Theologie der Empirie" (529).

An dieser Stelle ist es angemessen, sich daran zu erinnern, dass uns Jakobus selbst nur fünf Kapitel hinterlassen hat – und keine „Theologie" als ausreichendes Lehrbuch. Was wir von ihm wissen: über den Brief, über Paulus, über die Apostelgeschichte, über die Evangelien, über Josephus, über die frühe christliche Literatur, das alles sind Bruchstücke, oft mühsam ausgegraben und zusammengesucht. Nein, eine „Theologie des Jakobus" können wir nicht zusammenstellen, höchstens in Umrissen erkennen. Das nötigt uns in der Tat auch zu vorsichtigen Äußerungen hinsichtlich des Briefes.

Einzusetzen ist bei einer unleugbaren Tatsache: „Hier spricht ein urchristlicher Lehrer."[206] Würde der Verfasser sonst von den „Lehrern" (διδάσκαλοι, Rabbinen) in „Wir"-Form sprechen (3,1)? Würde er sonst den theologischen Diskurs suchen (2,14ff.)? Würde er sonst die Weisheit so stark empfehlen (1,5;3,13ff.)? Aber Weisheit und Lehre besagt noch nicht alles. Die einfache Namensnennung Ἰάκωβος verbunden mit dem Ehrentitel δοῦλος θεοῦ (1,1) und dem literarischen Genre einer Enzyklika,[207] gerichtet an alle „zwölf Stämme in der Diaspora", setzen eine hohe Autorität voraus, die weit über diejenige der lokalen christlichen Lehrer hinausgeht. Wer so schreibt, hat eine Botschaft – hat eine Theologie. Er <u>will</u> theologisch argumentieren.[208]

Die Zahl der Themen ist für einen relativ so kurzen Brief beträchtlich. Ähnlich wie es *Moo* getan hat, listet *Riesner* zehn hervorragende Themen im Jakobusbrief auf: 1. Wisdom Theology – 2. Christology – 3. Eschatology – 4. Anthropology – 5. Soteriology – 6. Ethic of Speech – 7. Poor and Rich – 8. Testing and Suffering – 9. Prayer – 10. Judaism.[209] Gelegentlich weist man in der Forschung auf hervorstechende Züge des Briefes hin. So betonte beispielsweise *Adamson* 1976 das starke prophetische Element. Er nannte Jakobus „the Amos of the new covenant" und sprach von „a quasi-prophetic

206 *Eichholz*, Glaube, 38. Ebenso *Bieder* 97.

207 *Riesner*, James, 1255.

208 Vgl. *Johnson* 85.

209 *Riesner*, James, 1255f. Vgl. *Moo* 40ff.; *Floor* 24ff.; *Burdick* 164f.; *Elwell-Yarbrough* 358.

letter of pastoral encouragement" (20). Er konnte sich dabei auf A. M. Hunter berufen. Zwanzig Jahre danach erblickten *Elwell-Yarbrough* 1998 im Brief eine Kombination von Prophetie und Weisheit (354).[210] *Kittel* beobachtete im Brief „eine der stärksten Naherwartungen, die das ganze NT kennt" (ZNW 43, 83). Nach *Eichholz* avisiert Jakobus vor allem „Zweigleisigkeit", „Halbheit" und „Verweltlichung" (Jak, 45f.).[211]

Aber wie immer man auch die Rolle einzelner Themen bewertet, so werden sie doch alle einem übergeordneten Zweck dienstbar gemacht. Und dieser Zweck heißt: Über den christlichen Glauben darf es keine Missverständnisse geben, er ist ein Glaube der Tat. In dieser Zweckbestimmung treffen sich denn auch viele Kommentare, angefangen bei *Lohmeyer*s Kurzfassung von der „gläubigen Tat" (57) bis hin zu *Stuhlmacher*s Biblischer Theologie mit der Bestimmung, Jakobus wolle „zu einem Christentum der Tat und geduldiger Bewährung anleiten"(60).[212] Dieser Zweckbestimmung dienen die Ausführungen über Anfechtung / Standhaftigkeit / Leidensfähigkeit (1,2ff.; 5,7ff.; 5,11), über die Unterschiede, die man in der Gemeinde macht (1,9ff.; 2,1ff.), über das Abschieben der Sünde (1,13ff.), über ein Christentum des Hörens, aber nicht der Tat (1,19ff.), über einen Glauben ohne Werke (2,14ff.), über Ehrgeiz (3,1ff.), Zungensünden (3,1ff.; 5,12), Streitsucht (4,1ff.), Selbstsicherheit (4,13ff.), über mangelnde Verantwortung der Reichen (5,1ff.) und über die geschwisterliche Liebe (5,13ff.). Doch die Mahnung zu einem Glauben der Tat geschieht eben nicht mit moralischer oder gesetzlicher Predigt (so hoch auch das Gesetz gewertet wird!), sondern grundsätzlich so, dass Jakobus an das eingepflanzte Wort (1,21) erinnert,[213] „zum Wahrheitswort zurück" ruft[214] (1,18) und das Gebet nahe legt (1,5; 4,8; 5,13ff.).[215]

Vor allem in der protestantisch-lutherischen Forschung hat man seit *Luther* die jakobeischen Ausführungen öfters als defizitär apostrophiert, was das Verhältnis von Glauben und Werken angeht. Man fühlte sich deshalb verpflichtet,

---

210 Auch *Paulsen* 490 betonte die Rolle der „Armenfrömmigkeit"; Vgl. ferner *Tasker* 33, der bei Jakobus „the fire and intransigence of an Amos" findet.

211 Ähnlich *Moo* 31.

212 Vgl. *Eichholz*, Glaube, 41; *Paulsen* 490; *Carson-Moo-Morris* 418 („a genuine Christian faith must become evident in works"); *Hauck* 5 („Frömmigkeit... ist nur echt, soweit sie zur Tat wird"); *Schrage* 13.

213 *Mußner* 22.

214 *Bieder* 97.

215 Vgl hier *Moo* 9.

den Jakobus von Paulus her in seine Schranken zu verweisen. Typisch sind hier *Feine*, der *Luther* anführt und gleichzeitig Jak 2,13ff. eine „wenig glückliche Polemik" nennt (408), und *Schrage*, der noch 1973 konstatiert: „Das Urteil Luthers über den unausgleichbaren sachlichen Widerspruch zur Rechtfertigungslehre des Paulus besteht zu Recht" (5). Und selbst Peter *Stuhlmacher*, der sich Jakobus durchaus selbstkritisch in mehreren Schritten angenähert hat, kommt noch 1999 in seiner ansonsten sehr abgewogenen Biblischen Theologie zu dem Ergebnis, es sei „unmöglich, den Jak im Kanon gleichberechtigt neben die paulinischen Lehrbriefe zu stellen; er kann diese höchstens ergänzen und auf seine Weise (!) kommentieren" (69). Unter Berufung auf P. *Stuhlmacher*, G. *Bornkamm* und G. *Klein* proklamierte W. G. *Kümmel* die Pflicht „zu evangelischer Kritik an Jk" (367). Diese Art von Kritik geht jedoch an drei grundlegenden Sachverhalten vorbei: 1) am Glauben der Kirche, wonach das ganze Neue Testament inspiriert ist, 2) an dem Sachverhalt, dass ein Widerspruch zwischen Paulus und Jakobus nicht nachweisbar ist (s. unsere Ausführungen oben) und 3) an der immensen Gefährdung, die der von Jakobus in 2,14ff. bekämpfte „Glaube" für die frühe Christenheit darstellte. Jakobus ist also nicht defizitär, sondern ein notwendiges Zeugnis des christlichen Glaubens.

Hat der Brief eine Ordnung? Auch hier gehen die Meinungen auseinander. Ein „Ordnungsprinzip" sei „nicht zu erkennen", sagt *Marxsen.*[216] Auch Konservative wie *Moo* in seinem Kommentar oder *Carson-Moo-Morris* sprechen von lediglich „loosely related homilies".[217] Andere wie *Johnson* oder *Riesner* entdecken „a careful structure".[218] Eine Möglichkeit, im Brief eine Gesamtstruktur wahrzunehmen, besteht z. B. darin, im Eingangskapitel die meisten der später behandelten Themen festzustellen.[219] Eine andere Möglichkeit, die bisher noch zu wenig erwogen wurde, besteht darin, dass Jakobus ihm zugetragene Probleme aufnimmt und beantwortet, so wie es z. B. Paulus in I Kor 1,11ff.; 5,1ff.; 7,1ff.; 7,25ff.; 8,1ff.; 11,17ff.; 12,1ff.; 15,35ff.; 16,1ff. tut. Der Aufweis einer thematischen Struktur scheint uns jedenfalls bisher noch nicht gelungen. Das heißt allerdings nicht, dass der Verfasser nicht eine Art „outline" vor sich hatte, der er dann beim Schreiben oder Diktieren folgte.

Mit der Theologie hängt die Sprachkraft zusammen. Es fehlt auch hier nicht an kritischen Stimmen, die etwa den „etwas schulmeisterliche(n) Stil" rü-

---

216 *Marxsen*, Einl., 193. Vgl. *Marxsen* 25.

217 *Moo* 39; *Carson-Moo-Morris* 409.

218 *Johnson* 80f.; *Riesner*, James, 1257. Ebenso *Bieder* 96: „eine geheime Ordnung".

219 So z. B. *Riesner*, James, 1255.

gen.[220] Andere Stimmen jedoch loben die gute Rhetorik des Jakobus[221] oder sprechen sogar wie *Hengel* von einer „rhetorisch-literarischen Kunst", ja von der „durchaus kunstvollen Form" des Jakobus.[222] Sprachkraft äußert sich in Bildern und Wörtern. Nach *Adamson* begegnen von den 570 Wörtern des Briefes 73 sonst nirgends mehr im Neuen Testament (18). Der Jakobusbrief ist eine Fundgrube für Hapaxlegomena. Auch die „Vorliebe für das Asyndeton"[223] deutet auf eine eigenwillige Gestaltungskraft. Zu den kunstvollen Formen des Briefes zählen Alliteration, Paronomasie, Homoioteleuton, Parechesis und Klimax.[224] Besonders beeindruckend sind die Bilder, die der Brief benutzt. *Mayor* ordnete sie vier Themenkreisen zu: Landwirtschaft, Seefahrt, häusliches Leben und öffentliches Leben (ccxl ixf.). Insgesamt notierte er zwanzig Bilder. Wer so illustriert und exemplifiziert, setzt Sprache aufgrund längerer Erfahrung sehr reflektiert und mit gestalterischen Fähigkeiten ein. Der philologisch hochrangig arbeitende *Mayor* kam zu dem Urteil, dass „the Greek of this Epistle as approaching more nearly to the Standard of classical puritiy than that of any other book of the N. T. with the exception perhaps of the Epistle to the Hebrews" einzuschätzen sei (cciiv). *Mayor* nennt „energy", „vivacity" und „vividness of representation" als Hauptmerkmale des jakobeischen Stils (cdvii). Achtzig Jahre später kommt *Johnson* zu fast gleichlautenden Urteilen. Auch er nennt „freshness" und „energy" als Hauptcharakteristika des Briefes (9). Es ist nicht ohne Reiz, schon dreißig Jahre vor *Mayor* und über hundert Jahre vor *Johnson* bei *Beyschlag* Ähnliches zu lesen: Jakobus zeichne sich aus „durch Frische und Lebhaftigkeit".[225] Wenn man aus Sprache, Stil und gestalterischer Kraft des Briefes einen Schluss auf die Persönlichkeit des Verfassers ziehen darf, dann kann man in diesem Verfasser eigentlich nur eine kraftvolle, originelle und begabte Führungspersönlichkeit der ersten Christenheit vermuten.

---

[220] So *Marxsen* 24.

[221] *Mußner* 28f.

[222] *Hengel*, Polemik, 249.251.

[223] *Hengel* a.a.O. 250; *Mußner* 28.

[224] *Mußner* 29; *Johnson* 8; *Mayor* cclff.

[225] *Beyschlag* 19. Man lese auch den größeren Zusammenhang. *Tasker* hat sich offensichtlich diesen Urteilen angeschlossen. Auf Seite 33 hebt er die „vividness" und „energy" des Jakobus hervor.

Ein Wort ist noch angebracht zu den auffallend häufigen Imperativen. *Johnson* zählte ihrer 59 (8), ebenso *Mayor* (ccxxx).[226] Man kann diese Häufung nicht einfach auf das Konto einer paränetischen Struktur setzen. Uns scheint vielmehr, dass diese Imperative Signale einer Gefährdung sind, die vom Verfasser als höchst bedrohlich eingestuft wird. In seinen Augen handelt es sich wirklich um eine immense Gefährdung des jungen messianischen Glaubens, der er mit aller Kraft entgegentreten muss.[227]

[226] Die Zählungen schwanken: *Peters* 47 (16); *Elwell-Yarbrough* „more than 50 direct commands" (354); *Mußner* 54 (33).

[227] Dafür hatte *Eichholz* ein feines Gespür, wenn er schrieb, Jak avisiere eine „äußerst gefährdete Christenheit" (Jak, 45). *Ropes* 40 sieht nur „general Christian conditions".

II. Auslegung

1. Überschrift

Nestle-Aland setzt Ιακώβου Ἐπιστολή als Überschrift, zu Deutsch: „Brief des Jakobus". Andere alte Überschriften lauten: „Katholischer Brief des Apostels Jakobus", „Katholischer Brief des Jakobus", „Brief nach dem heiligen Apostel Jakobus".

Die ursprüngliche Überschrift lässt sich nicht mehr feststellen. Alle Überschriften zusammen ergeben nur eines: Jakobus wurde nicht als Pseudonym, sondern als der geschichtliche Personenname des Verfassers aufgefasst, und zwar eines mit Autorität versehenen, oft ausdrücklich als „Apostel" bezeichneten Jakobus. Das hat für die Einleitungsfragen (Wer war der Verfasser?) Bedeutung.

Eine „Subscriptio" wie bei allen Paulusbriefen, beim Hebräerbrief und beim 2. Petrusbrief wird von *Nestle-Aland* nicht aufgeführt. Unser Kommentar folgt der von *Nestle-Aland* vorgeschlagenen Überschrift.

2. Präskript (Briefeingang) (Jak 1,1)

1 „Jakobus, Knecht Gottes und des Herrn Jesus Christus, den I
zwölf Stämmen in der Diaspora zum Gruß".

Allgemein wird Jak 1,1 als typisch griechischer Briefstil betrachtet.[228] *Marxsen* II
zufolge ist Jak 1,1 neben Act 15,23 und 23,26 „das einzige rein griechische Briefpräskript im NT" (194).

1 „Jakobus" könnte ein Pseudonym oder der geschichtliche Name des Ver- III
fassers sein. Für die Pseudonymität votierte der späte *Luther*. 1542 sagte er in einem Tischgespräch: „Ich halt, das sie (= die Epistel Jacobi) irgents ein Jude gemacht hatt."[229] Demnach glaubte er nicht an den „Apostel" Jakobus als

---

[228] *Windisch*, Gnomon, 380; *Marxsen* 194; *Kümmel* 362.
[229] WATR 5, Nr. 5443.

Verfasser. Viele sind ihm darin gefolgt.[230] Neuerdings hat die u. a. von A. *Meyer* und H. *Windisch* vertretene These von einer jüdischen Grundschrift, die dann „christianisiert" wurde, zahlreiche Anhänger gefunden.[231]

Die andere Möglichkeit besteht wie gesagt darin, dass wir hier dem richtigen Namen einer historischen Person begegnen. Das wird auch von einer breiten Front von Auslegern angenommen.[232] Wir verweisen an dieser Stelle auf die Einleitung. Dort wurde auch unsere Entscheidung begründet, **„Jakobus"** als den Bruder Jesu zu identifizieren.

Wir erwähnen noch eine Art Zwischenlösung, der zufolge Traditionen des Herrenbruders von einem Späteren, der gut Griechisch sprach, herausgegeben wurden.[233] Eine solche Zwischenlösung ist jedoch unnötig.

„Jakobus" steht ohne Vatersnamen und ohne nähere Angaben. Dasselbe ist bei Paulus (Röm 1,1 bis Phlm 1), Petrus (I Petr 1,1; II Petr 1,1) und Johannes (Apk 1,9; 22,8) der Fall. Dagegen werden die Mitabsender der Paulusbriefe in aller Regel durch den Zusatz „unser Bruder" oder „Brüder" ausgewiesen (I Kor 1,1; II Kor 1,1; Gal 1,1; Phlm 1). Nur dort, wo die Mitabsender gut bekannt sind, wie bei den Thessalonicherbriefen und dem Philipperbrief, genügt ihr Name ohne Zusatz. Interessant ist auch der Vergleich mit Jud 1. Dort definiert sich der Absender Judas durch den Zusatz „Bruder des Jakobus". Aus all diesen Vergleichen geht hervor, dass Jakobus ähnlich bekannt gewesen sein muss wie Paulus, Petrus und Johannes. Das deutet noch einmal auf den Bruder Jesu hin.

Er nennt sich **„Knecht Gottes"**. Das ist bei den neutestamentlichen Briefpräskripten selten. Nur Paulus nennt sich noch so (Tit 1,1). Man wird hier eine altertümliche Formel annehmen dürfen. Denn „Knecht Gottes" ist ein ausgesprochen alttestamentlicher Ehrentitel, der besonderen Gottesmännern wie Mose (Num 12,7) oder den Propheten (Dan 9,6; Sach 1,6) zukam. „Knecht Gottes" bezeichnet a) eine enge Vertrauensbeziehung zu Gott und b) eine

[230] *Schneider* 4; *Kümmel* 364; *Lohse* 131; *Hauck* 4.

[231] Vgl. *Windisch*, Gnomon, 384; *Eichholz*, Glaube, 38f.; *Schrage* 12; *Meyer* 304ff.; *Bultmann* 515; *Marxsen* 195.

[232] *Mußner* 2ff.; *Peters* 20ff.; *Dale* 1ff.; *Adamson* 18f.; *Floor* 9; *Martin* 358; *Stulac* 15; *Moo* 20; *Tasker* 28; *Johnson* 121ff.; *Guthrie* 758; *Robinson* 129; *Michaelis* 280; *Carson-Moo-Morris* 413; *Elwell-Yarbrough* 354; *Kittel*, ZNW 41, 104; *Burdick* 161; *Stuhlmacher*, NTD, 234; *Zahn*, Einl, 72f. Weitere Namen bei *Kümmel* 359.

[233] So z. B. *Davids* 80.

besondere göttliche Beauftragung. In diesem Begriff vereinen sich also Selbstbewusstsein und Demut in einer auffallenden Weise. An dieser Stelle fordert die durch *Hegesipp* überlieferte Bezeichnung des Jakobus als ὠβλίας[234] unsere Aufmerksamkeit. *Baltzer-Köster* lesen dies als ΩΒΔΙΑΣ = Obadja und nehmen deshalb an, dass Jakobus den Beinamen Obadja führte. Obadja aber bedeutet nichts anderes als ebed jahwe = Knecht Gottes. Damit ist die Brücke zu Jak 1,1 („Knecht Gottes") geschlagen.[235]

Offensichtlich reichte es für Jakobus aber nicht aus, sich „Knecht Gottes" zu nennen. Vielmehr fügte er hinzu: **„Knecht des Herrn (kyrios) Jesus Christus".** Für einen Bruder Jesu eine höchst bemerkenswerte Ausdrucksweise! Ließe man die letzten Worte „Jesus Christus" weg, dann wäre völlig klar, was mit **„Knecht des Herrn"** gemeint ist, nämlich dasselbe wie „Knecht Gottes" (vgl. Lk 1,38). Die Übertragung des Κύριος–Titels auf Jesus muss in den ersten Tagen nach der Auferstehung geschehen sein, wie das aramäische „maranata" beweist (I Kor 16,22; vgl. Apk 22,20). Paulus lernte es vor Damaskus, den erhöhten Jesus als „Herrn" (kyrios) anzusprechen (Act 9,5). Das erste christliche Glaubensbekenntnis, das wir kennen, war das zum „Kyrios Jesus" (I Kor 12,3; vgl. Röm 14,8). So wird Jakobus wohl auch seit seiner Begegnung mit dem Auferstandenen Jesus als den „Herrn" bezeichnet haben (vgl. I Kor 15,7 und Röm 1,3f.). Wie *Stulac* richtig bemerkt (17f.), hat Jak 1,1 höchstes christologisches Gewicht. Man kann Jak 1,1 nur als ein Bekenntnis zum auferstandenen Jesus verstehen, und das heißt im urchristlichen Kontext: als ein Bekenntnis zur Gottheit Jesu. Nur dem göttlichen **„Herrn"** Jesus gegenüber kann man **„Knecht"** sein.[236]

Auffallend ist nun aber auch das **„Jesus Christus"**, das uns „bereits als Eigennamen" entgegentritt.[237] Wir vermuten, dass die Wendung „Jeschua hammaschiach", griechisch „Iesous Christos", schon vor der Hinrichtung Jesu eine feststehende Formel war. Die Rufe beim Einzug in Jerusalem (Mt 21,9par) legen eine solche Annahme nahe. Die Apostelgeschichte setzt den Eigennamen „Jesus Christus" in den ersten Tagen der Christenheit an (Act 2,38; 3,6). Jedenfalls beweisen die neutestamentlichen Briefe und die

---

234 Bei *Euseb*, H. E. II, 23,7.

235 Vgl. *Baltzer-Köster* 141. *Mußner* 3 stimmt dem ausdrücklich zu, ebenso *Ruckstuhl* 487.

236 Grammatisch wäre es sogar möglich, beide Genitive (θεοῦ und κυρίου) auf Jesus zu beziehen.

237 *Schrage* 11.

Evangelienanfänge bei Matthäus und Markus, dass „Jesus Christus“ schon vor dem Jahre 60 n. Chr. als ganz selbstverständliche Namensverbindung galt (Röm 1,1ff.; I Kor 1,2; Gal 1,1; Phil 1,2; I Thess 1,1; Mt 1,1; Mk 1,1). Dabei war für ein jüdisches Ohr niemals zu überhören, dass mit dem „Messias = **Christus**“ ein Bekenntnis zur Messianität Jesu ausgesprochen wurde. Der appellativische Charakter des „Christus“ verschwand im 1. Jh. noch nicht. Der Messias ist gekommen! – dieser urchristlich-jüdische Jubelruf markierte die Eigenheit der jungen messianischen Gemeinde gegenüber allen anderen Richtungen im Judentum. Und dieser Jubelruf ist bis heute das Unterscheidungsmerkmal zwischen Christen und Juden.

Betont sei ferner, dass der historische Name **„Jesus“** gerade durch diese Namensverbindung erhalten blieb. Auf immer verbinden sich hier Zeit und Ewigkeit, Geschichte und systematische Reflexion.

Wie man bei dem beobachteten christologischen Gewicht von Jak 1,1, das durch keine Textvariante in Frage gestellt wird, behaupten kann, im Jak sei „merkwürdig wenig von Jesus die Rede“, und „Der Brief hat keine Christologie“,[238] bleibt unergründlich.

Wovon spricht Jakobus nicht? Es fehlt hier der Titel „apostolos“. Paulus und Petrus gebrauchten diesen Titel gerne für sich selbst (vgl. Röm 1,1; I Kor 1,1 usw.; I Petr 1,1; II Petr 1,1). Aber die Beispiele in anderen Paulusbriefen (I Thess 1,1; II Thess 1,1; Phlm 1), in den Johannesbriefen und im Judasbrief warnen uns davor, aus dem Fehlen des „apostolos“ in Jak 1,1 weitreichende Schlüsse zu ziehen. Dass gerade Paulus den Jakobus als „Apostel“ in einem weiteren Sinne bezeichnen konnte (I Kor 15,7; Gal 1,19), zeigt, wie vorsichtig man hier sein muss.

Die Adresse in Jak 1,1 hat immer wieder Kopfzerbrechen bereitet. Sind hier Heidenchristen oder Judenchristen gemeint? Oder beide?

Wenden wir uns zunächst den Einzelheiten zu. Gerichtet ist das Schreiben an **„die zwölf Stämme“**. Der Artikel vor den 12 Stämmen stellt es außer Zweifel, dass hier ein Bezug auf die zwölf Stämme Israels vorliegt. Nachdem die beiden Reiche „Israel“ (= Nordreich) und „Juda“ (= Südreich) untergegangen waren, gehörte die Wiederherstellung der zwölf Stämme unter **einem** Fürsten zu den großen eschatologischen Hoffnungen Israels. Sie wird angekündigt bei Jeremia (23,5f.; 31,31ff.; 33,15f.) und Hesekiel (47,13ff.; 48,1ff.).

---

[238] So selbst die oft sehr treffsichere Theologie des NT von Paul *Feine* (405). Vgl. die ganz andere Wertung bei *Stulac* 17f. Ähnlich wie *Feine* auch *Schneider* 3.

Sie wird auch in der Zeit zwischen den Testamenten erhofft, wie vor allem das Sirachbuch ausweist (48,10). Durch die Berufung der zwölf Apostel und durch seine Worte hat Jesus bestätigt, dass jetzt die Zeit der Wiederherstellung beginnt (Mk 3,11ff.; Mt 19,28). Auf diesem Hintergrund wird man Jak 1,1 so verstehen müssen, dass Jakobus hier an das eschatologische Israel des Neuen Bundes schreibt, also an Judenchristen. Die Berichte des Neuen Testaments, wonach Jakobus in erster Linie für die Judenchristen verantwortlich war, (Act 12,17; 21,18ff.; Gal 2,9.11ff.), unterstützt diese Deutung.[239] *Zahn* sieht gerade in dem Umstand, dass sich Jakobus an die Judenchristen wendet, eine Erklärung für die späte Aufnahme in den Kanon. Denn mit dem Rückgang des Judenchristentums musste der Jakobusbrief zunächst an Bedeutung verlieren.[240] Allerdings wird man auch die Annahme, dass Jak 1,1 **alle** Christen als Glieder des neuen eschatologischen Gottesvolkes meint, nicht ganz ausschließen können.[241] Falsch dürfte es dagegen sein, in Jak 1,1 nur noch die Kirche einer späteren Zeit zu sehen und den Gedanken an judenchristliche Adressaten fallen zu lassen.[242]

Den zwölf Stämmen folgt die Näherbestimmung **„in der Diaspora“**. Sofort werden wir an I Petr 1,1 erinnert. Dort schreibt Petrus ebenfalls an „Fremdlinge der Diaspora“. Wie Jakobus, so war auch Petrus nach Gal 2,9 in erster Linie für die Predigt unter Israeliten verantwortlich. Offenbar müssen wir dankbar sein für einen ganzen Kreis judenchristlicher Schriften im engeren Sinn, das heißt an jüdische Menschen adressiert, der im neutestamentlichen Kanon über die Zeiten hinweg aufbewahrt wurde. **„Diaspora“** – das war neben dem Heimatland Israel der zweite große Lebenskreis des jüdischen Volkes. Sie beginnt spätestens mit dem Jahre 721 v. Chr., als die Assyrer große Teile der israelitischen Bevölkerung in andere Länder des Orients deportierten.[243] Noch zur Zeit Hesekiels scheint es solche Israeliten gegeben zu haben, die von den durch die

---

239 So auch z. B. *Zahn*, Einl., 89; *Elwell-Yarbrough* 354; *Carson-Moo-Morris* 415; *Michaelis* 277; *Robinson* 122 ; *Guthrie* 761 ; *Moo* 33 ; *Floor* 18; *Mußner* 11; *Burdick* 162; *Peters* 30; *Schneider* 3.

240 *Zahn* a.a.O. Vgl. *Peters* 25f.

241 So z. B. *Carson-Moo-Morris* a.a.O.; *Guthrie* a.a.O.; *Grünzweig* 22; *Schrage* 14; *Hengel*, GuE, 88.

242 In diese Richtung gehen u. a. *Goppelt*, II, 530; *Hauck* 3; *Lohse* 127; *Marxsen* 196; *Knopf* Sp. 1021.1023.

243 Vgl. I Reg 17,6; *Galling* 60.

Assyrer Deportierten abstammten.[244] Den assyrischen folgten die babylonischen Deportationen in drei Wellen: 605/4 v. Chr. (Dan 1,3ff.); 598 v. Chr. (Ez 1,1ff.; II Reg 24,10ff.) und 587/586 v. Chr. (II Reg 25,11ff.). Parallel dazu liefen Auswanderungs- und Fluchtbewegungen nach Ägypten und anderen Ländern (Jer 40,11ff.; 41,15ff.; 42–44). So entstand vor allem im 6. Jh. v. Chr. eine große jüdische Diaspora („Zerstreuung") mit den Schwerpunkten Zweistromland und Ägypten. Seit der Zeit Alexanders des Großen (336–323 v. Chr.) zogen jüdische Gefangene und Auswanderer westwärts. In der Zeit des Neuen Testaments bildeten vor allem Kleinasien, die Kyrenaika (Nordafrika) und Italien mit Rom neue Schwerpunkte der jüdischen Diaspora. Es gab einen regen Austausch zwischen dem Israelland und den Ländern der Diaspora. Auch Rabbinen reisten dorthin (Mt 23,15). Von Jesus nahm man ganz selbstverständlich an, dass er als ein solcher Gesetzeslehrer in die Diaspora gehen wolle (Joh 7,35).

Unter diesen Umständen empfiehlt es sich nicht, die in Jak 1,1 erwähnte **„Diaspora“** vorschnell einzuengen. Es sind nur Vermutungen, die den Empfängerkreis in den an Palästina angrenzenden Gebieten in Syrien,[245] in Kilikien[246] oder in Phönizien / Zypern/ Antiochia[247] lokalisieren wollen.

Das kurze **„zum Gruß“** (χαίρειν) ist typisch griechisch.[248] Im Neuen Testament findet es sich nur noch in den Schriftstücken, von denen in Act 15,23 und 23,23 berichtet ist. Ein Freund vieler Worte scheint Jakobus nicht gewesen zu sein (vgl. 1,19; 3,1ff.).

3. Erster Abschnitt über das Thema Anfechtung (Jak 1,2–12)

II Das Stichwort „πειρασμός„ in V. 2 und V. 12 klammert diesen Briefteil ein. Es wird dann weitergeführt in 1,13–18, allerdings in einem anderen Kontext.

---

[244] Vgl. Ez 14,1; 20,1 sowie meinen Kommentar zum Hesekielbuch in der WStB, Bd. 1, 25 und Tobit 1,1ff.

[245] So z. B. *Mußner* 11; *Floor* 18; *Michaelis* 278; *Schneider* 3.

[246] So z. B. *Michaelis* a.a.O.; *Schneider* a.a.O.

[247] So z. B. *Moo* 33 nach *Tasker*.

[248] *Windisch*, Gnomon, 380.

Mit V. 2 beginnt auch schon die Reihe der Imperative, von denen wir im Brief über 50 zählen. In V. 2–12 sind es sechs. Die Imperative legen es zusammen mit anderen Eigentümlichkeiten des Briefes nahe, von einem „paränetischen" Schreiben zu sprechen. G. *Eichholz* u. a. machen jedoch darauf aufmerksam, dass die Imperative des Jakobus stets in einem Indikativ gründen.[249] Die Bezeichnung „paränetisch" darf also nur vorsichtig und keinesfalls exklusiv gebraucht werden.[250]

In Jak 1,2–12 lassen sich vier Unterabschnitte unterscheiden:

1) Freude und Geduld in der Anfechtung (V. 2–4)
2) Das Erbitten des Notwendigen (V. 5–8)
3) Größe und Niedrigkeit der Brüder als Anfechtung (V. 9–11)
4) Seligpreisung der Angefochtenen (V. 12)

Der Zusammenhang ist keineswegs „lose", sondern vollzieht sich in einer Entwicklung, die durch die Lebenserfahrung einerseits und durch die Lehre Jesu andererseits geprägt ist.

3.1. Freude und Geduld in der Anfechtung (Jak 1,2–4)

2 „Meine Brüder, betrachtet es als lauter Freude, wenn ihr in mancherlei Anfechtung fallt, 3 in dem Wissen, dass die Bewährung eures Glaubens Geduld hervorbringt. 4 Die Geduld aber soll zu einem vollkommenen Werk führen, damit ihr vollkommen und untadelig seid ohne irgendeinen Mangel." I

2 Die Anrede „**(meine) Brüder**" begegnet uns 14 Mal in den 108 Versen des Jakobusbriefes. Jakobus betrachtet sich demnach als Glied einer ausgesprochenen „Brüder"-Kirche. Das spiegelt eine sehr alte Kirchenverfassung von fast primitivem Charakter[251] und zugleich eine enge Anlehnung an Jesu Sichtweise (vgl. Mt 18,15ff.; 23,8ff.). Erneut zeigt sich eine gewisse Parallele bei Petrus (I Petr 5,1). Vielleicht ist es heute nicht überflüssig, zu sagen, dass die Anrede „**Brüder**" keinen maskulinistischen oder patriarchalistischen Ton trägt, sondern auf die alttestamentliche Prophetie (Jes 54,13; Jer 31,34) und die III

[249] *Eichholz*, Glaube, 43ff.

[250] *Peters* 16; *Adamson* 20.

[251] *Guthrie* 761ff.

Lehre Jesu zurückgeht (Mt 23,8; 28,10; Joh 20,17) und deshalb Ausdruck des messianischen Zeitalters ist.

Jak 1,2 setzt voraus dass der πειρασμός die Situation der jetzigen Gemeinde prägt. Man wird dies in erster Linie von der Verfolgung der Gemeinde verstehen müssen.[252] Aber das griechische Wort πειρασμός hat ein breites Band von Bedeutungen: „Test", „Prüfung", „Anreiz" bis hin zur „Provokation", „Versuchung" und eben „Anfechtung"[253] Solche Anfechtungen entstehen von innen heraus aus dem Miteinander der Gemeinde, von außen her durch Anfeindungen, und auch von Gott her im Sinne des Prüfens (vgl. aber V. 13ff.). Man sollte deshalb den πειρασμός in Jak 1,2 nicht vorschnell einschränken. Allerdings fällt auf, dass gerade die judenchristlichen Gemeinden von allem Anfang an der Verfolgung durch andere jüdische Richtungen ausgesetzt waren (vgl. Joh 9,22; 12,42; Act 4,1ff.; 5,17ff.; 6–8 usw.; Phil 3,6; I Tim 1,13; I Petr 4,12ff.).

Jak 1,2 spricht von **„mancherlei"** Anfechtungen, eigentlich „bunten", vielgestaltigen.[254] Darin liegt auch etwas Überraschendes. Die Botschaft vom Messias und Erlöser Jesus erlebt keinen Triumphzug durch die Welt. Wer ihn bekennt, leidet. **„Mancherlei Anfechtungen"** tauchen auch in I Petr 1,6 auf, **„Anfechtungen"** noch in I Petr 4,1. Zufall? Eine literarische Abhängigkeit ist wenig wahrscheinlich.[255] Schon gar nicht sollte man von einer Abhängigkeit des Jakobus vom 1. Petrusbrief sprechen.[256] Zur Erklärung der auffallenden Parallelen[257] zwischen Jak und I Petr genügt es, eine Gemeinsamkeit der Situationen und der Überlieferungen anzunehmen.[258] Der Ausdruck **„fallen in"**, „in etwas hineingeraten" unterstreicht, dass sich die Anfechtung immer neu und immer wieder überraschend ereignet.[259]

Aber nun wird das, was zunächst als Last erlebt wird, total umgewertet. Die Anfechtung soll aus **„lauter (oder: ganzer) Freude"**[260] betrachtet werden. Mit Recht betont *Mußner* (64) den Sinn des **„wenn"** als „einer öfters wiederkeh-

---

252 Vgl. H. *Seesemann*, ThWNT VI, 29.

253 Vgl. *Seesemann* a.a.O. 23ff.; *Bauer-Aland* Sp. 1291f.

254 Vgl. *Seesemann*, ThWNT VI, 483.

255 Gegen *Knopf* Sp. 1023; *Meyer* 307; *Peters* 26. Wie wir z. B. *Schrage* 9.

256 Gegen *Knopf* a.a.O.

257 So auch *Mußner* 34; *Johnson* 54; *Stulac* 23; *Kümmel* 362.

258 So auch *Guthrie* 752f.; *Johnson* a.a.O.; *Mußner* 34f.; *Hauck* 3.

259 Vgl. W. *Michaelis*, ThWNT VI, 174.

260 Zur Übersetzung vgl. *Blass-Debrunner*, § 275,2.

renden Handlung“: „wenn ihr immer wieder von Versuchungen befallen werdet“. Die Worte „**lauter Freude**“ stehen so betont an der Spitze des Abschnitts, dass man von daher den Jakobusbrief als „Freuden“-Brief bezeichnen kann. Die Gründe werden gleich folgen. Eines ist jedoch sofort klar: Jak 1,2 beruht allem Anschein nach auf der neunten Seligpreisung Jesu in Mt 5,10–12.[261] Auch dort werden die Jünger in vergleichbaren Situationen aufgefordert: „Freut euch und jubelt.“ Denn die Anfechtung führt nach Jesu Worten zum Gottesreich und seinem reichen Lohn. I Petr 4,13 steht wieder in demselben Zusammenhang.

Wie armselig sind demgegenüber oft unsere Gedanken! Wie einseitig unsere Sorgen! Unsere christliche Gedankenwelt ist so lange nicht in Ordnung, solange die Aufforderung des Jakobus nötig ist.

3 Bei der Begründung spielt Jakobus jetzt auf ein Wissen an, das die Gemeindeglieder entweder schon haben oder haben sollten: „**in dem Wissen, dass die Bewährung eures Glaubens Geduld hervorbringt**“ (V. 3), kann die Anfechtung wirklich als Freude betrachtet werden. Das „**Wissen**“ kann sowohl aus der Glaubenserfahrung als auch aus der Lehre Jesu stammen. An dieser Stelle wird ein wichtiger Unterschied zwischen christlicher und nichtchristlicher Gnosis deutlich. Christliche Gnosis ist an Christus orientiertes und Christus immer tiefer erkennendes Wissen (vgl. Phil 3,8–11). Diese Gnosis schätzt auch der „Praktiker“ Jakobus außerordentlich hoch. Nichtchristliche Gnosis baut demgegenüber auf menschlichen Vorstellungen und Spekulationen auf, bezieht von diesem Standort aus allerdings das Religiöse mit ein.

Die Reihe „**Bewährung**“[262] – „**Geduld**“ – „Vollkommenheit“ (oder „Herrlichkeit“) ist typisch für das neutestamentliche Christentum. Man vergleiche bei Paulus Röm 5,3ff., bei Petrus I Petr 1,6ff. Der „**Glaube**“ nimmt die Herausforderung der Anfechtung an, er weicht ihr nicht aus. Er bleibt vertrauensvoll auf Gott und Jesus gerichtet. Anfechtung erhält von Gott ihre Zeit. In dieser Zeit lernt der Glaube „**Geduld**“, eigentlich das „Drunterbleiben“. So bewährt er sich, macht seine Erfahrungen, gewinnt an Tragkraft. Das gefühlsselige „immer vertrauend“ unserer Tage erreicht die tiefe Verwurzelung von Jak 1,3 nur schwer. Aber auch die düstere These mancher Lutheraner, dass

---

261 *Guthrie* 743; *Davids* 66; *Kittel*, ZNW 43, 85; *Bieder* 95,4.

262 *Bauer-Aland* Sp. 407f. schlägt statt „Bewährung“ die Übersetzung „Prüfungsmittel“ vor. Wie wir jedoch W. *Grundmann*, ThWNT II, 262.

Glaube nur in der Anfechtung zu haben sei, verwandelt Jak 1,3–4 in ein letztlich freudloses Prinzip.

4 Die Begründung, weshalb Anfechtung als Freude betrachtet werden kann, wird in Vers 4 noch etwas ausführlicher. Jakobus nimmt aus V. 3 das Stichwort „**Geduld**" auf. Sie soll „**ein vollkommenes Werk haben**", wie es wörtlich heißt. Gemeint ist wohl: in der Konsequenz „**zu einem vollkommenen Werk führen**".

Hier stoßen wir auf zwei wichtige Begriffe, die uns bei Jakobus einige Mühe machen. Der erste ist der Begriff „**Werk**", griechisch ἔργον. In 2,14ff. begegnet er uns sozusagen auf dem Gipfel der Problematik. Hier aber, in Jak 1,4, ist er für Jakobus offensichtlich gar nicht problematisch. Hinter ἔργον steht hebräisch מַעֲשֶׂה. מַעֲשֶׂה heißt das, was zur Tat wird, also das Tun, die Praxis. „**Vollkommen**" heißt: was Gott rundum gefällt. Es spricht alles dafür, dass dieses „**vollkommen**", τέλειον, auf Jesu Bergpredigt (Mt 5,48) zurückgeht.[263] Demnach handelt es sich nicht um ein griechisches Vollkommenheits-Ideal, sondern um die Entsprechung zu Gottes Willen und Wesen (vgl. wieder Mt 5,48). „Frömmigkeit ... ist nur echt, soweit sie zur Tat wird", formulierte *Hauck* die Theologie des Jakobus (5). Und *Eichholz*, der sich wie kaum ein zweiter mit dem Glaubensbegriff des Jakobus auseinandergesetzt hat, sekundiert: Jakobus bekämpfe „den Glauben, der sich begnügt, Glaube zu sein, und den Schritt zum Handeln verweigert".[264] So ist es in der Tat: Glaube heißt bei Jakobus Praxis und nicht die Auffassung von diesem oder jenem.

Jetzt lässt sich klären, worauf Jakobus in 1,4 zugeht: Die „**Geduld**", das Beharrungsvermögen und das Drunterbleiben, das der Glaube in der Anfechtung gewinnt, soll münden in einem „**vollkommenen Werk**", das heißt in einem Glaubensverhalten, das Gott wohlgefällt. Ist es so, dann sind die Gemeindeglieder in Gottes Augen „**vollkommen und untadelig**".[265] Sie haben Jesu Gebot aus der Bergpredigt erfüllt (Mt 5,48; vgl. 19,21; Kol 4,12). Es gibt nichts, was ihnen der Apostel und Lehrer Jakobus als „**irgendeinen Mangel**" ankreiden könnte.

Am Ende der sog. „Spruchreihe" Jak 1,2–4 halten wir einen Augenblick inne. Gleich zu Anfang zeigt sich Jakobus nicht als ein trockener Lehrer, sondern als

---

263 So auch *Guthrie* 743; *Davids* 66; *Kittel*, ZNW 43, 85; *Bieder* 95,4.

264 *Eichholz*, Glaube, 43.

265 Zu letzterem vgl. W. *Foerster*, ThWNT III, 765f.

ein hilfreicher Seelsorger. Was besonders auffällt: Er hält es für möglich, im Heiligen Geist den Willen Jesu und damit den Willen Gottes zu erfüllen! Das wirkt heute revolutionär. Heute entschuldigen sich viele Christen gerne mit dem Satz: „An allem klebt Schuld“ – „es gibt kein Handeln ohne Schuld“. Das ist jedoch eine Fälschung neutestamentlicher, vor allem paulinischer Verkündigung. Auch Paulus hält es für möglich, dass wir durch Gottes Geist gute Werke tun, ja sogar ein Vorbild im Glauben werden (I Thess 1,7; I Tim 4,12; II Tim 3,17; Tit 2,14). An diesem Punkt begegnen wir wohl einer der folgenreichsten Verbiegungen des Protestantismus. Denn wenn **alles** schuldhaft ist: Kommt es dann noch darauf an, **wo** meine Schuld sitzt? Eine solche Haltung führt zu einem alarmierenden Relativismus. Der Jakobusbrief wirkt dagegen wie eine Medizin.

3.2. Das Erbitten des Notwendigen (Jak 1,5–8)

5 „Wenn es aber jemand von euch an Weisheit mangelt, soll er sie I
von Gott erbitten, der allen rückhaltlos gibt und nicht schilt. Dann wird sie ihm gegeben werden. 6 Er soll aber im Glauben bitten, ohne sich Zweifeln hinzugeben. Denn wer zweifelt, gleicht einer Brandung, die vom Wind bewegt und hin und her getrieben wird. 7 Denn ein solcher Mensch soll nicht denken, dass er etwas vom Herrn empfangen wird: 8 als ein zwiespältiger Mensch, unbeständig in allen seinen Wegen.“

Schon gleich zu Briefbeginn treffen wir auf den eigentümlichen, originellen II
Stil der jakobeischen Sprache. Jakobus benutzt Worte, die jedenfalls vor ihm nicht nachweisbar sind (δίψυχος V. 8).[266] Er arbeitet zum Teil telegrammstilartig (V. 8). Er liebt den Stichwortanschluss („mangeln“ V. 4/V. 5), und die Imperative (drei regierende Imperative in V. 5–8). Er hat seine eigene Art, Gott zu beschreiben („rückhaltlos“, „nicht scheltend“ V. 5). Seine Bildsprache ist einprägsam (Bild von der Brandung V. 6).

5 Die Selbstverständlichkeit, mit der Jakobus von geistlichen Mängeln in der III
Gemeinde schreibt, überrascht. Ja, sie erfrischt sogar. In dieser Gemeinde wird kein Ideal vorgespiegelt, sondern ganz unprätentiös von Weisheitsmängeln,

[266] Vgl. E. *Schweizer*, ThWNT IX, 666.

Vorurteilen, Streit, Zweifeln und Krankheit gesprochen. Dabei rückt all dies nicht unter die schweren Schatten der Gesetzlichkeit, sondern in das Licht der Lehre, des Trostes und der unbeschreiblichen Güte Gottes.

In diesem Falle also, dass **„es jemand“** in der Gemeinde **„an Weisheit mangelt, soll er sie von Gott erbitten“** (V. 5). **„Weisheit“**, σοφία, kommt viermal im Jak vor (1,5; 3,13.15.17). Das ist für einen Lehrer, der von den Forschern immer wieder in die Tradition der jüdischen Wahrheitslehre eingereiht wird, nicht gerade viel. Doch was heißt hier **„Weisheit“**? U. *Wilckens* antwortet: „ein sittlich anständiger Wandel“.[267] Die Bestimmungen in 3,13ff. deuten aber in eine andere Richtung. Dort wird die angemessene Weisheit als himmlisch und göttlich beschrieben und mit den Konsequenzen Sanftmut, Heiligkeit, Friede, Güte, Barmherzigkeit und überhaupt den guten „Früchten“ verbunden. Das erinnert uns stark an den Geist und seine Früchte bei Paulus, z. B. Gal 5,22f.; Eph 5,9. Deshalb fasst man die Weisheit im Sinne des Jakobusbriefes besser als Erkenntnis des göttlichen Willens auf (vgl. noch Kol 1,9). Das stimmt auch mit der alttestamentlichen Konzeption z. B. in Prov 2,1–6 überein. Schließlich fügt sich „Erkenntnis des göttlichen Willens“ sehr gut an die Verse 2–4 an.[268] Speziell kann noch an Situationen der Verfolgung gedacht werden, in denen wir nach den Worten Jesu den Heiligen Geist und damit eben auch die Weisheit benötigen (Mt 10,19f.).

Weisheit muss erbeten sein. **„Er soll sie von Gott erbitten“**, sagt Jakobus. Hier meldet sich die große Zuversicht, die Jesu Worte über die Gewissheit der Erhörung charakterisiert (Mt 7,7f.; Mk 11,24; Lk 11,5ff.; Joh 14,13f.). Die Annahme legt sich nahe, dass Jakobus hier tatsächlich auf den Worten Jesu fußt.[269] Das in Jak 1,5 gebrauchte Verb αἰτεῖν bezeichnet typischerweise das Bittgebet.[270]

Jakobus fügt sogleich hinzu: Gott ist bereit, zu geben. Er schreibt von **„Gott, der allen rückhaltlos gibt und nicht schilt“**. Beide Bestimmungen überraschen uns. Statt **„rückhaltlos“** könnte man auch übersetzen „gütig“, „gebefreudig“. Jedoch empfiehlt es sich mit O. *Bauernfeind*[271] bei der „Bedeutung rückhaltlos, ohne Bedenken“ zu bleiben. Gott verhält sich nicht wie ein

[267] ThWNT VII, 526.

[268] Für *Mußner* 68 stellt sich das Verhältnis zu V. 2–4 schwieriger dar.

[269] Ebenso *Davids* 66; *Guthrie* 743; *Bieder* 95,4; *Mußner* 69 („möglicherweise“); *Johnson* 180.

[270] G. *Stählin*, ThWNT I, 192.

[271] ThWNT I, 385.

geiziger Machthaber oder wie einer, der feilscht, und schon gar nicht wie einer, der das „do ut des" („ich gebe, damit du gibst") befolgt. Geradeheraus, in voller Zuwendung der Liebe gibt er. „**Er schilt nicht**" heißt: Er begleitet seine Gaben nicht „mit mißvergnügten, ... herabsetzenden u(nd) kränkenden Äußerungen".[272] Wer ihn aufsucht, muss sich nicht auf einen Hagel von Vorwürfen einstellen. Eine eindrucksvolle Beschreibung Gottes! Das Bild des himmlischen Vaters ist hier in großer sachlicher Nähe zum Vater in Lk 15,11ff. Nochmals betont Jakobus: „**Dann** (καί consecutivum)[273] **wird sie** (= die Weisheit) **ihm gegeben werden**".

6 Der folgende sechste Vers ist schwer zu verstehen: „**Er soll aber im Glauben bitten, ohne sich Zweifeln hinzugeben.**" Eigentlich heißt es hier: „indem er an nichts zweifelt". Aber der Kontext macht klar, dass es sich nicht um gelegentliche Anfälle von Zweifeln handeln kann, sondern dass eine innere Grundlinie gemeint ist. Die Bedeutung von „**zweifeln**" für das Verb διακρίνεσθαι „ist nicht vor dem NT nachweisbar", wie Friedrich *Büchsel* feststellt.[274] *Büchsel* stellt ferner mit Recht fest, dass Zweifel eine Gespaltenheit bezeichnet, die sich auf unsere Gesamthaltung bezieht.[275] Deshalb haben wir die Übersetzung „**sich Zweifeln hinzugeben**" vorgezogen.[276] Die Gegenüberstellung „**Glaube**" – „**Zweifel**" lässt sich erneut auf Jesus zurückführen[277] (Mt 21,21; Mk 11,23). „**Glaube**" bedeutet hier ein ungebrochenes Vertrauen auf Gott – und zwar einen Gott, der sowohl schenken kann als auch schenken will.

Ist dieses ungebrochene Vertrauen nicht vorhanden, sondern wechselt der Mensch zwischen Vertrauen und Misstrauen, zwischen der Zuflucht zu Gott und der Zuflucht zu anderen Mächten und Voraussetzungen, dann „**gleicht**" er „**einer Brandung**". Der Vergleich mit der „**Brandung, die vom Wind bewegt und hin und her getrieben wird**", ist sehr eindrucksvoll. Er findet sich schon im AT (Jes 57,20) und ist im apostolischen Zeitalter beliebt, wie Eph 4,14; Jud 13 zeigen.[278] Man darf dabei nicht vergessen, dass das bewegte Meer für den hebräischen Menschen immer etwas Unberechenbares und Unheimliches dar-

---

272 J. *Schneider*, ThWNT V, 240.

273 Vgl. *Blass-Debrunner* § 442,2.

274 ThWNT III, 948.

275 A.a.O. 949.

276 *Mußner* 67 übersetzt: „ohne den geringsten Zweifel".

277 *Davids* a.a.O.; *Johnson* a.a.O.; *Mußner* a.a.O.; *Peters* 76.

278 Auf Parallelen bei Philo macht *Johnson* a.a.O. aufmerksam.

stellte. Schäumende Brandung: Ist der Mensch, der bei sich selbst Halt sucht, oder der sich an anderen Menschen oder gar am Zeitgeist orientieren will, etwas anderes? Die biblische Lehre will zur Festigkeit führen, nicht zum Umhergetriebensein (vgl. I Tim 2,8).

7 V. 7 hat einen stark ermahnenden Charakter: „**Denn ein solcher Mensch soll nicht denken, dass er etwas vom Herrn empfangen wird.**“ Das begründende „**denn**“ steht – wenn auch weiterführend – auf derselben Ebene wie das „denn“ in V. 6b. Es begründet also die Aufforderung in V. 6a. Der unbeständige, zweifelnde „**Mensch**“, der in 6b beschrieben wurde, „**soll**“ aufhören zu „**denken**“,[279] dass seine Bitte gewährt wird. Die Wortverbindung „**bitten**“ – „**empfangen**“ deutet noch einmal auf das Jesuswort in Mt 7,7f. hin, dem Jakobus hier folgt.[280] Wer ist nun der „**Herr**“ in V. 7? Geht man von V. 1 aus, dann ist es Jesus Christus. Erklärt man nur innerhalb des Zusammenhangs der Verse 5–8, dann ist damit Gott der Vater gemeint. Ein Vergleich mit 2,1; 5,7; 5,8 spricht für die erste Deutung, ein Vergleich mit 3,9; 4,10; 4,15; 5,11; 5,15 für die zweite Deutung. Eine letzte Gewissheit gibt es hier nicht, doch scheint uns vor allem der engere Kontext die zweite Deutung zu favorisieren.

8 V. 8 setzt V. 7 fort: „**als ein zwiespältiger Mensch, unbeständig in allen seinen Wegen**“. Das griechische δίψυχος „ist vor Jk 1,8; 4,8 nicht nachweisbar“.[281] Es ist vermutlich wie der „Zweifler“ (διακρινόμενος) eine christliche Wortbildung. Im Jakobusbrief kommt also eine starke sprachliche Gestaltungskraft zum Ausdruck.[282] Doch liegt dahinter eine längere semitisch-hebräische Sprach- und Theologiegeschichte. Schon Eduard *Schweizer* wies auf deren Spuren in Dtn 29,17 und Ez 14,3–5 hin.[283] Man wird aber vor allem an Israels Glaubensbekenntnis in Dtn 6,4–5 denken müssen. In der LXX lautet es u. a. „καὶ ἀγαπήσεις κύριον τοὺ θεοὺ … ἐξ ὅλης τῆς ψυχῆς σου“. Dieses ἐξ ὅλης τῆς ψυχῆς ist der genaue Gegenbegriff zu δίψυχος. Ein „**zwiespältiger Mensch**“ lebt also keine ungeteilte Hingabe an Gott. Er gleicht dem reichen Jüngling, der letztlich ebenso an Israels Glaubensbekenntnis bzw. dem ersten Gebot scheiterte (Mt 19,16ff. par). Das Attribut „**unbeständig**“ erinnert

---

279 Vgl. *Blass-Debrunner* § 336,4.

280 Ebenso *Johnson* 181.

281 E. *Schweizer*, ThWNT IX, 666.

282 *Johnson* 181 denkt daran, dass Jakobus selbst den Begriff δίψυχος geschaffen hat. *Mußner* 71 vermutet: „vielleicht eine essenische Bildung“.

283 A.a.O. Ebenso auf Parallelen in Qumran.

uns an das Bild von der unsteten, unruhigen Brandung in V. 6.[284] „Ruhelos", „unbeständig", „wankelmütig"[285] ist der zwiespältige Zweifel, weil er nirgends eine Vertrauensbindung eingeht. Ihm fehlt sowohl der Halt als auch das Gehaltensein. „**In allen seinen Wegen**" heißt: in seiner ganzen Lebenspraxis. Es liegt auf der Hand, dass Jakobus dieselbe Festigkeit von Lehre und Glauben anstrebt, wie dies in II Kor 1,21; Eph 4,14; Kol 2,7 und Hebr 13,9 der Fall ist. Wir bedenken heute zu wenig, dass wir es im neutestamentlichen Zeitalter häufig mit jungen, ungefestigten Gemeinden zu tun haben. Aber sind wir in unserer Zeit wirklich gefestigter geworden?

Mußner ist darin zuzustimmen, dass sowohl die Formulierung „in allen seinen Wegen" als auch die Forderung der Eindeutigkeit ganz der biblisch-jüdischen Überlieferung entspricht.[286]

Fassen wir Jak 1,5–8 zusammen: Fehlt uns das zum Glauben Notwendige – hier ist es die Weisheit – dann sollen wir es von Gott erbitten. Gott wird es uns gewiss geben. Jedoch sollten wir unser Vertrauen ganz auf Gott setzen und es nicht zwischen Gott und anderen Größen teilen.

3.3. Größe und Niedrigkeit der Brüder als Anfechtung (Jak 1,9-11)

9 „Es rühme sich aber der Bruder, der niedrig ist, seiner Höhe, 10 der aber reich ist, seiner Niedrigkeit, denn wie eine Blume des Grases wird er vergehen. 11 Denn die Sonne ging auf, und mit ihr kam die Hitze[287] und ließ das Gras verdorren, und seine Blume fiel ab, und die Schönheit ihres Aussehens verging. So wird auch der Reiche dahinwelken in seinem ganzen Wandel." I

Zwei wichtige Sachverhalte drängen sich dem Leser auf. Der eine dieser beiden Sachverhalte besteht darin, dass Anfechtung nie nur von außen kommt. Sie entsteht auch von innen, nämlich im Verhältnis der Gemeindeglieder zueinander. Das macht es ganz folgerichtig, dass Jakobus jetzt auf die Verhältnisse innerhalb der Gemeinde zu sprechen kommt. Der zweite Sachverhalt besteht II

---

284 *Baasland* 18; *Mußner* 72 weisen auf Jes 54,11 (LXX ἀκατάστατος) hin, wodurch die Nähe zur Brandung besonders deutlich wird.

285 Zu den verschiedenen Übersetzungsmöglichkeiten vgl. A. *Oepke*, ThWNT III, 449.

286 *Mußner* 72.

287 Zur Übersetzung vgl. *Blass-Debrunner* § 221.

darin, dass völlig selbstverständlich „**hohe**" und „**niedere**" Brüder nebeneinander vorausgesetzt werden. Auch wenn gute Sachkenner wie Martin *Hengel*[288] im Jakobusbrief einen Anwalt der armen Bevölkerungsschichten in Galiläa und im Israelland sehen wollen, ist dennoch Vorsicht angebracht. Der Jakobusbrief vermittelt vielmehr den Eindruck, dass schon die frühesten christlichen Gemeinden eine erstaunliche soziologische Vielfalt aufwiesen.

III **9** „**Der Bruder, der niedrig ist**", (V. 9) stellt eine generalisierende Aussage dar. Der Sinn dieser Aussage ist also: „**Wann immer ein Bruder niedrig ist**". Aber was heißt „**niedrig**"? Das griechische ταπεινός bedeutet „niedrig", „gering", „unbedeutend", „schwach", „arm" im Blick auf Stellung und Macht.[289] Es kann aber auch die „gedrückte Situation" oder „niedrige Lage" zum Ausdruck bringen.[290] Im Hebräischen ist die nächste Entsprechung ענו, teilweise auch עני.[291] Im Hintergrund stehen also die Anawim, die sich auf Gott verlassen und die von Gott errettet und erhört werden.[292] Schon der philologische Tatbestand verbietet es uns, die soziologische Benachteiligung bereits als besondere Gottesnähe auszugeben. Wenn Jakobus nicht nur vom „Niedrigen", sondern vom „**niedrigen Bruder**" spricht, dann meint er genau dies: ein Mitglied der christlichen Gemeinde, das dem Kyrios und Messias Jesus nachfolgt und sich zugleich in einer äußerlich gedrückten Situation befindet. Es soll „**sich seiner Höhe rühmen**".[293] Worin besteht „**seine Höhe**"? Gemeint ist die „Erhöhung ...durch Gott."[294] Hier kommt noch einmal die alttestamentliche Tradition zum Tragen. Gott erhöht ja die Anawim. Diese Tradition lässt sich zusammenfassen in dem Satz: „Gott gibt den Demütigen (oder: Niedrigen) Gnade" (Prov 3,34; zitiert I Petr 5,5; Jak 4,6).[295] Wenn sich also ein niedriger Bruder „**seiner Höhe rühmt**", „**rühmt**" er sich gerade nicht seiner, sondern

---

288 *Hengel*, Polemik, 254ff.
289 W. *Grundmann*, ThWNT VIII, 1ff.
290 A.a.O. 3.
291 A.a.O. 6.
292 A.a.O. 10.
293 καυχᾶσθαι mit ἐν konstruiert, vgl. *Bauer-Aland* Sp. 866.
294 G. *Bertram*, ThWNT VIII, 604.
295 Vgl. *Grundmann* a.a.O., 19f.

seines Gottes, der ihn erhebt. Dann aber kann er mit vollem Herzen „**rühmen**“.[296]

Man ahnt: Hier werden Neid, Minderwertigkeitskomplexe, Standesschranken irrelevant. Was hier geschieht, geht tiefer als jede menschliche Gesetzgebung, die Privilegien oder Benachteiligungen beseitigen will. In der Gemeinde des Messias entsteht eine neue Gesellschaft von innen her. Gemeinschaft wächst, indem sich beide, Niedrig und Hoch, an Gott und seinen Messias anschließen.

An dieser Stelle erhebt sich die Frage: Warum nannten sich jene frühen Christen nicht wie die Qumrangemeinde „Ebjonim“ oder „Anawim“?[297] Gerade dies wird der Grund gewesen sein: Weil sie nicht auf sich selbst sahen, sondern auf Gott und sein Handeln in Jesus Christus.

Dem „**reichen**“, „hohen“ Bruder gelten in Jak 1,9–11 mehr Worte als dem niedrigen. Glaubte Jakobus, die Reichen seien der „schwierigere“ Fall? Vermutlich war dies seine Erfahrung, so wie es auch die Erfahrung Jesu gewesen ist (Mt 19,24).

Gegen alle sozialrevolutionären Bewegungen seiner und auch der kommenden Zeit grenzt sich aber Jakobus durch die einfache und gleichzeitig fundamentale Tatsache ab, dass auch der Reiche ein „**Bruder**“ bleibt.[298]

10 Der Bruder also, „**der reich ist**“, rühme sich „**seiner Niedrigkeit**“ (V. 10). Sofort erinnern wir uns der ähnlichen Mahnung des Paulus, der den Reichen gebietet, „dass sie nicht stolz seien“ (I Tim 6,17). Bisher entdeckten wir schon manche Gemeinsamkeiten zwischen Paulus und Jakobus. Wir fragen: Worin besteht die „**Niedrigkeit**“ bzw. „niedrige, gedrückte Lage“[299] des Reichen? W. *Grundmann* sieht sie in der „Verfallenheit an den Tod“.[300] Dazu kann er sich auf den unmittelbaren Kontext berufen. Der weitere Kontext empfiehlt uns jedoch, die „Niedrigkeit“ umfassender zu verstehen. Dann drückt sie sich nicht nur in der Todesverfallenheit aus, sondern auch darin, dass Gott den Reichen widerstehen muss, sobald sie stolz werden (Jak 2,5ff.; vgl. Lk 1,51ff.), und dass Gott die unbußfertigen Reichen im Endgericht hart bestrafen wird

---

[296] Von *Mußner* 73 gut formuliert: „Sich rühmen“ sei „ein Ausdruck der mächtigen Freude“.

[297] Zu Qumran *Grundmann* a.a.O. 12f.

[298] Jedenfalls stimmt die Bemerkung bei F. *Hauck*/W. *Kasch* nicht, wonach der Jak „das Reichsein und die Reichen radikal“ verwerfe (ThWNT VI, 328).

[299] Vgl. W. *Grundmann*, ThWNT VIII, 11.

[300] A.a.O. 22.

(Jak 5,1ff.). Aber wie soll der Reiche sich gerade dieser „**Niedrigkeit rühmen**“? Indem er sich ganz von Gott **abhängig** weiß und sich ganz in Gottes Hände gibt.

Eine Reihe von Auslegern, u. a. *Belser*[301] und *Beyschlag*, deutet den „Reichen“ in V. 10a allerdings auf nichtchristliche Reiche. Der Aufruf, sich zu rühmen, muss dann „als ironischer Zuruf“ verstanden werden.[302] Demgegenüber weist *Mußner* (74) zu Recht auf die Parallelität der Aussagen in V. 9–10 hin, die auch den „Reichen“ als Christen erscheinen lassen. Es geht also um eine „ernstgemeinte Paränese an die reichen Mitglieder der Gemeinde“ (*Mußner* 74).

Der Ernst dieser Paränese zeigt sich a) an der Länge der Ausführungen über die Reichen, b) an der Härte der Aussagen. „**Wie eine Blume des Grases wird er**[303] **vergehen**“, sagt V. 10b. Wieder wird also die Nähe zum 1. Petrusbrief erkennbar (vgl. I Petr 1,24). Vor allem aber greifen beide, Jakobus wie Petrus, auf Jes 40,6–8 zurück. Dort wird die Herrlichkeit des Herrn der Schwäche und der Vergänglichkeit des Menschen gegenübergestellt. So also soll sich der Reiche seiner Niedrigkeit bewusst werden. „**Gras**“ ist alles, „was grün auf Feld und Wiese steht“ (*Bauer-Aland* Sp. 1763), seine „**Blume**“ alles, was dort blüht. Dabei darf man die Verhältnisse im Orient nicht vergessen: Nach dem Regen blüht die Wüste schlagartig auf, in Sonne und Wüstenwind vertrocknet sie im Nu (vgl. Jon 4,7f.).

11 V. 11 lässt uns das ganz anschaulich miterleben: „**Denn (so kann's geschehen!) die Sonne ging auf**[304] **und mit ihr kam die Hitze**[305] **und ließ das Gras verdorren, und seine Blume fiel ab, und die Schönheit seines Aussehens verging.**“ Es sind die Verhältnisse des Israellandes und seiner Nachbarländer, die den Hintergrund dieser Schilderung bilden. „**Sein Aussehen**“[306] bezieht sich entweder auf das Gras oder die Blume.[307] Schilderungen dieser Art finden sich nicht nur bei Jesaja (40,6–8), sondern auch bei Hiob (14,2), den

---

301 *Belser* 51.

302 *Belser* a.a.O.; *Beyschlag* 57.

303 Er = der Reiche. Statt auf den Reichen deutet z. B. *Johnson* 186 auf den Reichtum, was aber in Spannung zum Kontext und zur sprachlichen Konsequenz steht.

304 Es handelt sich nach *Blass-Debrunner* § 333 um gnomische Aoriste.

305 „Hitze“ bezieht sich entweder auf die Sonnenglut oder den Glutwind, der aus den arabischen Steppen nach Palästina hineinweht. Vgl. J. *Schneider*, ThWNT III, 644.

306 Zu πρόσωπον als „Aussehen“ vgl. E. *Lohse*, ThWNT VI, 777.

307 *Bauer-Aland* Sp. 996.

Psalmen (90,5f.) und Jesus (Mt 6,30; 13,6). Die Konsequenz bezüglich des Reichen spricht das Ende des 11. Verses noch einmal deutlich aus: „**So** (οὕτως**!) wird auch der Reiche dahinwelken in seinem ganzen Wandel** (oder: bei seinen Unternehmungen)“. Die Übersetzung „**dahinwelken**“ passt zum vorausgehenden „Blumen“-Bild, sonst könnte man auch „erlöschen“ oder „dahinschwinden“ übersetzen. Der Sinn bleibt derselbe. Die Übersetzung „**Wandel**“ ist u. E. zu bevorzugen, da im Hintergrund von Jak 1,11 das hebräische הלך bzw. das Bild der „Wege“ im Sinne des Lebenswandels steht.[308] Erst in 4,13ff. geht es um „**Unternehmungen**“. Dann ergibt sich als Sinn des letzten Satzes von V. 11: Alles, was den Reichen charakterisiert hat, verfällt der Vergänglichkeit, Reichtum hat keinen Bestand vor Gott, nur die Glaubensperson kann im Gericht Gottes bestehen. Aus der Jesusüberlieferung vgl. man Lk 12,16ff.[309] Von „Wegen“ = Wandel ist auch in V. 8 die Rede.[310]

Fazit der Verse 9–11: Mindestens ein Teil der Gemeinden, an die Jakobus schreibt, ist von starken sozialen Spannungen geprägt. Reiche und Arme stehen sich gegenüber. Beide haben ihren Platz in der Gemeinde. Beide können und sollen sich rühmen. Dies aber paradox: die Armen ihrer Höhe, das heißt des göttlichen Erbarmens, die Reichen hingegen ihrer Niedrigkeit, das heißt ihrer völligen Abhängigkeit von Gott. Man muss hier sehr nüchtern zur Kenntnis nehmen, dass der Glaube die Gegensätze nicht einfach verwischt oder gar austilgt. Die Anfechtung bleibt vielmehr bestehen, dass Reiche und Arme zusammen in der Gemeinde leben.

3.4. Seligpreisung der Angefochtenen (Jak 1,12)

12 „Glücklich zu preisen ist der Mann, der in der Anfechtung durchhält! Denn nachdem er bewährt ist, wird er den Kranz des Lebens empfangen, den er denen verheißen hat, die ihn lieben.“ I

Die hebräische Sprachform, die dem Griechischen zugrunde liegt, ist leicht II
erkennbar. Das Μακάριος ἀνὴρ ὃς entspricht hebräischem אַשְׁרֵי הָאִישׁ.[311] Duktus der Formulierung und Inhalt erinnern vor allem an Dan 12,12

---

[308] Vgl. F. *Hauck/Schulz*, ThWNT VI, 570ff. Anders *Mußner* 75; *Belser* 53. Wie wir jedoch *Beyschlag* 59.

[309] Hinweis auch bei *Johnson* 187.

[310] Vgl. wieder *Johnson* a.a.O.

[311] *Blass-Debrunner* § 127,6.

(אַשְׁרֵי הַמְחַכֶּה usw.).[312] Auch dass am Ende des Verses das Subjekt „er“ eher unbestimmt bleibt und nicht etwa von Gott oder Christus die Rede ist, dürfte von jüdischem Sprachempfinden beeinflusst sein.

III **12** Betont wird das μακάριος an die Spitze gestellt. Es handelt sich um ein ähnliches Verfahren wie in 1,2, wo ebenfalls πᾶσαν χαρὰν betont an der Spitze erscheint. Der Jakobusbrief erweist sich also erneut als Freudenbrief und Trostbrief. Mit der Wendung „**Glücklich zu preisen**“ betreten wir das Gebiet der alt- und neutestamentlichen Seligpreisungen, die vor allem durch Jesu Bergpredigt (Mt 5,1ff.; Lk 6,20ff.) berühmt geworden sind. Im NT konzentrieren sich die Seligpreisungen auf die Evangelien, die Paulusbriefe und die Johannesoffenbarung. Aber auch in der Apostelgeschichte des Lukas (20,35; 26,2) und im 1. Petrusbrief (3,14; 4,14) fehlen sie nicht. Jakobus trägt zu diesem Befund zwei Stellen bei (1,12.25). Im AT ist der Plural masc. constr. אַשְׁרֵי in seiner ursprünglichen Bedeutung verschieden erklärt worden:[313] „Die große Masse der Belege findet sich in den Psalmen (26mal) und den Weisheitsbüchern (12mal außer den griech. Teilen von Sir).“[314] Die Seligpreisung hat somit ihren typischen Sitz in der Paränese und der Einladung der Weisheit. Sie bringt im Kern die Glückseligkeit des frommen und gläubigen Menschen zum Ausdruck. Das intertestamentarische Judentum (z. B. Sir 25,9ff.) und das rabbinische Judentum (z. B. b Chag 14b) setzt diesen Sprachgebrauch fort.[315] Im NT erfolgt eine spezielle Prägung durch den christologischen Bezug. So kann *Hauck* die Besonderheit des neutestamentlichen Makarismus dadurch definieren, dass er „ganz überwiegend auf die einzigartige Freude bezogen ist, die dem Menschen aus dem Teilhaben am Heil des Reiches Gottes erwächst“.[316]

Genau diese eschatologische und christologische Ausrichtung bestimmt unsere Stelle Jak 1,12. Denn „**glücklich**“ gepriesen wird „**der Mann, der in der Anfechtung durchhält.**“ Zwar ist der Sprachhorizont der Weisheitslehrer durch ihre damals nur männlichen Schüler bestimmt. Doch darf deshalb der „**Mann**“ nicht geschlechtsspezifisch missverstanden werden. Sinngemäß ist

312 *Johnson* 188.
313 Vgl. H. *Cazelles*, ThWAT I, Sp. 481f.
314 *Cazelles* a.a.O. Sp. 482; G. *Bertram*, ThWNT IV, 367; *Baasland* 20.
315 Vgl. wieder *Bertram* a.a.O. 367ff.
316 F. *Hauck*, ThWNT IV, 369f.

hier der Mensch schlechthin gemeint.[317] Aber nun kommt mit ὑπομένει ein Spezifikum biblischer und neutestamentlicher Lehre in den Blick. Schon im AT ist ὑπομένειν (meist Übersetzung für קום, יחל oder חכה) nicht nur Bezeichnung für ein Standhalten, sondern auch für ein personales Verhältnis, in dem man auf eine Person wartet und an ihr „harrend und hoffend festhält".[318] So hält der neutestamentliche Glaube nicht nur Anfechtung aus, sondern auch an der persönlichen Gemeinschaft mit Gott und seinem Messias fest. Dieses ὑπομένειν als „drunterbleiben" im Sinne von ausharren und standhalten richtet sich gegen alle Widerstände und Versuchungen, die den gläubigen Menschen vom Ziel seiner göttlichen Bestimmung abbringen wollen.[319] Unübersehbar steht dieses tapfere „**durchhalten**" und „standhalten" in einer Spannung zum weichlichen „Gestimmtsein" der heutigen Christenheit. Das „**durchhalten**" wird in Jak 1,12 und 5,11 als ein Fakt betrachtet und nicht psychologisch erklärend aufgeschlüsselt. Bei der „**Anfechtung**" kann man wieder an Verfolgungen denken (vgl. Mt 10,22), aber auch an sonstige Widerstände und Versuchungen in dem weiteren Sinne, den wir in 1,2 vorausgesetzt haben.[320] Jedenfalls klammert das Stichwort „Anfechtung" / πειρασμός den ganzen Passus 1,2–12 ein. Noch einmal sei auf Mt 10,22 und 24,13 sowie auf Dan 12,12 verwiesen. Der Vergleich mit diesen Stellen[321] macht deutlich, dass Jak 1,12 stark eschatologisch bestimmt ist.[322]

„Denn nachdem er (= der Angefochtene) bewährt ist, wird er den Kranz des Lebens empfangen": So begründet Jakobus seine Seligpreisung. Wieder kommen Grundbegriffe des neutestamentlichen Glaubens in den Blick. Halten wir sofort fest: Nicht jeder, der angefochten ist, erhält diesen Kranz. Sondern nur der „**Bewährte**". Wer feige ausweicht, wer nicht standhält, auf den trifft Jak 1,12 nicht zu (vgl. Apk 21,8). Das ist angesichts einer Gnadentheologie, für die die Bewährung keine Rolle mehr spielt, ein brisanter Satz. Für wen „gute Werke" ein anrüchiger Begriff sind, wer gar wie Nikolaus *von*

---

317 Eine ganze Reihe von HSS korrigiert demgemäß ἀνήρ in ἄνθρωπος. Falsch dagegen die Eingrenzung des Adressaten auf die Armen, wie sie z. B. von *Belser* 53f.; *Beyschlag* 59 vollzogen wird.

318 F. *Hauck*, ThWNT IV, 587.

319 Vgl. wieder F. *Hauck* a.a.O. 589ff.

320 Ebenso *Mußner* 85.

321 Vgl. dazu auch *Davids* 66; meinen Kommentar „Der Prophet Daniel", WStB, 1 Aufl., 1982, 422; *Johnson* 188; *Bieder* 95,4.

322 Vgl. *Mußner* a.a.O.

Amsdorf gute Werke als „zur Seligkeit schädlich“ betrachtet (1559),[323] der gerät in Konfrontation zu Jak 1,12. Doch was heißt „bewährt“? W. *Grundmann* stellt fest, bewährt sei „Derjenige, der sich im Leben bewährt hat und den die Prüfung des Gerichts als bewährt findet“.[324] A. *Schlatter* erinnert „an die kräftigende Wirkung ..., die die Versuchung auf unseren inwendigen Menschen ausübt“.[325] Im Griechischen scheint die erste Bedeutung von δόκιμος „kampferprobt“ zu sein.[326] Fassen wir zusammen: „bewährt“ ist derjenige Mensch, der in Test und Kampf des Glaubens an der Gemeinschaft mit Gott festhält und beharrlich seinem ewigen Ziel entgegengeht. Ihm wird „**der Kranz des Lebens**“ zuteil. Man beachte: „**er empfängt ihn**“, nicht: „**er erringt ihn**“. Denn genau genommen wird dieser Kranz von Gott in überreicher Barmherzigkeit verliehen und nicht durch eigenes Maß und eigene Ansprüche erworben. Das Wort „**empfangen**“ genügt, um uns klarzumachen, dass Jakobus keine verwerfliche „Werkgerechtigkeit“ vertritt. Aber was ist der „**Kranz des Lebens**“? Hier vereinigen sich orientalische und alttestamentliche Motive. In der ganzen Antike, in Ägypten wie in Griechenland und Rom, hat der „**Kranz**“, ursprünglich der um das Haupt gelegte Zweig, seinen Platz beim Kult, bei Gastmählern, bei Wettkämpfen, beim Triumphzug, beim Totenkult und bei ähnlichen Anlässen.[327] Das Alte Testament spricht hier öfters vom „Kopfbund“ (עטרה), ist aber sehr viel zurückhaltender im Gebrauch der Begriffe „Krone“ oder „Kopfbund“. Die bildliche Verwendung im Sinne eines Ehrenzeichens konzentriert sich auf Psalmen und Weisheitsschriften.[328] Im Neuen Testament ist der „**Kranz**“ vorwiegend der eschatologische Sieges- und Lebenskranz.[329] Die Wendung „**Kranz des Lebens**“ begegnet außer Jak 1,12 auch in Apk 2,10. Er zeigt an, dass Gott den bewährten Duldern als Siegespreis das ewige Leben schenkt[330] (vgl. auch II Tim 2,5; 4,8; I Petr 5,4; Apk 3,11).

---

[323] Vgl. dazu Handbuch der Dogmen- und Theologiegeschichte 2, Göttingen, 1988, 111f.115f. (B. *Lohse*).

[324] ThWNT II, 260.

[325] *Schlatter*, Jak, 150.

[326] *Grundmann* a.a.O. 258.

[327] W. *Grundmann*, ThWNT VII, 615ff.

[328] A.a.O. 624ff.

[329] A.a.O. 627ff.

[330] A.a.O. 629f.

Nicht ganz leicht sind die Schlussworte von V. 12 zu verstehen: „**den er denen verheißen hat, die ihn lieben**". Wer ist hier das Subjekt? Gott oder speziell Jesus Christus? Der Vergleich mit Jak 2,5 sowie Röm 8,28; I Kor 2,9; 8,3 legt es nahe, Gott (ὁ θεός) als Subjekt zu ergänzen. Dies umso mehr, als man jüdischerseits die Erwähnung Gottes gerne in umschreibender, indirekter Weise bevorzugte.[331] Auch wenn viele HSS als Subjekt ὁ κύριος (= Jesus?) ergänzen, ist es besser, ein ὁ θεός vorauszusetzen.[332] Doch wo hat Gott den Kranz des Lebens „**verheißen**"? Antwort: In der Lehre Jesu, z. B. den Seligpreisungen (Mt 5,1ff. par).[333] „**Die, die ihn lieben**" sind diejenigen, die sich an Gott und seinen Messias halten (vgl. 1,1).[334]

Es ist noch darauf hinzuweisen, dass Jak 1,12 inhaltlich in auffallender Nähe zu Röm 5,4 steht. So ergibt sich eine enge Verwandtschaft sowohl zur Jesusüberlieferung[335] (Mt 5,10ff.; 10,22; 24,13) als auch zu Paulus (Röm 5,4), Petrus (I Petr 5,4) und zur Johannesoffenbarung (Apk 2,10; 3,11). Mit Recht kann man hier von einer gemeinchristlichen Lehre im Neuen Testament sprechen.

Fazit: Wer der Anfechtung nicht ausweicht, sondern sich darin bewährt, wird von Gott überreich mit dem ewigen Leben beschenkt.

4. Zweiter Abschnitt über das Thema Anfechtung (Jak 1,13–18)

13 „Niemand, der versucht wird, soll sagen: Ich werde von Gott versucht. Denn Gott kann nicht zum Bösen versucht werden, er aber versucht niemand. 14 Vielmehr[336] wird jeder so versucht, dass er von seiner eigenen Begierde herausgezogen und geködert wird. I

---

331 *Grundmann* a.a.O. 629,77: „Die subjektlose Überlieferung vermeidet den Gottesnamen". Vgl. *Beyschlag* 60; *Johnson* 188; *Mußner* 86.

332 So eine Reihe anderer HSS.

333 Mit einem ungeschriebenen Herrenwort rechnet *Belser* 55; vorsichtig *Grundmann* a.a.O. 629.

334 *Johnson* a.a.O. weist auf die Nähe zu Ex 20,5f. hin, sowie Dtn 6,4; 7,9; 30,20; ähnlich *Mußner* a.a.O.

335 Vgl. dazu auch H. *Seesemann*, ThWNT VI, 29f.

336 Zur Übersetzung vgl. *Johnson* 193.

15 Wenn darauf die Begierde empfangen hat, gebiert sie Sünde. Die Sünde aber, wenn sie ihr Ziel erreicht hat, gebiert Tod. 16 Irrt euch nicht, meine geliebten Brüder: 17 Jede gute Gabe und jedes vollkommene Geschenk ist von oben und kommt vom Vater der Lichter herab,[337] bei dem es keine Veränderung oder Verfinsterung durch einen Wandel der Stellung gibt. 18 Nach seinem Willen hat er uns geboren durch das Wort der Wahrheit, damit wir eine Art von Erstlingen seiner Geschöpfe sein sollten.“

II Schon vom Klang her ist das ein höchst interessanter Abschnitt. Die Alliterationen (ähnliche Anklänge verschiedener Worte) sind überreich, z. B. V. 15: hamartia – apotelestheisa – apokyei. In V. 17 vermutet *Blass-Debrunner* ein Zitat aus der Dichtung oder „ein plötzliches rhythmisches Sprechen und Schreiben des Verfassers“ (§ 487,2). In V. 15 findet sich ein gutes Beispiel der rhetorischen Klimax: „Die Begierde gebiert Sünde, die Sünde aber gebiert Tod.“[338] Manche Wendungen sind singulär im Neuen Testament, so z. B. „Vater der Lichter“ oder „Wandel der Stellung“ in V. 17. Es begegnet uns also wieder eine imponierende sprachliche Gestaltungskraft des Verfassers – ein unbezweifelbares Original im NT. Mit *Johnson* (192) notieren wir ferner, dass hier erstmals im Jak eine direkte Rede auftaucht („Ich werde von Gott versucht“). Vor allem bei Maleachi spielt das Zitat direkter Reden eine Rolle, aber auch bei Ben Sira. Jakobus steht hier in einer prophetisch-weisheitlichen Linie.

Gegenüber 1,2–12 hat sich die Struktur gewandelt. Der imperativische Charakter der Verse ist weniger stark ausgeprägt. Stattdessen werden lehrhaft Zusammenhänge erzählt. Auch verschiebt sich der Anwendungsbereich für das Stichwort πειρασμός. Es ist jetzt nicht mehr Verfolgung und Widrigkeit aller Art, sondern in einen Zusammenhang mit dem Thema Sünde gestellt. Deshalb übersetzen wir es jetzt nicht mehr mit „Anfechtung“, sondern spezieller mit „Versuchung“. Rein äußerlich fällt auf, dass dieser Abschnitt sich am Schluss öffnet und schon zu 1,19ff. überleitet.

III **13** Die Eingangsworte μηδεὶς πειραζόμενος (V. 13) führen uns noch einmal zu den philologischen Wurzeln des πειράζειν zurück. Die Grundbedeutung „auf die Probe stellen“, nicht zuletzt im Sinne von Misstrauen oder gar Feind-

---

337 Zur Übersetzung vgl. *Blass-Debrunner* § 434,2.
338 Vgl. *Blass-Debrunner* § 493,4.

schaft[339] schimmert hier noch deutlich durch. Aber nun ist nicht zu übersehen, dass die spezielle Bedeutung durch das κακῶν in der nächsten Zeile bestimmt ist. Das heißt jetzt: Es geht um die Verleitung zum Bösen, um ein „**versuchen**" im Sinne des Versuchs, zum Abfall von Gott zu bewegen. Hier ist es also nicht mehr angemessen, die Übersetzung „anfechten" zu verwenden. Dieser Unterschied zu 1,2ff. darf nicht verwischt werden. Um ihm gerecht zu werden, wechseln wir also mit der Übersetzung von „Anfechtung" / „anfechten" zu „versuchen". Heinrich *Seesemann* konstatierte sogar, in Jak 1,13 liege „eine völlig andere Verwendung der Vokabel vor",[340] als sie in 1,2f. gegeben sei.

Doch wer, „**der versucht wird**", ist geneigt, zu „**sagen: Ich werde von[341] Gott versucht**"? Das ἀπὸ θεοῦ steht betont an der Spitze, so dass man sogar übersetzen könnte: „Es ist Gott, der mich versucht". *Seesemann* bemerkt dazu: „Jk 1,13 wendet sich gegen Christen, die in der Gefahr standen, die Versuchungen zu leicht zu nehmen, und die sogar dazu neigten, Gott für unsere Sünden verantwortlich zu machen." Nach 1,2ff. „möchte man freilich kaum glauben, dass die Adressaten die Versuchungen zu leicht" nahmen. Umso mehr geht es aber darum, dass man offenbar Gott verantwortlich machte, und zwar sowohl für die Versuchung als solche als auch für die Sünden, die die Versuchten auf sich luden. Ein Schlüssel zum Verständnis liegt in Sir 15,11ff. Dort werden während einer Epoche größten Einflusses griechischer Philosophie solche Gegner Ben Siras angegriffen, die offenbar aufgrund dieses philosophischen Einflusses die menschliche Willensfreiheit und damit die menschliche Verantwortung leugneten. Wir lesen in Sir 15,11ff. u. a.: „Sage nicht: Von Gott kommt meine Sünde, denn was er haßt, macht er nicht. Sage doch nicht: Er hat mich zu Fall gebracht, denn er hat kein Gefallen an Menschen des Frevels."[342] Jak 1,13ff. steht diesem Abschnitt bei Ben Sira überraschend nahe. Eine schwierige Frage ist es, zu beurteilen, wieso ausgerechnet jüdische Christen zu einer ähnlichen Position wie die Gegner Ben Siras kommen konnten. Standen sie in der Diaspora ebenfalls unter dem Einfluss griechischer Philoso-

339 Vgl. H. *Seesemann*, ThWNT VI, 23.

340 A.a.O. 29. Ähnlich, wenn auch differenzierter, *Johnson* 192; *Belser* 56.

341 Zu ἀπό im Sinne von ὑπό vgl. *Blass-Debrunner* § 210,2.

342 Vgl. dazu meine Dissertation Mensch und freier Wille, WUNT 12, 1972, 85ff.; G. *Delling*, ThWNT VII, 761.

phie? Oder handelte es sich um ehemalige Priester (Act 6,7) bzw. Essener (vgl. 1 QS III, 13ff.)? Jakobus hilft uns hier leider nicht weiter.[343]

Warum „**soll**" man so etwas „**nicht sagen**"? Die Begründung des Jakobus lautet: „**Denn Gott kann nicht zum Bösen versucht werden, er aber versucht niemand**." Der Begriff ἀπείραστος fehlt in der Profangräzitat.[344] Er gehört zu den Verbaladjektiven, die Jakobus offenbar liebte.[345] Θεὸς ἀπείραστος bedeutet: „Gott ist nicht versuchbar zum Bösen."[346] *Seesemann* hält diese Aussage für einmalig in der Bibel. Es handle sich um eine „Aussage über das Wesen Gottes ..., wie sie sich sonst in der Bibel nicht findet". Immerhin häufen sich gerade in unserem Abschnitt V. 13–18 solche Aussagen. Aber auch bezüglich der Weisheit kann Jakobus solche Definitionsaussagen machen (3,13ff.). Darin kommt ihm der Hebräerbrief nahe (z. B. Hebr 11,1). Ist das griechischer Einfluss? Oder ist es eher die Schule des judenchristlichen Lehrers, der sich mit bestimmten Lehrauffassungen auseinandersetzen muss? Jedenfalls begegnet uns auch hier wieder die sprachliche Gestaltungskraft des Verfassers.

Inhaltlich leuchtet es zunächst durchaus ein, dass Gott keine Neigung zum Bösen besitzt: Das ist ja der positive Inhalt des θεὸς ἀπείραστος. Aber wie verträgt sich das mit der Aussage in Hebr 4,15, wonach der Sohn Gottes „versucht worden ist in allem wie wir, doch ohne Sünde" (πεπειρασμένον δὲ κατὰ πάντα καθ' ὁμοιότητα χωρὶς ἁμαρτίας)? Man wird wohl beide Stellen so miteinander zu verbinden haben, dass sich der Sohn bewusst der Versuchung ausgesetzt hat, um sie dann in der Treue zum Vater zu überwinden. Das ist auch der Sinn der Versuchungsgeschichten in den Evangelien (Mt 4,1ff. par).

Der letzte Satz von V. 13 lautet: „**er (Gott) aber versucht niemand**". *Seesemann* kommentiert dies so: „er verführt niemand zur Sünde."[347] Grundsätzlich ist dem zuzustimmen. Doch muss man stärker differenzieren. Im bibli-

---

[343] Es ist eher eine Verlegenheitsauskunft, wenn Wendland einst vermutete, man habe sich auf die 6. Bitte des Vaterunsers berufen (vgl. dazu *Seesemann* a.a.O. 29,33). Dasselbe gilt für *Mußner* 86.

[344] *Seesemann* a.a.O. 24; *Johnson* 197.

[345] Vgl. *Blass-Debrunner* § 117,1; 182,4.

[346] *Mußner* 87 anders: „unversuchbar vom *Bösen*." Ebenso *Schlatter*, Jak, 150; *Johnson* 192f.; *Beyschlag* 64. Aber *Bauer-Aland* Sp. 166; *Seesemann* a.a.O. 29; *Belser* 49ff. wie wir.

[347] A.a.O. 29.

schen Zusammenhang stellt Gott den Menschen ja durchaus auf die Probe, wie nicht zuletzt Gen 22,1ff. zeigt.[348] Aber Gottes Ziel ist dabei die Bewährung des Glaubens (vgl. V. 3f.12) und damit geistliches Wachstum.[349] Das Ziel der Sünde und des Teufels ist das Entgegengesetzte: nämlich Glauben und Wachstum zu hindern und den Abfall von Gott einzuleiten.

Zum Erproben vonseiten Gottes gehört darum ganz folgerichtig die Bitte, vor der teuflischen Versuchung zu bewahren (6. Bitte des Vaterunsers!), sowie die Überzeugung, dass Gott den πειρασμός auf das Erträgliche begrenzt (I Kor 10,13). Wenn es also – dies ist letzten Endes der Sinn von Jak 1,13 – zur Sünde kommt, ist der Mensch und nicht Gott der Schuldige. Es braucht nicht betont zu werden, dass dies gerade in der heutigen Zeit eine höchst aktuelle Feststellung ist.

14 V. 13 sagte, woher die Sünde **nicht** kommt. V. 14 sagt, woher sie nun **wirklich** kommt: von der „**eigenen (menschlichen) Begierde**". Diese Feststellung ist alles andere als selbstverständlich. Eine nahe liegende andere Antwort wäre ja gewesen: Sie kommt vom Teufel (vgl. Gen 3,1ff.; I Chr 21,1). Dass Jakobus **diese** Antwort nicht gibt, ist höchst bemerkenswert. Insofern sehen wir in Jak 1,14 eine Kernstelle der neutestamentlichen Hamartiologie.

Sehen wir uns die Einzelheiten an: „**Vielmehr wird jeder so versucht, dass er von seiner eigenen Begierde fortgerissen und geködert wird.**" „**Begierde**" (ἐπιθυμία) hat im NT zumeist die negative Bedeutung „böses Verlangen".[350] Dies hängt mit der alttestamentlichen Sprachgeschichte zusammen. Schon Gen 6,5 und 8,21 sprechen von der Bosheit des menschlichen Herzens, in dem ja auch die Begierden wohnen. Im Dekalog steht zweimal οὐκ ἐπιθυμήσεις (Ex 20,17). Hinzuweisen ist ferner auf das verstärkte Sündenbewusstsein, wie es z. B. in den Qumranschriften zum Ausdruck kommt. Typisch ist hierfür die Gemeinschaftsregel: „ich gehöre zur ruchlosen Menschheit, zur Menge des frevelnden Fleisches" usw. (1 QS XI, 9ff.).[351] Die „**eigene Begierde**" ist von daher zielgerichtet auf das Böse. Ein solch qualifizierter Sprachgebrauch findet sich vor allem bei Paulus (vgl. Röm 1,24; 7,7; I Kor 10,6; Gal 5,16ff.; Eph 2,3; 4,22). Nun also begegnen wir ihm auch bei Jakobus –

---

[348] Vgl. wieder *Seesemann* 24ff.

[349] Hierher gehört auch Weish 3,5, auf das *Mußner* 86 hinweist. Aber Weish 3,5 stellt nicht das Problem von Jak 1,13 dar!

[350] F. *Büchsel*, ThWNT III, 170; *Johnson* 193f.

[351] Zur Entwicklung noch ohne Kenntnis von Qumran vgl. *Büchsel* a.a.O. 169. 1 QS IX, 9ff. ist zitiert nach *Lohse*, Qumran, München, 1964, 41.

eine weitere Gemeinsamkeit zwischen diesen beiden so oft als konträr empfundenen neutestamentlichen Verfassern. Inwiefern damals schon eine Terminologie vom יֵצֶר הָרַע bei den Rabbinen ausgeprägt war, muss zunächst offen bleiben.[352]

Kehren wir zurück zur Hauptaussage von Jak 1,14: Die eigene Begierde bringt den Menschen in Versuchung. Sie attackiert ihn, wobei Jakobus zwei Momente dieser Attacke besonders erwähnt: Der Betreffende wird ein ἐξελκόμενος καὶ δελεαζόμενος. Das erstere bedeutet „**herausgezogen**"[353] und stellt im NT ein Hapaxlegomenon dar. Ebenso wenig wie beim Grundwort ἕλκειν muss dieses „**herausziehen**" als ein gewaltsamer Vorgang verstanden werden.[354] Ἕλκειν wird „von mächtigen Trieben gebraucht", es kann auch ein „liebevolles Ansichziehen" bedeuten.[355] „**Herausziehen**" (ἐξέλκειν) wird von *Bauer-Aland* „der Fischersprache" zugeordnet, zu der auch das „**Ködern**" (δελεάζειν) gehört.[356] Jakobus benutzt also ähnlich wie in 1,6 ein äußerst anschauliches Bild. Um bei diesem Bild anzusetzen: Wie der hungrige Fisch sich auf den Köder stürzt und dann zu seinem Verderben herausgezogen wird, so stürzt sich der Mensch auf das, was ihm seine eigene Begierde vorhält, und wird dadurch „herausgezogen" ins Verderben.

Jakobus sagt nicht: Da kannst du nichts machen. Sondern er betont im Gegenteil: Du bist und bleibst der Verantwortliche für deine Sünde. Verlockung und Versuchung heben nicht auf, dass der Mensch sich für die Sünde entscheidet. Er geht damit einen Weg, den er ganz verantworten muss. Die Ausflucht, daran sei eben der Teufel schuld, oder wir seien als ohnmächtige Geschöpfe dem alles bewirkenden Gott ausgeliefert, verbietet Jakobus.

Er steht hier in Übereinstimmung mit Sir 15,11ff., wie oben schon festzustellen war. Aber auch die Nähe zu äthHen 98,4 drängt sich auf. Dort heißt es: „die Sünde ist nicht auf die Erde geschickt worden, sondern die Menschen haben sie aus sich selbst erschaffen." Siegbert *Uhlig* verbindet äthHen 98,4

---

352 Dies gilt erst recht für Ben Sira, vgl. *Maier*, WUNT, 91ff.; *Büchsel* a.a.O. 170; *Johnson* 194.

353 *Mußner* 84: „angezogen". Vgl. *Johnson* 193.

354 Vgl. A. *Oepke*, ThWNT II, 500f.

355 *Oepke* a.a.O. 501.

356 Sp. 384. Δελεάζειν begegnet uns im NT außer in Jak 1,14 nur noch in II Petr 2,14. Man möchte an den See Genezareth als den Realhintergrund sowohl für Jakobus wie für Petrus denken.

seinerseits mit Hi 5,7.[357] Ist seine Datierung richtig, wonach äthHen 98 ins 1. Jh. v. Chr. gehört,[358] dann befinden wir uns hier auch in zeitlicher Nähe zu Jak 1,14. Eines dürfte jedenfalls feststehen: Alle diese jüdischen und christlichen Autoren sehen im Menschen selbst das Subjekt der Sünde. Der Mensch bleibt der Verantwortliche. Er kann seine Schuld weder auf Gott noch auf den Teufel abwälzen.

Bei einer solchen Sicht der Dinge kann man es sich kaum vorstellen, dass Jakobus eine Schrift wie *Luther*s De servo arbitrio verfasst hätte. Die legitime Fortsetzung des Jakobusbriefs, ja des ganzen Neuen Testaments (vgl. Mt 23,37; Phil 2,12f.; Apk 22,11ff.), ist nicht De servo arbitrio, sondern *Irenäus*' Kapitel über den freien Willen in Adv. haer. IV, 37.

15 V. 15 bringt einen Wechsel in der Bildersprache. Wir verlassen den Bilderkreis der Fischersprache und kommen zu dem weiblichen Bilderkreis vom Empfangen und Gebären. Der Übergang vom einen zum anderen ist keineswegs spannungsfrei. Vor allem wird jetzt die „**Begierde**" personifiziert und hypostasiert – ein Vorgang, der sich schon in V. 14 vorbereitete.[359] „**Wenn darauf die Begierde empfangen hat, gebiert sie Sünde**" (nicht „**die**" Sünde, wie z. B. der Luthertext vermuten lässt!): Das griechische εἶτα („**darauf**") bringt tatsächlich eine Chronologie in die Hamartiologie.[360] Der Vorgang ist also folgender: 1) die Begierde ködert den Menschen, 2) stimmt er ihr zu, so „**empfängt**" sie, 3) schließlich „**gebiert sie Sünde**". Es folgt ein vierter Akt, den wir später noch besprechen. Das dabei theologisch Entscheidende hat Adolf *Schlatter* hervorgehoben. Das Hinhalten des Köders ist ihm zufolge der erste „versuchliche entscheidungsreiche Augenblick".[361] Noch immer können „wir es billigen oder verwerfen". Insoweit sei die Begierde, so *Schlatter*, „noch nicht Sünde". Denn erst nach dem Ja des Menschen kommt es zur Empfängnis der Sünde. Die Sünde ist also gewissermaßen das Kind der Begierde, erzeugt aus dem Ja des Menschen.[362] Demnach bedeutet Sünde für Jakobus einen Prozess, der dem Menschen die Möglichkeit der Stellungnahme und der Entschei-

---

357 In JSHRZ V, Lieferung 6, 1984, 722.

358 A.a.O. 494.

359 Vgl. dazu G. *Stählin*, ThWNT II, 925. Skeptisch G. *Delling*, ThWNT VII, 761.

360 *Bauer-Aland* Sp. 471.

361 Vgl. hier und zum Folgenden *Schlatter*, Jak, 151.

362 So auch z. B. W. *Grundmann*, ThWNT I, 318; *Mußner* 89.

dung lässt. Sie wird nicht statisch oder schicksalhaft dargestellt. Sünde ist deshalb, so *Schlatter*, „unsere eigene persönliche Tat".[363]

Sprachlich liegt in Jak 1,15 eine rhetorische Klimax vor.[364] Gerhard *Delling* betont sodann mit Recht, dass hinter Jak 1,15 a eine „biblische Tradition" steht.[365] Er verweist auf die Wendungen הרה עמל und ילד און, z. B. in Jes 59,4; Hi 15,35; Ps 7,15. Außerdem macht er sprachliche Parallelen bei Philo und dem Test XII namhaft. Jakobus argumentiert also anhand bekannter jüdischer Bilder. Inhaltlich allerdings bedeuten die Testamente der Zwölf Patriarchen einen Gegenpol, weil sie die Sünde auf die Macht des Bösen und gerade nicht auf den Menschen selbst zurückführen.

Den Schlusssatz von Jak 1,15 könnte beinahe Paulus formuliert haben: „**Die Sünde aber, wenn sie ihr Ziel erreicht hat, gebiert Tod**." Vgl. dazu Röm 5,12; 6,21.23; 7,11.[366] Wer gewohnt ist, Paulus und Jakobus als theologische Kontrahenten zu betrachten, wird über das Maß der gegenseitigen Übereinstimmung immer wieder verblüfft sein. „**Die Sünde gebiert**[367] **Tod**". Das ist also der vierte Akt, den wir oben kurz erwähnten. Aber jetzt ist nicht mehr die Begierde die Aktrice, sondern die „**Sünde**". Dargestellt wie eine Frau, bringt sie Tod – und nicht das Leben! – hervor. Als Kette wird erkennbar: Ködern – empfangen – Sünde gebären – (seitens der Sünde) Gebären von Tod. Sünde also führt konsequent zum Tod – das ist die kompromisslose Meinung des Jakobus. Dabei ist der „**Tod**" im gegebenen Zusammenhang nicht nur das Sterbenmüssen, sondern auch das göttliche Gericht.[368] Mit diesem Herbeibringen des Todes „**hat die Sünde ihr Ziel erreicht**" bzw. „**ist sie vollendet**" (ἀποτελεσθεῖσα). Die Ausdrucksweise des Jakobus zeigt an dieser Stelle noch einmal, wie prozesshaft er denkt. Denn vorausgesetzt ist ein mehr oder weniger langes Wirken der Sünde, bei dem der Tod eben noch nicht eingetreten, vielleicht nicht einmal in den Blick gekommen ist.[369] Sehr schön hat Adolf

---

[363] Ganz ähnlich G. *Delling*, ThWNT VII, 761.

[364] *Blass-Debrunner* § 493,4.

[365] ThWNT VII, 760ff.

[366] *Delling* a.a.O. 762.

[367] Zur richtigen Akzentuierung (ἀποκυεῖ) vgl. *Blass-Debrunner* § 101,43.

[368] Vgl. dazu R. *Bultmann*, ThWNT III, 15f.; *Beyschlag* 68.

[369] W. *Grundmann*, ThWNT I, 298, spricht deshalb von einem „Machtgebiet", in dem die Sünde „ihre Herrschaft übt". Ähnlich schon *Beyschlag* 67f.

Schlatter den Sinn von Jak 1,15 zusammengefasst: „Begierde, Sünde, Tod, das ist die Reihe von Wirkungen, die wir selbst hervorbringen.“[370]

16 Der 16. Vers ist kurz. „**Irrt euch nicht, meine geliebten Brüder**“. Der Vers ist jedoch in doppelter Hinsicht bemerkenswert. Erstens bestätigt er, dass Jakobus zu einer Gemeinde von „**Brüdern**“ gehören will und sein Brief den Bezugspunkt in einer noch relativ schlichten, elementaren „Brüder-Kirche“ hat. Darauf haben wir schon bei der Erklärung von 1,2 hingewiesen. Dort wurden auch einige Parallelen aus der Jesusüberlieferung und aus dem I Petr genannt (Mt 18,15ff.; 23,8ff.; I Petr 5,1). Zweitens aber verwendet Jakobus μὴ πλανᾶσθε ganz ähnlich wie Paulus (vgl. I Kor 6,9; 15,33; Gal 6,7).[371] In allen diesen Fällen geht es um die **reale** Gefahr einer Fehleinschätzung. Jakobus theoretisiert nicht im luftleeren Raum, sondern setzt sich mit dem auseinander, was er in den Gemeinden tatsächlich vorfindet oder vermutet. Dabei lässt der Kontext erkennen, dass er Gott von dem Verdacht freihalten will, er könne Böses aus sich erzeugen. Noch immer geht es um den Vorwurf, Gott selbst sei der Schuldige, wenn Menschen sündigen – einen Vorwurf, der nach V. 13 zu dem Satz führte: „Ich werde von Gott versucht.“ Erneut ist der Kommentar von Adolf *Schlatter* hörenswert: „Es kommt viel darauf an, dass wir nicht Gott anklagen und uns rühmen, sondern über uns klagen und Gott preisen.“[372] Halten wir außerdem fest: Auch Brüder können irren. Deshalb müssen sie bereit sein zur Korrektur.

17 Mit dem 17. Vers begegnet uns einer der schwierigsten Verse im Jakobusbrief. Das gilt sowohl sprachlich als auch inhaltlich.

Was sich hier schon auf den ersten Blick ergibt und was sich in vielen Einzelbeobachtungen bestätigt, das ist die enge Verbindung der beiden Begriffe „**gut**“ und „**Gott**“: Gott gibt Gutes. Also ist es falsch, ihn als die Quelle für Böses zu betrachten. Der erste Teil des Verses entfaltet den Satz: Gott gibt Gutes. „**Jede gute Gabe und jedes vollkommene Geschenk ist von oben und kommt vom Vater der Lichter herab.“**[373] In den Worten πᾶσα δόσις

---

370 *Schlatter*, Jak, 151.

371 Vgl. H. *Braun*, ThWNT VI, 245.

372 *Schlatter*, Jak, 152. *Mußner*s Annahme, die sich auf *Wibbing* verlässt, dass der Irrende wie in Qumran „unter der gottfeindlichen Macht der Finsternis stünde“, ist abzulehnen. Denn Jakobus spricht seine „Brüder“ an, die unter Christus stehen und nicht unter der Macht der Finsternis. Gerade deshalb können sie ihre irrige Auffassung korrigieren.

373 Zur Übersetzung vgl. *Mußner* 90f.

ἀγαθὴ καὶ πᾶν δώρημα τέλειον vermutet man – offenbar seit 1749 – einen Hexameter.[374] Es könnte sich um ein ansonsten unbekanntes Zitat handeln.[375] Doch bleibt dies unsicher. Soviel jedoch wird man sagen dürfen, dass es sich in Jak 1,17 um gehobene Sprache handelt.[376] Wieder fällt auf, dass nur Jakobus und Paulus (Röm 5,16) von δώρημα (Geschenk) sprechen.

Jakobus bestreitet nicht, dass es „**Gaben**" und „**Geschenke**" gibt, die nicht von Gott stammen. Es gibt ja auch Gaben des Bösen, es gibt Spaß und Lust der Welt. Aber was „**gut**" ist, das kann nur Gott geben. Jakobus spricht „**von oben**" – in einer Sprache, die der johanneischen ähnlich sieht (vgl. Joh 3,3ff.; 8,23). Aber auch in 3,15.17 benutzt er diese Sprache. Andererseits besteht eine inhaltliche und persönliche Nähe zur Jesusüberlieferung in Mt 7,11par.[377] Die naheliegendste Auffassung ist wohl die, dass mit den Termini „**von oben**" – „**gute Gabe**" ein Sprachset aus der Verkündigung Jesu aufgenommen wird. Dieselbe Aufforderung legt sich dann auch für das καταβαῖνον nahe.

Die Definition „**von oben**" genügt offensichtlich nicht. Man könnte ja auch an Engel als Geschenkgeber denken (vgl. Act 7,53; Gal 3,19; Hebr 2,2). Nein, Jakobus bezeichnet die schenkende Person genauer: Es ist „**der Herr der Lichter**". Eine merkwürdige Bezeichnung! Zwar ist klar, dass hier Gott gemeint ist.[378] Aber „**Vater der Lichter**" lässt sich bisher nur in ApkMos 36.38, im CodD und in der armenischen Übersetzung nachweisen. Evtl. liegt hier eine christliche Überarbeitung vor.[379] Eine Erklärung der Herkunft dieser Wendung ist bis heute nicht möglich.[380] Ebenso wenig kann man ihre Bedeutung exakt erklären. Muss man sich die „**Lichter**" als „beseelte Sterne" vorstellen?[381] Oder ist einfach an Gott als den Schöpfer von Sonne, Mond und Sternen zu denken (vgl. Gen 1,14ff.; Ps 136,7)?[382] Oder darf man mit Joseph B. *Mayor* u. a. davon ausgehen, dass hier ein doppelter Gedanke vorliegt: a) Gott als Schöpfer der Himmelskörper, b) Gott als Schöpfer des intellektuellen und

---

374 *Blass-Debrunner* § 487,2; *Windisch* 9; *Dibelius* 95; *Belser* 65. Etwas zurückhaltend *Mußner* 90.

375 *Blass-Debrunner* a.a.O.; F. *Büchsel*, ThWNT II, 169.

376 *Büchsel* a.a.O.

377 *Bieler* 95,4; *Davids* 66.

378 *Ropes* 160.

379 G. *Schrenk*, ThWNT V, 1015; H. *Conzelmann*, ThWNT IX, 347.

380 Vgl. *Schrenk* und *Conzelmann* a.a.O.

381 So *Schrenk* a.a.O. Skeptisch *Conzelmann* a.a.O.

382 So z. B. *Ropes* a.a.O.; ähnlich *Mußner* 91; *Beyschlag* 71; *Johnson* 196.

geistlichen Lichts?[383] Adolf *Schlatter* akzentuiert Letzteres, er denkt vor allem „an die reinen, herrlichen Geister", „die Gottes Thron umgeben".[384] Unseres Erachtens liegt in der Tat eine doppelte Bedeutung vor: a) „Vater der Lichter" kennzeichnet zunächst Gott als den Schöpfer aller leuchtenden Gestirne. Zu ihnen hat er ein so enges Verhältnis, dass er sie sogar mit Namen ruft wie ein Hirte seine Schafe (Jes 40,26; Ps 147,4). Aufgrund dieses engen Verhältnisses heißt er nicht nur „Schöpfer der Lichter", sondern „Vater der Lichter".[385] Sachlich steht diese Wendung nahe bei der Gottesbezeichnung „Jahwe Zebaoth". b) „Vater der Lichter" kennzeichnet aber auch den Gott, der Licht ist (Jo 1,5) und im Licht wohnt (I Tim 6,16), umgeben von lauter Lichtgestalten (Ez 1.10; Dan 7,9f.; Apk 4,5ff.). Diese Lichtgestalten regiert er wie ein Vater. Wie kann, fragt Jakobus, von einem so lichtvollen Gott Böses kommen?

Bei diesem „**gibt es keine Veränderung oder Verfinsterung durch einen Wandel der Stellung**". Der Grundgedanke bleibt klar: In Gott selbst hat nichts Finsteres Platz. Insofern wiederholt sich hier I Joh 1,5 in der Sache. Die Einzelheiten jedoch sind schwierig. Wie schwierig die Stelle ist, erkennt man schon daran, dass *Nestle-Aland* drei Textkorrekturen (von *Dibelius*, *Estius* und *Hauck*) in ihren Apparatus criticus aufgenommen haben. Alle drei entscheidenden Begriffe – παραλλαγή, τροπή, ἀποσκίασμα – sind Hapaxlegomena im NT. Halten wir zunächst fest: Keine der Textkonjekturen überzeugt. Es empfiehlt sich stattdessen, bei dem von *Nestle-Aland* gebotenen Text zu bleiben.[386]

Weiter: Wir bleiben hier in der Bildwelt der „**Lichter**" als Himmelskörper. Es empfiehlt sich jedoch nicht, von „astralen Termini"[387] o. ä. zu sprechen. Denn auch wenn hellenistische Theologie und Astrologie das Sprachspektrum mit Jakobus teilen, ja sogar die Begriffe geliefert haben könnten, so scheidet doch der Schöpfungsglaube und die Christologie des judenchristlichen Verfassers Jakobus diesen Brief im grundsätzlichen Koordinaten-System von der Astrologie und vom Hellenismus.[388] Παραλλαγή ist beispielsweise „Als astronom. t.t. selten".[389] Es bedeutet ganz einfach die „Veränderung".

383 *Mayor* 59; ähnlich *Belser* 65f.
384 *Schlatter*, Jak, 153.
385 Vgl. *Schlatter* a.a.O.
386 So auch *Johnson* 196; *Windisch* 9; *Belser* 66f.
387 So z. B. *Bauer-Aland* Sp. 1649.
388 Ähnlich warnt *Mußner* 91f.; *Ropes* 164.
389 *Bauer-Aland* Sp. 1253; Vgl. *Ropes* 162; *Mayor* 60; *Dibelius* 96.

Ἀποσκίασμα „begegnet ausschließlich in nachchristlichen Texten der hell Lit".[390] Auch dieser Tatbestand warnt uns davor, vorschnell mit einer geprägten Formelsprache hellenistischer Herkunft zu rechnen, aus der Jakobus geschöpft haben soll. Ἀποσκίασμα bedeutet zunächst den Schatten, den etwas abbekommt. Von daher heißt es dann „Verfinsterung". Ganz anschaulich wird dies z. B. an der Sonnen- und Mondfinsternis oder beim Verschwinden von Sternen und Sternbildern. Τροπή ist die Wende, speziell die Sonnenwende, oder allgemeiner „Wechsel", „Wandel", „Veränderung". Es geht also bei der Formulierung τροπῆς ἀποσκίασμα um eine durch wechselnde Stellung der Gestirne eintretende Verfinsterung.[391]

Hier wird ein Gegensatz herausgearbeitet: Bei den „**Lichtern**", sofern es sich um Himmelskörper handelt, sind παραλλαγή, τροπή und ἀποσκίασμα normal. Bei Gott aber, dem „Vater der Lichter", gibt es das alles nicht.

Wir fragen zuerst: Woher hat Jakobus diese Begriffe und diese Anschauungswelt? Die naheliegendste Antwort lautet: Aus den judenchristlichen Versammlungen griechischer Sprache in Jerusalem. Denn Jakobus lebte damals in Jerusalem, und die messiasgläubigen Ἑλληνισθάι besaßen ein hohes Maß an Bildung (vgl. Act 6–7). Dann aber konnte Jakobus sich dort sehr wohl Hilfestellung holen, wenn er an die Diaspora schreiben wollte.

Gewichtiger ist eine zweite Frage: Was trägt Jakobus hier zum christlichen Gottesbild bei? Ist Gott etwa im hellenistischen Sinne unveränderlich? Bei der Antwort wird man streng differenzieren müssen. Zunächst: Jakobus spricht hier nicht zum Thema „Unveränderlichkeit Gottes". Sein Thema lautet vielmehr „Die Güte Gottes". Und da will er betonen, dass Gott nur gut ist, nur Licht, und deshalb ohne den geringsten Schatten des Bösen in sich selbst. Sodann: Es ist nicht zu leugnen, dass elementare Wesenszüge Gottes, die Gottheit selbst an erster Stelle, für Jakobus unaufgebbar sind. In diesem Sinne gibt es eine Unveränderlichkeit Gottes. Er wäre sonst nicht mehr der Ewige. Die Unveränderlichkeit vereinigt sich aber – und darin liegt eine ebenfalls unaufgebbare Spannung des neutestamentlichen und christlichen Gottesbildes – mit einer Beweglichkeit Gottes, die ihn für menschliche Bitten und menschliche Not „erweicht". Um es populär zu formulieren: „Gott hat ein Herz". Deshalb erbarmt er sich (Jak 5,11). Deshalb handelt Gott auf Gebet anders, als

390 *Schulz*, ThWNT VII, 401.

391 *Bauer-Aland* Sp. 196. Anders *Mußner* 92: Zu denken sei „an den täglichen Verlauf der Sonne". Wie *Mußner Ropes* 161; *Mayor* 60; *Dibelius* 96; *Beyschlag* 72; *Belser* 66.

er sonst gehandelt hätte (Jak 5,16–18). Insofern (mindestens insofern!) ist Gott auch leidensfähig. Der christliche Gott ist einerseits verlässlich und unveränderlich. Andererseits ist er mitfühlend, sensibel und für uns Menschen offen. Im Jakobusbrief finden sich beide Linien.[392]

18 Der folgende Vers 18 wird allgemein zu 1,13ff. gezogen. Diese Zuordnung ist jedoch fragwürdig.[393] Ebenso gut könnte man Jak 1,18 als introductio zum folgenden Abschnitt verstehen. Am besten versteht man den Vers als Übergangsvers zwischen 1,13ff. und 1,19ff.

Gottes Beziehung zu den christusgläubigen Menschen ist die, dass „**er uns nach seinem Willen durch das Wort der Wahrheit geboren hat**". Die enge Verwandtschaft mit I Petr 1,23 und Joh 1,13 lässt vermuten, dass Jakobus hier an einen Tatbestand erinnert, der typisch ist für die frühe judenchristliche Verkündigung. Das wird erhärtet durch Ps 119,43, wo wir den Begriff „Wort der Wahrheit" schon vorfinden. Eine weitere Vermutung geht dahin, dass die Worte Jesu in Joh 3,3ff. den Ausgangspunkt dieser Verkündigung darstellen.

Βουληθεὶς steht betont an der Spitze des Satzes.[394] Es bringt ein Doppeltes zum Ausdruck: a) Gottes Entschlossenheit, b) Gottes planende Absicht.[395] Der christusgläubige Mensch ist also nicht einfach eine Spezies unter vielen menschlichen Spezien, sondern verkörpert eine hervorragende Absicht Gottes.

Erstaunlich ist die Aussage ἀπεκύησεν ἡμᾶς. „**Gebären**" wird ja zunächst der mütterlichen Bildwelt zugerechnet. In Joh 1,13; 3,3ff.; I Joh 3,9; I Petr 1,23 wird das Wortfeld γεννᾶν bevorzugt, das besser zum göttlichen Schöpfer und Vater passt. Ἀποκύειν unterstreicht die mütterlichen Elemente in Gott und bewirkt eine noch intensivere Beziehung zwischen dem erschaffenden Gott und seinem Geschöpf. Natürlich darf Gott nicht mit den Bildern gebärender Göttinnen verglichen werden, da der biblische Gott im Unterschied zu Göttern und Göttinnen nicht sexualisiert ist.

---

392 *Mußner* weist 92,5 auf „die allergrößte Rolle" hin, die Jak 1,17 für Augustinus' Lehre von der Unveränderlichkeit Gottes gehabt hat. Man wird sagen müssen, dass diese Unveränderlichkeitslehre sich dort am schroffsten auswirkt, wo man die Prädestination lehrt.

393 Ebenso *Mußner* 92.

394 So auch *Mußner* 92.

395 Vgl. G. *Schrenk*, ThWNT I, 630f. *Mußner* 93 betont „den freien, souveränen Schöpferwillen", was dazu keinen Gegensatz bildet. Gottes Absicht ist eine liebevolle (*Bengel*: voluntate amantissima), vgl. *Beyschlag* 74.

Das Mittel der Erschaffung gläubiger Menschen ist der λόγος ἀληθείας. Darin liegt wiederum ein Doppeltes. Zunächst erfolgt hier der Anschluss an die gesamte jüdische und frühchristliche Tradition, wonach Gott alles durchs „**Wort**" erschaffen hat (vgl. Gen 1,3ff.; Ps 33,9; 148,5; Joh 1,1ff.; Röm 4,17; Hebr 11,3). Zweitens aber bestimmt die Apposition ἀλήθεια dieses Wort als das göttliche. Denn Gott und die Wahrheit gehören aufs engste zusammen, so wie der Teufel und die Lüge den Gegenpol bilden. Im Neuen Bund wird dann das „**Wort der Wahrheit**" speziell zur Bezeichnung der Christusbotschaft, so wie ja Jesus Christus in Person die Wahrheit ist (vgl. II Kor 6,7; Eph 1,13; Kol 1,5; II Tim 2,15 mit Joh 14,6).[396] Jak 1,18 ließe sich demnach sinngemäß übersetzen: „Gott hat uns nach seinem Willen geboren durch das Wort der Christusbotschaft." Die Christusbotschaft ist aber par excellence eine „gute Gabe", ein „vollkommenes Geschenk" (V. 17)! Während die Sünde den Tod gibt (V. 15), gibt Gott das Leben.

Höchst charakteristisch verbindet Jakobus die Gabe sofort mit der Aufgabe: „**damit wir eine Art von Erstlingen**[397] **seiner Geschöpfe**[398] **sein sollten**". Was Gott erschafft, ist sinnvoll und hat einen Auftrag. Die Formulierung εἰς τὸ bezeichnet einen Zweck.[399] Auffallend ist die Zweckbeschreibung εἶναι ἡμᾶς ἀπαρχήν τινα τῶν αὐτοῦ κτισμάτων. Der Begriff ἀπαρχή „Erstlingsgabe", entstammt der Opferterminologie.[400] Im neutestamentlichen Zusammenhang dient er zur Bezeichnung der ersten Gläubigen, die in ihrer regionalen oder ethnischen Gemeinschaft eine Art Vorhut des Volkes Gottes darstellen und zugleich den Charakter einer Weihegabe an Gott haben (vgl. Röm 16,5; I Kor 16,15; II Thess 2,13). Jakobus will also sagen: Wir, die wir heute schon an Christus glauben, sind durch die Hingabe unseres Willens eine Weihegabe an Gott, und darin werden uns noch viele folgen.[401] Daran ist zweierlei bemerkenswert: a) die Zuversicht, dass die Mission erfolgreich sein wird,

---

396 Vgl. dazu R. *Bultmann*, ThWNT I, 244f. sowie G. *Kittel*, ThWNT IV, 118; *Belser* 67.

397 Zur Übersetzung vgl. *Blass-Debrunner* § 301,3. Ἀπαρχή ist „kollektiver Singular" (*Mußner* 95).

398 Zur Übersetzung „Geschöpfe" im Sinne von Einzelwesen vgl. W. *Foerster*, ThWNT III, 1047; *Johnson* 198.

399 *Blass-Debrunner* § 402,2.

400 Vgl. G. *Delling*, ThWNT I, 483ff.

401 Eine Eingrenzung auf Judenchristen empfiehlt sich nicht. Gegen *Belser* 68; *Beyschlag* 75.

und b) der Wille, Gott mit ganzer Hingabe zu dienen, wo immer es auch sein soll. Die Hinzufügung τῶν αὐτοῦ κτισμάτων (das αὐτοῦ ist betont)[402] unterstreicht den missionarischen und universalen Aspekt: Wir Christusgläubigen sind nur die Vorhut aller „**Geschöpfe**" Gottes, die einmal in den Genuss der Erlösung kommen sollen.[403] Seltsam, wie universal dieses verschwindend kleine Grüppchen der ersten Christen dachte! Hier ist die Verwandtschaft mit Paulus wieder mit Händen zu greifen (vgl. Röm 8,18ff.; II Kor 5,18ff.; Eph 1,10; Kol 1,18ff.).

Blicken wir noch einmal zurück auf Jak 1,18. Nach dem exegetischen Durchgang zeigt es sich, dass in Sprache und Sache Berührungen mit der Botschaft des Johannes registriert werden müssen. Begriffe wie βούλεσθαι, das in neutestamentlicher Zeit wechselweise mit θέλειν gebraucht wird, ἀποκύειν mit seiner Verwandtschaft zu γεννᾶν, λόγος oder ἀλήθεια vermitteln uns diese Berührung. Andererseits haben wir Parallelen zu Petrus und Paulus notiert.[404] Es legt sich der Eindruck nahe, dass Jakobus ein integrierender Theologe war, der die Fähigkeit besaß, verschiedene Theologumena und Ausdrucksformen der christlichen Botschaft so aufzugreifen, dass sie sich nicht widersprachen.

Unleugbar vertritt Jakobus die Lehre von der Wiedergeburt, wie sie auch Jesus, Johannes und Petrus gelehrt haben (Joh 1,13; 3,3ff.; I Petr 1,3; 1,23). Der Zusammenhang mit Jak 1,13ff. sollte uns aber vor dem Missverständnis bewahren, dass die Wiedergeburtslehre mit einer Annahme der Prädestination verknüpft sei. Wiedergeburt wird vielmehr – so müssen wir nach 1,13ff. explizieren – demjenigen zuteil, der sich Gott zuwendet und Gottes gute Gabe in Gestalt des Wortes annimmt.[405]

Der zweite Abschnitt über das Thema Anfechtung (Jak 1,13–18) hat sich also gegen Schluss immer mehr geöffnet. Gott als der Geber aller guten Gaben

---

402 *Blass-Debrunner* § 284,8; *Mußner* 96.

403 Mit dieser Erklärung versuchen wir der unfruchtbaren Alternative zu entkommen, an der sich z. B. *Mußner* 93ff: ob nämlich die erste oder die zweite Schöpfung gemeint sei? U. E. ist diese Alternative falsch gestellt und fälschlich an Jak herangetragen. Es geht vielmehr um die jetzt lebende Christengemeinde, die aber selbstverständlich auch an der künftigen Welt teilnehmen wird. Ähnlich *Belser* 68; vgl. *Mayor* 64.

404 Auf Gemeinsamkeit mit Paulus, Petrus und Johannes weist auch *Mayor* 62 hin.

405 Dies betonten mit Recht auch *Mußner* 95; G. *Kittel*, ThWNT IV, 120.

ist ins Zentrum getreten. Jeder Angefochtene darf sich an das tröstliche Wissen erinnern, dass ihn Gott nicht zum Bösen verleiten, sondern stärken will.

5. Die Bewährung des Glaubens in der Sanftmut (Jak 1,19–21)

I **19 Ihr sollt wissen, meine geliebten Brüder: Jeder Mensch sei schnell zum Hören,[406] langsam zum Reden, langsam zum Zorn. 20 Denn der Zorn eines Menschen schafft keine Gerechtigkeit bei Gott. 21 Deshalb legt jede Unsauberkeit und all die viele Bosheit ab in Sanftmut, und nehmt das eingepflanzte Wort an, das eure Seelen retten kann.“**

II Mit V. 18 haben wir das Thema „Anfechtung“ (πειρασμός) endgültig verlassen. Es geht jetzt im Folgenden um die Bewährung des Glaubens jener „Erstlinge“, von denen V. 18 sprach.

In der Regel formt man aus den Versen 19–27 einen zusammenhängenden Abschnitt. Die beiden Imperative in V. 19 und V. 22 zeigen jedoch, dass damit jeweils eine spezielle Ausführung eingeleitet wird, ebenso wie z. B. 1,2; 1,5; 1,9; 1,13; 2,1; 3,1; 5,7; 5,12; 5,13. Von daher legt sich der Gedanke nahe, ob 1,19–21 nicht doch als eigenständiger Abschnitt behandelt werden muss.

Dazu kommt eine zweite Erwägung: Die Verse 19–21 sind verklammert durch die Trias λαλεῖν/λόγος – ὀργή – πραΰτης. Diese Trias fehlt in V. 22–27. In V. 22–27 regiert hingegen das Duo ποιητής – ἀκροατής, das wiederum in V. 19–21 fehlt. Wir behandeln deshalb Jak 1,19–21 als eigenständigen Abschnitt.

Bevor wir in die Auslegung eintreten, werfen wir noch einen Blick auf die Großstruktur des Briefes. Dabei stellen wir fest, dass das Thema christliches „Reden“ bei Jak einen ungewöhnlich breiten Raum einnimmt. In 1,19–21 gehört es zu den dominanten Themen, es taucht auf in den nächsten beiden Abschnitten (1,26; 2,12), spielt auch in 2,14ff. eine Rolle, ist dann in 3,1ff. das zentrale Thema, fehlt auch nicht in 3,13ff., begegnet uns in 4,11 und 4,13ff. und wird schließlich in Gestalt von Schwören bzw. Nichtschwören (5,12),

---

406 Wir lassen δέ unübersetzt, weil es kopulativ gebraucht ist.

Beten und Bekennen (5,13ff.) am Schluss noch einmal ein dominantes Thema. Der Jakobusbrief ist also beinahe so etwas wie ein „Brief über christliches Reden“.

19 Die Anrede „**meine geliebten Brüder**“ ist dieselbe wie in V. 16 und erin- III
nert außerdem an V. 2. Man vergleiche, was der Kommentar dort zum Thema „**Brüder**“-Kirche bei Jakobus bemerkt.

Die Imperativform[407] ἴστε (von εἰδέναι, Perf. οἶδα) findet sich auch in Eph 5,5 und Hebr 12,7.[408] Sie nimmt dort Bezug auf ein vorauszusetzendes biblisches Wissen. So wird man auch hier den Aspekt der Erinnerung an biblische, d. h. in diesem Fall alttestamentliche, Aussagen aufzunehmen haben. Diese Spur führt uns zu Koh 5,1 und 7,9 sowie Sir 5,11 LXX. Es handelt sich bei Jak 1,19 demnach um eine Einschärfung dessen, was schon die alttestamentliche Weisheit gelehrt hatte. Auf die Welt der Weisheit deutet auch die Formulierung „**jeder Mensch**“. Das bedeutet, dass die Anleitung der Weisheit über die Gemeinde der Glaubenden hinausreicht und sich an alle „**Menschen**“ richtet. Aber eben dann gilt: Was für jeden Menschen gut ist, trifft auf den Christen erst recht zu.

Die Anleitung ist dreifach: a) „**schnell zum Hören**“, b) „**langsam zum Reden**“, c) „**langsam zum Zorn**“. Zu a): Das „**Hören**“ gehört zur ältesten biblischen Katechese (Dtn 4,1; 6,4) und wird gerade in der Weisheit immer wieder gefordert (vgl. Prov 1,20; 4,7; 20,12; Koh 12,13). Jesu Verkündigung ist dezidiert aufs Hören ausgerichtet (vgl. Mt 5,21ff.; 7,24; 13,9ff.). Darin spiegelt sich die Wortbezogenheit des biblischen Glaubens. Man darf jedoch nicht übersehen, dass „**Hören**“ in Jak 1,19 weiter greift als das soteriologische Hören. Es bedeutet ein allgemeines Verhaltensmuster Gott und dem Menschen gegenüber.[409] Das Stichwort „**schnell**“ (ταχὺς wie in Sir 5,11 LXX) bedeutet in diesem Zusammenhang natürlich nicht die Geschwindigkeit des akustischen Hörvorgangs – solch „schnelle“ Hörer gibt es viel zu viele! –, sondern den Eifer und die Hingabe beim Zuhören. Darauf deutet auch das in Koh 5,1 und 7,9 verwandte σπεύδειν hin.[410] Speziell erinnert an Jak 1,19 die Aussage in

---

407 *Mußner* 99; *Ropes* 168; *Dibelius* 103; *Windisch* 10. Zu 158: *Johnson* versteht ἴστε als Indikativ (198f.), ebenso *Belser* (72); *Mayor* 65.

408 *Blass-Debrunner* § 99,2.

409 So auch *Ropes* 169; *Beyschlag* 77f.; *Windisch* 11.

410 Vgl. hierzu G. *Harder*, ThWNT VII, 559ff.

Sir 5,1 LXX: Γίνου ταχὺς ἐν ἀκροάτει σου.[411] Fazit: Jeder Mensch soll bereitwillig, konzentriert und aufnahmebereit beim Zuhören sein; vor allem beim Hören auf Gottes Wort, aber nicht nur dort. Die heute höchst aktuelle Forderung, „zuhören" zu können, ist also schon in Jak 1,19 grundlegend ausgesprochen!

Zu b): „**Langsam zum Reden**" bezieht sich wieder auf Koh 5,1; 7,9; Sir 5,11 LXX. Beispielsweise heißt es in Koh 5,1 „μὴ σπεῦδε ἐπὶ στόματί σου." Warum „**langsam**"? Weil „**Reden**" seine besondere Zeit braucht, um wirkungsvoll zu sein (Prov 25,11). Weil sich das Reden auf jeden Ansprechpartner einstellen muss (vgl. Prov 15,1; Kol 4,6). Und weil menschliches Reden ohne Gottes Eingebung und Weisheit nur zu oft schädlich ist (vgl. Prov 10,19; 15,2; 29,26; Sir 19,16). Deshalb kein voreiliges Reden! Reden muss wohlüberlegt sein.[412]

Zu c): Bei „**langsam zum Zorn**" scheint vor allem Koh 7,9 „μὴ σπεύσῃς ἐν πνεύματί σου τοῦ θυμοῦσθαι" im Hintergrund zu stehen. Aber wiederum ist die Einbettung in eine ganz breite Weisheitsliteratur mitzubedenken. Zorn stiftet Unheil (Prov 15,1; 19,19; 27,4). Deshalb wird der Langmütige gepriesen (Prov 15,18; 16,32; Koh 7,8).[413]

Der nächste Vers gibt weitere Aufschlüsse zum Thema „**Zorn**". Für V. 19 ist hier noch einmal zu betonen, dass der Rahmen weit gespannt ist. „**Jeder Mensch**" lässt erkennen, dass in V. 19 alle zwischenmenschlichen Beziehungen erfasst sind, aber auch das Verhältnis **jedes** Menschen zu Gott.[414] Jakobus sieht es als notwendig an, die Mahnungen von V. 19 auszusprechen, damit das Gemeindeleben gesund bleibt und die Gemeinde ihrer Verantwortung vor Gott und den Menschen gerecht wird. Der Alltag seiner Gemeinde sah vermutlich anders aus.[415] Viel „Vorbei-hören", viel beschwerliches Reden, viel Ärger, Streit und Zorn. Dabei gilt *Bengels* Bemerkung für alle Zeiten: „Wer langsam zum Zorn ist, dem wird es auch nicht schwer werden, über jede Regung zum Zorn, besonders des unerlaubten, Meister zu werden"(718).

20 In V. 20 finden wir eine grundsätzliche Beurteilung des „**Zorn**": „**Denn der Zorn eines Menschen schafft keine Gerechtigkeit bei Gott.**" „**Zorn**" als letztes Wort in V. 19 und als erstes in V. 20 bildet einen der für Jakobus so

---

411 *Ropes* a.a.O.
412 Vgl. auch J. *Behm*, ThWNT I, 719ff.
413 Vgl. J. *Fichtner*, ThWNT V, 394f.
414 Ähnlich *Ropes* 169.
415 So auch *Beyschlag* 79.

typischen Stichwortanschlüsse (vgl. 1,1f.3f.4f.26f.; 4,2f.). Ἀνήρ bedeutet hier nicht „Mann", sondern ist Bezeichnung für den „**Menschen**" schlechthin.[416] Man sollte also nicht mit „Manneszorn"[417] o. ä. übersetzen. Dafür ist eine andere Komponente wichtig: Durch die Formulierung „**Zorn eines Menschen**" begrenzt Jakobus seine Aussage streng auf den menschlichen Zorn im Gegensatz zum Zorn Gottes. Letzterer, der Zorn Gottes, ist grundsätzlich gut (1,17) und muss anerkannt werden. Darin deckt sich Jakobus mit der gesamten alttestamentlichen und neutestamentlichen Tradition.[418] Aber gibt es nicht auch einen guten, einen sog. „heiligen" menschlichen Zorn? Jakobus sagt nichts darüber – was auch schon vielsagend ist! Schaut man sich im NT um, dann findet sich dort ein heiliger Zorn nur bei Jesus (Mk 3,5; Joh 11,33.38) oder durch die Inspiration des Heiligen Geistes (Act 17,16). Einen anderen „heiligen Zorn" bei Menschen gibt es nicht. Wie Gustav *Stählin* bemerkt, „wird menschlicher Zorn im NT nie so genannt. Der Zorn ist Gottes Recht, aber des Menschen Unrecht".[419] Das lässt uns angesichts der vielen Christen, die behaupten, einen „heiligen Zorn" zu haben, aufmerken. Ganz allgemein stellt V. 20 in seiner zweiten Hälfte fest: Der menschliche Zorn „**schafft**[420] **keine Gerechtigkeit bei Gott**". Auch diese Aussage weist einige Besonderheiten auf. Zunächst begegnet uns mit δικαιοσύνη ein Kernbegriff des Paulus. Selbst G. Schrenk, der bemüht ist, Jakobus von Paulus auf Distanz zu halten, kommt um die Feststellung nicht herum, dass sich Jakobus mit Paulus hier „berührt".[421] Ferner ist auch bei Jakobus klar, dass es um die von Gott verliehene Gerechtigkeit geht und nicht etwa um die eigene bzw. durch Verdienst erworbene.[422] Allerdings antwortet Gott mit der Verleihung der „**Gerechtigkeit**", d. h. der Freisprechung und der Aufrichtung einer neuen Gemeinschaft zwischen Gott und dem Menschen, auf ein vorausgehendes menschliches Verhalten. Dieses Verhalten aber kann nach Jak 1,20 niemals der „**Zorn**" sein. Um es anders zu formulieren: „**Zorn**" verhindert die „**Gerechtigkeit bei Gott**".

---

416 Vgl. A. *Oepke*, ThWNT I, 362f.

417 So *Mußner* 99.

418 Vgl. H. *Kleinknecht*/O. *Grether*/O. *Procksch*/J. *Fichtner*/E. *Sjöberg*/G. *Stählin*, ThWNT V, 387ff.

419 ThWNT V, 420.

420 Zu „schafft" bzw. „führt herbei" vgl. *Bauer-Aland* Sp. 622.

421 ThWNT II, 202.

422 A.a.O.; *Mayor* 66.

Nun wird es wichtig, sich noch einmal an die Linie zu erinnern, in der Jak 1,20 steht. Die nächste Verbindung ergibt sich zu Mt 5,22, also zur Bergpredigt Jesu.[423] Dort ist der Zorn als Verstoß gegen das fünfte Gebot gebrandmarkt. Evtl. hat Jakobus gerade diese Aussage Jesu vor Augen gehabt, als er 1,20 formulierte. Auf den Hintergrund der Verurteilung des Zornes in der Weisheitsliteratur haben wir schon bei V. 19 hingewiesen. Hier ist vor allem an Sir 1,27ff. (1,22 LXX) zu erinnern.[424] Im Anschluss an Jesus hat vor allem auch Paulus vor dem Zorn gewarnt (Röm 12,19; Gal 5,20; Eph 4,26f.31; Kol 3,8; I Tim 2,8; Tit 1,7). In den apostolischen Vätern setzen sich diese Warnungen fort (z. B. Did 3,2; Ign Philad 8,1).[425]

Die kategorische Aussage von Jak 1,20 macht uns nachdenklich. Könnte es sein, dass Zorn eine ebenso schlimme Sünde ist wie andere oft diskutierte Sünden, z. B. Geiz, Homosexualität, Lüge, Diebstahl? Dann sähe es mit der oft empfundenen „christlichen" „Überlegenheit" anders aus.

21 V. 21 stellt dem negativ beurteilten Zorn positiv die **„Sanftmut"** gegenüber. Im Zusammenhang mit dieser Mahnung taucht wieder eine Reihe überraschender, neuer Begriffe auf. Statt am Anfang des Verses zu formulieren: „Deshalb legt jeden Zorn ab", formuliert Jakobus hier: **„Deshalb legt jede Unsauberkeit und all die viele Bosheit ab."** **„Ablegen"**, ἀποτίθεσθαι im Sinne von „aufgeben", „beenden", findet sich breit gestreut in der Briefliteratur des NT (Röm 13,12; Eph 4,22.25; Kol 3,8; Hebr 12,1; I Petr 2,1). Hier hat Jakobus an der allgemein-frühchristlichen Paränese Anteil.[426] Vor allem fällt jedoch die Nähe zu Kol 3,8 auf, mit dem Jak 1,21 nicht nur das Thema Zorn, sondern auch die Stichworte ἀποτίθεσθαι und κακία teilt. Eng ist auch die Verwandtschaft mit I Petr 2,1 (Stichworte ἀποτίθεσθαι, κακία, πᾶς/πᾶσα). Ῥυπαρία, „Schmutz", „Unsauberkeit" begegnet im NT nur in Jak 1,21. περισσείαν ist mit πᾶσαν zu verbinden und drückt ein ungewöhnlich großes Maß aus.[427] Κακία ist „allgemeiner Ausdruck für Schlechtigkeit".[428] Die ganze Wendung ἀποθέμενοι πᾶσαν περισσείαν κακίας soll sicher nicht besagen, dass wir lediglich ein Allzuviel an Bosheit abzulegen hätten. Vielmehr kann

---

423 G. *Schrenk*, ThWNT V, 420f.; *Guthrie* 743; *Kittel*, ZNW 43, 85; *Davids* 66.

424 *Mayor* 65.

425 Vgl. wieder *Schrenk* 421ff.

426 Ob man speziell mit Taufparänese zu rechnen hat, bleibt doch sehr fragwürdig. Gegen *Mußner* 101f.; *Johnson* 201; *Belser* 77.

427 Vgl. F. *Hauck*, ThWNT VI, 63; *Ropes* 170.

428 W. *Grundmann*, ThWNT III, 484f.

der Sinn nur sein: „alles, was sich irgendwie an Bosheit vorfinden lässt".[429] Dass Jakobus hier nicht nur vom Zorn spricht, sondern von Schmutz und Bosheit im weitesten Sinne, erklärt sich am besten so, dass er den Zorn als Repräsentanten aller Bosheit betrachtet.

Nun, wie legt man „**Unsauberkeit**" und „**Bosheit**" ab? „**In Sanftmut**" bzw. „durch Sanftmut" (ἐν πραΰτητι) antwortet Jakobus. Πραΰς entspricht alttestamentlichem ענו oder עני.[430] Von daher kann man πραΰτης beinahe mit „Demut", „Gelassenheit in Gott" übersetzen.[431] Vor allem bei Jakobus macht sich diese Einfärbung des Begriffs bemerkbar. F. *Hauck* und *Schulz* schreiben: „Die Sanftmut ist das Zeichen des rechten Frommen, der von der göttlichen Weisheit beseelt ist (3,13.17). Sie zeigt sich im ganzen Wandel des Frommen und steht im wohltuenden Gegensatz zu bitterem Eifer und streitsüchtiger Rechthaberei."[432] Erwähnenswert sind auch die Parallelen zu I Petr 3,14ff.; II Tim 2,25 und zu Sir 1,27f.; 3,17; 4,8.

Überraschend ist nicht zuletzt der Schluss von V. 21: „**und nehmt das eingepflanzte Wort an, das eure Seelen retten kann**". Dieses „**eingepflanzte Wort**", „**das eure Seelen retten kann**", erinnert an I Petr 1,23 und 1,9 und muss wohl allgemein von der christlichen Botschaft verstanden werden.[433] Ἔμφυτος ist wieder neutestamentliches Hapaxlegomenon. „**Eingepflanzt**" wurde die Botschaft durch die Verkündigung.[434] Aber weshalb muss die Botschaft dann noch „**angenommen**" werden, wenn sie doch schon eingepflanzt ist? Jakobus will wohl sagen: Obwohl oder gerade weil das Wort schon Wurzel geschlagen hat, muss es immer wieder neu angeeignet werden durch die Bekräftigung unseres Willens und durch seine Befolgung in der Tat. Im Bild gesprochen: Was gepflanzt ist, muss gegossen und gepflegt werden (vgl. I Kor 3,6ff.). Die paulinische Abfolge von Indikativ und Imperativ findet sich der Sache nach also auch bei Jakobus. Außerdem ist klar, dass hier die menschliche Freiheit vorausgesetzt wird, das Wort entweder anzunehmen oder abzulehnen.[435]

---

429 Vgl. *Mayor* 67; *Johnson* 201; *Dibelius* 107.

430 F. *Hauck/Schulz*, ThWNT VI, 647f.; *Johnson* 201.

431 *Mußner* 99: „Gelassenheit", ebenso *Windisch* 11; *Beyschlag* 83.

432 A.a.O. 650.

433 E. *Schweizer*, ThWNT IX, 652.

434 Vgl. G. *Kittel*, ThWNT IV, 117.

435 *Beyschlag* 84f.; *Mußner* 103; *Belser* 78.

Um den Schlusssatz von V. 21 im Zusammenhang zu verstehen: Die Überwindung des Zorns durch die Sanftmut setzt voraus, dass die Gemeindeglieder das Wort Gottes immer wieder neu bei sich wirken lassen.

Wir erwähnten oben die Parallelen zur Weisheitstradition und zur neutestamentlichen Paränese, vor allem bei Paulus und Petrus. Die wichtigste und grundlegendste Beziehung ist damit aber noch nicht berührt. Grundlegend ist vielmehr die Jesustradition. Hier ist in erster Linie die dritte Seligpreisung und das Lob der Sanftmut bei Jesus zu nennen, also Mt 5,5 und 11,29. In zweiter Linie ist auf die Sämanns- und Saatgleichnisse Jesu zu verweisen, in denen das Wort Gottes einem Samen verglichen wird, der eingepflanzt wird (Mt 13,1ff. par.24ff.31f. par; Mk 4,26ff.). Uns scheint, dass Jakobus sich in 1,21 bewusst an die Lehre Jesu angelehnt hat.[436] Jedenfalls ist die Sanftmut (πραΰτης) „the centre of the whole disposition recommended in vv. 19–21."[437]

6. Die Bewährung des Glaubens durch die Tat (Jak 1,22–27)

I **22 „Werdet aber Täter des Worts und nicht Hörer allein. Sonst betrügt ihr euch selbst. 23 Denn wenn jemand ein Hörer des Worts ist und nicht ein Täter, dann gleicht er einem Menschen, der sein natürliches Gesicht im Spiegel betrachtet. 24 Denn er betrachtet sich und geht weg und vergisst gleich wieder, was er für einer war. 25 Wer aber hineinschaut in das vollkommene Gesetz der Freiheit und dabei beharrt und nicht ein vergesslicher Hörer ist, sondern ein Täter des Werks, der wird selig sein in seinem Tun. 26 Wenn jemand meint, er sei fromm, und dabei seine Zunge nicht im Zaum hält, sondern sein Herz betrügt, dessen Frömmigkeit ist wertlos. 27 Eine reine und unbefleckte Frömmigkeit bei Gott, dem Vater, ist die: Waisen und Witwen in ihrer Bedrängnis zu besuchen, sich selbst von der Welt unbefleckt zu bewahren."**

---

[436] Ebenso *Bieder* 95,4; *Davids* 66. Vgl. *Mayor* 68; *Johnson* 201. Anders *Ropes* 173.
[437] *Ropes* 171.

Die Spannung Hörer-Täter beherrscht den Abschnitt. Dabei geht es nicht um II
eine exklusive Alternative, sondern um die Frage, **ob das Hören allein genügt** (μόνον in V. 22!).

Mit dem μακάριος in V. 25 begegnet uns nach 1,12 die zweite Seligpreisung im Jakobusbrief. Der Ruf „Täter" zu werden, überrascht nach den Versen 19–21 nicht. Denn vor allem in V. 21 ging es um die Tat, in der sich der Glaube bewährt. Im Übrigen schafft das Stichwort λόγος (V. 22) einen engen Anschluss an die vorausgehenden Verse (1,18.21).

Mit dem Spiegelgleichnis der Verse 23–24 setzt sich die Reihe der anschaulichen Bilder fort, die Jakobus so liebt (vgl. V. 6.10f.14.15). Jakobus setzt den hebräischen Maschal souverän ein, insofern doch ein echter Verwandter Jesu.

Schwierigkeiten bereitet die Stellung der Verse 26–27. Einerseits sind sie durch das Stichwort γλῶσσα eng mit den λόγος-Versen 22–25 und auch 18–21 verbunden. Außerdem schließt sich θρησκός/θρησκεία gut an die απαρχὴ von V. 18, an die δικαιοσύνη θεοῦ von V. 20 und an die Stichworte ἀποθέμενοι/δέξασθε τὸν λόγον in V. 21 an. Andererseits sprengt Jakobus durch die Aussagen in V. 27 den bisher gegebenen Zusammenhang. Am besten versteht man deshalb V. 26f. als eine Art Exkurs zu V. 22–25.

22 Höchst eindrücklich steht Losung und Überschrift des ganzen Abschnitts III
an der Spitze: „**Werdet aber Täter des Worts!**"[438] „**Täter**" – der Ruf nach denen, die Gottes Willen **tun**, durchzieht die ganze Umkehrpredigt Jesu (z. B. Mt 5,19; 7,21ff.24ff.), wie sie auch die Bußpredigt des Täufers durchzog (Lk 3,8ff.) und nach Jesus die apostolische Paränese prägt. Es gibt ja doch zu denken, dass die beiden Begriffe ποιηταί und ἀκροαταί auch von Paulus in Röm 2,13 ganz im Sinne von Jak 1,22 verwandt werden. Wie es Jesus bei seiner Umkehrpredigt ging, so ist es später geblieben: Viele edelmütige Gesinnungen besten Willens, aber weit weniger praktische, „tuende" Nachfolge. Zu bemerken ist nun allerdings auch, dass, abgesehen von Röm 2,13, die **speziellen** Begriffe ποιητής und ἀκροατής nur bei Jakobus vorkommen (1,22.23.25; 4.11).[439] „**Wort**" ist wie in V. 21 die christliche Botschaft.

„**Und nicht Hörer allein**":[440] Jakobus, der soeben (V. 19) das Hören gelobt hat und vom Wort schrieb, das durch die Verkündigung eingepflanzt wird und

---

[438] Die Variante „Täter des Gesetzes" ist vermutlich aus Röm 2,13 eingetragen.

[439] Act 17,28 ist ein Sonderfall. Dort bezeichnet ποιητής den Dichter.

[440] Zur Grammatik vgl. *Blass-Debrunner* § 243,2.

das auf diese Weise die „Seelen retten kann“, ist über jeden Verdacht erhaben, ein Verächter des Hörers zu sein. Wogegen er kämpft, ist das μόνον. Man kann den Jakobusbrief wirklich als einen geistlichen Kriegszug gegen das μόνον betrachten (vgl. 1,22 mit 2,24). Wer sich aufs Hören beschränkt und das Wort keine Früchte bringen lässt, geht verloren! Das „**Sonst betrügt ihr euch selbst**“ (oder: „täuscht ihr euch selbst“) warnt vor Betrug bzw. Täuschung, mit der sich die Betreffenden um ihr Heil bringen. Offenbar gab es im Adressatenkreis – jedenfalls nach Ansicht des Jakobus – Menschen, die sich aufs „**Hören allein**“ beschränkten.

Nun stehen von der Reformation geprägte Leser vor einer echten Herausforderung. Wenn Hören allein nach Jakobus noch keine Christen macht, welche Rolle spielt dann die Praxis des Glaubens? Zunächst muss ja doch die glaubende Verbindung mit Jesus gelebt und bezeugt werden (Joh 6,28f.; Röm 10,10). In der Tat hat sich weder Jesus noch Paulus noch Petrus noch Johannes mit einem „Hören allein“ begnügt (vgl. Mt 13,1.18ff. par 12,50; Röm 10,10; Gal 5,6; II Petr 1,13ff.; 4,2f.; I Joh 2,3ff. 3,18; Apk 14,13). Jakobus bricht hier nicht aus der Spur Jesu[441] oder der neutestamentlichen Zeugen aus, sondern reiht sich bewusst darin ein. Es bleibt also dabei, dass neutestamentlich Hören und Tun zusammengehören. Das wird seine Auswirkung dann besonders in Jak 2,14ff. haben.

Noch eine Bemerkung zur Grammatik: Das γίνεσθε kann sowohl mit „**werdet**“ als auch mit „seid“ übersetzt werden. Die Kommentare schwanken.[442] Da Jakobus über Defizite in den Gemeinden schreibt, scheint uns die Übersetzung „werdet“ etwas näher zu liegen.[443]

23 In V. 23 beginnt das Spiegel-Gleichnis: „**Denn wenn jemand ein Hörer des Worts ist und nicht ein Täter, dann gleicht er einem Menschen, der sein natürliches Gesicht im Spiegel betrachtet.**“ Ἀνήρ muss hier wie öfters im Jak (1,8.12; 3,2) mit „**Mensch**“ übersetzt werden, bezeichnet also die Gattung und nicht das Geschlecht.[444] Κατανοεῖν, „**betrachten**“, gehört zu den Intensivverben mit dem möglichen Sinn, „sich in etwas versenken“, was hier gut passt.[445] In der Verbindung „πρόσωπον τῆς γενέσεως αὐτοῦ“ hat γένεσις die Bedeutung „Geburt“, das heißt, das „**Gesicht**“ des Betreffenden ist

---

441 Vgl. *Bieder* 95,4; *Guthrie* 743; *Davids* 66.

442 So übersetzt *Mußner* 103 „Werdet“, verteidigt aber 104 „Seid“.

443 So auch *Johnson* 206; *Mayor* 69; *Belser* 79.

444 A. *Oepke*, ThWNT I, 363.

445 Vgl. F. *Behm*, ThWNT IV, 970f.

ihm durch seine „Geburt" gegeben,[446] ist **„sein natürliches Gesicht".**[447] „Ἔσοπτρον", **„Spiegel"** (vgl. noch I Kor 13,12)[448] ist schon damals in der orientalischen, hellenistischen und römischen Welt ein häufiges Utensil. Wesentlich beim Spiegel-Gleichnis ist die Flüchtigkeit des Vorgangs. Blitzartig entsteht ein Bild, und in Sekundenschnelle ist es wieder erloschen, als sei es nie da gewesen.[449] Wer hört, ohne **„Täter"** zu sein, kann durchaus intensiv hören. Aber das Gehörte verschwindet wieder aus seinem Leben, ohne Auswirkungen zu haben. Man denkt unwillkürlich an das Sämannsgleichnis in Mt 13,3ff.par, wo Jesus beim „felsigen Boden" ein solch intensives Hören schildert, das ohne Folgen bleibt.[450] Es ist wirklich wie bei einem **„Menschen**, der sich vielleicht intensiv in sein **„Spiegel"**-Bild versenkt – doch dann verschwindet alles wieder.

Übrigens spielt der **„Spiegel"** schon in der Weisheitsliteratur eine Rolle (Sir 12,11; Weish 7,26). Jakobus scheint sich aber nicht bei ihr anzulehnen. Sein Umgang mit dem Thema scheint eher originell zu sein.[451] Allerdings gibt es in der griechisch-römischen Welt zahlreiche Parallelen bei Poeten und Philosophen.[452]

24 V. 24 schildert den Vorgang in gnomischen Aoristen,[453] das heißt, es muss präsentisch übersetzt werden: **„Denn (= So ist es nämlich) er betrachtet sich und geht weg[454] und vergisst gleich wieder, was er für einer war"**.[455] Das **„Betrachten"** mag noch so intensiv sein (gleiches κατανοεῖν wie in V. 23), der Betreffende kann das Bild nicht festhalten. **„Er vergisst"**. Sogar sein eigenes Bild! Man kann wohl nicht übersehen, dass das ἑαυτὸν wie schon das αὐτοῦ in V. 23 eine betonte Selbstbezogenheit zum Ausdruck bringt. Diese

---

446 Vgl. *Mußner* 105; *Johnson* 207; *Ropes* 176.

447 Bei F. *Büchsel*, ThWNT I, 681f. unbefriedigende Erklärung.

448 Vgl. G. *Kittel*, ThWNT II, 693.

449 Vgl. wieder *Kittel* a.a.O. *Mayer* 72 hebt dagegen darauf ab, dass der Spiegel zeigt, was in unserem Leben gereinigt werden muss. Ähnlich *Beyschlag* 87.

450 *Davids* 66 zieht die Verbindung zu Mt 7,26; Lk 6,49.

451 So auch *Dibelius* 110.

452 *Mayer* 71f.; *Johnson* 208 (er sieht Jakobus abhängig von diesem „intertextual field"); *Ropes* a.a.O.; *Dibelius* 109.

453 *Blass-Debrunner* § 331,1.

454 Hier allerdings Perfekt! Vielleicht bringt dieses Perfekt doch das Ein-für-allemal zum Ausdruck (vgl. *Belser* 81; *Ropes* 177). *Blass-Debrunner* § 344,2 hält dieses Perfekt ebenfalls für gnomisch.

455 Zur Übersetzung vgl. hier *Bauer-Aland* Sp. 1166.

Selbstbezogenheit steht in einem untergründigen, aber durchaus spürbaren Gegensatz zu dem „**Wort**“, das uns von Gott her, extra nos, erreicht. Mit sehr feinen Strichen malt Jakobus den Menschen, der incurvatus in se ist, der sich ja durchaus für das Wort Gottes interessiert – und an dem das Wort Gottes mangels Umsetzung in die Praxis doch letztendlich spurlos vorübergeht. Erneut zeigt sich die sprachliche Gestaltungskraft des Jakobus.

Dem Spiegel-Gleichnis als Negativbeispiel wird nun das Positivbeispiel von V. 25 mit seiner Seligpreisung gegenübergestellt.

25 Die Fortsetzung in V. 25 bedient sich zunächst der Bilderwelt der Verse 23–24: „**Wer aber hineinschaut**[456] **in das vollkommene Gesetz der Freiheit und dabei beharrt und nicht ein vergesslicher Hörer ist, sondern ein Täter des Worts ...**“ Das παρακύψας, wörtlich „sich hinausbückend“ oder „sich hineinbückend“, wird von *Mayor* als „blending over the mirror in order to examine it more minutely“ erklärt (72). Jedenfalls liegt in παρακύψας nichts Hastig-Schnelles, sondern eher das konzentriert Erforschen-Wollende (vgl. Joh 20,5.11; Lk 24,12; I Petr 1,12).[457] Mit *Schlatter* kann man an die „Haltung des aufmerksam und eifrig Lesenden“ denken, „der sich herab zur Thorarolle beugt“.[458] Weit schwerer ist die Wendung „**vollkommenes Gesetz der Freiheit**“ zu erklären. Folgende Aspekte sind zu beachten. Zunächst wird das „**Gesetz**“ Gottes, die Tora, schon im Alten Testament als „**vollkommen**“ bezeichnet (Ps 19,8; 119,137ff.). Offenbar genügt es Jakobus aber nicht, allein von einem „vollkommenen“ Gesetz zu sprechen (vgl. Röm 12,2). Deshalb fügt er hinzu: „τὸν τῆς ἐλευθερίας“.[459] Ähnlich handelt er in 2,8 und 2,12. Was besagt hier der ἐλευθερία-Begriff? Heinrich *Schlier* definiert das „**Gesetz der Freiheit**“ als „das in der Sphäre der Freiheit wirksame und sie daher je und je vermittelnde Gesetz Gottes“, also das für Christen maßgebliche und durch die Befreiungstat Christi mögliche Gesetz[460] (vgl. Röm 8,2; Gal 5,13). Ein weiterer Aspekt ist, dass Jesus als der Messias die „**vollkommene**“ messianische Tora lehrt (Mt 5,17ff.48), die es uns ermöglicht, der Vollkommenheit Gottes ähnlicher zu werden (vgl. Mt 5,48 mit Jak 1,4). Schließlich darf der Zusammenhang von V. 25 mit dem „Wort der Wahrheit“ in V. 18 und mit dem „Wort“ der Verse 21–23 nicht übersehen werden. Fassen wir zusammen: Das

---

456 Zur Übersetzung *Bauer-Aland* Sp. 1251.

457 So auch W. *Michaelis*, ThWNT V, 814.

458 Vgl. wieder *Michaelis* a.a.O. 814,13.

459 Zum attributiven Genitiv vgl. *Blass-Debrunner* § 271,4.

460 ThWNT II, 499.

„vollkommene Gesetz der Freiheit“ ist der von Jesus und den Aposteln gelehrte und vollkommen übermittelte Wille Gottes, der gerade für die Erlösten der messianischen, christlichen Gemeinde gilt.[461]

Daraus ergeben sich weitreichende Konsequenzen: 1) Christen sind nicht gesetzlos oder ohne Gesetz, sondern leben nach dem „vollkommenen Gesetz der Freiheit“ bzw. nach dem „Gesetz Christi“ (I Kor 9,21; Gal 6,2; Jak 1,25; 2,12).[462] Hier liegt wieder ein gemeinsames Zeugnis des Jakobus und des Paulus – übrigens auch des Petrus und Johannes (I Petr 2,15f.; 4,2; I Joh 2,3ff.; 3,24)! – vor.[463] 2) Dieses für Christen gültige Gesetz ist nicht einfach mit dem alttestamentlichen Gesetz identisch, ist aber auch nicht einfach dessen Negation. Vielmehr handelt es sich um das durch Jesu Wort und Tat neu interpretierte Gesetz des Neuen Bundes. 3) Ein Heilsweg, der durch eigene Leistung das Heil erlangen will, bleibt ausgeschlossen. Auch Jakobus lehnt eine solche „Werkgerechtigkeit“ ab! Vielmehr hat uns Jesus Christus in die **„Freiheit“** gestellt – allerdings eine Freiheit, in der man Gottes Willen tut und nicht die Freiheit zum Deckmantel der Bosheit missbraucht (vgl. I Petr 2,16).

Es ist typisch für Jakobus, dass er nicht nur einen Begriff in die Diskussion wirft, sondern als echter Lehrer diesen Begriff möglichst abklärt und erläutert. Deshalb fügt er dem παρακύψας ein καὶ παραμείνας hinzu. Παραμένειν bedeutet „zur Stelle bleiben, dableiben“ und wehrt sofort das Missverständnis ab, als genüge ein flüchtiger Blick ins Gesetz. Mit Recht zieht Friedrich *Hauck*[464] die Parallele zu Dtn 6,6ff. und Ps 1,2, wo es darauf ankommt, forschend beim Wort Gottes zu verweilen. Und noch einmal klärt Jakobus ab: **„und nicht ein vergesslicher Hörer[465] ist, sondern ein Täter des Worts“.** Man denke an das Lob des Rabbinenschülers Elieser: „Er ist wie eine gekalkte Zisterne, die keinen Tropfen verliert.“[466] So soll man also nichts **„vergessen“**, was man im Wort Gottes hörte (vgl. ἐπελάθετο V. 24). Hier wirkt das Spiegel-Gleichnis fort. Die Formulierung ποιητὴς ἔργου fällt auf. Ἔργον verstärkt hier den Begriff ποιητὴς: Nicht einer, der die Tat beabsichtigt, sondern einer,

---

461 Auf den Zusammenhang mit Jesus weist auch *Bieder* 95,4 hin.

462 Auch *Schlier* verbindet beides aufs engste (a.a.O.).

463 So auch *Belser* 82.

464 ThWNT IV, 582.

465 Zum Genitivus qualitatis vgl. *Blass-Debrunner* § 1652.

466 Mischna Awot II, 8.

der die Tat ausführt, wird hier geschildert.[467] Es soll kein Zwiespalt zwischen Leben und Lehre entstehen.

Ist diese Ganzheit gegeben: Wort Gottes – seine Erforschung – Verständnis im Sinne Christi – ausführende Tat, dann greift die Seligpreisung Platz: „**der wird selig in seinem Tun**" (oder: „glücklich zu preisen wegen seines Tuns"[468]). Nach 1,12 ist dies die zweite Seligpreisung bei Jakobus. Die Verwandtschaft mit Joh 13,17 ist unübersehbar. Man kann mit Fug und Recht vermuten, dass sich Jakobus an dieses Jesuswort angelehnt hat. „**Selig sein**", „glücklich zu preisen" (hebr. אֶשֶׁר) ist der Betreffende nicht aufgrund eigener menschlicher Leistung, sondern aufgrund des endzeitlichen Heils, das Gott solchen hingebungsvollen Menschen verheißen hat.[469] Christlicher Glaube bewährt sich durch die Tat: Das tritt als Grundgedanke noch einmal deutlich hervor.

Wie oben schon bemerkt, kann man die Verse 26 und 27 als eine Art Exkurs zu V. 22–25 betrachten. Vermutlich wollte Jakobus konkrete Beispiele für das notwendige Tun geben. Evtl. wurden diese Beispiele durch bestimmte Missstände in der Gemeinde verursacht.

26 Das erste Beispiel betrifft das negative Reden, das Jakobus schon in V. 19 getadelt hatte: „**Wenn jemand meint, er sei fromm, und dabei seine Zunge nicht im Zaum hält,**[470] **sondern sein Herz betrügt, dessen Frömmigkeit ist wertlos**." „**Fromm sein**" (θρησκὸς εἶναι) ist ein Allerweltswort im Sinne von „religiös", „gottesfürchtig".[471] Vielleicht geht Jakobus schon durch die Wortwahl auf Distanz. Oder wollten die Angegriffenen selbst solche „Fromme" sein? Sie „**meinen**" es doch jedenfalls! Ihr Problem ist, dass sie ihre „**Zunge nicht im Zaum halten**". Hier erinnern wir uns daran, dass „Die auffällige Betonung der Zungensünden eine Eigentümlichkeit der jüdischen Lebensweisheit" ist.[472] Johannes *Behm* hat dazu eine Fülle von Material gesammelt.[473] Wir zitieren beispielhaft nur die Frage in Sir 19,16: „Wem ist noch nie ein böses Wort entfahren?" (vgl. weiter Ps 34,14). Aber auch im NT werden die Zungen-

467 Vgl. dazu G. *Bertram*, ThWNT II, 648.

468 Vgl. dazu *Blass-Debrunner* § 219; *Dibelius* 114.

469 Die Einschränkung auf den Lohngedanken bei F. *Hauck*, ThWNT IV, 372, greift zu kurz. Vgl. *Mußner* 110; *Windisch* 12.

470 Vgl. K. L. *Schmidt*, ThWNT III,, 155ff.

471 J. *Behm*, ThWNT I, 720.

472 J. *Behm*, a.a.O.

473 A.a.O. 720f.

sünden überraschend oft angesprochen, angefangen von der Verkündigung Jesu (Mt 12,34ff.) über Paulus (Gal 5,20; Eph 4,25.29.31; 5,4; Kol 3,8f.; 4,6; II Tim 3,2f.; Tit 3,2) bis hin zu Petrus (I Petr 2,1; 3,9ff.) und eben Jakobus (1,19ff.26; 3,1ff.13ff.; 4,11; 5,9.12). Sie spielen eine fast ebenso große Rolle wie die sexuellen Sünden. Mag sein, dass man sie relativ leicht nahm. Dann würde sich das Beispiel des Jakobus gut erklären. Wenn also jemand die Zungensünden nicht ernst nimmt, „**seine Zunge nicht im Zaum hält**", dann „**ist dessen Frömmigkeit wertlos**". Ohne Zweifel schlägt sich hier noch einmal der ganze, in V. 19 begonnene, Kontext nieder. Μάταιος heißt „nichtig", „eitel", „wertlos", „es hebt eine Welt des Scheins gegen die Welt des Seins ab".[474] Christen, die ihre Zunge nicht dem Zügel des Heiligen Geistes überlassen, sind natürlich keine „Täter des Worts", sondern leben in einer christlichen „Schein"-Welt. Jak 1,26 ist besonders mit I Petr 3,10ff. nahe verwandt. Aber wie „**betrügt**" man „**sein Herz**"? Dadurch, dass man sich einbildet, fromm zu sein, während man doch nur schein-fromm[475] ist (vgl. 1,22).

27 Das zweite Beispiel des Jakobus entstammt dem Umkreis der Nächstenliebe. Speziell geht es um die Fürsorge für die Schwachen. Beide Themen, Nächstenliebe und Fürsorge für die Schwachen, sind herausragende Themen im Jakobusbrief (vgl. 2,1ff.14ff.; 4,1ff.; 5,1ff.13ff.9f.). Man hat den Eindruck, dass Jakobus sich selbst einer Gemeinde von Schwachen zurechnet. Das würde mit der Situation judenchristlicher Gemeinden im Israelland, wie sie sich aus Act 11,29f.; II Kor 8–9; Gal 2,10 ergibt, gut übereinstimmen.

Ein direkter Stichwortanschluss (θρησκεία/θρησκεία) verbindet V. 27 mit V. 26. Es wurde schon darauf hingewiesen, dass Jakobus solche Stichwortanschlüsse liebt (vgl. 1,1f.3f.4f.19f.). Sein zweites Beispiel ist positiv: „**Eine reine und unbefleckte Frömmigkeit bei Gott, dem Vater, ist die: Waisen und Witwen in ihrer Bedrängnis zu besuchen.**" Θρησκεία wird jetzt ein positiver Leitbegriff. Durch die Adjektive καθαρὰ und ἀμίαντος sowie die Apposition παρὰ τῷ θεῷ καὶ πατρί wird es vor Missverständnissen geschützt. Καθαρος bedeutet kultisch und ethisch „rein" bzw. „unbefleckt und deshalb nicht zu tadeln."[476] 'Αμίαντος tritt gern verstärkend neben καθαρος und gewinnt dann die Bedeutung vollendeter, unverletzter Reinheit".[477] Es ist klar, dass Jakobus vom ethischen und nicht vom kultischen Verhalten der

---

474 O. *Bauernfeind*, ThWNT IV, 525.

475 Vgl. A. *Oepke*, ThWNT I, 384.

476 Vgl. R. *Meyer*/F. *Hauck*, ThWNT III, 416ff.

477 F. *Hauck*, ThWNT IV, 650. Vgl. *Ropes* 183; *Mayor* 76.

Christen sprechen will. Dennoch darf nicht übersehen werden, dass er gerade diesen „Alltagsgottesdienst" als den wahren priesterlichen Gottesdienst der Christen betrachtet, für den er deshalb die priesterliche Sprache borgt. Dasselbe tut Paulus in Röm 12,1 – wiederum eine bemerkenswerte Gemeinsamkeit zwischen Paulus und Jakobus. „**Gott**" wird hier als „**Vater**" in Erinnerung gerufen, evtl. eine Aktualisierung des Vaterunsers. Gottlob *Schrenk* betrachtet jedoch die Wendung θεὸς καὶ πατήρ in Jak 1,27 als „gut jüdische Sprache", die erst nachträglich mit christlichem Inhalt gefüllt werden könne.[478] So oder so: Jakobus kommt es auf das Urteil Gottes und nicht der Menschen an. Deshalb ist es ihm wichtig, ob eine „**Frömmigkeit**" bei Gott als „**rein und unbefleckt**" gilt oder nicht. Eine solche also „**ist die:**[479] **Waisen und Witwen in ihrer Bedrängnis zu besuchen**". Jak greift damit eine Forderung auf, die dem AT sehr geläufig ist: die des Schutzes der Waisen und Witwen"[480]. Vgl. Ex 22,21; Dtn 10,18; 24,17; 27,19; Ps 10,18; 68,6; 146,; Jes 1,17; Jer 5,28; 22,3; Ez 22,7, Sach 7,10; Sir 4,10. Aber nicht nur das AT ist hier zu hören, sondern auch Jesus, der gerade die Witwen zu Beispielen der Frömmigkeit wählte (Mk 12,41ff. par; Lk 18,1ff.) und selbst für die Witwen eintrat (Lk 7,12; 20,47). Die „**Bedrängnis**" bezieht sich hier sehr wahrscheinlich nicht auf eine besondere Verfolgungssituation, sondern auf die allgemeine soziale Lage.[481] Gerade im „**Besuchen**" von Kranken und Schwachen sahen die Rabbinen eine hohe Liebespflicht. Neben b Sota 14 a vgl. man vor allem die überlieferte Aussage von R. Akiba: „Wenn jemand einen Kranken nicht besucht, so ist es ebenso, als würde er Blut vergießen" (b Ned 40 a).[482] Wieder ist neben der alttestamentlichen Weisheit (Sir 7,36ff.) und der Lehre der Rabbinen vor allem auch die Lehre Jesu zu beachten. In der Ausführung über das Weltgericht Mt 25,31ff. spielt das „**Besuchen**" (ἐπισκέπτεσθαι) eine wichtige Rolle. So wird man Hermann Wolfgang *Beyer* zustimmen müssen, wenn er Jak 1,27 sowohl in der Linie der „beste(n) Überlieferung der Ethik des Judentums" als auch der „Forderung Jesu nach tathafter Nächstenliebe" sieht.[483] Hat man in den Gemeinden, die Jakobus kennt, zuviel geredet und gestritten und

---

[478] ThWNT V, 1009, 371.

[479] Zur Grammatik vgl. *Blass-Debrunner* § 394,1.

[480] H. *Seesemann*, ThWNT V, 487. Vgl. *Mußner* 113.

[481] Anders H. *Schlier*, ThWNT III, 147, der auf innere Bedrängnisse einschränkt.

[482] Weitere Beispiele bei H. W. *Beyer*, ThWNT II, 599.

[483] A.a.O. *Davids* 66 verweist allgemein auf Mt 7,21-23 als „basic concept", *Bieder* 95,4 auf Mt 5,8.

zu wenig die Nächstenliebe in Gestalt konkreter „Besuche" gepflegt? Ist es heute ähnlich? Dabei bedeutet „**besuchen**" im NT „niemals ein einfaches Besuchen ..., sondern stets ein Sichkümmern, ein Handeln aus dem Bewusstsein der Verantwortlichkeit für den Anderen heraus".[484]

Das dritte Beispiel des Jakobus ist nicht nur außerordentlich kurz, sondern fällt auch aus der Reihe „zwischenmenschliche Beziehungen, Verantwortung für den Nächsten" heraus. Es bezieht sich ganz auf den Einzelnen und sein Verhältnis zu Gott: „**sich selbst von der Welt unbefleckt bewahren**". Schon der Genitivus separationis ἀπὸ τοῦ κόσμου weist auf eine scharfe Distanz von der Umwelt hin.[485]. Ἄσπιλος kommt bei Paulus (I Tim 6,14), Petrus (II Petr 3,14) und Jakobus (1,27) vor und bezeichnet bei allen dreien die ethisch-sittliche Reinheit.[486] Das, was „**befleckt**", ist der κόσμος. Κόσμος, „**Welt**", ist also wie bei Paulus und Johannes von dem Gegensatz zwischen Gott und dem κόσμος bestimmt.[487] Dabei bezeichnet der κόσμος die unerlöste Menschheit, die Menschenwelt außerhalb des Wirkungsbereiches Christi.[488] Wenn Jakobus schreibt, der Christ solle „**sich selbst von der Welt unbefleckt bewahren**", dann meint er, der Christ solle nicht zurücksinken in Verhaltensweisen der unerlösten Menschheit. Mit Recht notiert Hermann *Sasse* die „sachliche Übereinstimmung mit Paulus" (vgl. Jak 4,4 sowie Röm 12,2; I Kor 7,31; I Tim 5,22).[489] Übrigens liegt in τηρεῖν, „**bewahren**", auch das Element des „schützens",[490] so dass es nicht nur um einen passivisch-quietistischen Rückzug geht, sondern um die aktive Bestätigung des „sich selbst vor der Welt Schützens".[491] Eine höchst aktive militia Christi also!

Man kann schon sagen: Das Christentum des Jakobus ist höchst dynamisch und aktiv – aber nicht „aktivistisch", sondern gelassen in Gott!

---

484 *Beyer* a.a.O.
485 Vgl. *Blass-Debrunner* § 182,5.
486 A. *Oepke*, ThWNT I, 500.
487 H. *Sasse*, ThWNT III, 892. Vgl. *Ropes* 184f.
488 *Sasse* a.a.O. 893.
489 A.a.O. 894.
490 H. *Riesenfeld*, ThWNT VIII, 141.
491 Vgl. wieder *Riesenfeld* a.a.O. 142.

7. Die Bewährung des Glaubens durch Achtung der Armen (Jak 2,1–13)

I **1 „Meine Brüder, haltet den Glauben an Jesus Christus, unseren Herrn der Herrlichkeit, frei von Parteilichkeit. 2 Denn wenn in eure Synagoge ein Mann mit goldenem Fingerring, in glänzendem Gewand eintreten würde, es würde aber auch ein Armer mit einem schmutzigen Gewand eintreten, 3 und ihr eure Aufmerksamkeit dem zuwenden würdet, der das glänzende Gewand trägt, und ihr sagen würdet: Du! Setze dich hier auf den guten Platz! und ihr zu dem Armen sagen würdet: Du! Steh dort hin! oder: Setze dich unten an meinen Schemel! – 4 habt ihr dann nicht bei euch selbst einen Unterschied gemacht und euer Urteil von bösen Gedanken bestimmen lassen? 5 Hört zu, meine geliebten Brüder: Hat Gott nicht diejenigen, die für die Welt arm sind, erwählt, damit sie reich im Glauben und Erben des Reiches sind, das er denen verheißen hat, die ihn lieben? 6 Ihr aber habt dem Armen seine Ehre genommen. Tyrannisieren euch nicht die Reichen, und sind sie es nicht, die euch vor die Gerichte ziehen? 7 Sind sie es nicht, die den guten Namen, der über euch genannt ist, lästern? 8 Wenn ihr jedoch das königliche Gesetz nach der Schrift erfüllt: Du sollst deinen Nächsten lieben wie dich selbst, dann tut ihr wohl. 9 Wenn ihr aber parteilich handelt, dann vollbringt ihr eine Sünde und werdet vom Gesetz als Übertreter überführt. 10 Denn wer das ganze Gesetz hält, aber an einem Punkt dagegen verstößt, der ist am ganzen Gesetz schuldig geworden. 11 Denn der, der gesagt hat: Du sollst nicht ehebrechen!, der hat auch gesagt: Du sollst nicht töten! Wenn du nun nicht die Ehe brichst, tötest aber, bist du ein Übertreter des Gesetzes geworden. 12 Ihr sollt so reden und so handeln wie Leute, die dereinst durch das Gesetz der Freiheit gerichtet werden. 13 Denn das Gericht ergeht unbarmherzig über den, der keine Barmherzigkeit getan hat. Doch die Barmherzigkeit triumphiert über das Gericht.“**

Mit Jak 2,1ff. verlassen wir den Bereich knapp formulierter, sehr wahrschein- II
lich auch mnemotechnisch überlegter Einprägungen und Ermahnungen. Die Imperative werden jetzt seltener. Stattdessen treten beherrschende Bilder oder Themen auf, die größere Abschnitte ausfüllen. Wir wechseln sozusagen vom Imperativ zum Narrativ. Die neue Struktur reicht mindestens von 2,1 bis 3,12. Dabei bleibt jedoch die Sprache unverkennbar jakobeisch.

Was nun den Abschnitt 2,1–13 anbetrifft, so lässt er sich in drei Unterabschnitte gliedern: 1) Die zentrale Weisung (V. 1), 2) das anschauliche Beispiel (V. 2–4), 3) eine allgemeine Ausführung über Arme und die Übung der Barmherzigkeit (V. 5–13). Dabei verklammert das Stichwort προσωποληµψία bzw. προσωποληµπτεῖν (V. 19) alle drei Unterabschnitte miteinander.

Dabei ist 2,1–13 sowohl mit dem vorausgehenden als auch mit dem nachfolgenden Text verbunden. Die Fürsorge für die Schwachen bildete schon ein Thema für 1,26–27, jetzt setzt es sich in Ehrung und Barmherzigkeit gegenüber den Armen fort. Ferner lässt sich die πίστις von 2,1 gut mit der θρησκεία von 1,26f. verbinden. Andererseits kann die πίστις/ἔργα-Thematik von 2,14ff. sehr gut an die πίστις von 2,1.5 sowie an das ποιεῖν von 2,8ff. anknüpfen.

Insgesamt setzt sich die Generalthematik „Bewahrung des Glaubens" fort.

1 Die Anrede „**Meine Brüder**" in V. 1 eröffnet wie in 1,2.16.19 einen neuen III
Abschnitt. Erneut werden wir darauf aufmerksam gemacht, dass wir uns in einem bruderschaftlichen Gemeindeverband befinden. Vorausgesetzt ist, dass auch die „Brüder" „**den Glauben an Jesus Christus, unserem Herrn der Herrlichkeit**", haben. Vom „**Herrn Jesus Christus**" war schon in 1,1 die Rede. Jetzt taucht diese Wendung zum zweiten (und letzten) Mal im Brief auf. Man vgl. die Erklärung bei 1,1. Neu ist jetzt, dass ausdrücklich vom „**Glauben an Jesus Christus**"[492] die Rede ist. Der Christ glaubt also nicht nur an Gott, sondern – gerade als Judenchrist! – auch an Jesus. Das heißt nichts anderes, als dass eine Dualität oder schon gar Trinität (vgl. πνεῦμα in 4,5) des Gottesbegriffes auch von dem judenchristlichen Lehrer Jakobus vertreten wird. Und zwar ganz selbstverständlich! Denn er muss den „Glauben an Jesus Christus"

[492] Der Genitiv τοῦ κυρίου usw. ist ein Genitivus objectivus. Vgl. *Blass-Debrunner* § 163. Als subiectivus aufgefasst bei *Johnson* 220.

nicht näher erläutern. An Jesus Christus glauben kann man nur, wenn man ihn als göttliche Person betrachtet.[493]

Erweitert wird die Bezugnahme auf Jesus durch die Apposition „τῆς δόξης".[494] Es handelt sich doch wohl um einen Genitivus appositivus,[495] der sich übersetzen lässt: „unser Herr Jesus Christus, der die Herrlichkeit (δόξα) hat". Gemeint ist der כָּבוֹד Jesu,[496] seine „göttliche Ehre, göttliche Pracht, göttliche Macht",[497] wie sie sich durch seine Auferstehung und Himmelfahrt und durch seine Aufnahme ἐν δόξῃ (I Tim 3,16; vgl. Act 7,55; I Kor 12,8; I Petr 1,11.21) ergeben haben.[498] Κύριος τῆς δόξης findet sich außer Jak 2,1 nur noch bei Paulus (I Kor 2,8) – ein weiterer Hinweis auf ihre sprachliche und theologische Verwandtschaft.

Die zentrale Weisung wird bewusst an die Spitze des Verses gestellt: μὴ ἐν προσωπολημψίαις ἔχετε τὴν πίστιν.[499] Der Plural προσωπολημψίαι drückt ein Abstraktum aus („alle mögliche Arten von Parteilichkeit").[500] Gerade deshalb ist es naheliegend, dass Jakobus in V. 2 mit einem konkreten Beispiel fortfährt.

Was bedeutet προσωπολημψία? Der Begriff entstammt dem Zeremoniell des Orients. Wenn sich jemand ehrfürchtig zur Erde warf, „erhob man sein Angesicht" (נָשָׂא פָּנִים), um Freundlichkeit und Gunst auszudrücken. War diese Zuwendung aber einseitig-parteilich zugunsten anderer, dann bekam diese προσωπολημψία einen negativen Klang. Solche „parteiliche Rücksichtnahme" wurde den Richtern streng verboten (Lev 19,15; Dtn 1,17; 16,19). Gott selbst ist frei von dieser negativen „Parteilichkeit" (Dtn 10,17; II Chr 19,7). Im NT wird „**Parteilichkeit**" in diesem Sinne als Gegensatz zur Gerechtigkeit Gottes empfunden und deshalb mehrfach betont, dass es bei Gott

---

493 Vgl. R. *Bultmann*, ThWNT VI, 212.

494 Die Schwierigkeiten der Wortstellung in Jak 2,1 haben einige Textzeugen zu Umstellungen veranlasst. Die Übersetzungsprobleme diskutiert bei *Ropes* 186ff.; *Mayor* 79ff.; *Beyschlag* 98ff.; *Dibelius* 118ff.

495 *Blass-Debrunner* § 167.

496 Vgl. G. *v. Rad*, ThWNT II, 240ff.

497 G. *Kittel* a.a.O. 251.

498 Vgl. wieder *Kittel* a.a.O. 251f.

499 Der Duktus des Briefes legt es näher, V. 1 imperativisch aufzufassen. Als Frage nimmt ihn z. B. *Belser* 92ff.

500 *Blass-Debrunner* § 142.

keine προσωποληµψία gebe (Act 10,34; Röm 2,11; Gal 2,6; Eph 6,9; Kol 3,25; I Petr 1,17).[501]

Weil also **„Parteilichkeit"** mit dem Wesen Gottes unverträglich ist, soll auch der glaubende Mensch **„frei von Parteilichkeit"** bleiben und seinen Glauben **„frei von Parteilichkeit halten"** (wörtlich: „habt nicht den Glauben, wobei ihr parteiische Handlungen vornehmt…").[502]

Da es im Leben Situationen gibt, wo wir Partei nehmen müssen, z. B. für den Glauben oder das Wort Gottes, versuchen wir, das Wesen der von Jakobus, Paulus und Petrus abgelehnten „Parteilichkeit" noch einmal zu definieren: Es handelt sich hier um Parteinahme aus rein menschlichen Rücksichten, die zu Lasten anderer geht.

2 Als Beispiel falscher Parteilichkeit wird in V. 2–4 die Bevorzugung der Reichen herausgegriffen.

Sehr lebendig schildert Jakobus den Fall: „Denn[503] wenn in eure Synagoge ein Mann mit goldenem Fingerring, in glänzendem Gewand eintreten würde…"[504] (V. 2). Der Begriff συναγωγή fällt auf. Ist hier das Gebäude einer christlichen Gemeinde gemeint, oder die Gemeindeversammlung als solche? „Eintreten", εἰσελθεῖν, kann man auf beides beziehen. Da aber in V. 3 von Sitzplätzen die Rede ist, scheint doch die Bedeutung „Versammlungs-**Gebäude**" ein wenig näher zu liegen.[505] Wir hätten dann in Jak 2,2 den Beleg dafür, dass es **„Synagogen"** der Judenchristen gab (evtl. auch in Hebr 10,25). Der **„Mann mit goldenem Fingerring"**[506] soll einen besonders Reichen darstellen. Man denke an den **„Fingerring"**, der hohe, teilweise königliche Positionen bei Josef (Gen 41,42), Haman (Est 3,10) und beim verlorenen Sohn (Lk 15,22) charakterisiert. Λαµπρός, „strahlend", „glänzend", „hell", wird schon vom Leibrock des Odysseus ausgesagt.[507] Λαµπρὰ ἐσθής bezeichnet speziell

---

[501] Vgl. hier E. *Lohse*, ThWNT VI, 780f.

[502] Vgl. *Bauer-Aland* Sp. 1443; *Mayor* 79.

[503] Das γὰρ ist erklärend, epexegetisch, im Sinne: „wenn es nämlich passiert, dass…"

[504] Hier liegt ein Konjunktiv vor (*Beyschlag* 100).

[505] Vgl. die Erörterung bei W. *Schrage*, ThWNT VII, 836. *Bauer-Aland* Sp. 1562f. lässt die Entscheidung ebenfalls offen. *Mußner* 117 plädiert eher für Gemeindeversammlung, ebenso *Ropes* 188f. und *Dibelius* 125. *Johnson* 221f. lässt es offen. *Mayor* 82f. ist für Gebäude, auch *Windisch* 14, ferner *Beyschlag* 101; *Belser* 97.

[506] χρυσοδακτύλιος ist Hapaxlegomenon – ein weiterer Beweis für die Sprachkraft des Jakobus. Man kann auch übersetzen „mit goldenen Fingerringen" (Plural), so z. B. *Johnson* 220f.; *Dibelius* 122; *Belser* 98.

[507] A. *Oepke*, ThWNT IV, 18.27.

die toga candida, hier in Jak 2,2 in neutestamentlich einmaliger Verwendung aber die auffallend prächtige Kleidung.[508]

Ist ein solcher Besucher der Synagoge als Christ gedacht oder bloß als Interessierter? Grundsätzlich bleibt beides möglich. Es gibt aber einige Argumente, die eher für einen Christen sprechen:

a) Dass Unterschiede in der Gemeinde selbst gemacht werden, gibt dem Beispiel ein schärferes Profil;
b) der Bezug auf den Glauben (V. 1) kommt dann besser zum Tragen;
c) bei unvermuteten Besuchern (Interessenten) ist eine entgegenkommende Bevorzugung fast selbstverständlich.[509]

Geht es aber in Jak 2,2 um einen Christen, dann erhärtet sich unsere Auslegung von 1,10f, wonach auch Reiche zu den Gemeinden des Jakobusbriefes gehörten. Hier wird eine starke soziale Spannung sichtbar. Einerseits finden wir ungewöhnlich reiche Mitglieder in diesen messianischen Gemeinden, andererseits Menschen an der Existenzgrenze! Das war aber schon bei Jesus der Fall: man vergleiche Glaubende wie Nikodemus, Josef von Arimathäa oder Zachäus mit den Bettlern, die sich Jesus anschlossen (vgl. auch Mk 14,7; Lk 16,19ff.). In der frühchristlichen Mission war es nicht anders (vgl. Act 13,4ff.; 16,14f.; 17,34; 19,31; 28,7ff.).

Neben dem geschilderten Reichen steht nun also ein „**Armer**“, der sehr viel kürzer beschrieben wird. Zu seiner Kennzeichnung genügt das „**schmutzige Gewand**“.[510] Wie sehr die Armen an der Kleidung sparen mussten, sieht man an der Täuferpredigt (Lk 3,11) und an den Schutzbestimmungen des mosaischen Gesetzes (Dtn 24,13). Hier ist wieder zu vermuten, dass der „**Arme**“ ein Glied der Gemeinde ist. Aber halten wir noch einmal fest: In Jak 2,1–4 kann weder „von einer heftigen Polemik gegen die Reichen innerhalb und außerhalb der Gemeinde“ noch von einer „Ablehnung der „Reichen“ die Rede sein.[511] Vielmehr geht es um den Schutz der Armen. Der Zielpunkt liegt also im künftigen Miteinander und nicht in der Ausgrenzung der Reichen.

3 In V. 3 stellt Jakobus dar, was im hypothetischen Fall nach dem Eintritt in den Versammlungsraum geschieht: „**und ihr eure Aufmerksamkeit dem zuwenden würdet, der das glänzende Gewand trägt, und ihr sagen wür-**

---

508 Sonst deutet das „glänzende Kleid“ auf Engel oder Erlöste.

509 *Mayor* 84 ist hingegen der Meinung, sowohl der Reiche als auch der Arme seien Außenstehende. Ebenso *Windisch* 14; *Dibelius* 125f.; *Beyschlag* 102; *Belser* 98.

510 ῥυπαρά neben ῥυπαρία in 1,21 – typische Begriffe des Jak.

511 Gegen E. *Bammel*, ThWNT VI, 910.

det: Du! Setze dich hier auf den guten Platz! ..." Ἐπιβλέπειν, „hinblicken", „sich um etwas annehmen", kann bedeuten „sich um etwas kümmern". In letztere Richtung geht Jak 2,3.[512] Man kümmert sich also um die Eintretenden. Man hat dies zusammen mit der Platzanweisung als ein Argument dafür genommen, dass die Eintretenden hier Nichtchristen oder auswärtige Gäste seien. Das ist jedoch nicht überzeugend. Vielmehr kümmert man sich durchaus auch um Leute, die man kennt, ja die dazugehören (vgl. Lk 4,16ff.; Act 13,15). Jedenfalls erfährt der Reiche eine ausgezeichnete Aufmerksamkeit. Das „**du**" ist betont. Es wählt den Betreffenden aus der Menge aus. Evtl. drückt es sogar ein Bekanntsein aus.[513] Die Aufforderung „**Setze dich**[514] **hier auf den guten Platz!**" setzt voraus, dass der Raum genügend groß ist und unterschiedliche Plätze aufweist. War er schon voll, als der Reiche eintraf? Aber wo gab es einen „**guten Platz**"? Gemeint ist jedenfalls ein Sitzplatz. Vielleicht kann man noch mehr sagen: In den Synagogen der damaligen Zeit gab es Ehrenplätze, πρωτοκαθεδρίαι (Mt 23,6; Mk 12,39; Lk 11,43; 20,46).[515] Wahrscheinlich denkt Jakobus an einen solchen Ehrenplatz. Das könnten z. B. (Stein-) Bänke an den Seitenwänden des Raumes gewesen sein,[516] evtl. sogar Lehnstühle mit Seiten- und Rückenlehne.[517] Damit ist der Reiche dem Getümmel und manchen Gerüchen entzogen. Außerdem wird er sichtbar geehrt. Und was passiert „**dem Armen**"[518] nach seinem Eintritt? Zunächst ist ganz positiv zu registrieren: Er wird nicht etwa übersehen! Nein, auch er erfährt Aufmerksamkeit. Auch er bekommt eine Platzanweisung. Aber eine ganz andere als der Reiche: „**Du! Steh dort hin!**" Ein „**Steh**"-platz also! Demnach stellt sich Jakobus die christliche Synagoge tatsächlich als gut gefüllt vor. Da man u. U. Stunden dort verbrachte (Act 20,7ff.), war ein Stehplatz allerdings eine Zumutung. Nur wenig besser ist es, wenn man zu dem Armen sagt: „**Setze dich unten an meinen Schemel!**" Der „**Schemel**" dient zum Aufstellen der Füße. Wer da „**unten**" am Schemel sitzt, bekommt die Ausdünstung der in den Sandalen

---

512 *Bauer-Aland* Sp. 588.

513 Vgl. *Blass-Debrunner* § 277,1.

514 Zur Imperativform *Blass-Debrunner* § 100,1.

515 Vgl. W. *Schrage*, ThWNT VII, 819; W. *Michaelis*, ThWNT VI, 871f.

516 *Schrage* a.a.O. 819, 132.

517 *Michaelis* a.a.O. 871, 3.

518 *Blass-Debrunner* will in § 263 übersetzen: „jenem Bettler" bzw. „Armen" (anaplorisch nach V. 2).

schwitzenden Füße zu spüren. Kein schöner Platz! Und keinerlei Auszeichnung oder Ehre! So stehen sich in V. 3 fast zwei Welten gegenüber.

4 Die verantwortlichen „**Brüder**" aber haben dadurch „**bei sich selbst einen Unterschied gemacht**" (V. 4).[519] Hier ist jedoch die Übersetzung schwierig. Muss man nicht mit Friedrich *Büchsel* übersetzen: „ihr seid unter euch selbst zerspalten", „ihr handelt in innerer Gespaltenheit"?[520] Oder mit *Bauer-Aland*: „habt ihr dann nicht bei euch selbst gezweifelt?" (Sp. 371)? Was alle Übersetzungen untereinander verbindet, ist das Moment der Gespaltenheit. Die hier Verantwortlichen sind keine Täter des Worts mehr, obwohl sie sich zum christlichen Glauben bekennen, sondern folgen ihren eigenen Einschätzungen. Sie haben ihr „Urteil von bösen Gedanken bestimmen lassen"[521] (wörtlich: sind „schlimm entscheidende Richter"[522] oder „Richter von schlechter Gesinnung" oder „Richter, die üble Entscheidungen fällen"[523] oder „von bösen Gedanken geleitete Richter"[524] geworden). Das κριτής kann hier nicht die Amtsperson im strengen Sinne meinen – angesprochen sind ja alle „Brüder"! – sondern muss Gemeindeglieder bezeichnen, die ein falsches, ungerechtes Urteil fällen und dementsprechend handeln.[525] Ausgeschlossen ist dadurch freilich nicht, dass in erster Linie die für die Ordnung der Synagoge Verantwortlichen bzw. die Leiter der Versammlungen adressiert werden. Dafür spricht übrigens auch der auffällige Singular am Ende von V. 3. Denn wenn dem Armen gesagt wird: „**Setze dich unten an meinen Schemel**", dann muss der Betreffende über ein Fußgestell verfügen, mithin eine der leitenden Personen sein.[526] Es handelt sich hier vermutlich um „episkopale" Funktionen im Rahmen der christlichen Synagoge. Die Wendung „**bei euch selbst**" oder „unter euch selbst" kann zweierlei bedeuten: a) „in eurem Inneren", b) „in eurer Gemeinde". Im letzteren Fall wären der Reiche und der Arme tatsächlich Gemeindeglieder. Aber eine Sicherheit ist hier nicht zu erreichen.[527]

---

519 Ebenso übersetzt *Mußner* 115.119; für *Dibelius* 127 möglich; *Windisch* 14.

520 Vgl. ThWNT III, 949.

521 Zur Übersetzung vgl. *Ropes* 193.

522 So *Blass-Debrunner* § 165,2.

523 Beides nach *Bauer-Aland* Sp. 372 möglich. Für „Richter, die üble Entscheidungen fällen", auch G. *Schrenk*, ThWNT II, 98.

524 So F. *Büchsel* a.a.O. 944,3.

525 Von „allgemeiner Bedeutung" des Wortes in Jak 2,4 geht auch *Bauer-Aland* Sp. 921 aus.

526 Vgl. *Ropes* 190.

527 Vgl. *Mußner* 119.

5 Mit V. 5 verlassen wir die Beispielerzählung (Maschal) und treten in die allgemeinen Ausführungen der Verse 5–13 ein. Durch die Trias πτωχοί – προσωπολήμπτειν – κρίνεσθαι bleibt V. 5ff. fest mit dem Vorausgehenden verklammert.

Den Übergang markiert der Aufmerksamkeitsruf: „**Hört zu, meine geliebten Brüder**“ (V. 5). Zu „**Brüder**“ vgl. 1,2.16.19; 2,1; zu ἀκούσατε das ἴστε in 1,19. Der Aufmerksamkeitsruf spielt auch bei Jesus eine Rolle (Mt 11,15; 13,9.43; Mk 4,23; Lk 14,35).

„**Hat Gott nicht diejenigen, die für die Welt arm sind, erwählt, damit sie reich im Glauben und Erben des Reichs sind, das er denen verheißen hat, die ihn lieben?**“ Bei dieser Frage muss man in der Tat genau zuhören. „**Gott**“ und die „**Armen**“, die Anijjim, Anavim, Ebjonim, ist ein schier unerschöpfliches Thema im AT.[528] Dabei geht es bei aller Vielfalt der Aussagen gewissermaßen stets um zwei Brennpunkte einer Ellipse: a) Gott wendet sich gerade denen zu, die benachteiligt oder gar verachtet sind, b) er wendet sich denen zu, die gerade als Benachteiligte ihre Hoffnung auf ihn setzen. – Beides darf nicht auseinandergerissen werden. Sonst wird aus den „**Armen**“ eine rein soziologische Klasse, und sonst spielen Glaube und Hoffnung auf Gott keine Rolle mehr. In den Formulierungen von Jak 2,5ff. leuchtet dieser Grundtatbestand durch. Auch hier hat der „**Arme**“ „eine religiöse Qualität“.[529] In ἐξελέξατο kommt die „freie Schenkung der Gnade“ Gottes[530] zum Ausdruck. Die Erwählten sind aber gleichzeitig diejenigen, „**die ihn lieben**“, also diejenigen, die Gottes Gnade annehmen und für ihn da sein wollen.[531] Ist dies der Fall, dann lässt Gott die Betreffenden „**reich im Glauben und Erben**“ seines ewigen „**Reiches**“ sein. Hier treten noch einmal Gedanken vor uns, die wir schon in 1,9 und 1,12 kennengelernt haben. Auch dort begegnete uns die Formulierung τοῖς ἀγαπῶσιν αὐτόν am Schluss eines Verses. Der Sprachgebrauch des Paulus in Röm 8,28; I Kor 2,9 ist wieder ganz ähnlich. Die Argumentation des Jakobus legt an dieser Stelle doch die Vermutung nahe, dass die in V. 2–4 erwähnten Personen als Mitglieder der Gemeinde gedacht sind. Πίστις, κληρονόμοι, βασιλεία, ἀγαπᾶν sind dabei allgemeine Begriffe zur Kennzeichnung der Christen und wie auch sonst im NT eschatologisch orien-

---

[528] Vgl. F. *Hauck*/E. *Bammel*, ThWNT VI, 888ff.
[529] E. *Bammel* a.a.O. 910.
[530] G. *Schrenk*, ThWNT IV, 180.
[531] Vgl. E. *Stauffer*, ThWNT I, 45.52f.

tiert. Kehren wir noch einmal zu der Wendung οἱ πτωχοὶ τῷ κόσμῳ[532] zurück. Der Dativ ist entweder ein Dativus Commodi oder ein Dativ der Beziehung.[533] Das Bekenntnis lautet, dass diese „**Armen**", die eben „**für die Welt**" bzw. im Sprachgebrauch der Welt Arme sind,[534] die Zuwendung Gottes erfahren (vgl. 1,9 sowie I Kor 1,26ff.; Apk 2,9). Evtl. bildet hier die Bergpredigt Jesu den Ausgangspunkt (vgl. Lk 6,20; Mt 5,3).[535] Jetzt liegt die Folgerung auf der Hand: Wenn „**Arme**" die gnädige Zuwendung Gottes erfahren, dann darf die Gemeinde einen Armen nicht verachten!

6 V. 6 vereinigt zwei verschiedene Gedanken. Zunächst stellt er fest, dass die Verachtung der Armen in einem Gegensatz steht zu Gottes Handeln: „**Ihr aber habt dem Armen seine Ehre genommen**". „**Ihr aber**" (ὑμεῖς δέ) tritt in einen betonten Gegensatz zu ὁ θεὸς in V. 5. Eigentlich unglaublich, dass Gott und Menschen, die sich selbst als Christusgläubige bezeichnen, auf diametral verschiedene Pole verteilt werden können! Aber auch das gehört zur Realität der christlichen Gemeinde: Mit τὸν πτωχόν weist Jakobus zurück auf den „**Armen**" im Maschal der Verse 2–4.[536] 'Ατιμάζειν, „die schuldige Ehre verweigern" / „**die Ehre nehmen**" (vgl. Joh 8,49), was u. a. durch das Unterlassen der angemessenen Ehrenbezeigungen geschieht,[537] bedeutet weniger ein aggressives Insultieren, als vielmehr das Unterlassen der geschuldeten Ehrungen. Jak 2,6a erinnert dabei stark an Prov 14,21.31. Möglicherweise hat sich Jakobus an diese alttestamentlichen Aussagen angelehnt.

Der zweite Gedanke von V. 6 ist die Erinnerung an die Verfehlungen der Reichen. Auch diese Erinnerung soll die christliche Gemeinde davor warnen, so zu handeln, wie es in V. 2–4 geschildert wurde.

„**Tyrannisieren euch nicht die Reichen, und sind sie es nicht, die euch vor die Gerichte ziehen?**" Nach der griechischen Grammatik erwartet Jakobus die Antwort: „Ja, so ist es". Ein politisches Pauschalurteil ist hier ebenso wenig gemeint wie bei den Ausführungen über die Armen. „**Reich**" zu sein ist nirgends im Alten Testament schon für sich allein verwerflich oder gar eine

---

532 So ist sehr wahrscheinlich zu lesen, vgl. *Mußner* 120.

533 *Blass-Debrunner* § 188 und 197; *Johnson* 224; *Ropes* 193; *Dibelius* 128.

534 Vgl. *Mußner* a.a.O.; *Johnson* a.a.O.

535 *Mußner* a.a.O.; *Davids* 66. *Johnson* a.a.O. betont die enge Verwandtschaft zwischen Jak 2,5 und Paulus (I Kor 1,26ff.), aber auch zur Bergpredigt; vgl. *Beyschlag* 108; *Kittel*, ZNW 43, 85f.; *Burdick* 164; *Bieder* 95,4.

536 *Blass-Debrunner* § 139,2; 263.

537 Zum Wortsinn vgl. J. *Schneider*, ThWNT VII, 181.171.

Sünde. Aber in den Aussagen sowohl der Propheten als auch der Weisheitslehrer Israels[538] schlägt sich die häufige Erfahrung nieder, dass Reichtum leicht vergötzt werden kann und die unzweifelhaft mit ihm gegebene Macht auch tatsächlich häufig missbraucht wird. Deshalb z. B. die Warnung Jeremias: „Ein Reicher rühme sich nicht seines Reichtums" (Jer 9,22). Reichtum verführt zu Hochmut und Selbstüberschätzung (Prov 11,28; 18,10ff.; 28,11), sogar zu Unrecht (Prov 28,6; Sir 31,5ff.). Verhält sich der Reiche gottlos, dann gilt Lk 1,53: „Gott lässt die Reichen leer ausgehen". Bei Jesus findet sich die zugespitzte Aussage, dass ein „Reicher schwer ins Himmelreich kommen wird"(Mt 19,23). Über Warnung und Kritik der Bibel darf aber nicht vergessen werden, dass dem Reichen nirgends der Zugang zum Gottesreich verwehrt wird! Im Gegenteil: auch die schwere Aussage von Mt 19,23 soll zur Umkehr leiten. Wenn der Reiche nicht den Mammon, sondern Gott wählt, gehört er willkommenermaßen zur Gemeinde Gottes und zur Gemeinde Jesu. Als neutestamentliche Beispiele seien Zachäus, Josef von Arimathäa, Nikodemus, Dionysius (Act 17,34), Lydia (Act 16,14), oder die Reichen von I Tim 6,17ff. erwähnt. Verlässt Jakobus diese Linie? F. *Hauck* / W. *Kasch* behaupten dies. Sie sehen in Jakobus „eine andere" Linie, „die das Reichsein und die Reichen radikal verwirft".[539] Aber noch im selben Band des ThWNT vertritt Ernst *Bammel* eine sehr viel gemäßigtere Anschauung. Er kennzeichnet Jakobus als „armenfreundlich, ohne dass aber von daher sein Denken bestimmt ist".[540] Gegen jene z. B. von *Hauck* / *Kasch* vertretene „Radikalität" sprechen u. a. folgende Argumente: 1) Jakobus schließt sich so eng an die Jesusworte und Jesustradition an, dass es äußerst verwunderlich wäre, wenn er hier anders urteilen wollte als Jesus. 2) Jak 1,9ff. konnten wir nur so verstehen, dass Jakobus auch die Reichen „Brüder" nennt und in der Gemeinde auch reiche Gemeindeglieder voraussetzt. Sollte der dies im 2. Kapitel vergessen haben? 3) Jak 2,6f. lässt sich nur auf Reiche außerhalb der Gemeinde anwenden.[541] Diese Verse sagen aber nichts darüber, ob es nicht Reiche mit ganz anderen Verhaltensweisen innerhalb der Gemeinde geben kann.

Kommen wir zurück zu den Einzelaussagen. „**Euch**", das heißt die Christen, „**tyrannisieren**" also „**die Reichen**". Das κατὰ in καταδυναστεύουσιν hat wie beim verwandten κατακυριεύειν den Akzent der egoistischen Macht-

[538] Vgl. dazu F. *Hauck*/W. *Kasch*, ThWNT VI, 322f.

[539] A.a.O. 328.

[540] A.a.O. 910.

[541] Vgl. *Belser* 107; *Beyschlag* 109.

ausübung, die andere bedrückt.[542] Deshalb übersetzten wir καταδυναστεύειν, sonst „gewalttätig behandeln“ / „unterdrücken“, mit „**tyrannisieren**“. Doch wo geschieht das? Man wird hier u. a. an die sozialen Verhältnisse im Israelland denken müssen. Willibald *Bösen* fasst die Situation für Galiläa so zusammen: „eine Mehrheit quält sich wenig über bzw. unter dem … Existenzminimum von jährlich 200 Denaren“. Eine reiche Minderheit, bestehend z. B. aus Großgrundbesitzern, Großhändlern und Steuerpächtern, steht an der „Spitze der palästinisch-galiläischen Sozialpyramide des 1 Jhs n Chr“.[543] Sie kann ihre Macht gegen ärmere Glieder der christlichen Gemeinde einsetzen, umso mehr dann, wenn diese Glieder nicht mehr den sozialen Schutz der jüdischen Synagoge genießen (vgl. Joh 9,22; Act 6,1ff.). Ferner darf man an die politische Führungsschicht der damaligen jüdischen Institutionen und Behörden denken, die ebenfalls machtvoll gegen Gemeindeglieder vorgehen (vgl. Act 4,1ff.; 5,17ff.; 6,11ff.; 8,1ff.; 12,1ff.).[544] Ein praktisches Beispiel dieses Vorgehens wird hier in Jak 2,6 sofort genannt: „**sie ziehen euch vor die Gerichte**“. Ein Vorgang des „vor Gerichtziehens“ wird übrigens von Jesus in Mt 5,25f. sehr anschaulich geschildert. „**Vor die Gerichte ziehen**“ ist anscheinend eine geläufige Wendung. „Gericht“ meint wohl die Gesamtheit der richtenden Personen.[545] Wer vor Gericht gezogen wird, hat Unruhe, z. T. erheblichen Zeitaufwand, und muss befürchten, im Prozess zu unterliegen (vgl. Mt 5,25f.). Da die Ärmeren in der Regel den Reichen schuldeten, mussten sie unter Umständen sogar mit Schuldhaft und Schuldsklaverei rechnen. Im Israelland gab es Lokalgerichte und den „Hohen Rat“ (Sanhedrin) in Jerusalem.[546] Joseph B. *Mayor*[547] hat mit Recht bemerkt, dass Jak 2,6 die Erfüllung der Voraussagen Jesu dokumentiert (z. B. Mt 10,17f.; Joh 16,2). Es geht hier aber nicht, wie *Windisch* schreibt (15), um „Ausdrücke echt proletarischen Empfindens“, sondern um prophetisch-paränetische Aussagen eines christlichen Lehrers.

7 V. 7 setzt die Anklage gegen die Reichen als allgemeine Gruppe fort: „**Sind sic cs nicht, die den guten Namen, der über euch genannt ist, lästern?**“ Der

---

542 Vgl. dazu W. *Foerster*, ThWNT III, 1097f.; *Mußner* 121f.; *Johnson* 225f.

543 *Bösen* 181.

544 Mit Recht warnt jedoch *Ropes* 195f. vor einer Einengung auf religiöse Verfolgung allein! Für eine umfassende Auslegung in unserem Sinne auch *Schlatter*, Jak, 168. Anders *Beyschlag* 110.

545 Vgl. F. *Büchsel*, ThWNT III, 944f.

546 Vgl. W. *Rebell*, Das Große Bibellexikon, 3. Bd., 1989, 1338f.

547 87f.

„gute Name" kann nur der Name Jesu Christi sein, der über den Christen **„genannt ist"**. Ἐπικαλεῖν entspricht hebräischem קרא. Das griechische Wort hat „die alttestamentliche Ausdrucks- und Vorstellungsweise" in sich aufgenommen, „dass der Name Gottes über einem Menschen genannt wird, der auf diese Weise Gottes Eigentum ist"[548] (vgl. Dtn 28,10; Jer 14,9; Act 15,17). Wo geschieht das, dass Menschen Eigentum Christi (vgl. 1,1) wurden und nach ihm „Christen" genannt sind? Dort, wo Taufe und Bekehrung erfolgen.[549] Der „Name" Christi also wird von den hier ins Auge gefassten Reichen **„gelästert"**! **„Lästern"** bedeutet in diesem Zusammenhang, den messianischen Anspruch Jesu mit Spott und Hohn abzuwehren.[550] Jak 2,7 setzt offenbar eine ähnliche Situation wie I Petr 4,4 voraus. Ein praktisches Beispiel für ein solches βλασφημεῖν bietet die Paulusbiografie in I Tim 1,13.[551] Offenbar bildet Jak 2,6b–7 eine rhetorische Klimax: καταδυναστεύειν – ἕλκειν εἰς κριτήρια – βλασφημεῖν: „tyrannisieren" (was formal nicht einmal Unrecht sein muss!) – „vor die Gerichte ziehen" (evtl. mit einem Anschein des Rechts) – „lästern" (Verhöhnung des göttlichen Messias).

Fazit: Stellt sich die Gemeinde durch ihr praktisches Verhalten, eben durch die Verachtung der Armen, an die Seite solcher Reicher, dann steht sie selbst gegen Gott und seinen Christus.[552]

Um diese Aussagen richtig einzuordnen, muss man Folgendes beachten: 1) Entgegen *Windisch*s Auffassung denkt Jakobus nicht „proletarisch", sondern jesuanisch und prophetisch. Er schreibt ohne Hass und Neid, geprägt von der biblischen Armenfrömmigkeit. 2) In der Realität überwogen offensichtlich die armen Gemeindeglieder. Das heißt nicht, dass Reiche fehlten. Es lässt sich aber aus den Quellen erschließen, dass das junge Christentum schneller in die Unterschicht eindrang als in die Oberschicht. Vor allem reiche Sadduzäer (Act 4,1ff.), die reiche Oberschicht der orientalischen Städte (vgl. Act 13,50; 16,16ff.; 17,34) und die geballte Macht der einflussreichen Zünfte (Act 19,23ff.) erwiesen sich als sperrig und ablehnend.[553] 3) Es ist nicht auszu-

548 K. L. *Schmidt*, ThWNT III, 499, vgl. 500. Auch *Mayor* 88 „Hebraism".

549 Vgl. *Mayor* 89.

550 H. W. *Beyer*, ThWNT I, 622. Mit Recht denken *Mayor* 88 u. a. an nichtchristliche Reiche. Vgl. Act 13,45; *Beyschlag* 111; *Belser* 107; *Ropes* 197; *Windisch* 15.

551 Vgl. wieder *Beyer* a.a.O.

552 Mit Recht nimmt *Dibelius* 132 Jak 2,7 als Beleg für den christlichen Ursprung des Jakobusbriefes.

553 Vgl. *Mußner* 123.

schließen, dass manche Arme gegenüber reichen Gläubigern innerhalb und außerhalb der Gemeinde ihre „Christlichkeit“ ausnutzen wollten und sich um ihre Schulden drückten (vgl. I Thess 5,14; II Thess 3,6ff.; I Petr 2,16; Eph 6,5; Tit 2,9f.; I Petr 2,20; 4,15). Die Ermahnung des Jakobus hat eine eindeutige Spitze, aber man darf deshalb die Kompliziertheit der Lebensverhältnisse nicht übersehen.

8 Mit V. 8 konzentriert sich die Thematik auf die notwendige Achtung für den Armen. Von den Reichen ist jedenfalls explizit nicht weiter die Rede.

Nehmen wir gleich den Hauptgedanken von V. 8 vorweg: Die Achtung der Armen ist ein Teil der Nächstenliebe. Deshalb begegnen wir hier der Feststellung: „**Wenn ihr jedoch**[554] **das**[555] **königliche Gesetz nach der Schrift erfüllt: Du sollst deinen Nächsten lieben wie dich selbst, dann tut ihr wohl**“. Achtung der Armen bedeutet also die Erfüllung „**des königlichen Gesetzes**“, und zwar nicht irgendeines von Theologen oder Philosophen proklamierten „**königlichen Gesetzes**“, sondern dessen, das „**nach der Schrift**“ wirklich „**königlich**“ genannt zu werden verdient. Unterscheidet also Jakobus zwischen einem „**Gesetz**“ im „normalen“ Sinne und einem „**königlichen Gesetz**“ im Sinne einer besonderen Auszeichnung? Und was ist – inhaltlich betrachtet – das „**königliche Gesetz**“?

Zunächst stellen wir fest, dass im NT nur Jakobus den Ausdruck „**königliches Gesetz**“ verwendet. „**Königlich**“ kann dabei in einem doppelten Sinne verstanden werden: a) das vom „**König**“, in diesem Falle Gott, gegebene Gesetz, b) das übertragene Gesetz, das gewissermaßen an der Spitze steht. Obwohl es nicht an Stimmen fehlt, die hier die Bedeutung a) vorziehen,[556] scheint uns die Bedeutung b) die wahrscheinlichere.[557] Denn nach V. 10ff. ist ja das gesamte Gesetz des Alten und Neuen Bundes von Gott als dem „König aller Könige“ gegeben, während V. 8 gerade das Liebesgebot in seiner besonderen Position herausheben will.[558] Inhaltlich wird es als das Gebot der Nächstenliebe nach Lev 19,18 präzisiert. Dass Jakobus Lev 19,18 eine Spitzenposition

---

554 Zur Übersetzung des μέντοι vgl. *Blass-Debrunner* § 450,1; *Mayor* 89; *Belser* 110; *Johnson* gibt dem μέντοι den Sinn von „really/actually“ (230); ähnlich *Ropes* 198.

555 Zum Fehlen des Artikels im Griechischen vgl. *Mayor* 89f.

556 U. a. K. L. *Schmidt*, ThWNT I, 593; *Windisch* 15. Vgl. *Bauer-Aland* Sp. 273.

557 Ebenso *Mußner* 124; *Ropes* 199; *Beyschlag* 112; *Belser* 110.

558 So auch *Mußner* 124.

zuerkennt, entspricht dem Vorgang Jesu in Mt 22,39parr.[559] Ergebnis noch einmal: Jakobus will die Gemeinde wie Jesus an dem Spitzengebot von Lev 19,18 orientieren. Die Worte καλῶς ποιεῖτε bringen nicht nur ein Lob zum Ausdruck, sondern stellen auch das rechte Handeln im Sinne der göttlichen Gebote fest (vgl. Act 15,29).

Damit nötigt uns Jak 2,8 einen Moment innezuhalten. Wir beobachten nämlich, dass Jakobus sehr wohl innerhalb des Gesetzes, der Tora, gewichtet. Es gibt eben „**königliche**" = besonders hervorragende Gebote, und andererseits **nicht „königliche**". Ebenso hatte Jesus innerhalb der Tora gewichtet (Mt 23,23) – wie ja auch seine jüdischen Gesprächspartner (Mt 23,34ff.parr). Der Vorwurf, wer am ganzen Gesetz festhalte, der ebne alle Unterschiede ein, ist also falsch. Es kann überdies keine Frage sein, dass für Jakobus das Gesetz, messianisch = „christlich" ausgelegt, seine Verbindlichkeit auch im Neuen Bund behält. Vielleicht steckt in der Bezeichnung „**königlich**" sogar der Gedanke, dass Christus, der endzeitliche „König", diesem Gebot eine Präferenz zugesprochen hatte.[560]

9 V. 9 identifiziert die Parteilichkeit, von der in V. 1–4 die Rede war, eindeutig als Sünde: „**Wenn ihr aber parteilich handelt** (προσωπολημπτεῖτε[561]), **dann vollbringt ihr eine Sünde und werdet vom Gesetz als Übertreter überführt**". Mit großer Wahrscheinlichkeit spielt Jakobus hier auf Lev 19,15 an.[562] Dort lesen wir u. a.: „Du sollst weder für den Geringen Partei nehmen noch für den Großen Partei nehmen (οὐ λήμψῃ πρόσωπον LXX)." Der παραβάτης ist in der Regel derjenige, „der ein konkretes göttliches Gebot verletzt",[563] in diesem Falle also Lev 19,15. Der Ausdruck ἁμαρτίαν ἐργάζεσθαι ist wieder typisch jakobeisch (vgl. 1,20),[564] erinnert aber zugleich an die Sprache Jesu (Mt 7,23). Alle diese Spracheigentümlichkeiten (ἁμαρτίαν ἐργάζεσθαι, παραβάτης) verraten uns einen Autor, der auf die konkrete Lebenspraxis eingeht, der kein theologischer Theoretiker, aber ein unbestechlicher Beobachter des Lebens und ein prophetischer Verkündiger des

559 *Davids* 66; *Kittel*, ZNW 43, 86; *Guthrie* 744; *Johnson* 231. Über die Verbindung zwischen Jakobus und Lev 19 vgl. *Johnson* 31.

560 Ähnlich *Johnson* 230; *Belser* 110.

561 Vgl. *Blass-Debrunner* § 101,46.

562 So auch *Mußner* 124; *Mayor* 91; *Johnson* 231.

563 J. *Schneider*, ThWNT V, 737.

564 *Mußner* 123: „ist im NT einmalig".

Glaubens ist. Übrigens zeigen die Verse 8 und 9 erneut die starke Abhängigkeit von der Jesustradition.

Wir kommen noch einmal zurück zu dem Ausdruck „**Übertreter (des Gesetzes)**". Offensichtlich geht es nämlich in Jak 2,9 um beides: a) die konkrete Verletzung eines bestimmten Gebotes, b) um die damit gleichzeitige Verletzung des **gesamten** Gesetzes. Gerade letzteres wird jetzt in V. 10 zum Verhandlungsthema: „**Denn wer das ganze Gesetz hält, aber an einem Punkt dagegen verstößt, der ist am ganzen Gesetz schuldig geworden**."[565] Dabei beginnt der Satz rein hypothetisch – darin freilich ernsthaft! – : „**wer (= wenn jemand) das ganze Gesetz hält** ..." Keiner tut das in Wirklichkeit, wie schon Ps 14,3; 51,7; 53,4 feststellen.

Die Feststellung, dass faktisch niemand das ganze Gesetz hält, hat jedoch weder bei Jesus, noch bei den Aposteln zur Folge gehabt, dass man das Gesetz ermäßigt hätte. Vielmehr bestanden Jesus und seine messianische Gemeinde mit allem Nachdruck darauf, dass der Mensch ausnahmslos „**das ganze Gesetz**" zu halten hätte (vgl. Mt 5,19; Röm 2,25; Gal 5,3; Jak 2,10). Man kann mit guten Gründen vermuten, dass Jakobus auch in 2,10 wieder auf der Lehre Jesu (Mt 5,19) fußt.[566] Also selbst angenommen, jemand hielte das ganze Gesetz, verstieße „**aber an einem Punkt dagegen**", dann wäre er „**am ganzen Gesetz schuldig geworden**". Das heißt, er hätte das ganze Gesetz gebrochen. Πταίειν bedeutet „anstoßen", im übertragenen Sinn „sündigen".[567] Es gehört zu den typisch jakobeischen Begriffen (vgl. 3,2), findet sich jedoch auch bei Paulus (Röm 11,11) und Petrus (II Petr 1,10). Γέγονεν πάντων ἔνοχος: „hat gegen alle Gebote gefehlt",[568] besser: „ist an allen Geboten schuldig geworden".[569] Jakobus befindet sich hier in Übereinstimmung sowohl mit Jesus als auch mit dem AT (Dtn 27,26). *Ropes* zufolge erstreckt sich diese Übereinstimmung sogar auf die Auslegungspraxis der alten Rabbinen (200).[570] Dass jüdische Menschen subjektiv der Meinung sein konnten, das ganze Gesetz gehalten zu haben, zeigen Mt 19,20 par; Phil 3,6.

---

565 Zur Übersetzung vgl. *Blass-Debrunner* § 344, 1; 380,7.

566 So z. B. *Davids* 66; *Guthrie* 743.

567 K. L. *Schmidt*, ThWNT VI, 883ff.

568 *Bauer-Aland* Sp. 541.

569 H. *Hanse*, ThWNT II, 828.

570 Vorher schon *Beyschlag* 114; ebenso *Windisch* 16; *Johnson* 232; *Mayor* 92f.; *Dibelius* 135ff. Es bleiben jedoch Zweifel, ob die genannten Stellen wirklich stichhaltig sind.

10 Der Satz V. 10 kommt uns bis heute reichlich kühn vor. Auch zur Zeit des Jakobus scheint er gar nicht selbstverständlich gewesen zu sein. Denn Jakobus gibt in V. 11 sofort eine Begründung dafür. Sie bezieht sich überraschenderweise nicht auf die Einheit des **Gesetzes** – was an sich logisch gewesen wäre! – sondern auf die Einheit des **Gesetzgebers**. Ganz gleich, wo er spricht, oder was er sagt: Er gewährleistet in seiner Person, dass die Tora (Gesetz) ein unteilbares Ganzes ist. „ **Denn der, der gesagt hat: Du sollst nicht ehebrechen, der hat auch gesagt: Du sollst nicht töten! Wenn du nun nicht die Ehe brichst, tötest aber, bist du ein Übertreter des Gesetzes**[571] **geworden**." Verletzt wird im Grunde nicht ein abstraktes Gesetz, sondern ein persönlicher Gesetzgeber, nämlich Gott. Wer sich, und sei es nur an einem bestimmten Punkt, gegen Gottes Willen stellt, nimmt Stellung gegen Gottes Willen überhaupt. Die beiden Beispiele „**Du sollst nicht ehebrechen**!" und „**Du sollst nicht töten**!" stammen aus dem Dekalog (Ex 20,13f.; Dtn 5,17f.), wo sie das 6. und 5. Gebot unserer Zählung bilden![572] Dass Jakobus zwei Beispiele aus der „Zweiten Tafel" des Dekalogs bringt, hat darin seinen Sinn, dass ja die Nächstenliebe bzw. die Achtung der Armen das übergeordnete Thema darstellen.

11 V. 11 hat eine beträchtliche hermeneutische Reichweite. Dieser Vers setzt ja voraus, dass a) Gott Verschiedenes sagt, b) dieses Verschiedene jedoch einen Zusammenhang aufweist, c) dieselbe Inspiration (Geistgewirktheit) fur jede Stelle anzunehmen ist, wo Gott redet. Eine kritische Zerlegung des AT in verschieden zu bewertende „Schichten" ist dem Jakobus fremd, ja läuft seiner Auffassung direkt zuwider. Er teilt damit die Bibelauffassung Jesu (Mt 5,17ff.) und des Paulus (II Tim 3,14ff.). Dass der Protestantismus seine „moderne" Bibelauffassung im Gegensatz zum NT entwickelt hat, erzeugte eine sehr schwere Hypothek.

12 Über den Gesetzesverstoß selbst braucht Jakobus nun nichts weiter mehr zu sagen. Es ist ja klar: Verachtung der Armen bedeutet Verletzung des Liebesgebotes und Bruch der Gemeinschaft mit Gott. Dafür richtet er in V. 12 und 13 noch einmal eine eindringliche Mahnung an die Leserschaft: „**Ihr sollt so**

---

571 Über das Fehlen des Artikels bei νόμος *Blass-Debrunner* § 258,3.

572 Ob V. 11 wirklich eine Reihenfolge darlegen will, in der das 6. Gebot dem 5. Gebot vorausgeht, ist mehr als fragwürdig. Der Sinn könnte ja auch dieser sein: „Wer gesagt hat: Du sollst nicht ehebrechen!, der hat auch (zuvor) gesagt: Du sollst nicht töten!" Gegen *Dibelius* 137; *Mayor* 93f.; *Johnson* 232f.; *Ropes* 200.

reden und so handeln wie Leute, die dereinst durch das Gesetz[573] **der Freiheit gerichtet werden.**" „**Reden**" (λαλεῖν) und „**handeln**" (ποιεῖν) gehören so zusammen wie „lehren" und „tun" (Mt 5,19; 23,3). Nur dass der Begriff „reden" weiter gefasst ist als das „lehren" und jede Stellungnahme und Äußerung umschließt. Vom „**Gesetz der Freiheit**" war schon in 1,25 die Rede. Kurz gesagt: Es handelt sich um das „**Gesetz**" im Sinne des Neuen Bundes, der „**Freiheit**". Aber darüber besteht kein Zweifel, dass uns Gott gemäß seinem offenbarten Willen („Gesetz") „**richten**" wird. Μέλλειν drückt hier das Futur aus. Die moderne Ablehnung eines „richtenden" Gottes zugunsten eines ausschließlich „liebenden" Gottes kannte Jakobus nicht. Wir – und gerade wir als Christen („Ihr")! – legen vielmehr Rechenschaft ab im Endgericht und werden dort vom göttlichen Richter entweder ins Gottesreich aufgenommen oder verworfen. Auch an diesem Punkt befindet sich Jakobus in Übereinstimmung mit Jesus (Mt 18,30ff.). Es lässt sich auch auf Jakobus anwenden, was Friedrich *Büchsel* 1938 zum Gerichtsgedanken im NT anmerkte: „Der Gerichtsgedanke läßt sich aus dem Evangelium des NT in keiner Weise entfernen, nicht einmal aus seinem Zentrum an die Peripherie verweisen. Auch die Verkündigung der Liebe Gottes setzt im NT immer voraus, daß jeder Mensch dem Gericht Gottes entgegengeht und ihm hoffnungslos verfallen ist. Gottes Liebe ist Gnade. Deshalb sind Mystik wie Aufklärung, die den Gedanken des göttlichen Gerichts aufheben bzw. einschränken, schlechthin gegensätzlich zum Evangelium des NT".[574]

13 Abschließend und mit deutlichem Ernst stellt Jakobus in V. 13 seine christlichen Leser noch einmal in den Horizont des Gerichts. Dieses eschatologische „**Gericht ergeht unbarmherzig über den, der keine Barmherzigkeit getan hat**". Warum? Weil es in striktester Gerechtigkeit ergeht. Hat nicht auch Jesus gesagt: „mit welchem Maß ihr messt, wird euch zugemessen werden" (Mt 7,2)? Und hat er nicht gesagt, dass der Lieblose und Unbarmherzige alles bis zum „letzten Pfennig" bezahlen muss (Mt 5,26; 18,23ff.)? Gelehrte wie *Bieder*, *Davids*, *Guthrie* und G. *Kittel* weisen mit Recht darauf hin, dass Jak 2,13 eine große Nähe zu den Jesuslogien aufweist.[575] Dies betrifft vor allem die Bergpredigt, die nur den Barmherzigen die eschatologische Barmherzigkeit Gottes verheißt (Mt 5,7). Positiv formuliert: Es ist gerade die barm-

---

[573] Vgl. wieder *Blass-Debrunner* § 258,3.

[574] ThWNT III, 942.

[575] *Davids* 66; *Bieder* 95,4; *Guthrie* 743; *Kittel*, ZNW 43, 88; Vgl. *Mußner* 127.

herzige Tat (ποιεῖν!), die **„über das Gericht triumphiert"** und damit den Grundsatz striktester Gerechtigkeit durchbricht. Man könnte auch formulieren: Die Barmherzigen werden vom Gericht nicht mehr angetastet. Die Sprache in V. 13 ist ganz und gar jakobeisch. Ἀνέλεος lässt sich außerhalb des NT nicht nachweisen[576] und ist innerhalb des NT ein Hapaxlegomenon, sodass es vielleicht von Jakobus selbst gebildet wurde. Auch κατακαυχᾶσθαι kommt praktisch nur in der biblischen und christlichen Literatur vor.[577] Sachlich allerdings lassen sich jüdische Parallelen aufzeigen (z. B. Tob 4,7ff.), ferner Parallelen in der prophetischen Literatur (z. B. Jes 58,7; Ez 18,7f.). Nach b Schab 151 b lehrte R. Gamliel Berabbi: „wer sich seiner Mitmenschen erbarmt, dessen erbarmt man sich im Himmel, und wer sich seiner Mitmenschen nicht erbarmt, dessen erbarmt man sich auch nicht im Himmel". Dass Jakobus aber diese Ausführungen über die Achtung der Armen gerade in das Stichwort von der **„Barmherzigkeit** einmünden lässt, ist gut verständlich: denn einmal gehört die „Barmherzigkeit" nach der Lehre Jesu zum „Wichtigsten im Gesetz" (τὰ βαρύτερα τοῦ νόμου Mt 23,23) und ist daher ausgezeichnet zur Illustration des „königlichen Gesetzes" bzw. des „Gesetzes der Freiheit" geeignet, zum andern jedoch gehören „Barmherzigkeit" und Nächstenliebe unter dem Aspekt der Achtung der Armen aufs engste zusammen.

Jak 2,12f. stellt uns erneut vor das Problem, welche Rolle die guten Werke bei Jakobus spielen. Klar ist: 1) Ohne Verbindung zu Jesus, dem Messias, gibt es kein Heil. Die guten Werke ersetzen also niemals die Heilsbedeutung Jesu Christi. 2) Das Goethesche „Wer immer strebend sich bemüht, den können wir erlösen", würde ebenso an Jesus Christus vorbeiführen und kommt deshalb für die Auffassung des Jakobus nicht in Frage. 3) Mit dem „Gesetz der Freiheit", mit dem „königlichen Gesetz" verträgt sich ein Verdienstdenken nicht, das nach dem Soll-Haben-System arbeitet und aufgrund eigener Leistung die Gnade Gottes erringen will. 4) Klar ist aber auch, dass ein auf Theorie und Gedankenwelt begrenzter „Glaube" für Jakobus kein wahrer Glaube ist. Zum wahren Glauben gehören vielmehr Anfechtung und Bewährung – eben die Praxis. Wer sich der Glaubenspraxis verweigert, gefährdet sein Heil. Alle diese Fragehorizonte werden jetzt durch den folgenden Abschnitt 2,14–26 verstärkt aktualisiert.

---

576 R. *Bultmann*, ThWNT II, 483.
577 Vgl. R. *Bultmann*, ThWNT III, 654.

8. Glaube und Werke (πίστις und ἔργα) (Jak 2,14–26)

I **14 Was nützt es, meine Brüder, wenn jemand sagt, er habe Glauben, er aber keine Werke hat? Kann ihn dann der Glaube retten? 15 Wenn ein Bruder oder eine Schwester nackt ist und der täglichen Nahrung entbehrt, 16 aber jemand von euch zu ihnen sagen würde: Geht hin in Frieden, wärmt euch und sättigt euch!, ihr ihnen aber nicht geben würdet, was der Leib braucht – was nützt es? 17 So ist auch der Glaube, wenn er keine Werke hat, tot, wenn er nur für sich bleibt. 18 Aber vielleicht sagt jemand: Du hast Glauben, ich dagegen habe Werke. Zeige mir deinen Glauben ohne die Werke, ich dagegen will dir den Glauben aus meinen Werken zeigen. 19 Du glaubst, dass nur einer Gott ist. Recht tust du! Auch die Dämonen glauben es und schaudern. 20 Willst du aber erkennen, du eitler Mensch, dass der Glaube ohne die Werke nutzlos ist? 21 Wurde Abraham, unser Vater, nicht aus Werken gerechtfertigt, als er Isaak, seinen Sohn, auf den Altar legte? 22 Du siehst, dass der Glaube mit seinen Werken zusammenwirkte und der Glaube aus den Werken seine Vollkommenheit erreichte. 23 Und so wurde die Schrift erfüllt, die sagt: „Abraham aber glaubte Gott, und das wurde ihm zur Gerechtigkeit gerechnet", und „er wurde Gottes Freund genannt". 24 Ihr seht, dass der Mensch aus Werken gerechtfertigt wird und nicht aus Glauben allein. 25 Wurde nicht gleicherweise auch die Hure Rahab aus Werken gerechtfertigt, als sie die Boten aufnahm und auf einem anderen Wege hinausließ? 26 Denn wie der Leib ohne Geist tot ist, so ist auch der Glaube ohne Werke tot.**

Exkurs: Zur Auslegungsgeschichte

Bis heute bestimmen *Luther*s Verwerfungsurteile weitgehend die exegetische Situation bezüglich Jak 2,14–26. Dabei muss vermerkt werden, dass *Graf-Stuhlhofer* zufolge *Luther* den Brief öfter benutzte als seine Verdammungsurteile erwarten lassen.[578] *Graf-Stuhlhofer* meint sogar, Jakobus kön-

[578] *Graf-Stuhlhofer* 117. Ähnlich *Elwell* 353; *Moo* 18.

ne in der Intensität des Gebrauchs durch *Luther* „beinahe mit den Evangelien mithalten".[579] Die Gespaltenheit in *Luther*s Jakobus-Verhältnis wird belegt durch WATR5 Nr. 5565 vom Frühjahr 1543, wo *Luther* Jak 5,16 zitiert und dazu sagt: „Das ist auch der besten sprüch einer in der epistel", auf der einen Seite,[580] und andererseits durch die schroffe Äußerung in WATR5 Nr. 5974: „Jeckel (=Jakobus) wollen wir schir aus der bibel stoßen hie tzu Wittemberg".[581] Speziell zu Jak 2,26 merkte *Luther* an: „Ei Marge (=Maria), Gotts mutter! Wie ein arme similitudo ist das!" *Luther*s Argumente sind insbesondere: 1) Jak gebe – und das betrifft vor allem 2,14ff. – „stracks wider Paulum und alle andere Schrifft den wercken die Gerechtigkeit", 2) er schweige von Leiden, Auferstehung und Geist Christi, 3) er treibe „zu dem Gesetz und seinen wercken" statt zu Christus.[582]
Bis ins 20. Jh. wiederholen Forscher wie H. *Windisch*, W. *Schrage*, P. *Stuhlmacher*, P. *Feine* und R. *Bultmann* die Urteile *Luther*s.[583] *Schrage* konnte 1973 formulieren: „Das Urteil Luthers über den unausgleichbaren, sachlichen Widerspruch zur Rechtfertigungslehre des Paulus besteht zu Recht".[584] Das bezieht sich vor allem auf Jak 2,14ff.[585] *Bultmann* zufolge hat im Jak der „Moralismus der Synagogen – Tradition ... seinen Einzug gehalten".[586] Paul *Feine* sah speziell in Jak 2,14ff. eine „wenig glückliche Polemik".[587] Peter *Stuhlmacher* meinte 1966, es gebe „zwischen Paulus und Jakobus nur eine theologische Alternative und niemals ein Sowohl – Als auch".[588] Auch 1986 hielt er Jak 2,14ff. für defizitär gegenüber der paulinischen Rechtfertigungsanschauung.[589] Selbst in der Biblischen Theologie von 1999, die viele frühere Aussagen modifizierte, wird noch daran festgehalten, dass Jakobus „unmöglich ... gleichberechtigt neben die paulinischen Lehrbriefe" gestellt werden könne.[590]
Aber *Luther* fand schon in der Reformationszeit kräftigen Widerspruch, sogar im eigenen Lager. Ein hervorragendes Beispiel dafür bildet Philipp *Melanchthon*. In Art. IV seiner Apologie der Augsburger Konfession von 1531 beschäftigt er sich seitenlang mit Jakobus, um die Gegner zu widerlegen, die sich in der Diskussion um die Rechtfertigungslehre u. a. auf Jak 2,14–26

579 A.a.O. 119.
580 Vgl. dazu WATR 5 Nr. 5428 vom April/Juni 1542.
581 Vgl. WATR 5 Nr. 5443 vom Sommer/Herbst 1542.
582 Die gantze Heilige Schrifft Deutsch 2454f.
583 Zu *Windisch* vgl. *Windisch*, Gnomon, 379f.
584 *Schrage* 5.
585 A.a.O. 6.
586 *Bultmann* 515.
587 *Feine* 408.
588 Ger 194.
589 NTD 249 (vgl. 234 der 1. Aufl.).
590 Bibl Th, 69, vgl. 61ff.

stützten. *Melanchthon* distanziert sich keineswegs von Jakobus, sondern nimmt seinerseits Jakobus für seine Position in Anspruch. Auch Jak 2,24 „hat wohl seinen einfältigen Verstand".[591] Jakobus redet wie z. B. Paulus in I Tim 1,5 „vom Glauben, damit lässt er Christum den Schatz und den Mittler bleiben, dadurch wir für Gott gerecht werden". In Jak 2,14–26 geht es keineswegs darum, „dass wir durch Werke Gnade oder Vergebung der Sunde verdienen". Vielmehr redet Jakobus von den Werken derer, die schon Christen sind. In diesem Zusammenhang betont *Melanchthon*, dass Jak 1,18 ja die Wiedergeburt durchs Evangelium und nicht durch die Werke lehre. Summa: Jakobus „redet von Christen, wie sie sein sollen, nachdem sie nu neu geboren sind durch das Evangelium. Denn er redet von Werken, die nach dem Glauben folgen sollen, da ists recht geredet". „Also ist Jakobus Paulo nicht entgegen"![592]
Auch *Calvin* bejahte die Harmonie zwischen Paulus und Jakobus und schrieb 1551 einen Kommentar zum Jakobusbrief. Ähnliches lässt sich bei *Zwingli* beobachten.[593] Wieder lassen sich die Linien bis ins 20. Jh. hinein verfolgen. Katholische und reformierte, vor allem angelsächsische Forscher, verteidigen den Jakobusbrief. Noch der jüngste große katholische Jakobuskommentar auf amerikanischem Boden, der von Luke Timothy *Johnson* aus dem Jahr 1995, spricht davon, dass *Luther* unendlichen Schaden angerichtet habe.[594] Und 1985 bekräftigte Douglas J. *Moo* in seinem Kommentar: „Calvin`s approach is surely the correct one"(19). Nach Donald *Guthrie*s weit verbreiteter Einleitung in das Neue Testament hat *Luther* den Jak missverstanden.[595] Typisch sind *Burdick*s Urteile, wonach Paulus und Jakobus, vor allem Eph 2,8–10 und Röm 3,28 sowie Jak 2,14ff., zusammen stimmen.[596] James B. *Adamson* wirft *Luther* „a fatal error" vor, der „both notorious and ill-founded" sei.[597] Aber auch auf lutherischer Seite bemühte man sich um neue Zugänge zum Jak. Schon Johann Albrecht *Bengel* (1687–1752) hatte gegen die „entarteten Jünger" *Luther*s Stellung genommen, die immer noch vom Jak als „stroherner Epistel" sprachen und als Resümee formuliert: „Tota epistola ex novitate illa christiana fluit".[598] 1889 kritisierte Gustav *Kawerau* „Luther`s und seiner Nachfolger dogmatisch befangene und rücksichtslose Kritik".[599] In der zweiten Hälfte des 20. Jh. vereinigten sich so verschiedenartige Ausleger wie L. *Goppelt*, G. *Kittel* und W. *Marxsen*, um Jak

591 Vgl. hier und im folgenden BSELK, 5. Aufl. 1963, 207ff.
592 Vgl. auch *Kawerau* 364f.; *Johnson* 142.
593 Vgl, *Johnson* 142f.; *Moo* 19.
594 *Johnson* 125.
595 *Guthrie* 736.
596 *Burdick* 185.
597 *Adamson* 11.40.
598 Vgl. dazu „Die Johannesoffenbarung und die Kirche", WUNT 25, 1981, 41.
599 *Kawerau* 37.

Gerechtigkeit widerfahren zu lassen.[600] Hier verdient Georg *Eichholz* besondere Erwähnung. Er näherte sich in verschiedenen Untersuchungen immer wieder dem Thema Paulus und Jakobus bzw. Glaube und Werke bei Jakobus und kam dabei zu dem Schluss: a) Jak kommt es vor allem in 2,14ff. „auf die unumgängliche Einheit von Glaube und Werk an",[601] worin dem Jakobus beizupflichten ist, b) Jak 2,24 steht hier sachlich **nicht** im Gegensatz zu Röm 3,28.[602]
Was speziell die Gegner des Jakobus in 2,14ff. anbelangt, so werden wir am Ende der Kommentierung dazu Stellung nehmen.
Am Ende dieses Abschnitts sei aus dem Kreis der jüdischen Ausleger wenigstens Robert *Eisenman* erwähnt, der in seinem monumentalen Werk über Jakobus aus dem Jahre 1998 zu dem Ergebnis kommt, Jakobus sei in der gesamten christlichen Auslegungsgeschichte „systematisch verharmlost" worden.[603]

Jak 2,14–26 wird überwiegend als ein geschlossener Abschnitt betrachtet.[604] II
Inhaltlich und formal ist dieses dadurch begründet, dass das Begriffspaar πίστις / ἔργα sich von V. 14 bis V. 26 hindurchzieht. Charakteristisch ist ferner die Strukturierung durch wiederholte Fragen (2,14.16.20.21–25). Dieser Stil erinnert stark an Maleachi und auch an gewisse Partien des Hesekielbuches (z. B. Ez 18). Hier wiederholen sich sogar manche Wendungen (Τί τὸ ὄφελος V. 14 und 16). Sodann ist der exegetische Bezug auf das AT in den Versen 20–26 auffallend intensiv. Wir haben hier ein eindrückliches Beispiel der exegetischen Lehrtätigkeit des Jakobus vor uns. Schließlich fällt der Abschnitt durch die Länge auf, in der hier ein theologisches Thema behandelt wird.[605] Insofern kann man Leonhard *Goppelt* zustimmen, wenn er Jak 2,14ff. als die „theologische Spitze" des Briefes bezeichnet.[606] Allerdings darf man sich durch solche Beobachtungen nicht dazu bewegen lassen, in 2,14–26 das einzig Interessante am Jakobusbrief zu erblicken, dem sich das Übrige nur

---

600 Vgl. *Goppelt* II, 529ff.; die verschiedenen Artikel *Kittels*; *Marxsen* 35; auch *Bieder* 104.

601 *Eichholz*, Glaube, 43.

602 A. a. O.

603 *Eisenman* 14.

604 *Belser* 118; *Beyschlag* 118; *Dibelius* 139; *Johnson* 236; *Kümmel* 356f.; *Mayor* 95; *Paulsen* 488; *Ropes* 202; *Windisch* 17. Dass z. B. *Mußner* 129ff. zwei Sektionen bildet, bedeutet nur eine geringe Modifizierung.

605 Vgl. auch *Paulsen* 490.

606 *Goppelt* II, 538. Ähnlich *Stuhlmacher*, Bibl Th, 61: Jak 2,14ff. stehe „Im Zentrum" des Briefes.

noch als eine Art Ornament beigesellt. Der Jakobusbrief wäre auch ohne die Thematik von 2,14–26 geschrieben worden! Und er bleibt auch ohne 2,14–26 ein recht interessantes Dokument!

III **14** Mit ἀδελφοί μου (V. 14) setzt wie in 1,2.16.19; 2,1.5 ein neuer Abschnitt ein.[607] Das Stichwort πίστις ist uns im Jak schon mehrfach begegnet (1,3.6; 2,5), ebenso das Stichwort ἔργον (1,4.25). Neu ist jetzt das enge Verhältnis, in dem beide Begriffe einander zugeordnet sind und besprochen werden. Neu ist auch die Frageeröffnung mit τί τὸ ὄφελος, das sich in V. 16 als Schlussformel wiederholt. Die nächste Parallele zu diesem τί τὸ ὄφελος bildet I Kor 15,32. Es zeigt sich auch an dieser Stelle, dass die lehrhafte Sprache bei Jakobus und Paulus eine bemerkenswerte Verwandtschaft aufweist.

Hören wir genau hin: Jakobus formuliert nicht „wenn jemand sagt, er habe Werke, er aber keinen Glauben hat“. Eine solche hypothetische Redeweise kommt erst mit V. 18 in den Horizont. Hier in V. 14 liegt dagegen der Fall so, dass „**jemand sagt, er habe Glauben, er aber keine Werke hat**“. Jakobus vermisst nicht das Bekenntnis.

Er vermisst die Praxis, die mit dem Bekenntnis übereinstimmt. Diese Problemschichtung aber begleitet uns seit 2,1ff., ja schon seit 1,22ff. Das bedeutet, dass Jak 2,14ff. nicht „wie aus heiterem Himmel“ geschrieben ist, sondern eine Grundproblematik des Christseins betrifft, mit der sich der gesamte Brief beschäftigt.

Wie alt ist diese Problematik? Die Antwort auf diese Frage tangiert u. a. das vermutliche Datum des Briefes. Hält man die Problematik Glaube / Werke bzw. Bekenntnis / Praxis des Glaubens erst seit Paulus für gegeben, dann wird man das Datum tendenziell später ansetzen.[608] Aber die Problematik ist älter als Paulus. Sie begegnet uns z. B. in der Jesusgeschichte. Dort ist Mt 7,21ff., aber auch 21,28ff. eine Sachparallele zur Thematik von Jak 2,14ff.[609] Interessanterweise bespricht Jesus in Mt 21,28ff. den Fall, dass man Johannes den Täufer äußerlich respektiert, ja sogar in seiner prophetischen Rolle akzeptiert, ihm aber praktisch die Nachfolge verweigert. Dass Jesus ganz analog dazu mit einer Bejahung seiner messianischen Rolle – und dem „Herr, Herr“-sagen! –

---

[607] *Ropes* 203.

[608] Vgl. *Knopf* Sp. 1022: „Hauptstelle ... für die späte Datierung“ ist Jak 2,14ff. Ferner *Eichholz*, Jak, 36ff.; *Paulsen* 492.

[609] Peter H. *Davids* sieht in Jak 2,14ff. eine „possible allusion“ zu Mt 7,21ff. (66). Vgl. schon *Beyschlag* 120.

rechnet, jedoch begleitet von der Verweigerung der praktischen Nachfolge, zeigt eben Mt 7,21ff. Und nun hat gerade Jak 2,1–13 belegt, dass ein solcher Fall im Umkreis des Jakobus realistischer Weise angenommen werden kann! Ein Missverhältnis Glaube (bzw. Bekenntnis) und Werke ist fünfzehn oder zwanzig Jahre nach dem Kreuzestod Jesu ebenso gut möglich wie in der Jesuszeit selbst und dann während der paulinischen Mission. Es ist grundsätzlich „zeitunabhängig". Von daher enthält Jak 2,14 keinerlei Notwendigkeit, an eine Auseinandersetzung mit Paulus oder einem Nachpaulinismus denken zu müssen.[610] Übrigens gibt es auch jüdische Sachparallelen zu Jak 2,14ff., z. B. in den Testamenten der Zwölf Patriarchen (T.Ass 2,1).[611]

Zu den Einzelheiten von 2,14: Τί τὸ ὄφελος[612] bestreitet nicht das „**Glauben haben**" schon als solches, sondern den soteriologischen und eschatologischen Wert eines solchen „Glaubens" ohne Werke. Vorausgesetzt ist hier also ein „**Glaube** ohne **Werke**". Für Paulus hat der „Glaube", richtig aufgefasst, stets die „Werke" bei sich, die Paulus allerdings lieber „Früchte" nennt (vgl. Gal 5,6 mit Gal 5,22). Man darf aber nicht übersehen, dass auch Paulus „gute Werke" für erforderlich hält (vgl. I Kor 3,13; Kol 3,17; Eph 2,10; I Thess 1,3; „II Thess 2,17; I Tim 5,10.25; 6,18; Tit 2,7.14; 3,8).[613] Was Paulus ablehnt, sind solche „Werke des Gesetzes" (ἔργα νόμου), durch die der Mensch einen Anspruch Gott gegenüber begründen will. Es wäre falsch, ja verheerend, wenn man die ἔργα in Jak 2,14ff. mit den ἔργα νόμου des Paulus gleichsetzen würde! Hier muss man terminologisch sauber differenzieren.[614] Tut man das, dann ergibt sich eindeutig, dass Jak 2,14ff. nicht als Frontstellung gegen Paulus verstanden werden darf. Ein „werk"-loser Glaube „**kann**" im eschatologischen Gericht nicht „**retten**", wie der Schlusssatz von V. 14 festhält. Das positive Gegenbeispiel hat Jakobus gerade erst in V. 13 formuliert: Dort triumphiert die

---

610 Entgegen einer weit verbreiteten Meinung, z. B. *Goppelt*, II, 539; *Stuhlmacher*, Bibl Th, 63; *Knopf* Sp. 1022; *Paulsen* 492; *Feine* 408; *Schrage* 5f.; *Marxsen* 33; *Hengel*, Polemik, 253; *Kümmel* 361; *Mußner* 7.18f.129f.; *Lohse*, Ent, 130. Ähnlich wie wir jedoch z. B. *Zahn*, Einl, 104; *Zahn*, FGNK 6, 359; *Robinson* 138; *Carson-Moo-Morris* 412f.; *Johnson* 159; *Burdick* 162; *Kittel*, ZNW 41, 71; *Kittel*, ZNW 43, 94ff.; *Stulac* 15f.; *Guthrie* 764; *Moos* 33; *Floor* 17; *Bieder* 106; *Meyer* 86ff.; *Michaelis* 279ff.; *Ropes* 205.

611 *Johnson* 45; Vgl. IV Esr 8,33ff.; 9,7f.; 13,23; *Mayor* 96.

612 Zum Fehlen des ἐστίν vgl. *Blass-Debrunner* § 127,4.

613 *Elwell-Yarbrough* 354; *Johnson* 60; *Robinson* 127; *Bieder* 104,19.

614 So mit Recht *Goppelt*, II, 539f.; *Burdick* 185; *Stulac* 21; *Marxsen*, Einl, 193; *Johnson* 63; *Robinson* 127; *Ropes* 204f.

ins Werk gesetzte Barmherzigkeit über das eschatologische Gericht. Schon jetzt ist klar, dass es in Jak 2,14ff. um die Werke der Christen geht.[615] Röm 3,21ff. führt zum Kreuz hin. Jak 2,14ff. kommt vom Kreuz her.

15 Gerade dies zeichnet sich jetzt in V. 15f. noch deutlicher ab. Diese Verse als Fortsetzung von V. 14 sind wieder typisch jakobeisch, und zwar insofern, als sie ein anschauliches Beispiel[616] bringen. Vgl. die Beispiele und Bilder in 1,6.10f.23f.; 2,2f. Das Beispiel in V. 15–16 lautet: **„Wenn ein Bruder oder eine Schwester nackt ist und der täglichen Nahrung entbehrt, aber jemand von euch zu ihnen sagen würde: Geht hin in Frieden, wärmt euch und sättigt euch!, ihr ihnen aber nicht geben würdet, was der Leib braucht – was nützt es?"** Die Namen „Bruder" und „Schwester" machen sofort deutlich, dass es sich um Gemeindemitglieder handelt. Daraus ergibt sich: Wie Paulus ist Jakobus davon überzeugt, dass Barmherzigkeit in erster Linie den Glaubensgenossen erwiesen werden muss (vgl. Gal 6,10). Hier, in der Bruder- und Schwesternliebe, leuchtet das Licht des Christseins zuerst. Die Verwandtschaft mit dem Jesuslogion in Joh 13,34f. und mit Johannes (I Joh 2,7ff.; 3,11f.23; 4,7ff.; II Joh 5) springt in die Augen. Dabei ist der „Fall" der christlichen Nächstenliebe – Jakobus ist immer noch bei der Auslegung von Lev 19,18 – sozusagen „uralt": Das „**Nackt**"-Sein – und das Hungrig-Sein begegnet als klassischer Fall der Barmherzigkeit und Nächstenliebe schon bei Jesus (Mt 25,35f.), ja viel früher noch bei Jesaja (Jes 58,7) und Hesekiel (Ez 18,7.16) und ganz ähnlich wie in Jak 2,15f. auch bei Tob 1,20; 4,17. Eine enge Parallele bietet ferner Hiob (Hi 31,17.19). Prophetische, weisheitliche und jesuanische Linien treffen also in Jak 2,15f. zusammen. Erneut fällt die Nähe zu I Joh 3,17f. auf. Vorausgesetzt ist ferner ein wirklicher Notfall. Auf Missbrauchs- oder gar Betrugsfälle lässt sich Jak 2,15f. nicht anwenden.

16 Die Verabschiedung mit dem Friedensgruß (ὑπάγετε ἐν εἰρήνῃ = לֵךְ לְשָׁלוֹם) ist uralt hebräisch und wurde auch von Jesus benützt (vgl. Jdc 18,6; I Sam 1,17; 20,42; II Sam 15,9; II Reg 5,19; Mk 5,34; Lk 7,50). Wieder wird der Hintergrund der Verhältnisse im Israelland sichtbar. Der Wunsch „**wärmt euch und sättigt euch!**"(V. 16) bezieht sich exakt auf den Mangel an Kleidung und Nahrung, von dem in V. 15 die Rede war. *Bauer-Aland* übersetzen den ersten Imperativ so: „Kleidet euch warm!" Auch in der Bergpredigt ist χορτάζεσθαι der Gegensatz zu πεινᾶν (Mt 5,6). Man könnte

---

615 Ebenso *Carson-Moo-Morris* 418f.; *Dibelius* 142.

616 *Ropes* 206: „a little parable". Hebr. handelt es sich um einen Maschal.

es deshalb mit „hungert nicht mehr!“ übersetzen. Die „notwendigen Leibes- d. h. Lebensbedürfnisse“ (τὰ ἐπιτήδεια τοῦ σώματος)[617] umschließt beides: Kleidung und Nahrung. Sie bilden die ausreichende Existenzgrundlage (Prov 30,8; I Tim 6,8). Man vergesse nicht, dass die Bitte ums tägliche Brot zum Vaterunser gehört und dass gerade Jesus die tägliche Sorge um Nahrung und Kleidung zu einem Thema der Bergpredigt gemacht hat (vgl. Mt 6,11 bzw. 6,25ff.). *Davids* und *Kittel* weisen denn auch mit Recht auf die Verwandtschaft von Jak 2,15f. mit Mt 6,25 hin.[618] Allerdings begegnet uns die Wendung τὰ ἐπιτήδεια τοῦ σώματος im NT nur bei Jakobus.

Unterbleibt die Gabe (δοῦναι = נתן) des Nötigen – **„was nützt es?“** fragt Jakobus. Der beste Wunsch, sogar ein echt religiös gemeinter „**Friedens**“-Wunsch nützt nichts, muss die Antwort sein, wenn die praktische Tat der Barmherzigkeit nicht erfolgt. Wie man sieht, zieht sich die Thematik von 1,22ff. und 2,1ff. durch bis zu 2,15f. Im Hintergrund steht immer noch Lev 19,18. Wie zum Hören das Tun, so muss zum Wort die Tat kommen.

I Joh 3,17f. steht so nahe bei Jak 2,15f., dass man am liebsten annehmen würde, beide stützen sich auf eine palästinisch-urchristliche Lehrtradition. Doch zeigen uns Prov 3,27–28,[619] dass man ganz ähnliche Beispiele schon in Israels Weisheitstradition bildete. Die Einheit von Wort und Tat enthüllt sich als ein permanent biblisches Anliegen, das von der Mosetora (Lev 19!) über die Weisheitstradition und Israels Lehrer bis hin zu Jesus und den urchristlich-jüdischen Lehrern führt. Gerade deshalb wirkte sich die Isolierung des Jakobusbriefes in der protestantisch-lutherischen Tradition so fatal aus. Im Übrigen macht Prov 3,27f. auch explizit deutlich, dass Jak 2,15f. natürlich von solchen Christen spricht, die in der Lage wären, zu helfen, es aber nicht wollen.

17 „So“ (οὕτως), wie eben am Maschal[620] verdeutlicht, **„ist auch der Glaube, wenn er keine Werke hat, tot für sich allein gesehen“**(V. 17). Der springende Punkt ist sofort klar: Wie das **Reden** von der Barmherzigkeit ohne die **Tat** der Barmherzigkeit nutzlos bleibt, so bleibt „**auch der Glaube**“ ohne das entsprechende Tun („**Werke**“) nutzlos, ja „**tot**“ (νεκρά). Die Bezeichnung „**tot**“ findet sich sehr oft im übertragenen Sinn.[621] Der verlorene Sohn war

617 *Bauer-Aland* Sp. 612.

618 *Davids* 66; *Kittel*, ZNW 43, 88.

619 Vgl. dazu *Mußner* 132.

620 Die Unterscheidung von „Vergleich“ und „Beispiel“, auf die *Dibelius* 142 Wert legt, ist im hebräischen Sprachhorizont wenig sinnvoll.

621 Vgl. R. *Bultmann*, ThWNT IV, 897f.

„tot“ (Lk 15,24.32), die Gemeinde in Sardes ist „tot“ (Apk 3,1) Hebr 6,1; 9,14 spricht von „toten Werken“. Wer in der Sünde lebt, ist „tot“ (Eph 2,1.5; Kol 2,13). Den übertragenen Anwendungen des Begriffs ist gemeinsam, dass nicht die Existenz als solche geleugnet wird, sondern ihr Anspruch auf Wirksamkeit oder Anerkennung. Ganz ähnlich wird in Jak 2,17 nicht der „**Glaube**“ schlechthin geleugnet, sondern seine Lebendigkeit, seine Wirksamkeit und seine Gültigkeit in Gottes Augen. Dabei gebraucht Jakobus zwei nähere Kennzeichnungen, um den falschen Glauben zu definieren. Die erste Kennzeichnung lautet: „**er hat keine Werke**“, das heißt, er kommt nicht zu Taten, er bleibt ohne Praxis. Die zweite Kennzeichnung lautet: „**für sich allein gesehen**“.[622] Allerdings könnte man der Vulgata folgend (in semet ipsa) hier auch übersetzen: „in sich selbst“. In letzterem Fall würde das καθ' ἑαυτήν bedeuten: „in ihm selbst liegt keinerlei Leben“.[623] U. E. passt jedoch die Übersetzung „**für sich allein gesehen**“ besser in den Gedankenduktus. Sie bedeutet: Gerade „**für sich**“ kann der Glaube nicht beanspruchen, lebendig zu sein, wenn ihm die Werke fehlen. Denn dann fehlt ihm die Konsequenz, die aus dem „Glauben“ erst richtig den Glauben macht. *Mußner* weist mit Recht darauf hin, dass dieses καθ' ἑαυτήν ganz nahe an das μόνον von V. 24 heranführt (132). In 2,17 nähert sich außerdem der Glaubensbegriff des Jakobus am stärksten dem des Paulus.

18 V. 17 war eine Zwischenbilanz. Jetzt setzt der gedankliche Diskurs in V. 18 noch einmal neu ein. Eingeführt wird ein unbestimmter „jemand“, dessen Gesprächsbeitrag Jakobus die Gelegenheit gibt, seine Lehraussage weiter zu vertiefen: **„Aber vielleicht sagt jemand: Du hast Glauben, ich dagegen habe Werke“**(V. 18). Die Formulierung 'Αλλ' ἐρεῖ τις wird im klassischen Griechisch oft benutzt, um einen Einwand vorzubringen.[624] Sie begegnet uns aber auch bei Paulus (I Kor 15,35; vgl. Röm 9,19). Wieder notieren wir die philologische und gedankliche Nachbarschaft zwischen Paulus und Jakobus. Kommen wir jetzt zum Inhalt, dann muss uns zunächst deutlich sein, dass V. 18 nicht leicht zu interpretieren ist. *Dibelius* nannte V. 18 eine „der schwierigsten neutestamentlichen Stellen überhaupt“ (143), ganz ähnlich *Beyschlag* („Ein schwieriger und vielgeplagter Vers“, 123).[625]

---

622 Zur Übersetzung vgl. *Bauer-Aland* Sp. 825; *Dibelius* 143; *Mußner* 129.132.

623 vgl. die Diskussion bei *Dibelius* a.a.O. wie die Vulgata z. B. *Belser* 121.

624 *Mayor* 99.

625 Vgl. noch *Mußner* 136; *Johnson* 239.

Zunächst überrascht V. 18 dadurch, dass „**Glaube**" und „**Werke**" auf zwei verschiedene Pole verteilt werden. Denn das Anliegen von V. 14–17 war es doch gewesen, darzulegen, dass wahrer Glaube stets Werke „**hat**" – oder es ist eben kein wahrer Glaube! Jetzt tritt mit V. 18 aber jemand in das Gespräch ein, der entgegen V. 1–17 behauptet, der eine könne „**Glauben**" und der andere dann eben „**Werke** haben". Ist es zuviel vermutet, wenn die Position des „**jemand**" schließlich darin einmündet, dass in der Gemeinde am Ende beide sich ergänzen: der „Glaube" der einen und die „Werke" der anderen?[626]

Jakobus gegenüber, der so viel Wert auf die „Werke" legt, hätte man nun als Vertreter der Werke erwartet. Aber nein, der gewisse „jemand" sagt: „**Du (betontes σύ!) hast Glauben, ich dagegen habe Werke.**" Das klingt so befremdlich, dass *Nestle-Aland* im Apparat immer noch *Pfleiderers* Konjektur vermerken, wonach Jak 2,18 a so zu lesen sei: σύ ἔργα ἔχεις κἀγὼ πίστιν. Aber dafür ist die Textbasis einfach zu schwach.[627] Versuchen wir also, den schwierigen Satz von Jak 2,18 a in Gestalt des Textes zu erfassen, den *Nestle-Aland* unseres Erachtens mit Recht vorschlagen. Die Deutung muss sich zunächst der Versuchung entziehen, σύ und ἐγώ auf bestimmte **historische** Positionen zu verteilen. Wir haben hier die Form eines Diskurses vor uns, der keineswegs **historisch** identifizierbare Positionen aufgreifen will, sondern der nur an dem einen Interesse hat: „**Glaube**" und „**Werke**" auf verschiedene Personen aufzuteilen, und es ist gerade diese Aufteilung, die Jakobus unter schärfster Kritik ablehnt.[628] So begibt sich Jakobus selbst in den Diskurs[629] und fordert die **Partei**, die einen „reinen" Glauben ohne Werke vertreten will, auf: **Zeige mir deinen Glauben ohne die Werke, ich dagegen will dir den Glauben aus meinen Werken zeigen"**(V. 18b). Man beachte: die andere hypothetische Position, die nur die „Werke" ohne den „Glauben" vertritt, wird von Jakobus völlig übergangen! Er behandelt sie bis V. 26 nicht ein einziges Mal. Was ergibt sich daraus?

1) Jakobus ist hier völlig auf das Thema „**Glaube**" konzentriert. In dieser Konzentration liegt seine größte Nähe zu Paulus.

2) Es ist der christliche Glaube, nämlich der „Glaube an unseren Herrn Jesus Christus"(2,1), der hier den Jakobus interessiert. – Sowohl 1) als auch 2)

---

626 Vgl. *Lautenschlager* 175.

627 Obwohl sogar *Windisch* eine solche Konjektur „Zur Not" gelten lassen will (17).

628 Ähnlich *Johnson* 239.

629 So auch *Dibelius* 144f.; *Ropes* 208f.; *Lautenschlager* 175.

zeigen, dass der Jakobusbrief keine jüdische, sondern eine authentisch christliche Schrift ist.

3) Glaube lässt sich also aufweisen („zeigen“). Darin liegt die größte Provokation von Jak 2,14–26. Δείκνυμι hat hier den Sinn von „nachweisen“, „beweisen“.[630]

Man vgl. damit das württembergische Konfirmandenbuch von 1952, das unter Nr. 71 die Frage stellte: „Woran erkennen Christen einander, da doch niemand den Glauben des anderen sieht?“, um darauf die Antwort zu geben: „Wir erkennen uns als Christen an mancherlei äußeren Kennzeichen: dass wir uns zu Gottes Wort halten, unsere Taufe und das Heilige Abendmahl wertachten, recht beten und singen; aber auch daran, dass wir unser Kreuz geduldig tragen, einander von Herzen lieben, gerne vergeben und freudig dienen“.

Um einen solchen erkennbaren Glauben geht es Jakobus. Dagegen behauptet er nicht, dass bestimmte Werke zweifelsfrei den Glauben beweisen. Er argumentiert vielmehr in der entgegengesetzten Richtung: Wenn keinerlei Werke da sind, kann man auch nicht auf das Vorhandensein eines wahren Glaubens schließen.

Wenden wir uns noch einmal der Formulierung zu. Die Aufforderung: „**Zeige mir deinen Glauben ohne** (χωρίς) **die Werke!**“ rechnet offenbar nicht damit, dass der Glaube auch „**ohne die Werke**“ aufweisbar ist. Das „**zeigen**“ gehört also in den Bereich der Erfahrung und der Empirie und nicht der abstrakten Logik! Sodann ist Jakobus davon überzeugt, dass sein „**Glaube**“ tatsächlich „**aus meinen Werken**“ demonstriert werden kann. Nicht dass dieser Beweis „wasserdicht“ und zweifelsfrei wäre! Aber so, dass die Lebenspraxis zum Fenster wird, das etwas vom Glauben sehen lässt.

Wir sind jetzt an der Stelle, wo sich endgültig klärt, dass Jakobus von den „**Werken des Glaubens**“ spricht, aber keineswegs von „Werken des Gesetzes“. Er redet von dem Glauben, den der Christ in der Nachfolge Christi lebt und nicht von Leistungen einer Werkgerechtigkeit, mit der man das Heil erst noch zu gewinnen hofft. Die „Werke des Glaubens“ bei Jakobus und die „Werke des Gesetzes“ bei Paulus liegen also meilenweit auseinander! Man darf Röm 3,21ff. und Jak 2,14ff. weder miteinander vermischen noch gewaltsam unter dem Oberbegriff der „Werke“ vereinigen. Jede Darlegung hat vielmehr ihren eigenen heilsgeschichtlichen Ort und ihre eigene didaktische Auf-

---

[630] Vgl. H. *Schlier*, ThWNT II, 26ff.; *Bauer-Aland* Sp. 345.

gabe. Sobald man dies erkannt hat, verkörpern Paulus und Jakobus in ihrem Verhältnis zueinander eine „versöhnte und harmonische Vielfalt".

19 Auch in V. 19 geht es nicht ohne Überraschungen ab. Jakobus stellt beim andern fest: „**Du glaubst, dass nur einer Gott ist?**" Wer ist dieser andere? Etwa der Sprecher vom Anfang des 18. Verses („vielleicht sagt jemand")? Der aber hatte doch behauptet: „ich habe Werke" – und nicht: „ich habe Glauben". Wie kann ihm dann jetzt Jakobus einen solchen Glauben unterstellen? Antwort: Wenn es nur um einen Diskurs geht und eben nicht um persönlich identifizierbare Positionen, dann lassen sich hypothetische Meinungen durchaus hin- und herschieben. Gerade das geschieht hier. Jakobus nimmt also nicht den Sprecher als Person aufs Korn, sondern argumentiert so: „Nehmen wir einmal an, du glaubst, dass nur einer Gott ist". Betrachten wir jetzt die inhaltliche Seite. Der angenommene Glaubensinhalt lautet: εἷς ἐστιν ὁ θεός. Das ist ein wörtliches Zitat aus Dtn 6,4 (LXX).

Zitiert wird somit das Schma Jisrael, das Glaubensbekenntnis Israels.[631] Dieses εἷς ἐστιν ὁ θεός bedeutet die schärfste Kritik am Polytheismus aller anderen Völker und ein Bekenntnis zum Gott Israels. Da kann Jakobus nur bemerken: „**Recht tust du**". Diese Bemerkung ist ohne jeden Spott.[632] Aber die Fortsetzung zielt auf eine radikale Widerlegung des Diskussionspartners: „**Auch die Dämonen glauben**[633] **es und schaudern**". Die „**Dämonen**" haben Jesus nach Mt 8,29parr; Lk 4,34par frühzeitig und völlig richtig als „Sohn Gottes" erkannt und bekannt. Doch sie taten es mit Angst und Entsetzen, und eben nicht in Gehorsam und Nachfolge.[634] Φρίσσω ist neutestamentliches Hapaxlegomenon. Man kann aus Jak 2,19 zunächst folgende Schlüsse ziehen: a) Jakobus setzt „**Dämonen**" als reale übermenschliche Wesen voraus,[635] b) er gesteht ihnen ein „**glauben**" als Überzeugtsein und Bekennen zu. Aber dieser Glaube ist falsch, nutzlos und tot (V. 14.17). Warum? Weil er eben nicht zur

---

631 Eine Engführung auf eine exorzistische „Formel" (so *Mußner* 139 nach *Windisch* 18 und *Peterson*) empfiehlt sich **nicht**. So mit Recht *Lautenschlager* 177. Vgl. *Mayor* 100.

632 Jedoch bezeichnet sie *Johnson* 241 als „sarcastic". Ebenso *Mayor* 101; *Dibelius* 148. Ernsthafter *Lautenschlager* a.a.O.

633 Zum Plural vgl. *Blass-Debrunner* § 133,3.

634 Vgl. dazu die Anmerkung Werner *Foersters* in ThWNT II, 19: „Die Geister wissen auch um ihr Schicksal".

635 Vgl. *Johnson* a.a.O.; *Schlatter*, Jak, 179.

Glaubenspraxis der Christusnachfolge führt und deshalb keine „Werke des Glaubens“ vorhanden sind.

Es ist völlig unvorstellbar, dass in Jak 2,18–19 ein Paulinismus oder gar Paulus selbst angegriffen werden soll. Auch *Mußner* (139) betont mit Recht, dass hier ein Glaubensbegriff verurteilt wird, „den Jak in der konkreten Wirklichkeit so sicher nicht bei den Vertretern des Pseudopaulinismus angetroffen hat“. Um wie viel weniger bei Paulus selbst!

20 Jakobus wiederholt seine Position in Form einer Frage im 20. Vers: „**Willst du aber erkennen, du eitler Mensch, dass der Glaube ohne Werke nutzlos ist?**“ Damit greift Jakobus einerseits auf das Beispiel von V. 15f. bzw. das Beispiel der Dämonen in V. 19 zurück. Andererseits bietet er weitere Erkenntnisse an, die er dann in den Versen 21–25 darlegt. Kernsatz bleibt also, „**dass der Glaube ohne die Werke nutzlos ist**“. Ganz ähnlich formuliert Jakobus in V. 17 und V. 26. Nur steht dort νεκρά anstelle des ἀργή, das wir in unserem 20. Vers finden. Dies wird der Grund sein, weshalb die meisten Handschriften auch in V. 20 die Lesart νεκρά vertreten. Aber man kann die Ersetzung des ἀργή durch νεκρά leicht dadurch erklären, dass man eben im ganzen Abschnitt V. 14–26 einheitlich νεκρά lesen wollte. Die Lesart ἀργή muss demnach als die lectio difficilior aufrechterhalten werden.[636]

Ἀργός bedeutet „unbrauchbar“, „wertlos“, „nutzlos“.[637] Die nächste Parallele liegt wiederum in den Petrusschriften vor (II Petr 1,8).[638] Der Ausruf ὦ ἄνθρωπε κενέ[639] erinnert an ähnliche Ausrufe des Paulus in Röm 2,1.3; 9,20; I Kor 15,36.[640] Κενός hat hier die Bedeutung „hohl“, „nichtig“[641] und eben in diesem Sinne „eitel“. Nicht gerade eine schmeichelhafte Redeweise! Albrecht *Oepke* meinte, „dass die Anrede ὦ ἄνθρωπε κενέ sprachlich dem ῥακά Mt 5,22 vergleichbar ist“.[642] Dieses ῥακά leiten sowohl *Oepke* als auch Joachim *Jeremias* vom aram. רֵיקָא “leerer Tropf“ bzw. „Schafskopf“, „Esel“ ab, das „gegenüber einem törichten, gedankenlosen oder anmaßendem Men-

---

636 Ebenso *Mußner* 140; *Johnson* 242.

637 *Bauer-Aland* Sp. 210; G. *Delling*, ThWNT I, 452.

638 Vgl. *Delling* a.a.O.

639 Nach *Blass-Debrunner* § 146,2 „Mit geringem Affekt“.

640 Vgl. wieder *Blass-Debrunner* a.a.O.

641 A. *Oepke*, ThWNT III, 659.

642 A.a.O. 660. Ablehnend *Mußner* 140.

schen angewendet"[643] wird. Demnach wäre für Jak 2,20 nicht nur die Vergleichbarkeit mit der Sprache des Paulus, sondern auch mit der Sprache Jesu gegeben (vgl. Mt 23,17). Jakobus kennzeichnet seinen Diskussionsgegner als törichten und gedankenlosen Menschen. Eine solche Härte der Formulierung lässt sich nur dadurch erklären, dass das Glaubensthema für Jakobus äußerst wichtig und sensibel ist. Aber dafür spricht ja schon die Länge und Intensität des ganzen Abschnitts 2,14–26! Eines muss unter allen Umständen festgehalten werden: Für Jakobus besaß der **Glaube** des Christen eine zentrale Bedeutung.

„**Erkennen**" hat für Jakobus in erster Linie mit der Schrift zu tun. Erkenntnis gewinnt man also nicht im griechischen Verfahren der Vernunft und der Logik, wie sie eben dem Menschen möglich sind, sondern durch die Wahrnehmung der Schrift, in der Gott redet.[644]

21 Als biblisches Beispiel wählt Jakobus jetzt die Geschichte „**Abrahams**" aus (V. 21). Schon die Auswahl als solche ist hoch interessant. Von Abraham sprachen Jesus und Paulus des Öfteren (vgl. Mt 8,11; 22,32; Lk 13,16; 16,22ff.; 19,9; Joh 8,37ff.; Röm 4,1ff.; Gal 3,6ff.). Abraham hat für die genannte jüdische Tradition eine hervorragende Stellung in der Geschichte Gottes mit Israel (vgl. Jes 51,2; 63,16; Sir 44,20ff.). Die Patriarchengeschichte der Genesis beginnt mit ihm: also beginnt auch Israel mit ihm (Gen 11,26–25,11). Im Talmud ist „Abraham unser Vater" (Jochanan b. Zakkai b Chag 14 b) der erste Proselyt, der erste Missionar, der Vater der Völker, der Bewährte, ja der Lenker der Welt.[645] „Im NT ist Abraham die nach Mose am häufigsten erwähnte alttestamentliche Gestalt".[646] In die Linie dieser jesuanischen und jüdischen Lehrtradition fügt sich auch Jakobus ein. Es wäre ein verhängnisvoller Fehler, das Abrahamsbeispiel von vornherein als Antithetik zu Paulus oder zur Paulusschule verstehen zu wollen.[647] Es ist wahrscheinlicher, dass Jakobus ohne Paulus auf das Abrahamsbeispiel gekommen ist, als dass er es von Paulus übernahm.

Wie sein Zeitgenosse R. Jochanan b. Zakkai bezeichnet Jakobus Abraham als „**Abraham unser Vater**" (אַבְרָהָם אָבִינוּ vgl. schon Jes 63,16). Mit einem

---

643 J. *Jeremias*, ThWNT VI, 974f. *Lautenschlager* 178: „Hohlkopf"; *Johnson* 241:"O empty man"; *Schlatter*, Jak, 180: „o leerer Mensch".

644 Vgl. *Schlatter*, Jak, 180.

645 Vgl. *Mayor* 110ff.; J. *Jeremias*, ThWNT I, 7–9.

646 *Jeremias* a.a.O. 8.

647 So aber die Gefahr bei *Stuhlmacher*, Bibl Th, 63ff.; *Lautenschlager* 179.

Schlag wird uns hier die Situation deutlich in der er schreibt. Es ist die Zeit **vor** der Trennung der christlichen von der allgemeinen jüdischen Synagoge. Es ist noch jene Epoche der alten christlichen Geschichte, als die Judenchristen gemeinsam mit dem ganzen Israel stolz waren auf die „Väter“ (vgl. Röm 9,5). Ja, selbst Paulus spricht noch von „unserem Vater Abraham“ (Röm 4,12). Ein Zweites, was sich aus V. 21 init. ergibt, wird von einer bestimmten hermeneutischen Konsequenz charakterisiert: Das ist die Tatsache, dass die heiligen Schriften Israels ungebrochen auf die jungen messianischen Gemeinden angewandt werden. Das kann nur bedeuten, dass die judenchristlichen Gemeinden sich in der Kontinuität Israels, mehr noch: als das wahre Israel sahen.[648]

Die Frage lautet nun: „**Wurde Abraham, unser Vater, nicht aus Werken gerechtfertigt, als er Isaak, seinen Sohn, auf den Altar legte?**“ Überrascht sind wir davon, dass hier das Wort δικαιοῦν auftritt. Bei Paulus spielt dieses Wort eine zentrale Rolle.[649] Man kann deshalb zunächst vermuten, dass Jakobus dieses Wort aus der paulinischen Verkündigung und Lehre aufgegriffen hat.[650] Diese Vermutung wird jedoch dadurch in Frage gestellt, dass zwei Verse weiter Gen 15,6 zitiert wird und dass dort von δικαιοσύνη die Rede ist (LXX). Jakobus könnte also ebenso gut wie Paulus die Wortgruppe δικαιοσύνη (1,20) / δικαιοῦσθαι aus Gen 15,6 übernommen haben. Die Sachlage kompliziert sich weiter dadurch, dass schon die Jesustradition ein δικαιοῦσθαι im forensischen Sinne kennt (Mt 12,37; Lk 18,14).[651] Alles in allem wird man vorsichtig bleiben mit der Herleitung von Paulus oder einem Paulinismus. In seiner sehr abgewogenen Stellungnahme führt Gottlob *Schrenk* aus: „Es braucht das alles aber nicht aus Paulus abgeleitet zu werden, als Polemik gegen Pseudopaulinismus oder als Missverständnis des Paulus. Aus der beiden gemeinsamen Fühlung mit der synagogalen Tradition kann durchaus diese besondere Behandlung der Frage mit ähnlichen Wendungen erklärt werden“.[652] Es ist jetzt aber positiv zu bemerken, dass für Jakobus wie für Paulus die Orientierung am göttlichen Urteil maßgebend ist, und zwar in einem eschatologisch-forensischen Sinne. Ob der Mensch am Ende angenommen wird und die eschatologische Gemeinschaft mit Gott genießt, das ist für ihn hier die

---

648 Vgl. *Johnson* 242.
649 Vgl. G. *Schrenk*, ThWNT II, 219ff.
650 So z. B. *Lautenschlager* 179.
651 Vgl. *Schrenk* a.a.O. 219.
652 A.a.O. 223.

leitende Frage. Deshalb spricht er von πίστις, von σῶσαι (V. 14), von δικαιοσύνη (V. 23) und δικαιοῦσθαι (V. 21.24.25).

Zurück zum Abrahamsbeispiel: Die Rechtfertigung nach göttlichem Urteil erlangte Abraham, „**als er seinen Sohn**“ opferte. Damit sind wir bei Gen 22. Am Ende dieser Opferungsgeschichte stehen zwei Botschaften, jeweils vom Engel Jahwes überbracht. Die erste lautet: „nun weiß ich, dass du Gott fürchtest“ (Gen 22,12). Die zweite lautet: „Weil du solches getan hast, will ich segnen“ (Gen 22,16f.). Sieht man auf dieses göttliche Urteil, dann kann man unmöglich tadeln, dass Jakobus den Glauben und die Glaubenswerke zusammen halten will. Gen 15,6 ist eben nicht das einzige göttliche Urteil, das in der Abrahamsgeschichte ergeht! Und wieder ergibt sich ein Zusammenhang dieser jakobeischen Exegese mit der alten jüdischen Exegese, nämlich mit Sir 44,21; I Makk 2,52; Jdt 8,19. Mehr noch: Auch Jesus definierte Abraham über dessen „**Werke**“ (τὰ ἔργα τοῦ ’Αβραάμ Joh 8,39f.)!

Bedenkt man dies alles, dann muss man der Exegese des Jakobus Recht geben. Sie darf nicht an der Sprache und den Aussagen des Paulus gemessen und dann als theologisch fragwürdig abqualifiziert werden. Vielmehr warnt sie im Namen Gottes „vor einem verflachten und vereinseitigten Paulinismus, wie er kirchlich z. Zt. allenthalben erlebbar ist“.[653]

Zwar scheint Paulus auf den ersten Blick in Röm 4,2 ganz gegenteilig zu formulieren: εἰ γὰρ ’Αβραάμ ἐξ ἔργων ἐδικαιώθη, ἔχει καύχημα, ἀλλ’ οὐ πρὸς θεόν. Aber der Kontext von Röm 4 ist ein sehr viel anderer als der von Jak 2. Denn Paulus hat es mit Diskussionsgegnern zu tun, die ihren „Lohn“ (μισθός) und deshalb das Heil aus ihren Werken zu gewinnen suchen, Jakobus dagegen argumentiert unter Christen, die sich im Heilsbesitz wähnen und die Werke des Glaubens für irrelevant erklären. Das Thema des Paulus ist der Weg zum Heil, während das Thema des Jakobus die Heiligung ist. Von der Heiligung aber sagt auch Paulus, dass sie unverzichtbar ist (I Thess 4,3ff.), so wie es auch Petrus (I Petr 1,14ff.) sagt. Schließlich dokumentiert Hebr 11,17 eindrücklich das theologische Recht der jakobeischen Auslegung von Gen 22. Denn der Hebräerbrief liest ebenso wie Jakobus den Glauben Abrahams aus der Opferung Isaaks ab.[654]

22 In V. 22 zieht Jak eine erste Folgerung aus dem Abrahamsbeispiel: „**Du siehst, dass der Glaube mit seinen Werken zusammenwirkte** (συνήργει)

---

[653] Hier hat *Stuhlmacher* Recht! (Bibl Th, 69).

[654] *Johnson* 243. Zum Ganzen auch *Mußner* 140f.

und der Glaube aus den Werken seine Vollständigkeit erreichte". Dieser Vers trifft in der protestantischen Auslegung auf energischen Protest. Für Rudolf *Bultmann* beispielsweise war es klar, dass Paulus einem solchen Satz „nie ... zugestimmt" hätte (514). Werner Georg *Kümmel* urteilte, hier liege ein „additives Verständnis von Glauben und Werken vor"(366). Markus *Lautenschlager* meinte sogar: „Der Glaube Abrahams ist (nach der Ausführung des Jakobus) für den Vorgang der Rechtfertigung selbst nicht erforderlich"(180). Ganz anders urteilen freilich Forscher wie *Johnson,*[655] *Mußner*[656] oder *Schlatter*[657].

„**Du siehst**" hat hier die Bedeutung von „du erkennst".[658] Das Angebot des γνῶναι von V. 20 soll also im Zusammenhang der Verse 21ff. realisiert werden. Ἡ πίστις bildet unleugbar das Subjekt des Satzes.[659] Das verdient besonders festhalten zu werden. Denn nach V. 21 hätte man eher die Formulierung „dass seine Werke zusammenwirkten mit dem Glauben" erwarten können. Aber nein: der Glaube ist „das Primäre".[660] Jakobus will also darlegen, was christlicher Glaube ist. Aber weshalb kommt er jetzt ausgerechnet auf den Glauben Abrahams zu sprechen?

a) Weil die πίστις eben seit V. 14 das Hauptthema darstellt, b) weil die Abrahamsgeschichte demnach unter dem Gesichtspunkt der Glaubensdiskussion ausgewählt wurde und c) weil schließlich in Gen 15,6 (siehe V. 23!) ausdrücklich vom Glauben Abrahams die Rede ist. Dabei darf man nicht dem Irrtum verfallen, Jakobus vertrete hier im Gegensatz zu Paulus einen rein alttestamentlichen Glaubensbegriff, wonach Glaube = Treue bedeute.[661]

Eine solche These scheitert schon daran, dass der Glaube seit 2,1 als „Glaube an Jesus Christus" definiert ist. Daraus nur eine „Treue" gegen Jesus Christus herauszulesen, ist unmöglich. Wie aber kann von einem Glauben die Rede sein, der „**mit den Werken („seine" bezieht sich auf Abraham) zusammenwirkte** (συνήργει)**"?**

Antwort: Weil die „Ganzheit" erst aus einem Glauben resultiert, der mit den Glaubenswerken zusammen gesehen werden kann. Ἐτελειώθη heißt hier:

---

655 243.

656 142.

657 Jak, 180.

658 *Blass-Debrunner* § 397,2.

659 Vgl. *Johnson* 243; *Mußner* 142.

660 *Mußner* a.a.O.

661 Gegen *Stuhlmacher*, Bibl. Th, 65; *Lautenschlager* 179.

„kam zur Ganzheit" / „wurde vollständig" / **„erreichte seine Vollständigkeit"**.[662]

Das ganze Interesse des Jakobus liegt auf dem Lehrsatz: Von einem christlichen Glauben kann man nicht sprechen, wenn man die Werke ausklammert. Es geht also überhaupt nicht um die Addition Glaube **plus** Werke,[663] sondern um die Verhinderung der Subtraktion Glaube **minus** Werke. Dabei hat das Verb συνεργεῖν einen durchaus positiven Klang. Von 13 Vorkommen des benachbarten συνεργός finden sich allein 12 bei Paulus.[664] Συνεργεῖν begegnet 1x bei Jakobus, 1x bei Markus (16,20) und 3x bei Paulus. Beides sind also paulinische Lieblingsworte. In I Kor 3,9 fasst sich Paulus mit Apollos zusammen wenn er sagt: „wir sind Gottes Mitarbeiter" (θεοῦ συνεργοί). Im Zusammenhang mit I Kor 3,9 und besonders Röm 8,28 spricht Georg *Bertram* von dem „Verdacht einer synergistischen Theologie", der sich gegen Paulus erheben könnte.[665] *Bertram* spricht Paulus davon frei. Aber auch Jakobus muss davon freigesprochen werden.[666] Denn die Glaubensexistenz in ihrer Ganzheit, das heißt einschließlich der Glaubenswerke, verdanken wir der Wiedergeburt durch das Wort der Wahrheit (1,18).

23 „Und so",[667] nämlich im Zusammenwirken des Glaubens mit seinen Werken", **wurde die Schrift erfüllt"**, fährt Jakobus fort (V. 23). Jakobus spricht von **„der Schrift"** (Einzahl ἡ γραφή!), wie es Jesus (Joh 10,35) und Paulus taten. Die Formulierung ἡ γραφὴ ἡ λέγουσα in Jak 2,23 erinnert aufs stärkste an das sechsmalige λέγει ἡ γραφὴ bei Paulus (Röm 4,3; 9,17; 10,11; 11,2; Gal 4,30; I Tim 5,18). Auch bei Paulus folgt dieser Wendung „durchweg ein Zitat",[668] wie es ja in Jak 2,23 der Fall ist. Die Argumentation in Jak 2,23 verläuft also „paulinisch". Zugleich wird erneut deutlich, dass es Jakobus in 2,14ff. auf die **Schrift** ankommt, und nicht etwa auf eine bestimmte Lehrtradi-

---

[662] Vgl. G. *Delling*, ThWNT VIII, 83.

[663] So auch *Eichholz*, Glaube, 43.

[664] G. *Bertram*, ThWNT VII, 871ff.

[665] A.a.O. 873.

[666] Ähnlich *Mußner* 142; *Johnson* 243; *Ropes* 219f.; *Schlatter*, Jak, 180f. *Johnson* verweist auf die Übereinstimmung mit den patristischen Kommentatoren, z. B. *Julian von Halicarnassus*. Kräftig missverstanden wird Jakobus durch *Lautenschlager*, der im Anschluss an C. *Burchard* meint: „V. 22 will vielmehr den Glauben herunterspielen". Noch nicht einmal synergistisch soll Jakobus sein!

[667] Das καί ist hier consecutiv zu verstehen (vgl. *Blass-Debrunner* § 442,2).

[668] G. *Schrenk*, ThWNT I, 753.

tion. Dabei muss γραφή als Schriftganzes verstanden werden. Eine Einengung auf die Bedeutung „Bibelspruch", „Schriftstelle" empfiehlt sich nicht.[669]

Nun ist aber auch das ἐπληρώθη zu beachten. In welchem Sinne wurde die Schrift „**erfüllt**"? Πληροῦσθαι kann hier nicht bedeuten: eine Weissagung wird zur Realität.[670] Vielmehr kann der Sinn hier nur sein: ein Wort der Schrift ist ganz zur Wirklichkeit geworden.[671] Es fehlt also nichts Wesentliches von dem, was die Schrift aussagt. Das wird jetzt sofort an zwei Stellen konkret. Als erste Stelle zitiert Jakobus Gen 15,6. Wir erinnern uns an die Zitierungen dieser Stelle durch Paulus in Röm 4,3 und Gal 3,6. Jakobus exegesiert so: Dieses „**Abraham aber glaubte Gott, und das wurde ihm zur Gerechtigkeit gerechnet**" bedeutet, dass Abraham im wahren Sinne „**glaubte**". Das heißt, dass sein Glaube Werke hervorbrachte. Diesen wahren und ganzen Glauben Abrahams sah Gott mit Wohlgefallen und beschenkte ihn mit der „**Gerechtigkeit**", die uns Menschen in die Gemeinschaft mit Gott aufnimmt.

Gerade dieser Gemeinschaftsgedanke wird an der zweiten Stelle wichtig. Sie lautet: „**er (Abraham) wurde Freund Gottes genannt**". Alttestamentlich kann man hier an II Chr 20,7, aber auch an Jes 41,8 denken.[672] Ist dieser Bezug richtig, dann hat Jakobus ganz nach der jüdischen Sitte seiner Zeit zwei Schriftzitate wie die zwei Zeugen des alttestamentlichen Zeugenrechts (Dtn 19,15) nebeneinander gestellt. Die Forscher verweisen darüber hinaus auf eine Vielzahl von Stellen in der außerbiblischen frühen jüdischen Literatur, in denen Abraham ebenfalls „**Freund Gottes**" genannt wird.[673]

Da es Jakobus in 2,23 jedoch auf die „**Schrift**" ankommt, wird man seine Beweisführung nicht an jene Literatur, sondern in erster Linie tatsächlich an die biblischen Schriften anzuknüpfen haben. Dabei muss doch wohl auch φίλος θεοῦ ἐκλήθη als Schriftzitat verstanden werden.[674] Freilich ist zu bedenken: „Jak 2,23 ist die einzige Stelle im Neuen Testament, an der der Titel Freund Gottes vorkommt". Welche Ehre jener Titel enthält, macht uns Joh 15,13 klar. Was dort eschatologische Gabe ist, trifft also modellhaft schon auf Abraham zu! Gustav *Stählin* hat den Titel „**Freund Gottes**" ausgezeichnet

---

669 Vgl. wieder *Schrenk* a.a.O. 753f. Anders *Mayor* 104: „a particular passage".

670 Als „prophecy" fasst jedoch z. B. *Ropes* 221 die Gen 15,6 auf, ebenso *Windisch* 19; *Beyschlag* 139f.

671 Vgl. dazu G. *Delling*, ThWNT VI, 294f.

672 G. *Stählin*, ThWNT IX, 165. Hebr. steht im Hintergrund אהב, vgl. *Johnson* 244.

673 Z. B. G. *Stählin*, a.a.O. 165f.

674 Vgl. *Stählin* a.a.O. 165, *Windisch* 19, anders *Ropes* 222.

erklärt: „Abraham ist der von Gott Geliebte, Erwählte".[675] Wir fragen noch einmal zurück: Warum wurde Abraham **„Gottes Freund"** genannt? *Stählin* antwortet: „Als Grund. ... sind nach dem Zusammenhang die Werke des Glaubens Abrahams anzusehen".[676] Hier greift *Stählin* allerdings zu kurz. Denn es ist der wahre Glaube Abrahams, „der mit seinen Werken zusammenwirkte" (V. 22), der zu der von Gott ausgesprochenen Benennung „Freund Gottes" führte. Sonst wäre auch der Kontext nicht verständlich.

Halten wir noch eines fest: Alle Verfasser des Neuen Testaments sind Schrift-Theologen. Davon macht auch Jakobus keine Ausnahme. Die zentrale Bedeutung, die die γραφή in Jak 2,18ff. für ihn hat, stellt dies ausreichend unter Beweis. Der Terminus ἡ γραφή – ohne nähere Erläuterungen gebraucht – zeigt überdies, dass Jakobus von einem feststehenden und nicht etwa noch „offenen" Kanon der heiligen Schriften ausgeht. Insofern stellt Jak 2,23 eine Parallele zu II Tim 3,15f. dar.

24 Wir stehen nun vor V. 24. Er ist der kontroverseste Vers des ganzen Briefes. Dabei ist es ein kurzer Vers: **„Ihr seht, dass der Mensch aus Werken gerechtfertigt wird und nicht aus Glauben allein"**. Zahllos ist die Schar der Kritiker, die in Jak 2,24 eine Polemik gegen „Paulus oder eine auf ihn sich berufende Richtung" sehen.[677] Hier werde „die Lehre des Paulus von Glaube und Rechtfertigung hart kritisiert", vor allem Röm 3,28 widersprochen.[678] Unter Berufung auf *Soucek*, *Stuhlmacher*, G. *Bornkamm* und G. *Klein* formulierte Werner Georg *Kümmel*, dass die Ausführungen des Jakobus „mit denen des echten Paulus wirklich nicht in Einklang zu bringen sind und auch sachlich nicht nur eine Spannung, sondern auch ein Gegensatz vorliegt".[679] Auf der anderen Seite steht *Melanchthon*s Urteil, wonach Jak 2,24 „wohl seinen einfältigen Verstand"[680] hat, will sagen: Jak 2,24 argumentiert einleuchtend und im Kontext überzeugend, ohne dass man Paulus aufgeben muss.

Aber was steht nun wirklich da? Und was will Jakobus mit seinen Ausführungen in 2,24 sagen? Dass er „in gewählterer Sprache" formuliert,[681] ist ein

---

[675] A.a.O. 167.

[676] A.a.O. 166.

[677] So *Bultmann* 514. Neuerdings *Hengel*, Polemik, 248ff.; *Stuhlmacher*, Bibl. Th., 60ff.

[678] *Stuhlmacher* a.a.O. 63.65f.

[679] *Kümmel* 365.

[680] Apologie der Augsburger Konfession (1531). Art. IV.

[681] So *Blass-Debrunner* § 101,62.

Hinweis auf die intensive Reflexion, aus der V. 24 stammt. Ὁρᾶτε, im NT relativ selten,[682] hat den Sinn von „erkennen".[683] Es gehört in eine Reihe mit den vorausgehenden γνῶναι (V. 20) und βλέπεις (V. 22). Jakobus will also zur richtigen Erkenntnis hinführen und argumentiert deshalb stark rational. Der Plural ὁρᾶτε bezieht die Leserschaft stärker ein als das singularische θέλεις und βλέπεις in V. 20.22. Sein Thema bleibt dieses: wie der Mensch gerecht wird vor Gott. Deshalb hat das δικαιοῦσθαι wie in V. 21 und V. 25 eine zentrale Position. Noch einmal sei bemerkt, dass Jakobus mit dieser zentralen Position und überhaupt der hohen Bedeutung der Gerechtigkeit vor Gott theologische Grundpositionen des Paulus teilt.[684]

Er teilt sie wirklich – und kann schon deshalb nicht einfach dem Paulus konfrontativ gegenübergestellt werden. Nun sagt er: „**Der Mensch wird aus Werken gerechtfertigt und nicht aus Glauben allein**". Das μόνον am Ende des Satzes ist ebenso bewusst gesetzt wie das μόνον in 1,22.[685] Und so wenig das μόνον in 1,22 leugnen will, dass der Mensch **auch** ein Hörer sein soll, so wenig will das μόνον in 2,24 leugnen, dass der Mensch **auch** ein Glaubender sein soll! Jakobus würde ja in einen unbegreiflichen Gegensatz zu dem gerade **von ihm zitierten** Gen 15,6 geraten, wenn er jetzt das Résumé ziehen wollte, dass es auf den Glauben nicht ankomme.

Es liegt also ein grobes Missverständnis vor, wenn *Lautenschlager* (181) das μόνον auch beim ersten Glied des Satzes ergänzen und dann lesen will: „ihr seht, dass aus Werken (allein) der Mensch gerechtfertigt wird". Jakobus sagt stattdessen etwas ganz anderes: Die Rechtfertigung des Menschen beruht auf einem Glauben, der im entsprechenden Handeln (den „**Werken**" des Glaubens) seinen Ausdruck findet.[686]

Der Sinn ist – und das hat auch z. B. *Lautenschlager* gesehen – die Zurückweisung der gegnerischen These: ἐκ πίστεως μόνον δικαιοῦσθαι ἄνθρωπος, also ohne Rücksicht auf seine Werke.[687]

---

682 Vgl. *Blass-Debrunner* a.a.O.

683 *Blass-Debrunner* § 397,2.

684 Mit Recht sieht *Stuhlmacher* darin einen Grund für die Christlichkeit des Briefes (Ger, 193,1).

685 Vgl. *Johnson* 145.

686 *Schlatter*, Jak, 182 betont, dass nicht „alle unsere Werke" gemeint sind. Der Artikel vor ἔργων fehlt! Also geht es nicht um ein Zusammenzählen der guten Werke.

687 Wie wir *Mußner* 145f.; *Eichholz*, Glaube, 40ff.; *Ropes* 223f.; *Schlatter*, Jak, 182; *Windisch* 19; *Beyschlag* 142.

Damit enthüllt sich die Theologie des Jakobus als ein Kampf gegen das μόνον. Jakobus kämpft gegen ein solches μόνον sowohl in 1,22 als auch in 2,24, weil es eine verderbliche und zerstörerische Reduktion des Christseins bedeutet. Wie will ein Christ „nur" Hörer des Wortes sein? Und nicht zugleich auch ein „Täter"? Wie will er „nur" Glauben haben (V. 18)? Und nicht zugleich auch die „Werke des Glaubens"? In der Geschichte der Christenheit und nicht zuletzt des Protestantismus sind leider solche Reduktionen immer wieder vorgekommen.[688] Hier bleibt die Theologie und die Botschaft des Jakobus eine unverzichtbare Korrektur.

Aber wie verhält sich nun Jak 2,24 zu Röm 3,28? Mit Leonhard *Goppelt* gehen wir von folgender Beobachtung aus: „Der Grundsatz in Röm 3,28 lautet ... anders als die von Jakobus bestrittene Losung. Röm 3,28 proklamiert die Rechtfertigung durch Glauben „ohne Gesetzeswerke" ..., nicht jedoch durch Glauben „ohne Werke"!"[689]

In der Tat: Paulus sieht die Rechtfertigung geschehen χωρὶς ἔργων νόμου. Darin würde ihm Jakobus auch nicht widersprechen. Charakteristischerweise fehlt in Röm 3,28 ebenso wie in Röm 9,32 und Gal 2,16 das μόνον.[690] Der Gegensatz bei Paulus ist der, ob jemand durch den Glauben an Christus das Heil erlangt, oder durch eigene Bemühungen, die dem Gesetz Genüge tun wollen. Der Gegensatz bei Jakobus ist hingegen der, ob jemand das Heil erlangt, dessen Glauben nur im Fürwahrhalten oder Bekenntnissen besteht, oder jemand, der im gelebten, praktischen Glauben Christus anhängt! *Goppelt* hat darauf hingewiesen, dass Jakobus „eine andere Adresse" und eine „andere Terminologie" benutze als Paulus (540). Wir fügen hinzu: Er hat auch ein anderes Thema. Denn sein Thema ist der Weiterweg des Christen. Paulus dagegen ist in Röm und Gal mit dem Weg zu Christus befasst. Infolgedessen gehen wir davon aus, dass a) Jakobus dem Paulus nicht widerspricht[691] und dass er b) auch nicht gegen ihn polemisiert. Ob die Gegner des Jakobus sich überhaupt auf Paulus beriefen, muss offen bleiben. *Augustin* erfasste das Verhältnis von Paulus und Jakobus durchaus richtig, wenn er schrieb[692]: „ille (=

---

688 Darauf machen z. B. *Stuhlmacher*, Bibl. Th, 68 und *Goppelt* 540 aufmerksam.

689 *Goppelt* 539.

690 *Goppelt* 539, 23.

691 Vgl. *Melanchthon* a.a.O.: „Also ist Jakobus Paulo nicht entgegen".

692 De div. Quaest. (PL XL, 89).

Paulus) dicit de operibus quae fidem praecedunt, iste (= Jakobus) de iis, quae fidem sequunteur."[693]

25 Rein logisch hätte Jakobus mit V. 24 schließen können. Er tut es nicht. Ebenso, wie er mit 2 Schriftzitaten arbeitete, so arbeitet er auch mit 2 Beispielgeschichten. Deshalb tritt jetzt **Rahab** neben Abraham (V. 25). Warum Jakobus gerade sie auswählte, können wir nicht mehr sagen. Evtl. wollte er bewusst eine Mutter des Glaubens neben einen Vater des Glaubens stellen, so wie es der Verfasser des Hebräerbriefs tat (Hebr 11,31).[694] Auch Jesus stellte gelegentlich Frauenbeispiele neben Männerbeispiele (Mt 24,40f.; Lk 17,32.33f.). Rahab, eine kanaanäische Hure in Jericho, spielt eine beachtliche Rolle im Josuabuch (2,1ff.; 6,17.22ff.). Sie wurde die Mutter des Boas, des Urgroßvaters Davids, und erscheint im Stammbaum Jesu (Mt 1,5).[695] Dass Rahab in urchristlichen Kreisen als Glaubensvorbild galt, geht sowohl aus Hebr 11,31 als auch aus Jak 2,25 hervor. Auch in der rabbinischen Überlieferung wurde Rahab teilweise hoch gewertet. U. a. soll sie die Stammmutter zahlreicher Priester und Propheten geworden sein, z. B. des Jeremia und des Hesekiel.[696]

Aus der Rahabgeschichte greift Jakobus zwei konkrete Ereignisse auf: a) dass Rahab **„die Boten aufnahm"**, b) dass sie diese Boten **„auf einem anderen Weg hinausließ"**. Hier setzt Jakobus Jos 2,1; 2,15 und 6,17 als tatsächliche Ereignisse voraus. Aus den dort genannten Taten (**„Werken"** ἔργα) leitet er die Rechtfertigung (ἐδικαιώθη) Rahabs ab. Genauso begründete Josua in Jos 6,17, weshalb die πόρνη Ῥαὰβ am Leben bleiben sollte. Mit dem Stichwort ὁμοίως stellt Jakobus eine Parallele zwischen Abraham und Rahab her. Das Beispiel in Jak 2,25 ist überzeugend: Hätte Rahab nicht tatkräftig für die israelitischen Kundschafter gesorgt, dann wäre sie mitsamt ihrer Familie untergegangen (Jos 6,17). So aber zeigte sich ihr Glaube an den Gott Israels (vgl. Jos 2,9ff.)[697] an ihrem praktischen Verhalten („Werken"). Deshalb wurde sie in Israel und Gottes Augen **„gerechtfertigt"**. Ebenso soll es bei Christen sein. Den **„Glauben"** Rahabs betont Hebr 11,31. Die Rechtfertigung durch Gott

[693] *Augustinus'* Lösung ist allgemein die patristische (*Johnson* 244) und wurde so auch von *Melanchthon* übernommen.

[694] Mit *Ropes* 225 ist die Meinung abzulehnen, dass man aus der Erwähnung Rahabs eine heidenchristliche Adresse des Jakobusbriefes herauslesen könne.

[695] Vgl. M. *Beeching*, GBL 3, 1264.

[696] Vgl. G. *Kittel*, ThWNT III, 3; *Ropes* 224; *Johnson* 245; *Mayor* 106.

[697] Vgl. dazu *Mußner* 150; *Lautenschlager* 182; *Johnson* a.a.O.; *Mayor* 106.

lässt sich daraus ablesen, dass sie in den Stammbaum des Messias und Gottessohnes aufgenommen ist (Mt 1,5).[698]

26 Der Schlussvers des Abschnitts (V 26) zieht noch einmal Bilanz. Und zwar diejenige Bilanz, auf die es Jakobus ankommt: „**Denn wie der Leib ohne Geist tot ist, so ist auch der Glaube ohne Werke tot**".

Im Sommer oder Herbst 1542 hat *Luther* zu diesem Vers bemerkt: „Ei Marge (= Maria)! Wie ein arme similitudo ist das! Confert fidem corpori cum potius fides animae fuisset comparanda!"[699] Es ist jedoch die Frage, ob Jakobus wirklich auf den Vergleich des Glaubens mit dem Leib und der Werke mit dem Geist abheben, oder ob er nicht vielmehr auf etwas ganz anderes abheben will: So nämlich, wie aus Leib und Seele/Geist erst der Mensch entsteht (Gen 2,7),[700] so entsteht wahrer christlicher Glaube erst dort, wo Glaube und Werke zu einer Einheit verwachsen sind.[701] Wer die „Werke" (hier: den „**Geist**") aus dem ganzheitlichen christlichen Glauben herausnehmen will, der lässt diesen „**Glauben**" wie einen „toten" Körper, einen L e i c h n a m, zurück.[702] Jak 2,26 ist also ebenso ein Plädoyer für einen ganzheitlichen Glauben, wie es schon 2,17 war.

9. Die Bewährung des Glaubens beim Reden (Jak 3,1–12)

1 „Drängt nicht alle danach, Lehrer zu werden, meine Brüder! Ihr wisst doch,[703] dass wir ein strengeres Urteil empfangen werden. 2 Denn wir alle sündigen in vielem. Wenn einer im Wort nicht sündigt, dann ist er ein vollkommener Mann, der auch den ganzen Leib zu zügeln in der Lage ist. 3 Wenn wir den Pferden den Zaum ins Maul legen, damit sie uns gehorchen, dann lenken wir ihren ganzen Leib. 4 Siehe, auch die Schiffe, die so groß sind und von

---

698 Eine Verengung des ἐδικαιώθη auf ἐνώθη empfiehlt sich nicht. Gegen *Mußner* 151; *Windisch* 19. Richtig z. B. *Dibelius* 155; *Beyschlag* 143f.

699 WATR 5 Nr. 5443.

700 Zur Verbindung mit Gen 2,7 vgl. *Mußner* 151. Gemeint ist natürlich der Lebensodem, nicht der Heilige Geist. Vgl. *Johnson* a.a.O.

701 So auch *Dibelius* 157.

702 Gut die Formulierung bei *Johnson* a.a.O.: „The point is not, that deeds give life, but that they express life".

703 Zur Übersetzung vgl. *Beyschlag* 156.

heftigen Winden getrieben werden, werden doch von einem ganz kleinen Steuerruder dahin gelenkt, wohin der Wille des Lenkenden zielt. 5 So ist auch die Zunge ein kleines Glied und vermisst sich doch großer Dinge. Siehe, was für ein kleines Feuer – was für einen großen Wald zündet es an! 6 Auch die Zunge ist ein Feuer. Als eine Welt der Ungerechtigkeit stellt sich die Zunge unter unseren Gliedern dar:[704] Sie beschmutzt den ganzen Leib und setzt das Rad der Geschichte in Brand und wird selbst von der Hölle in Brand gesetzt. 7 Denn jede Kreatur unter den Tieren und Vögeln, unter den kriechenden Tieren und unter den Meereslebewesen wird gebändigt und ist gebändigt worden durch[705] das menschliche Wesen. 8 Aber die Zunge kann kein Mensch bändigen, ein unruhiges Übel, voll tödlichen Giftes. 9 Mit ihr preisen wir den Herrn und Vater, und mit ihr verfluchen wir die Menschen, die nach dem Bilde Gottes geschaffen sind. 10 Aus demselben Mund kommt Segen und Fluch. Das muss, meine Brüder, nicht so sein. 11 Oder lässt etwa die Quelle aus derselben Öffnung das Süße und das Bittere sprudeln? 12 Kann denn, meine Brüder, ein Feigenbaum Oliven oder ein Weinstock Feigen hervorbringen? Ebenso wenig kann eine Salzquelle Süßwasser hervorbringen".

Exkurs: Das menschliche Reden im NT

Schon im AT fand das Thema „Reden" hohes Interesse. Es wird im Rahmen des Dekalogs aufgegriffen – Missbrauch des Namens Gottes / falsches Zeugnis (Ex 20,7.16) – und prägt die Bestimmungen über das Zeugenrecht (z. B. Ex 23,1; Dtn 17,6; 19,15). Intensiv befasste sich vor allem die Weisheit damit (z. B. Prov 10,11ff.; 11,11ff.; 12,6.13ff.; 15,1ff. usw.).

Im NT befasste sich Jesus mit Schwur und Wahrheitspflicht (Mt 5,33ff.; 23,16ff.). Weit gespannt ist das Logion Mt 12,36 wie überhaupt die ganze Sentenz in Mt 12,33ff. par über das Reden. Jedes menschliche Wort (πᾶν ῥῆμα) wird einmal im Endgericht ein Thema sein. Zentral ist die Rolle des Wortes beim Zeugnis (Mt 10,19f.; Lk 24,47ff.).

Ähnlich weit gespannt ist die paulinische Exegese und Paränese z. B. in Eph 4,29; 5,4 und Kol 4,6. Das Wort, das die Mitglieder der christlichen Gemeinde äußern, soll andern zum Segen sein. Gott gegenüber soll es Lob

---

[704] Zur Übersetzung vgl. *Beyschlag* 164.

[705] Vgl. dazu *Blass-Debrunner* § 191,3; *Belser* 147.

und Dank (εὐχαριστία) zum Ausdruck bringen. Gerade in der Apologie ist das christliche Wort von hoher Bedeutung. Das menschliche Wort ist von Gott dazu gewürdigt worden, Träger der göttlichen Botschaft zu sein (I Thess 2,13).

Bei Johannes ist es gar der λόγος, der zur Bezeichnung des Christus wird (Joh 1,1ff.). – Schon der Prolog des Johannesevangeliums verknüpft die Begriffe λόγος und μαρτυρία eng miteinander (Joh 1,7f.15). So wie Jesu Worte Geist und Leben sind und das ewige Leben vermitteln (Joh 6,63.68), so tragen die Worte der Jünger die Sündenvergebung in alle Welt (Joh 20,23). Nach Joh 17,8 hat Jesus seine Worte seinen Jüngern anvertraut. Sinngemäß gilt Lk 10,16 auch für die Jüngerschaft des Johannesevangeliums: „Wer euch hört, der hört mich".

Bei Petrus machen wir ähnliche Beobachtungen. Alles abträgliche Reden soll in der Gemeinde aufhören (I Petr 2,1; 3,10). Die Mitglieder der Gemeinde werden an die Verantwortung erinnert, die sie für ihr Reden haben. Für sie gilt das verpflichtende Vorbild Christi, „in dessen Mund sich kein Betrug fand" (I Petr 2,22). Verkündigung und Apologetik leben von der geheiligten Rede in christlicher Verantwortung (I Petr 3,15 ἀπολογία!).

Auf diesem Hintergrund werden die Ausführungen des Jakobusbriefes über das Reden besser verständlich. Schon in 1,19 und 1,26 hatte Jakobus vor unbedachten Reden gewarnt. Auch in 2,12 ist das christliche „reden" im weitesten Umfang angesprochen. Jetzt, in 3,1–12, wird dieses Thema intensiv entfaltet. Dieser Abschnitt macht immerhin ca. 10 Prozent des gesamten Briefes aus. Die Bedeutung dieser Thematik hängt sicher auch damit zusammen, dass die Zunge „Urheberin vieler Sünden" ist.[706]

Jedenfalls begegnet uns Jakobus als derjenige neutestamentliche Verfasser, der sich am eingehendsten mit der christlichen Verantwortung für das Reden beschäftigt hat. Vgl. später Jak 4,11f.; 4,13ff.; 5,9.12.

In 3,1–12 erfolgt ein Stilwechsel. Herrschte in 2,14–26 der Diskurs vor, der II
einerseits an den Diskussionsstil bei Maleachi, andererseits an die hellenistische Diatribe erinnerte, so folgt jetzt in 3,1ff. eine lehrhafte Abhandlung. In 2,14ff. diskutierte und argumentierte Jakobus mit einem lebhaft vorgestellten christlichen Gegner. In 3,1ff dagegen rechnet er mit einer Gemeinsamkeit der Auffassung, die nur geklärt und gefestigt werden muss (εἰδότες in V. 1).

Hinzu kommt eine große innere Geschlossenheit dieses Abschnitts, wie sie sich in dieser Ausprägung sonst im ganzen Brief nicht mehr findet.[707]

Aber auch die Verbundenheit mit dem Kontext darf nicht übersehen werden. Die Ermahnung bleibt an die „Brüder" gerichtet (3,1.10.12). Sowohl der

---

[706] J. *Behm*, ThWNT I, 720.

[707] Vgl. *Johnson* 253f.

alttestamentliche Hintergrund als auch die Abhängigkeit von Jesuslogien sind durchgehend zu spüren (s. Einzelexegese). Ferner setzt sich die Anschaulichkeit und Bildhaftigkeit der jakobeischen Sprache fort (vgl. 3,3.4.5.11.12).

Inhaltlich zeigt sich ein Spannungsbogen. Am Anfang steht die Mahnung, dass nicht alle nach dem Lehramt streben sollen (3,1). Dann wird auf die Gefährlichkeit des Redens aufmerksam gemacht (3,2–10a). Schließlich wird dazu ermahnt, sündiges Reden zu unterlassen (3,10b–12).

III **1** Die Anrede „**(meine) Brüder**" (V. 1) erscheint nach 1,7.16.19; 2,1.5.14 zum 7. Mal im Brief. Der Diskussionsgegner von 2,14ff.18f.20ff. ist jetzt verschwunden. Jakobus fasst sich wieder mit den „Brüdern" zur Gemeinde der wahrhaft Glaubenden zusammen.

Der Satz Μὴ πολλοὶ διδάσκαλοι γίνεσθε ist nicht einfach zu übersetzen. Beispielsweise übersetzt *Mußner*: „Tretet nicht bei jeder Gelegenheit als Lehrer auf"(158), *Dibelius* „laßt nicht so viele von euch Lehrer sein"(170), *Schlatter* „Werdet nicht in Menge Lehrer"(Jak 186). Grammatisch lässt sich aus der Wortstellung so viel ablesen, dass die Negation μὴ γίνεσθε = „Werdet nicht, seid nicht", betont werden soll.[708] Das was nicht sein oder entstehen soll, sind **„viele Lehrer"** in der Gemeinde. Demnach empfiehlt sich *Mußner*s Übersetzung nicht.[709] Es geht ja nicht um die Art des Auftretens, sondern um das Streben nach der Position des Lehrers in der Gemeinde, um den „Lehrerberuf" (*Windisch* 22). „Anziehend war der Lehrerberuf wohl, weil er Ansehen und Unterhalt einbrachte".[710]

Windisch verweist in diesem Zusammenhang auf Dan 12,3; Sir 39,7ff.; Test Lev 13,2f.; Pirke Abot IV, 12. *Mayor* erweitert diese Liste durch Pirke Abot I, 11; Did 13,2; 15,1f. und neutestamentlich durch I Kor 12,28; Eph 4,11 sowie Mt 23,7f.; 15,14; Röm 2,17ff.; I Tim 1,6f.; II Tim 4,3; Hebr 5,12.[711] Jakobus trifft hier die typisch christliche Ehrsucht, die *Schlatter* mit der Bemerkung charakterisierte: „Es tut uns wohl, wenn andere sich unter unser Wort stellen und alles nach unserer Anleitung geschieht" (Jak, 186). Die Übersetzung **„Drängt nicht alle danach, Lehrer zu werden"**, legt sich deshalb nahe.[712] Wie *Ropes* (226) mit Recht bemerkt, bedeutet διδάσκαλος soviel wie „Rab-

---

[708] *Blass-Debrunner* § 433,1.

[709] Wie *Mußner* übrigens auch *Belser* 137.

[710] *Windisch* 22.

[711] *Mayor* 107. Vgl. auch K. H. *Rengstorf*, ThWNT II, 160ff.

[712] In der Sache ebenso *Dibelius* 170; *Beyschlag* 156; *Ropes* 226.

bi". Außerdem vermuten wir, dass Jakobus beim Schreiben die Jesuslogien von Mt 23,8–10 vor Augen hatte, sich mindestens inhaltlich an der Jesustradition orientierte.[713]

Jakobus begründet seine betonte Warnung a) durch die Erinnerung an das, was die Brüder schon „wissen" (εἰδότες), b) durch den Inhalt dieses Wissens: „**dass wir ein strengeres Urteil empfangen werden**". Das Partizip εἰδότες erinnert an das γινώσκοντες von 1,3 und das ἴστε von 1,19,[714] sowie an das γνῶναι von 2,20. Hier tritt der stark rationale Charakter des Briefes deutlich hervor. Aber in εἰδότες steckt mehr: Jakobus kann voraussetzen, dass die Brüder genügend christliche Katechese empfangen haben. Die Katechese nahm ja im urchristlichen Leben einen weit prominenteren Platz ein als in der heutigen Christenheit. Die Instabilität christlicher Dogmatik und Ethik im heutigen Gemeindeleben hängt mit dieser Entwicklung zusammen. Was wissen nun die Brüder speziell?

Μεῖζον κρίμα λημψόμεθα! Interessant ist dabei zunächst das „wir". Es ergibt sich daraus eindeutig, dass sich Jakobus selbst als „**Lehrer**", als διδάσκαλος betrachtete. Nach der treffenden Definition von *Rengstorf* ist er damit ein „Ausleger des Gesetzes ..., der zum richtigen Werk anleitet".[715] Sodann bezeichnet κρίμα die Verurteilung im göttlichen Endgericht.[716] Die Wendung κρίμα λαμβάνειν ist typisch für die synoptische Tradition (Mk 12,40; Lk 20,47).[717]

Μεῖζον κρίμα bedeutet das „schwerere" oder „**strengere Urteil**", das die Lehrer im Endgericht erwartet.[718] Warum, werden wir gleich sehen. Klar ist aber schon jetzt: Die erhöhte Verantwortung im Endgericht soll davor warnen, das Amt eines „Lehrers" anzustreben.

Im Hintergrund stehen offenbar zwei Logien bzw. Logiengruppen Jesu, die in dieser Begründung zusammenfließen. Das ist einmal Mt 12,33ff. mit dem Thema „Rechenschaft über jedes Wort" und sodann Lk 12,47f. mit der Aussage, dass derjenige ein strengeres Urteil empfängt, der (wie der Lehrer!) Gottes Willen kennt.[719] Vgl. auch Hebr 13,17.

---

713 Ebenso *Guthrie* 743. Vgl. *Mußner* 159.

714 *Mayor* a.a.O.

715 *Rengstorf* a.a.O. 160.

716 F. *Büchsel*, ThWNT III, 943.

717 *Büchsel* a.a.O. 943f.

718 Vgl. W. *Grundmann*, ThWNT IV, 536; *Johnson* 255.

719 Vgl. *Mayor* a.a.O.; *Johnson* 256.

Über die Aktualität der Mahnung des Jakobus braucht man kein Wort zu verlieren. Jedoch sei noch auf zwei Punkte hingewiesen. Erstens: Offensichtlich drängten damals viele Gemeindeglieder danach, Lehrer zu werden.[720] Das spricht in der Tat für die hohe Position der Lehrer. Denn in der Geschichte der christlichen Gemeinde drängte man immer in die Leitungsämter. Zweitens: Wir halten fest, dass der Jakobusbrief sehr altertümliche urchristliche Gemeindeverhältnisse widerspiegelt. Es gibt „Lehrer" = Rabbis, „Brüder", „Synagogen", „Älteste", „Weise". Von „Bischöfen", „Hirten", „Diakonen", „Evangelisten" oder „Propheten" ist hingegen nicht die Rede – was allerdings nicht beweist, dass diese damals noch nicht existierten.

2 Ganz energisch wehrt Jakobus (V. 2) der Vorstellung, dass ein christlicher Lehrer sündlos sein könnte. „**Denn wir alle sündigen in vielem**". Dieser kleine Satz hat es in sich. Woher kommt er? Sehr wahrscheinlich aus der Lehre Jesu. Vgl. besonders Mt 15,11.19. Man beachte wieder das „**wir**". Jakobus schließt sich also bewusst in diese Feststellung ein. Auch er, die „Säule" der Urchristenheit (Gal 2,9), ist ebenso ein Sünder, wie alle Apostel (vgl. I Tim 1,15). Nur Jesus war sündlos. „**Wir sündigen**": Die Gegenwartsform bekräftigt, dass die Christen auch nach dem Anschluss an Jesus noch sündigen (vgl. Röm 7). Von den 5 Vorkommen des Wortes πταίειν finden sich 3 bei Jakobus (2,10; in 3,2 zweimal).[721] Πταίειν ist also ein für Jakobus charakteristisches Wort. Es bedeutet „fallen", „irren", „sündigen". Es geht um die Verfehlung des Willens Gottes, wie er sich in der Heiligen Schrift und ihren Geboten ausdrückt. Jakobus sagt nicht: „Dies geschieht gelegentlich". Vielmehr sagt er betont: „**in vielem**". Jakobus ist also das Gegenteil eines Perfektionisten, er bleibt weit entfernt von einem „optimistischen" Menschenbild.[722]

Ein „**vollkommener Mann**" = vollkommener Mensch[723] (vgl. 1,4) wäre derjenige, der „**im Wort nicht sündigt**". Der Begriff „**Wort**" bezeichnet hier nicht nur die christliche Verkündigung, sondern ganz allgemein das menschliche Reden.[724] Offenbar geht Jakobus davon aus, dass der Mensch sich regelmäßig in seinem Reden versündigt, und dass „Ausnahmen von dieser Regel ...

[720] Anders *Johnson* 255.

[721] Vgl. hier und im folgenden K. L. *Schmidt*, ThWNT VI, 884f.

[722] Dass dieser Satz im NT „einzig" sei (so *Windisch* 22), stimmt nicht. Vgl. Röm 2–3; I Joh 1,8.

[723] Vgl. A. *Oepke*, ThWNT I, 363.

[724] Vgl. G. *Kittel*, ThWNT IV, 100f.; *Beyschlag* 157; *Belser* 140.

überaus selten sind".[725] Eben deshalb wäre einer, der redet, ohne zu sündigen, „**ein vollkommener**" Mensch. Er wäre ja „**in der Lage, den ganzen Leib zu zügeln**". „**Leib**" bedeutet hier nicht nur „Triebwelt" (gegen *Mußner* 160), sondern den ganzen Menschen in seiner Leibhaftigkeit.[726] Dieser Aussage liegt die Voraussetzung zugrunde, dass die Zunge „**den ganzen Leib**" regiert.[727] Die Verse 6–9 entfalten diese Voraussetzung genauer. Χαλιναγωγεῖν kommt im NT nur bei Jakobus vor (1,26 und 3,2), gehört also zu den typisch jakobeischen Worten.

In 3,2 greift Jakobus nicht nur auf Jesus, sondern auch auf die altjüdische und alttestamentliche Weisheit zurück. Man vgl. z. B. Sir 14,1: „Wohl dem, der sich nicht mit Reden vergeht", oder Prov 10,19: „Wo viel Worte sind, da geht's ohne Sünde nicht ab". Jakobus kann vermutlich voraussetzen, dass diese Weisheitstradition bei den Adressaten bekannt war.

3 Vom Reden lenkt Jakobus – gut vorbereitet durch V. 2[728] – in V. 3 über zu der konkreten Thematik von der Zunge. Hier bricht wieder die Anschaulichkeit seiner Sprache durch. Mit einprägsamen Bildern erfasst er das Wirken der Zunge: Er vergleicht es mit dem Zaum der Pferde, mit dem Ruder der Schiffe, mit dem entflammenden Feuer, mit der sprudelnden Quelle.

Er beginnt sofort mit dem ersten Vergleich: „**Wenn wir[729] den Pferden den Zaum ins Maul legen, damit sie uns gehorchen[730], dann lenken wir ihren ganzen Leib**"(V. 3). Es liegt auf der Hand, was er sagen will: Auch die Zunge ist ein Zaum und Zügel, der „**den ganzen Leib**" beherrscht. Die Worte καὶ ὅλον τὸ σῶμα sind ja keine genaue Wiederholung der entsprechenden Worte in V. 2. Der „**Leib**" des Pferdes, wie schwer auch immer, muss dem relativ leichten „**Zaum**" oder „**Zügel**" „**gehorchen**" – so auch der Mensch in seiner ganzen Leibhaftigkeit der **kleinen** Zunge. Denn diese Zunge spricht die Worte, die das Leben bestimmen. Der alttestamentliche Hintergrund erscheint in Ps 32,9: „Seid nicht wie Rosse oder Maultiere, ... denen man Zaum und Gebiß anlegen muss". Die Zähmung des Pferdes war im Altertum eine hochgeschätzte Kulturtat.

---

[725] *Kittel* a.a.O. 101.

[726] So mit Recht *Ropes* 228; *Beyschlag* 158; *Belser* 141; *Mayor* 108: „our whole activity".

[727] *Windisch* 22.

[728] Sehr gut dargestellt bei *Dibelius* 171f.

[729] Zur Übersetzung vgl. *Johnson* 257.

[730] Zur Übersetzung „gehorchen" vgl. R. *Bultmann*, ThWNT VI, 4.

4 Unmittelbar darauf folgt der zweite Vergleich, nämlich der des **„Steuerruders"** mit der Zunge (V. 4). Hier wird ausdrücklich auf den Gegensatz von **„groß"** und **„klein"** abgehoben. Denn **„die Schiffe, die so groß sind und von heftigen Winden getrieben werden, werden doch von einem ganz kleinen[731] Steuerruder gelenkt"**. Solche Vergleiche waren in der Antike beliebt.[732] Im Blick auf das schon in V. 3 gebrauchte μετάγειν ist zu bemerken, dass es innerhalb des NT nur bei Jakobus vorkommt.

Dasselbe gilt für εὐθύνειν, „führen", „lenken". Der **„Lenkende"** ist der Steuermann. In Klartext übersetzt: Der Mensch kann seine Zunge (**„Steuerruder"**!) gebrauchen, wie er will[733], mit der Zunge aber lenkt er den ganzen Leib („Schiff"). Instrument dieser Lenkung des Leibes ist also die **„ganz kleine"** Zunge.

5 Gerade dies trägt jetzt V. 5 ein: **„So ist auch die Zunge ein kleines Glied und vermisst sich doch[734] großer Dinge"**. Das Verb αὐχεῖν stellt wieder ein neutestamentliches Hapaxlegomenon dar. Warum wählt Jakobus dieses Verb, das eigentlich „„rühmen", „prahlen" bedeutet? Eine Erklärung dafür könnte sein, dass er an das „reden großer Dinge" seitens der Gotteslästerer denkt (vgl. Ps 12,5; Dan 7,8.25; 11,36; Zeph 3,12; Apk 13,5.6). Der Kontext unterstützt jedenfalls eine solche Vermutung. Mit Recht weist *Windisch* auf die Alliteration μικρὸν μέλος … μεγάλα hin (23).[735] *Belser* trägt 143 eine andere Deutung vor: „Die Zunge rühmt sich sc. mit Recht großer Dinge". Allein das „mit Recht" ist fälschlich hineingelesen. Der Kontext färbt das μεγάλα αὐχεῖ so stark ein, dass die Bedeutung „sich vermessen" nahe gelegt wird.[736]

Schon in der zweiten Vershälfte (5b) beginnt der dritte Vergleich, nämlich der des kleinen Feuers, das einen ganzen Wald in Brand setzt, mit der Zunge: **„Siehe, was für ein kleines Feuer – was für einen großen Wald zündet es an!"**[737] Moderne Zeiten, in denen ein einziges achtlos weggeworfenes Streich-

---

731 *Mayor* 111: „very small".

732 Vgl. *Dibelius* 173ff.; *Windisch* 22f.

733 Ὁρμή bedeutet den Willen, nicht den physischen Druck aufs Steuerruder. Vgl. *Bauer-Aland* Sp. 1178f.; G. *Bertram*, ThWNT V, 471 („freie Willkür"); *Windisch* 22; *Beyschlag* 161; *Schlatter*, Jak, 187; *Ropes* 230; *Johnson* 257f. Anders z. B. *Belser* 142f. („Stoß oder Druck"); *Mayor* 111.

734 Zur Übersetzung vgl. *Blass-Debrunner* § 442,4.

735 Ebenso *Ropes* 232; *Johnson* 258.

736 So auch *Beyschlag* 161; *Mußner* 161. Ähnlich wie *Belser* *Johnson* 258.

737 Zur Übersetzung vgl. *Johnson* 258; *Ropes* 232; *Mayor* 112; *Dibelius* 178.

holz oder eine Zigarette einen schweren Waldbrand entfachen, machen diesen Vergleich noch anschaulicher.

῞Υλη erinnert an den Buschwald der Heimat des Jakobus, der leicht abbrennt.[738] Mit *Mußner* nehmen wir an, dass Jakobus auch an dieser Stelle durch den alttestamentlichen und frühjüdischen Hintergrund geprägt ist (vgl. besonders Ps 84,13; Sir 28,12ff.; Prov 16,27; 26,21; PsSal 12,2f.).[739]

6 V. 6 erklärt jetzt mit dürren Worten, was sich bisher schon erschließen ließ: „**Auch die Zunge ist ein Feuer**". Aber die Radikalität der Fortsetzung überrascht: „**Als eine Welt der Ungerechtigkeit** (κόσμος τῆς ἀδικίας) **stellt sich die Zunge unter unseren Gliedern dar**". Ob ὁ κόσμος τῆς ἀδικίας einen Genitivus qualitatis (= ὁ ἄδικος κόσμος) oder einen Genitivus obiectivus bildet, kann offen bleiben.[740] Jedenfalls ist mit Hermann *Sasse*[741] der Sinn so zu fassen: „als die böse Welt stellt sich die Zunge unter unseren Gliedern dar". Textüberlieferung und Syntax bereiten gelegentlich Probleme bei der Auslegung dieses Verses. M. *Dibelius* ging so weit, zu sagen, V. 6 gehöre „in seiner gegenwärtigen Form zu den anfechtbarsten (Versen) des Neuen Testaments"(180).[742] Aber der jetzt von *Nestle-Aland* dargebotene Text macht einen guten Sinn.[743] Zum Begriff κόσμος τῆς ἀδικίας vgl. äthHen 48,7 sowie II Petr 2,5 κόσμος ἀσεβῶν, inhaltlich auch I Kor 1,27; I Joh 5,19.[744]

Die Sprachwelt, der Jak 3,6 zunächst zuzurechnen ist, ist also die frühjüdisch-frühchristliche. Was besagt nun V. 6a? Erstens: Mit dem „**Feuer**" von V. 5b meint Jakobus die Zunge. Zweitens: Diese Zunge wird jetzt nicht in Bezug auf ihre Macht oder ihre Kleinheit thematisiert, sondern in Bezug auf ihre Bosheit. Die interpretatio in malam partem, die auf V. 2 zurückgreift und die schon V. 5 beherrschte, spitzt sich jetzt also zu.

Mit drei kurzen Strichen zeigt uns Jakobus, wie er zu seinem Urteil kommt. „**Sie beschmutzt den ganzen Leib**". Σπιλοῦν in ähnlicher Bedeutung noch Jud 2,3. Der Begriff „**ganzer Leib**" kommt der Bedeutung „ganzer Mensch" nahe. Vom „**Leib**" ist die Rede, weil ja die Zunge ein Glied des Leibes ist. Wie

738 *Mußner* 162 unter Berufung auf *Elliott-Binns*.

739 *Mußner* a.a.O. Zu Parallelen bei Philo vgl. *Johnson* a.a.O.

740 Eher doch wohl ersteres, vgl. *Blass-Debrunner* § 165,2.

741 ThWNT III, 883. *Sasse* folgt *Dibelius* 181. Ebenso *Blass-Debrunner* § 273,3.

742 Ähnlich *Windisch* 23 („Text ist unverständlich").

743 Deshalb sind auch *Mußner*s Überlegungen 162f. nicht überzeugend.

744 Konstruktionen mit dem Gen. von ἀδικία z. B. Lk 13,27; 16,8.9; 18,6; Act 1,18; Röm 6,13; II Thess 2,10; II Petr 2,13.15.

aber „**beschmutzt**“ die Zunge „**den ganzen Leib**“? Antwort: Indem jedes sündige Wort den ganzen Menschen zum Sünder macht. Inhaltlich stehen wir hier nahe bei der Jesusüberlieferung von Mt 12,36f.[745]

Die nächste Aussage ist sprachlich sehr schwierig:[746] φλογίζουσα τὸν τροχὸν τῆς γενέσεως. Das ἡμῶν nach γενέσεως, das uns in **א**, *al*, vg, sy^{p} begegnet, ist wohl eine Erleichterung und deshalb als die bequemere lectio abzulehnen. Sowohl τροχός als auch φλογίζειν finden sich neutestamentlich nur bei Jakobus. Was bedeuten alle diese Begriffe? *Bauer-Aland* leiten sie „aus dem Sprachgebr. der orphischen Mysterien“ ab (Sp. 310).[747] *Dibelius* hält es für „Wahrscheinlich“, dass die orphischen Gedanken bei Pseudo-Phokylides 27 in die jüdische Literatur eindrangen (182f.). Dort finden wir die Aussage ὁ βίος τροχός. Auf *Dibelius* baut Nikolaus *Walter* auf, der in JSHRZ, IV, 3 (1983) diese Stelle wie folgt übersetzt: „das Leben ist ein kreisendes Rad“. Dabei bleibt offen, ob an ein „Glücksspiel“ gedacht ist oder „an den ewigen Kreislauf von Werden und Vergehen“. Das Bild sei „Jedenfalls ... in hellenistischer Literatur geläufig“.[748] Bei dieser Sachlage kann man nicht mehr auf eine Abstammung aus der Orphik verengen. So schrieb schon *Dibelius* (183): „der Ausdruck hatte wohl schon seinen orphischen Charakter verloren“. Dass Jakobus aber ein geläufiges Bild aus mündlicher oder schriftlicher griechischer Tradition übernahm, ist ohne weiteres vorstellbar. Übrigens machte *Windisch* bereits Parallelen aus *Plato* und *Herodot* namhaft (23).

Damit haben wir allerdings immer noch nicht die genaue Bedeutung der Worte erfasst. Seltsamerweise finden sich zu ihnen keine Textvarianten. Φλογίζειν bedeutet „**in Brand setzen**“, „entflammen“.[749] Auch da ist der Gedanke an die Kleinheit der Flamme = Zunge noch deutlich erkennbar. Τροχός kann „Rad“ oder „Kreislauf / Lauf/ Laufbahn“ bedeuten.[750] Und γένεσις? Heißt es „Ursprung“, „Entstehung“, „Geburt“ oder „Dasein“, „Leben“? Innerhalb des NT fällt auf, dass sowohl Matthäus als auch Jakobus eine Neigung zu diesem Begriff haben (vgl. Mt 1,1.18; Jak 1,23; 3,6). Außer ihnen hat nur Lukas einmal von diesem Begriff Gebrauch gemacht (1,14). Zu Mt 1,1

---

745 *Guthrie* 744; *Davids* 66.

746 *Mayor* 116: „this extremely difficult expression“.

747 Ebenso *Windisch* 23.

748 JSHRZ IV, 3, 200. Vgl. *Johnson* 260; *Ropes* 236.

749 φλογίζειν kommt im NT nur in Jak 3,6 vor (*Mayor* 116).

750 *Mayor* 116. *Mußner* übersetzt „Umkreis“ (158), *Schlatter*, Jak, 188 „das angeborene Rad“.

argumentierte Theodor *Zahn* mit bis heute gewichtigen Gründen, dass γένεσις „die allgemeinere Bedeutung von Geschichte" zuzumessen sei.[751]

Demnach sollten wir die Übersetzungen „Dasein", „Geschichte" oder einfach „Leben" bevorzugen.[752] Wir entscheiden uns in diesem Kommentar für die Übersetzung „Rad der Geschichte", um das griechische τροχός τῆς γενέσεως wiederzugeben, und nehmen den Ausdruck als Bezeichnung für den Ablauf der Ereignisse, die den Äußerungen der Zunge folgen. Die böse Zunge „**setzt**" also „**das Rad der Geschichte in Brand**". Das heißt: Sie führt im weitesten Umfang böse („**in Brand setzen**"!) Konsequenzen herbei.

„Sie wird selbst von der Hölle (γεέννα) **in Brand gesetzt":** Das ist die dritte Aussage, die begründet, weshalb sich die Zunge als eine Welt der Ungerechtigkeit darstellt. Hier fällt der Begriff γεέννα auf. Er findet sich nur bei den Synoptikern und Jakobus[753] – ein Zeichen für die Nähe des Jakobus zur Jesustradition. Γεέννα, ein Wort aus dem Hebräischen, geht auf גֵּי־הִנֹּם, das Hinnomtal bei Jerusalem, zurück. Weil man dort zur Königszeit Menschenopfer darbrachte (II Reg 16,3; 21,6) wurde es unter Gottes Gericht gestellt (Jer 7,32; 19,6). Deshalb wird sein Name später ein Ausdruck für Gericht und Feuerhölle.[754] Das göttliche Gericht ist es also, das die böse Zunge „**in Brand setzt**". Das heißt: Sie setzt es in Tätigkeit. Und zugleich ist schon klar: Was diese böse Zunge spricht, bringt sie und den ganzen Menschen ins göttliche Gericht.

Adolf *Schlatter* weist auf die Übereinstimmung unserer Erfahrung mit den Aussagen des Jakobus in 3,6 hin: „Suchen wir bei irgend einem zerrütteten und verdorbenen Lebenslauf den Anfang und Grund des Elends, immer sind Worte dabei im Spiel, die den Anstoß gaben"(Jak 188).

Im Verhältnis von Jak 3,6 zu Jak 1,13ff., bemerkt man eine gewisse Spannung. In 3,6 setzt die „**Hölle**" den Anfang zum Sündigen, in 1,13ff. tun das die eigenen Begierden. Man darf aus dieser Spannung aber keinen Widerspruch konstruieren. Beide Male wird die Verantwortung für die Sünde beim Menschen selbst gesehen (vgl. 3,2ff. das Bild vom Zaum und Steuerruder!). Diese Verantwortung schließt aber nicht aus, dass der Versucher oder die „Hölle" einen verderblichen Funken in den Menschen schleudert, der diesen Funken

751 Th. *Zahn*, Das Evangelium des Matthäus, KNT 1, 4.Aufl., 1922 (Nachdruck 1984 bei R. Brockhaus Wuppertal), 42.

752 *Bauer-Aland* Sp. 310: „Lebenslauf". Anders z. B. *Ropes* 235: „creation".

753 J. *Jeremias*, ThWNT I, 655.

754 Vgl. *Jeremias* a.a.O. 655f.

mit seinen Begierden aufnimmt und daraus den zerstörenden Brand entstehen lässt. Bei Jakobus muss man also beides zusammen sehen.[755]

Zu beachten bleibt ferner, dass Jakobus nur von der γεέννα als dem Ausgangspunkt des Bösen spricht, und nicht – wie *Dibelius* vorschnell identifiziert[756] – vom Satan. Indem Jakobus den Teufel zu erwähnen vermeidet, wird die menschliche Verantwortung deutlich gesteigert. So verharrt er auf der Linie von 1,13ff.

7 Die Verse 7 und 8 verlassen die Bildwelt. Es kommt zu einem Hinweis auf die mangelnde Kontrolle des Menschen über die Zunge. Diese mangelnde Kraft zur Bändigung der Zunge wird der in der Schöpfung ausgeübten Kraft zur Bändigung der Tiere durch den Menschen kontrastiert.

V. 7 schildert diese Bändigung der Kreaturen durch den Menschen: **„Jede Kreatur ... wird gebändigt und ist gebändigt worden durch das menschliche Wesen“**. πᾶσα γὰρ φύσις bringt mit dem Begriff φύσις typisch griechisches Sprachkolorit und lässt sich mit „jede Art“[757] oder **„jede Kreatur“**[758] übersetzen. Dem πᾶσα φύσις am Anfang des Verses entspricht in der Gegenüberstellung das τῇ φύσει τῇ ἀνθρωπίνῃ („durch das menschliche Wesen“)[759] am Ende des Verses. Dadurch wird klargestellt, dass auch der Mensch ein Geschöpf bleibt. Seine Herrschaft über die anderen Geschöpfe wurzelt im Schöpfungsbericht und Schöpfungsauftrag von Gen 1,26ff.

Auch die Einteilung in **„Tiere“**, **„Vögel“**, **„kriechende Tiere“** und **„Meereslebewesen“** entspricht den Einteilungen in Gen 1,26ff., aber auch z. B. in Gen 9,2.[760] Θηρίον = hebr. חַיָּה bedeutet das vierfüßige Tier oder Landtier,[761] nicht nur das wilde Tier.

Ἑρπετόν, Kriechtier, entspricht hebr. רֶמֶשׂ. Ἐναλία, neutestamentlich ein Hapaxlegomenon, bezeichnet das am oder im Meer Befindliche, in unserem Zusammenhang die **„Meereslebewesen“**. Hebr. steht dahinter דְּגֵי הַיָּם oder דְּגַת הַיָּם (vgl. Gen 1,26.28; 9,2). Obwohl also der Begriff

---

755 Vgl. *Schlatter*, Jak, 189.

756 *Dibelius* 184: „auf den Satan zurückgeführt“. Zu rasch identifiziert auch *Beyschlag* 168 Hölle und Teufel. Richtig *Belser* 145; *Jeremias* a.a.O.

757 Vgl. H. *Köster*, ThWNT IX, 269.

758 *Bauer-Aland* Sp. 1734.

759 Vgl. *Köster* und *Bauer-Aland* a.a.O.

760 *Mußner* 166; *Johnson* S, 261; *Mayor* 119; *Ropes* 240; *Beyschlag* 169.

761 Vgl. W. *Foerster*, ThWNT III, 133f.

φύσις in die griechische Sphäre weist, ist doch der Hintergrund von Jak 3,7 durchaus alttestamentlich und hebräisch.

Hinter δαμάζειν, das sich außerhalb des Jak nur noch in Mk 5,4 im NT findet, darf man wohl das hebr. רדה (Gen 1,26.28) vermuten. Allerdings ist an eine Art von Beherrschung gedacht, die auch Widerstände überwindet.[762] Δαμάζεται verweist auf die gegenwärtige Erfahrung, δεδάμασται auf die Erfahrung vergangener Zeiten. Die Formulierung δαμάζεται καὶ δεδάμασται verrät rhetorische Geschliffenheit.[763]

8 V. 8 hebt jetzt mit einem betonten δέ das Gegenteil hervor:[764] „**Aber die Zunge kann kein Mensch bändigen**". Eine Ausnahme ist bei Jakobus nicht vorgesehen. Den „vollkommenen Mann" von V. 2 gibt es also gar nicht! Die Härte des Urteils bei Jakobus erinnert an Jesus, z. B. in Mt 15,19. Bestätigt wird dadurch die Aussage an der Spitze von V. 2: „Wir alle sündigen in vielem". Dass der Mensch nicht gut, sondern Sünder ist, lässt sich bei allen neutestamentlichen Autoren festmachen.[765]

Weil die Zunge nicht gebändigt werden kann, „läuft sie „immer wieder" aus dem Ruder"! Nicht, dass sie nichts Gutes tun könnte (vgl. V. 9–10)! Aber sie wird dennoch und immer wieder das größte Unheil anrichten – auch bei Christen. Jakobus charakterisiert sie in seinem knappen Stil durch zwei Appositionen:[766] a) Sie ist „**ein unruhiges Übel**" (ἀκατάστατον κακόν). Wir kennen das ἀκατάστατος aus 1,8 (vgl. 3,16). Es ist ein typisch (ausschließlich) jakobeisches Wort, dem man das Grauen des Lehrers vor Haltlosigkeit, Unbeständigkeit und Unruhe anmerkt. In dem Begriff κακόν vereinigen sich zwei Bedeutungselemente: 1) Das Übel als Unheil, 2) das Übel als das Böse und Gesetzwidrige.[767] Die Formulierung μεστὴ ἰοῦ θανατηφόρου („**voll tödlichen Giftes**") ist wohl im Blick auf Ps 140,4 gewählt:[768] „Sie haben scharfe Zungen wie Schlangen, Otterngift ist unter ihren Lippen" (Ps 58,5; Röm 3,13). In θανατηφόρος liegt wieder ein neutestamentliches Hapaxlegomenon vor. Die Beschreibung der Zunge als „todbringend" darf sowohl wörtlich als auch spiri-

---

762 Vgl. *Belser* 147; *Beyschlag* 169.

763 *Dibelius* 184.

764 *Johnson* 261.

765 Interessanterweise fassten die Pelagianer V. 8 nur als Fragesatz auf (vgl. *Mußner* 166; *Ropes* 241).

766 Vgl. *Blass-Debrunner* § 137,3.

767 Vgl. *Bauer-Aland* Sp. 806ff.; W. *Grundmann*, ThWNT III, 477ff.

768 *Mayor* 121.

tuell genommen werden. Der Mensch kann allein mit seiner Zunge anderen den Tod bringen und ihre Existenz vernichten (vgl. außer Ps 58,5 und 140,4 noch Ps 5,10; 10,7). Er kann sich aber auch selbst mit seinen Worten die Verdammnis bzw. den geistlichen Tod zuziehen. Wie gefährlich das menschliche Reden ist, zeigt Jakobus in V. 9 und 10 an religiösen Beispielen.

9 V. 9 greift das Thema Lobpreis und Fluch auf. Beides geschieht mit der Zunge: „**Mit ihr preisen wir den Herrn und Vater, und mit ihr verfluchen wir die Menschen, die nach dem Bilde Gottes geschaffen sind**". „**Herr**" (κύριος) und „**Vater**" (πατήρ) ist Gott der Vater. So bezeichnete ihn das AT (Jes 63,16), die Weisheit Israels (Sir 23,1.4), vor allem aber Jesus (vgl. das Vaterunser!).[769] Vielleicht deutet κύριος in diesem Zusammenhang darauf hin, dass „Adonai" damals eine bevorzugte Gebetsanrede bei Juden und Judenchristen war.

Allerdings bleibt zu beachten, dass κύριος sowohl das hebr. אֲדֹנָי als auch יהוה wiedergibt.[770] Als Inhalt des κύριος-Begriffes auch in Jak 3,9 nennt W. *Foerster*: „die personhafte, rechtmäßige, umfassende Obmacht Gottes".[771] Im Gebrauch des πατήρ (vgl. 1.17.27) dürfte sich Jakobus an die Verkündigung Jesu anlehnen. In εὐλογοῦμεν erkennt man unschwer das hebr. ברך.[772] Es lässt sich übersetzen mit „wir segnen" oder „wir preisen". Der Sinn ist: den dankenden Lobpreis Gottes aussprechen.[773]

Neben diesem dankenden Lobpreis Gottes erscheint als extremer Gegenpol das „**verfluchen**". Jakobus vermeidet es allerdings, von einem Verfluchen Gottes zu sprechen. Stattdessen gilt in Jak 3,9 das Verfluchen den „**Menschen**". „**Verfluchen**" bedeutet einen Racheakt, der den betreffenden Menschen Unheil bringen soll.[774]

Jesus hat dieses „**verfluchen**" von „**Menschen**" verboten und stattdessen verlangt, dass wir sogar unsere Feinde segnen (Lk 6,28; vgl. Mt 5,44; I Petr 3,9; Röm 12.14). Jakobus fügt in V. 9 eine Begründung an: „...**die nach dem Bilde Gottes geschaffen sind**". Die griechische Formulierung τοὺς καθ' ὁμοίωσιν θεοῦ γεγονότας lässt an das hebr. דְּמוּת als Äquivalent für ὁμοίωσις denken. Die genauere Übersetzung lautet demnach: „die in Ähn-

---

769 Zu Jesus vgl. W. *Foerster*, ThWNT III, 1085ff. Vgl. noch *Ropes* 242.

770 G. *Quell*, ThWNT III, 1056ff.

771 *Foerster* a.a.O. 1087.

772 H. W. *Beyer*, ThWNT II, 751f.

773 *Beyer* a.a.O. 759.

774 Vgl. F. *Büchsel*, ThWNT I, 449ff.

lichkeit (oder Übereinstimmung) mit Gott geschaffen sind".[775] Ὁμοίωσις findet sich im NT nur hier bei Jakobus. Offenbar bezieht er sich hier auf Gen 1,26f.[776] Seine Begründung will nach J. *Schneider*[777] besagen: „Wer den Menschen flucht, wendet sich damit gegen Gott selbst, der den Menschen seinem Wesen ähnlich geschaffen hat". Eine solche Argumentation findet sich auch schon in Gen 9,6.[778] Bemerkenswerterweise besteht nach Jak 3,9 die Gottesebenbildlichkeit nach dem Sündenfall fort.[779]

Es fällt auf, dass in dem Abschnitt Jak 3,1ff. relativ oft der Schöpfungsbericht herbeigezogen wird. Vgl. 3,7 mit Gen 1,26ff.; 9,2 und 3,9 mit Gen 1,26f.; 9,6. Die Verbindung mit dem Schöpfungsbericht, bewahrt uns davor, die Vorgänge von 3,9 nur auf die Christen oder Israel[780] beziehen zu wollen. Gemeint sind alle Menschen. Aber eben: **auch** die Christen. Deshalb wird Jak 3,9 zu einer ernsten Mahnung an uns.[781] Insgesamt behält *Mußner*s Feststellung ihr Recht: „Der V. 9 ist ganz aus jüdischer Mentalität und Tradition heraus geformt"(167).

10 V. 10a zieht jetzt die allgemeine Konsequenz und schließt damit den Unterabschnitt 3,2–10a ab: „**Aus demselben Mund kommt Segen und Fluch**". Dieser Satz könnte auch bei Ben Sira stehen. Vgl. Sir 5,13:" Ehre und Schande können durch Reden kommen".[782]

Es ist ein durch und durch hebr. Satz. Hinter εὐλογία entdeckt man בְּרָכָה, hinter κατάρα קְלָלָה.[783] Darüber hinaus gibt es Parallelen bei Ps 62,5 (τῷ στώματι αὐτῶν εὐλογοῦσαν καὶ τῇ καρδίᾳ αὐτῶν κατηρῶντο), in den **Test XII** (T. Benj. 6,5) und in Qumran (1 QS X, 21ff.; 1 QH I, 27ff.),[784] aber auch in Sir 28,12.[785] Originalität kann also Jakobus für diesen Satz nicht beanspruchen. Aber das war auch gar nicht seine Absicht. Ihm geht es nur um den angemessenen Ausdruck der Realität. Und die heißt: Die Zunge ist gerade

[775] J. *Schneider*, ThWNT V, 190.
[776] *Schneider* a.a.O.; *Johnson* 262.
[777] A.a.O. Ähnlich *Schlatter*, Jak, 190.
[778] *Mayor* 123.
[779] *Belser* 149; *Beyschlag* 171.
[780] Letzteres bei *Schlatter* a.a.O.
[781] Vgl. *Belser* 149f.
[782] In der Übersetzung Georg *Sauers*, JSHRZ III, 5, 1981, 518.
[783] Vgl. F. *Büchsel*, ThWNT I, 449.
[784] *Mußner* 167.
[785] *Sauer* a.a.O. 574.

deshalb so unheimlich und gefährlich, weil in ihr beide Möglichkeiten liegen: Segen und Fluch.

„**Das** „aber „**muss, meine Brüder, nicht so sein**“ (V. 10b): So beginnt die abschließende Mahnung des gesamten Abschnitts 3,1–12. Χρή ist neutestamentliches Hapaxlegomenon.[786] V. 10b bedeutet nach 3,2–10a eine echte Überraschung. „**Muss das**“ mit der Zunge „**nicht so sein**“, wenn doch alle Menschen Sünder sind (V. 2), wenn doch die Zunge eine Welt voll Ungerechtigkeit darstellt (V. 6)?

Faktisch „**muss**“ es wirklich unter den genannten Bedingungen „**so sein**“. Jedoch bringt Jakobus im zweiten Satz von V. 10 zum Ausdruck, dass böses Reden Sünde bleibt und vom Menschen als solche zu verantworten ist. Er bringt hier ferner zum Ausdruck, dass sich christlicher Glaube darin bewährt, dass er böses Reden zu vermeiden und zu überwinden trachtet. Dieselbe Überzeugung äußert Paulus in Eph 4,29.

11 Dass es „**nicht so sein muss**“, dass böses Reden vielmehr aus der sündhaften Entscheidung des Menschen resultiert, macht Jakobus an einem Beispiel aus der Schöpfung deutlich. Er schreibt: „**Oder lässt etwa die Quelle aus derselben Öffnung das Süße und das Bittere sprudeln**?“[787] (V. 11). Weil er aus einem Land stammt, in dem es „**Quellen**“ meist in Gestalt von Spalten und Höhlungen im Kalkstein gibt, nimmt er das Wort ὀπή, um πηγή zu erläutern.[788] In der Sache hat er recht: „es gibt nur süße oder bittere, salzige Quellen; keine Salzquelle kann etwa Süßwasser hervorbringen“.[789] Der Schöpfer hat es so eingerichtet. Folglich – jetzt kommt Jakobus vom Anschauungsbeispiel zum Thema zurück – hat der Schöpfer auch nicht gewollt, dass die Zunge Gutes und Böses zugleich reden soll. Sie soll vielmehr nach der Bestimmung des Schöpfers nur Gutes reden.

Nach der Regel de deux fügt Jakobus zwei weitere Beispiele aus dem Schöpfungsbericht an. Er folgt damit der Gewohnheit der jüdischen Schriftgelehrten, die gerne zwei Schriftzitate oder zwei Beispiele zur Begründung aneinanderfügen.

12 „**Kann denn**“, so lautet das zweite Beispiel, „**ein Feigenbaum Oliven oder ein Weinstock Feigen hervorbringen**“? (V. 12). Die wiederholte Anre-

---

786 Vgl. *Blass-Debrunner* § 358,1.
787 βρύειν ist Hapaxlegomenon im NT.
788 *Mayor* 124: „a cleft in a rock“.
789 W. *Michaelis*, ThWNT VI, 115.

de „**meine Brüder**" (vgl. V. 10)[790] unterstreicht die Eindringlichkeit seiner Darlegung. Sie zeigt aber auch, dass es jetzt speziell um die Ethik der Gemeinde geht.

Wir werden sofort an das ähnliche Beispiel Jesu in Mt 7,16f. erinnert. Aber die Verwurzelung des Jakobus im Hebräischen reicht noch weiter. Da sowohl συκῆ („**Feigenbaum**") als auch σῦκα („**Feigen**") im Hebräischen durch dasselbe Wort (תְּאֵנָה) wiedergegeben werden, ist das Wortspiel in V.12 noch treffender als es der griechische Text auf den ersten Blick erkennen lässt. Überdies „begegnet die Verbindung von **Weinstock** und **Feigenbaum**" im AT häufig.[791] *Hunzinger*[792] nennt dafür Jes 34,4; Jer 5,17; 8,13; Hos 2,14; 9,10; Joel 1,7; 2,22; Ps 105,33; Cant 2,13; I Reg 5,5; Mi 4,4; Sach 3,10; II Reg 18,31; Jes 36,16. Vor allem ist auf die Jotam-Fabel in Jdc 9,7ff. hinzuweisen, in der „Feigenbaum", „**Oliven**(baum)" und „**Weinstock**" ähnlich eng verbunden sind wie in Jak 3,12. Angesichts dieser Parallelen erübrigt sich die These, Jakobus folge „hier offenbar stoischer Schultradition".[793] Vielmehr hat er einen sehr bekannten Stoff nach seiner eigenen Einschätzung aufgenommen und für sich formuliert. Klar ist, dass die in V. 12 gestellte Frage (μὴ δύναται ...) verneint werden muss.[794] „**Ebensowenig kann eine Salzquelle Süßwasser hervorbringen**"[795]: Damit beantwortet Jakobus selbst die in V. 11 gestellte Frage.

Wir haben den Abschnitt 3,1–12 mit „Die Bewährung des Glaubens beim Reden" überschrieben. Denn es ging Jakobus nicht um eine Abhandlung über das Reden, sondern um denjenigen Gebrauch der Zunge, der dem Glauben gemäß ist. Auch in 3,1–12 setzt sich also sein Interesse am wahren Glauben und dessen Konsequenzen fort. Die dreifache Anrede „**meine Brüder**" (V. 1.10.12) kann das nur unterstreichen. Man kann aber nicht übersehen, dass im ganzen Abschnitt eine spürbare Spannung herrscht. Es ist die Spannung zwischen der Erkenntnis, dass wir uns alle, auch als Christen, beim Reden verfehlen (V. 2), und der Aufforderung: „**Das muss nicht so sein**". Eine Lösung für diese Spannung wird im Abschnitt selbst nicht gegeben. Eine Lösung

---

790 Vgl. *Johnson* 263.

791 C.-H. *Hunzinger*, ThWNT VII, 752.

792 A.a.O.

793 So *Hunzinger* a.a.O. 755 im Gefolge von *Dibelius* und *Windisch*.

794 Vgl. auch *Blass-Debrunner* § 445,1.

795 Der von *Nestle-Aland* gebotene Text dürfte der richtige sein. Vgl. wieder *Blass-Debrunner* a.a.O., sowie § 35,3. Zweifelnd *Bauer-Aland* Sp. 80; *Windisch* 25.

wird nur im größeren Kontext sichtbar, wonach Gott die Christusgläubigen wiedergeboren und sie dadurch befähigt hat, immer wieder neu die Werke des Glaubens zu vollbringen, auch wenn diese durch sündiges Verhalten immer wieder unterbrochen werden. Im Grunde ist dies dieselbe Spannung, wie sie Paulus in Röm 7 beschreibt.

10. Weisheit bringt Frieden (Jak 3,13–18)

I **13 „Wer ist weise und klug unter euch? Er zeige doch aus seinem guten Wandel heraus seine Werke durch Sanftmut der Weisheit! 14 Wenn ihr aber bitteren Eifer und Streitsucht in euren Herzen habt, dann rühmt euch nicht und lügt nicht gegen die Wahrheit. 15 Das ist nicht die Weisheit, die von oben herabkommt, sondern eine irdische, seelische, dämonische. 16 Denn wo Eifer und Streitsucht sind, da ist Unordnung und alles schlechte Zeug. 17 Die Weisheit von oben aber ist zuerst heilig, sodann friedfertig, gütig, folgsam, voll Barmherzigkeit und guter Früchte, unparteiisch, ohne Heuchelei. 18 Die Frucht der Gerechtigkeit aber wird in Frieden ausgesät für die, die Frieden praktizieren."**

II Das Thema „Bewährung des Glaubens" hat Jakobus in 3,13–18 nicht vergessen. Schließlich ist die Überwindung von Streit und Unfrieden auch ein „Werk des Glaubens". Ebenso wenig ist das Thema „Reden" in 3,13–18 vergessen. Denn Neid, Streit und Rühmen haben sehr wohl etwas mit dem Reden zu tun.

Dennoch liegt zwischen 3,12 und 3,13 eine gewisse Zäsur. Jetzt taucht das Stichwort „Weisheit" (σοφία) neu auf, das wir letztmals in 1,5 gehört haben. Es wird zu einem der tragenden Begriffe dieses Abschnitts (V. 13.15.17). Ergänzt wird es durch σοφός und ἐπιστήμων in V. 13, flankiert durch „Sanftmut" (πραΰτης) und „Frieden" (εἰρήνη).

Hinzu kommt die Beobachtung, dass es in 3,13–18 um alle Gemeindeglieder geht, und nicht nur um die Lehrer, wie zu Anfang von V. 1ff. Freilich mündete auch 3,1–12 in eine allgemeine Gemeindeparänese („meine Brüder"!). Schließlich handeln die Verse 13–18 nicht mehr allgemein von der

Zunge und ihrer Bosheit, sondern viel konkreter von ζῆλος und ἐριθεία in offenbar zerstrittenen Gemeinden.

Alle die genannten Beobachtungen haben dazu geführt, dass viele Ausleger 3,13–18 als selbstständigen Abschnitt oder Spruchgruppe betrachten.[796] Die Überschriften sind freilich sehr verschieden. *Johnson* tituliert 3,13–4,10 mit „Call to Conversion", *Mußner* 3,13–18 mit „Kennzeichen wahrer Lehrweisheit", *Beyschlag* mit „Gegenüberstellung der falschen und der wahren Weisheit". All dies hat ein Korn Wahrheit. Bedenkt man den paränetischen Zweck, dann wird man sich allerdings mit „Kennzeichen" oder „Gegenüberstellung" kaum zufrieden geben können. Deshalb wählten wir – durchaus auch im Sinne eines Aufrufs! – „Weisheit bringt Frieden".

Exkurs: Jakobus und die Weisheit

Die drei Begriffe σοφός, σοφία und ἐπιστήμων in Jak 3,13 fordern dazu heraus, sich über das Verhältnis des Jakobus zur Weisheit grundsätzliche Gedanken zu machen.

Alle drei Begriffe wurzeln im Hebräischen: σοφός in חָכָם, σοφία in der חָכְמָה, ἐπιστήμων vermutlich in נָבוֹן.[797] Die Weisheit (σοφία) hat in Israel eine hervorragende Rolle gespielt. Georg *Fohrer* nannte die Übersetzung von חָכְמָה mit „Weisheit" „unglücklich". Es gehe ja nicht um die „theoretische (r) Bewältigung der Lebens- und Weltfragen", sondern jeweils „um eine Lösung praktischer Art auf Grund konkreter Anforderungen".[798] Im Blick auf die enge Verknüpfung von חָכְמָה und תּוֹרָה dürfte er recht haben. Entscheidend wurde tatsächlich die „Konkretisierung auf religiösem Gebiet"[799], wie sie sich z. B. in Sir 24 nachweisen lasst. So wird die „Weisheit" zum göttlich geforderten richtigen ethischen Verhalten, ja geradezu identisch mit dem frommen Verhalten des Menschen.[800] Wichtig sind hier die Ausführungen in Sir 39.[801] Dort begegnet uns der Terminus סוֹפֵר = γραμματεύς, Schriftgelehrter. Er ist durch das Studium der Heiligen Schrift – nicht nur das Torastudium im engeren Sinne![802] – weise geworden. Denn er kennt das Gesetz, die Propheten und Geschichten, Sprüche, Meschalim. Später werden im rabbinischen Sprachgebrauch „Weise" und „Schriftge-

---

796 *Paulsen* 488; *Kümmel* 356f.; *Beyschlag* 173; *Mußner* 168; *Johnson* 267 (allerdings 3,13–4,10).

797 *Beyschlag* 174.

798 ThWNT VII, 476.

799 *Fohrer* a.a.O. 483.

800 *Fohrer* a.a.O. 486.

801 Vgl. meine Dissertation über Mensch und freier Wille.

802 Gegen *Wilckens*, ThWNT VII, 506.

lehrte“ der Sache nach identisch.[803] Von daher erklärt sich der Sprachgebrauch Jesu in Mt 23,34. Er will nach seiner Auferstehung προφήτας καὶ σοφοὺς καὶ γραμματεῖς senden. Man beachte, dass diese Titulatur nicht unter das Verdikt von Mt 23,8–12 fällt. Dort werden ῥαββί / πατήρ / καθηγήτης untersagt, nicht aber σοφός und γραμματεύς. Von Mt 23,34 führt eine gerade Spur zu Jak 3,1 und 3,13 mit den Begriffen διδάσκαλος und σοφός bzw. ἐπιστήμων.
Es bleibt eine interessante Frage, ob sich die Lehrer der von Jakobus angeschriebenen Gemeinden nicht tatsächlich Soferim (σοφοί) und Chachamim nannten. Nach der These von *Wilckens* ist Weisheit „für Jakobus ein sittlich anständiger Wandel“.[804] Das ist eine Fehlinterpretation. Weisheit ist für Jakobus vielmehr ein dem Neuen Bund entsprechender Wandel. Er stellt überhaupt nicht infrage, dass es „Lehrer“ (διδάσκαλοι) „**Weise**“ (= γραμματεῖς?, σοφοί) und „**Kluge**“ bzw. „Verständige“ gibt. Er fragt nur nach, wer solche Titel mit Recht trägt. Das Nähere muss die Einzelexegese erweisen.
Jedenfalls haben Forscher wie *Moo* oder *Burdick* recht, wenn sie auf die Nähe des Jakobus zur jüdischen Weisheitsliteratur hinweisen.[805] Wir vermuten, dass Jakobus diese Nähe durch Jesus vermittelt wurde.[806] Übrigens ergibt sich auch eine Nähe zu I Kor 1,20, wo Paulus σοφός, γραμματεύς und συζητητής nebeneinander stellt. Ist auch Paulus an Mt 23,34 orientiert?[807]
Halten wir fest: Jakobus als christlicher Schriftgelehrter sieht sich in der Linie alttestamentlich-jüdischer Weisheit und Schriftgelehrsamkeit, die eng zusammen gehören. In seinen Mahnungen nimmt er ebenso wie Jesus diese Linie gerne auf.

III **13** Die Formulierung: **„Wer ist weise** (σοφός = חָכָם) **und klug** (ἐπιστήμων = נָבוֹן) **unter euch?“**[808](V. 13) lässt vermuten, dass sich Gemeindemitglieder, und zwar prominente, tatsächlich so bezeichnet haben. Jakobus lässt das gelten. Es muss jedoch **eine** Bedingung erfüllt sein: **„Er zeige doch aus seinem guten Wandel heraus seine Werke durch Sanftmut der Weisheit!“** Mit einem Male steht Jak 2,18–26 wieder ganz lebendig vor uns. Das δειξάτω in

803 *Wilckens* a.a.O.
804 *Wilckens* a.a.O. 526.
805 *Moo* 40ff.; *Burdick* 164.
806 Vgl. *Wilckens* a.a.O. 515ff.
807 Vgl. *Wilckens* a.a.O. 522.
808 Vgl. *Blass-Debrunner* § 298ff.; Auf die Verbindung von σοφός und ἐπιστήμων in Dtn 1,13.15; 4,6; Sir 21,15; Dan 1,4 und bei Philo macht *Johnson* 270 aufmerksam. Vgl. *Windisch* 25. Zu σοφός merkt *Ropes* 244 an: „The technical term for the Teacher“.

3,13 entspricht dem δεῖξόν in 2,18. Auch jetzt in Jak 3,13 ist Jakobus der Auffassung, dass sich „**Werke**" des Glaubens „**zeigen**" lassen in der praktischen Lebensführung. Diese „**Werke**" haben Beweiskraft. Zusammen mit dem Bekenntnis des **Glaubens** an Jesus Christus (2,1) sind sie Ausweis des Christusglaubens. Der „**gute Wandel**"[809] entspricht der jüdischen „Halacha", aber normiert durch Christus. Mit den „**Werken**" führt Jakobus das Thema von 2,18ff. fort. Es geht also nicht um die Werkgerechtigkeit, die sich das ewige Leben verdient, sondern um die unverzichtbare, selbstverständliche Konsequenz des christlichen Glaubens (vgl. 2,18ff.). Wie wird „**Weisheit**" = gottgemäßes Verhalten erkennbar? „**Durch Sanftmut**"! Das klingt zunächst überraschend. Doch πραΰτης hängt mit πραΰς = hebr. עָנָו zusammen.[810] Von daher erklärt es sich, dass πραΰτης das typisch fromme Verhalten der Anawim bezeichnet, konkret die „milde, sanftmütige Freundlichkeit" der Frommen.[811] Schon jetzt ist klar, dass hier das totale Gegenteil zum Streit in den Gemeinden zum Ausdruck gebracht wird.[812] Ferner ist der Bezug zur Bergpredigt (Mt 5,5) und zu Ps 37,11 nicht zu übersehen.[813] Fazit: Die Soferim und Chachamim in den christlichen Gemeinden weisen sich durch die „**Sanftmut**" aus, die der Heilige Geist schenkt.

Jak 3,13 enthält tatsächlich eine Überraschung: den christlichen Weisen erkennt man an seinem Lebenswandel. Das heißt zugleich: **Nicht** an seiner Intelligenz, seiner Rhetorik, seiner Zeitgemäßheit! Hier werden unsere üblichen Beurteilungen revolutioniert. Hingewiesen sei noch auf den Bezug zu Sir 19,18ff. Mit Recht notiert *Ropes* (245) die Nähe von Jak 3,13 zu Pirke Abot 4,11.

Natürlich trifft Jak 3,13 in erster Linie auf die Lehrer zu. Vorsichtigerweise sollte man jedoch keine zu schnelle Eingrenzung auf die Lehrer **allein** vornehmen, wie ich es selbst noch in meinem früheren Kommentar getan habe (Jak 70). Schon die nächsten Verse empfehlen es, an die Gemeinde in ihrer ganzen Breite zu denken.

14 Jakobus muss von „**bitterem Eifer**" und „**Streitsucht**" in den Gemeinden gehört haben (V. 14). Das war damals das Normale. Paulus zeichnet schon in den früheren Briefen dasselbe Bild (I Kor 1,10ff; 3,3; II Kor 12,20; Gal 5,20).

---

809 Vgl. G. *Bertram*, ThWNT VII, 717.

810 Vgl. F. *Hauck/Schulz*, ThWNT VI, 645ff.

811 *Hauck/Schulz* a.a.O. 646.

812 Vgl. wieder *Hauck/Schulz* a.a.O. 650.

813 *Bieder* 95,4.

Petrus (I Petr 3,8ff.) und Johannes (I Joh 2,7ff.; III Joh 9ff.) stehen vor derselben Realität. Auch die Apostelgeschichte des Lukas konfrontiert uns mit dieser Tatsache (6,1ff.; 15,1ff.). Es bleibt ein Schandfleck für die ganze Geschichte der Christenheit, dass sie voller Streitereien ist. Und ist das nicht auch heute noch das Normale? Interessanterweise argumentiert Jakobus hier nicht von der Bruderliebe her, die er ja durchaus kennt (vgl. Kap. 2), sondern von der Weisheit her.

„**Eifer**" (ζῆλος) kann eine gute Sache sein (vgl. Joh 2,17; Röm 10,2; II Kor 9,2; Phil 3,6). Aber die Wortverbindung „bitterer Eifer" (ζῆλος πικρός) markiert ihn als schädlich.[814] Πικρός, auf hebr. מַר zurückgehend, wurde soeben in Jak 3,11 von der bitteren bzw. salzigen Quelle gebraucht.[815] Jetzt wird es in Jak 3,14 im übertragenen Sinne gebraucht. Es bezeichnet sowohl die Bitterkeit, die man im eigenen „**Herzen**" empfindet, als auch die Erbitterung, die man bei andern erregt. Neben diesen bitteren Eifer tritt die ἐριθεία. Deren genaue Bedeutung ist umstritten. *Büchsel* plädiert für „Selbstsucht" oder „Niederträchtigkeit", was in Jak 3,14 tatsächlich „passt".[816] *Dibelius* u. a. plädieren für „**Streitsucht**".[817] Der Kontext mit den Begriffen ζῆλος, ἀκαταστασία und εἰρήνη scheint uns eher für die zweite Bedeutung zu sprechen. Deshalb bevorzugen wir ebenfalls die Bedeutung „Streitsucht".[818]

Jakobus erkennt solchen Eifer und solche Streitlust „**in euren Herzen**". Aus den Worten und Äußerungen, die gemacht werden, schließt er also auf das „**Herz**" – ganz wie es Jesus getan hatte (vgl. Mt 5,21ff.; 12,34ff.; 15,18f.). Zugleich mahnt er auf diese Weise, dass die „**Herzen**" gebessert werden müssen, wenn solch schädlicher Streit in der Gemeinde aufhören soll.

In eigenartiger Spannung zu ihrem schädlichen Verhalten steht das „**Rühmen**" der Streitlustigen. „**Rühmen**" (κατακαυχᾶσθαι) hat ein Element des Großtuns, Sichbrüstens, der Überheblichkeit an sich.[819] Erneut begegnet uns bei Paulus ein ähnliches Bild. Dessen Gegner, die falschen Apostel, rühmen sich gerne selbst (II Kor 10,12ff.; 11,12; Gal 6,4).[820] Im Unterschied zu den

---

814 Vgl. A. *Stumpff*, ThWNT II, 884.

815 Vgl. W. *Michaelis*, ThWNT VI, 124.

816 ThWNT II, 658.

817 Vgl. *Bauer-Aland* Sp. 626; *Windisch* 24f.; *Johnson* 271 jedoch: „selfish ambition", ebenso *Ropes* 246; *Mayor* 127.

818 So auch die *Luther*bibel.

819 *Bauer-Aland* Sp. 835.

820 Vgl. R. *Bultmann*, ThWNT III, 648ff.

genannten Paulusstellen greift aber Jakobus nicht irgendwelche Gegner an, sondern deckt ein allgemeines Übel in den Gemeinden auf. Wo aber ein solcher Selbstruhm laut wird, da schlägt er der Wahrheit ins Gesicht. Ja, er wird von Jakobus sogar als „**lügen gegen die Wahrheit**" bezeichnet.[821] Dem tritt er in den Weg. Dabei beobachten wir, dass „**Wahrheit**" (ἀλήθεια) und „**Weisheit**" (σοφία) offenbar nahe zusammenrücken. Im Übrigen warnte gerade die alttestamentliche Weisheit vor dem Selbstruhm (z. B. Prov 27,1ff.; Sir 20,7f.).[822]

Gerade die Parallelität zu den Paulusbriefen lässt die Frage stellen: Hat Jakobus vielleicht doch eine bestimmte Gruppe im Blick – auch wenn sie nicht als seine persönlichen Gegner auftreten wollten?[823] Vielleicht sogar frühe Gnostiker (vgl. Kol 2,18; I Tim 6,3ff.; II Tim 2,14ff.; 3,1ff.)?[824] Eine feste Gewissheit gibt es hier nicht. Aber die Wendungen „**unter euch**" / „**in euren Herzen**" und das allgemeine „**ihr**" deuten doch eher in eine andere Richtung, nämlich auf den Gesamtzustand der Gemeinden.

15 Den Rühmenden bestreitet Jakobus nicht die Intelligenz oder das Bibelwissen. *Schlatter* schreibt sogar: „Ein scharfes Auge mögt ihr haben und mehr wahrnehmen, als andere sehen, mögt ein weites Sehfeld umspannen, eure Gedanken höher steigen lassen und einen kräftigeren Geist haben als andere, der mehr umfaßt" (Jak zur Stelle). Und doch sagt Jakobus von ihrer Weisheit: „**Das ist nicht die Weisheit, die von oben herabkommt**" (V. 15). Ἄνωθεν meint von Gott, vom Vater der Lichter (1,5.17).

Sonst würde sie ja nicht Bitterkeit und Streitsucht in den Herzen hervorrufen. Nein, die Weisheit, derer sich solche scheinbar „kompetenten" Leute rühmen, ist „**eine irdische, seelische, dämonische**". Offensichtlich steigern sich diese drei Attribute.[825] „**Irdisch**" bildet den Gegensatz zu „himmlisch"/"**von oben**". Ἐπίγειος haben auch Jesus (Joh 3,12) und Paulus (I Kor 15,40; II Kor 5,1; Phil 2.10; 3,19) benutzt, um den Bereich dieser gegenwärtigen, vergehenden Schöpfung zu bezeichnen.[826] Ψυχικός ist nicht auf die Erde bezogen, sondern auf den Menschen, und kennzeichnet das Natürlich-

---

821 Das καὶ vor ψεύδεσθε ist explikativ (*Mußner* 171; *Ropes* 246f.; *Mayor* 128).

822 Vgl. wieder *Bultmann* a.a.O. 646f.

823 *Mußner* 171 denkt an „judaistische Fanatiker".

824 Auch *Mußner* stellt 173 diese Frage, ebenso *Windisch* 25.

825 *Johnson* 272; *Belser* 156; *Beyschlag* 177; *Ropes* 248.

826 Vgl. H. *Sasse*, ThWNT I, 680.

Menschliche im Unterschied zu πνευματικός.[827] Es muss nicht unbedingt negativ besetzt sein, sondern bringt zunächst den Menschen so zum Ausdruck, wie er bei der Schöpfung durch die Gabe der ψυχή, der נֶפֶשׁ, erschaffen wurde (Gen 2,7; vgl. I Kor 2,14).[828] Deshalb ist die Interpretation E. *Schweizer*s, ψυχικός in Jak 3,15 sei „schon als dämonisch" aufzufassen,[829] abzulehnen. Erst mit dem nächsten Begriff, δαιμονιώδης, kommt das **Dämonische** ins Spiel.[830] Der Sinn ist, dass die streitlustige, von Bitterkeit begleitete Weisheit mit dem „gegenwärtigen Wirken dämonischer Mächte" erklärt werden muss.[831] Da Jakobus sonst mit Bezugnahmen auf Satanisches oder Dämonisches sehr vorsichtig ist (vgl. nur 1,13ff.), fällt die Aussage δαιμονιώδης in der Tat auf. Offensichtlich sieht Jakobus in den Streitigkeiten der Gemeinde den Diabolos (4,7) am Werk. Deshalb enthält Jak 3,15 eine strenge Mahnung. Es ist deutlich, dass Jakobus mit dieser Sichtweise in der Linie der Dämonenaussagen des übrigen NT steht (vgl. Eph 6,12; I Tim 4,1; I Joh 4,1; Mt 5,41).[832] Vgl. auch 2,19 und die Erklärung dort.

Andererseits meldet sich hinter Jak 3,15 ein größerer Kontext. Hinter dem Gegensatz „himmlische Weisheit" und „irdische Weisheit" wird ja die Spannung von menschlichem und göttlichem Heiligem Geist erkennbar. Und diese Spannung steht wiederum in Verbindung mit der Spannung natürlicher Mensch – geistlicher Mensch. Damit aber berühren wir erneut das Thema der Wiedergeburt, das uns in 1,18 beschäftigt hat. Die Aussagen des Jakobus in 3,13 lassen sich nur verstehen, wenn er mit der Wiedergeburt im neuen Bund rechnet, und das heißt auch: mit einem ἄνθρωπος πνευματικός, mit der Gabe des Geistes, der Wahrheit und der Weisheit, mit einer umfassenden Erneuerung des Menschen, die ihn der Notwendigkeit enthebt, seiner „**irdischen**", „**seelischen**" und letztlich vom „**Dämonischen**" beeinflussten Weisheit folgen zu müssen.

16 Wie Jakobus in V. 14 und 15 ausführte, ist die irdische Weisheit in den Gemeinden mit bitterem Eifer und Streitsucht verknüpft. Das wird jetzt noch einmal bekräftigt und zugleich erweitert: „**denn wo Eifer und Streitsucht**

827 Vgl. wieder *Sasse* a.a.O.

828 Vgl. die Darstellung im ThWNT IX, 614ff.

829 A.a.O. 664.

830 Wieder ein ntl. Hapaxlegomenon. *Johnson* a.a.O.: „unattested before Christian literature".

831 580. W. *Foerster*, ThWNT I, 17; *Johnson* 272; *Belser* 156.

832 Vgl. *Foerster* a.a.O. 17f.

sind, da ist Unordnung und alles schlechte Zeug“ (V. 16). Ebendeshalb – „**Denn**“ – ist es eben auch eine seelische, ja geradezu eine dämonische Weisheit. Zu „**Eifer**“ ist jetzt kein Attribut mehr erforderlich. Über „**Eifer und Streitsucht**“ vgl. die Erklärung bei V. 14. Als Konsequenz daraus wird hier die „**Unordnung**“ (ἀκαταστασία) genannt. Mit der Begriffsgruppe ἀκαταστασία / ἀκατάστατος begegnet uns typisch Jakobeisches. 'Ακατάστατος findet sich im NT nur bei Jakobus (1,8; 3,8).[833] 'Ακαταστασία dagegen findet sich auch bei Paulus und Lukas (Lk 21,9; I Kor 14,33; II Kor 6,5; 12,20). **Diese „Unordnung**“ wird von A. *Oepke* als „Störung der Ruhe und des Friedens in der Gemeinde“ definiert.[834] Aufgrund der Etymologie wird man jedoch eher an eine Infragestellung oder Aufhebung des geregelten Zustands, insbesondere der Ämterordnung zu denken haben. Eine solche Interpretation empfiehlt jedenfalls der Vergleich mit I Kor 14,33 sowie I Kor 1,8ff.; 16,16; I Thess 5,12; I Tim 4,12; I Petr 5,5ff.; Jud 19. Aus den ἀκαταστασίαι ergeben sich leicht Unruhen, Fraktionen und Separationen. Eine weitere Konsequenz ist πᾶν φαῦλον πρᾶγμα. Πρᾶγμα wird auf דָּבָר zurückzuführen sein. C. *Maurer* übersetzt unsere Stelle „jede Schlechtigkeit“.[835] Da es um Verhaltensweisen, also um den Wandel und nicht das Herz geht, wählten wir die Übersetzung „**alles schlechte Zeug**“. Möglich wäre vom Wortsinn her aber eine noch viel konkretere Übersetzung: „jeder schlechte Rechtshandel“.[836] Man vgl. dazu die Situation in Korinth (I Kor 6,1ff.). Da aber der Kontext in Jak 3,13ff. breit angelegt ist, wird man sich eher für die umfassendere Übersetzung („**alles schlechte Zeug**“ = „alle üblen Machenschaften“) entscheiden.[837]

17 Jakobus begnügt sich nicht mit der Warnung vor der falschen Weisheit. Er zeichnet vielmehr ein erstaunlich reiches Bild der wahren Weisheit (V. 17). Dieser 17. Vers erinnert lebhaft an die ausführlichen Beschreibungen des Paulus, z. B. von der Liebe in I Kor 13,4ff. oder von der Sünde in Röm 1,29ff.

„Die Weisheit von oben ist zuerst heilig (ἁγνή)**“**. 'Αγνός kann doppelt aufgefasst werden: a) als „rein“ im Sinne von sittlich, tadellos[838] = טָהוֹר. b)

---

833 Vgl. A. *Oepke*, ThWNT III, 449.

834 A.a.O.

835 ThWNT VI, 640.

836 Vgl. *Maurer*, a.a.O. 638. Dahin tendiert *Johnson* 273.

837 Für diese weitere Fassung auch *Mußner* 172f.; *Mayor* 130; *Beyschlag* 178.

838 So z. B. F. *Hauck* im ThWNT I, 123; *Ropes* 249; *Johnson* 273; *Beyschlag* 178, *Belser* 157.

Als „**heilig**“ im Sinne von Gott entsprechend = קָדוֹשׁ.[839] Da es Jakobus dem Kontext zufolge (ἄνωθεν!) um den zweiten Aspekt geht, ziehen wir die Bedeutung b) vor. Das πρῶτον legt einen starken Akzent auf den Ursprung und die Entsprechung zu Gott (vgl. 1,5.17). Ἔπειτα im Sinne von „anschließend“, „fernerhin“[840] markiert den Beginn einer Reihe von weiteren Beschreibungen.

Εἰρηνική, „**friedfertig**“ oder „friedvoll“, ist die himmlische Weisheit. Das steht im Gegensatz zu ζῆλος πικρός, ἐριθεία und ἀκαταστασία, die aus der irdisch-dämonischen Weisheit folgen. Schon in der LXX diente εἰρηνικός häufig „zur Bezeichnung des friedlichen Wortes eines Menschen“, im Gegensatz zum „Wort der Zwietracht“.[841] ἐπιεικής ist der nächste Terminus. In der Wortfolge ἔπειτα – εἰρηνική – ἐπιεικής – εὐπειθής – ἐλέους mit den gleichen Anlauten liegt wohl eine bewusste rhetorische Figur, eine sog. Parechese, vor.[842] Ἐπιεικής bedeutet „mild“ oder „**gütig**“, „d. h. ohne Schärfe auf dem Rechtsstandpunkt zu bestehen“.[843] Die ἐπιείκεια eignet auch Christus (II Kor 10,1). Vielleicht hat Herbert *Preisker* doch ein Stück weit recht, wenn er hier anmerkt: „Jk 3,17 wird die Weisheit als himmlisches Wesen, mit allerlei Herrschertugenden geschildert“.[844] Es folgt εὐπειθής, wieder ein neutestamentliches Hapaxlegomenon. Der Gegensatz ist ἀπειθής, das in den Lasterkatalogen z. B. auch hinsichtlich der Irrlehrer auftaucht (vgl. Röm 1,30; II Tim 3,2; Tit 1,16; 3,3).[845] Ἀπειθεῖς sind diejenigen, die ἀκαταστασία (V. 16) hervorrufen. Dagegen bedeutet εὐπειθής „**folgsam**“, „gehorsam“, im Sinne von Anerkennung der Gemeindeordnung, Belehrbarkeit durch andere, Mitwirkung am Aufbau und Zeugnis der Gemeinde.

Μεστὴ ἐλέους ist die fünfte Bestimmung. „**Voll Barmherzigkeit**“ bedeutet hier das Erbarmen mit anderen Menschen, hebr. רַחֲמִים.[846] Gerade dieses Erbarmen fehlt der irdischen Weisheit, die „bitteren Eifer“ und Streitlust pflegt und nur darauf bedacht ist, den eigenen Standpunkt durchzusetzen. Jetzt gewinnt auch das μεστὴ καρπῶν ἀγαθῶν sein genaueres Profil. Diese „**guten Früchte**“ bilden den Gegensatz zu dem πᾶν φαῦλον πρᾶγμα (V. 16), das die

---

839 So z. B. *Bauer-Aland* Sp. 21.

840 Vgl. *Bauer-Aland* Sp. 576.

841 W. *Foerster*, ThWNT II, 417.

842 Vgl. *Blass-Debrunner* § 488,2. Auch *Johnson* 274 notiert die Alliteration.

843 *Bauer-Aland* Sp. 593. Das Gegenteil in I Tim 3,3; Tit 3,2.

844 ThWNT II, 586.

845 Vgl. R. *Bultmann*, ThWNT VI, 10.

846 Vgl. dazu *Bultmann*, ThWNT II, 477; *Bauer-Aland* Sp. 504.

irdische Weisheit im Gefolge hat. Sie entsprechen andererseits der καλὴ ἀναστροφή von V. 13, die den wahrhaft Weisen und Klugen kennzeichnet. Ein glaubensgemäßer Lebenswandel also, der die „Werke des Glaubens" aufweist,[847] ist das Ergebnis der himmlischen Weisheit.

'Αδιάκριτος, ein weiteres neutestamentliches Hapaxlegomenon und typisches Wort der Koine, wird verschieden übersetzt: „ohne Zweifeln"[848], „ohne Geteiltheit" bzw. „unwavering, whole-hearted"[849], „unparteiisch"[850]. Im Blick auf den Sprachgebrauch des Jakobus in 2,1ff. (διεκρίθητε 2,4) und im Blick auf die vorausgehende Klage über Streitsucht und Unordnung (3,14ff.) halten wir die Übersetzung mit „unparteiisch" für die naheliegendste. Sie bringt dann zum Ausdruck, dass die himmlische Weisheit sich nicht vom Ansehen der Person (vgl. wieder 2,1ff.) bestimmen lässt, sondern von der Gerechtigkeit. Gerechtigkeit aber ist das Stichwort, das unmittelbar anschließend in V. 18 auftaucht. Die achte und letzte Bestimmung der himmlischen Weisheit lautet ἀνυπόκριτος. Nach U. *Wilckens* ist dieser Begriff im NT „festes Attribut der ἀγάπη."[851] Er bedeutet die „unverstellte Eindeutigkeit", und das Abstandnehmen von jeder Vortäuschung oder Verstellung. Es fällt auf, dass im NT gerade den Irrlehrern Heuchelei und Verstellung attestiert wird (vgl. I Tim 1,5ff.; 4,2).[852] Sie arbeiten mit Finessen, Unaufrichtigkeit und Lieblosigkeit. Die himmlische Weisheit dagegen ermöglicht ein Lehren und Leben „**ohne Heuchelei**".

18 Der Schlussvers des Abschnitts, V. 18, nimmt noch einmal wesentliche Gedanken der vorausgehenden Verse auf: „**Die Frucht der Gerechtigkeit aber wird in Frieden ausgesät für die, die Frieden praktizieren**". Deutlich ist zunächst, dass Jakobus durch diesen Abschnitt auf den „**Frieden**" in den Gemeinden hinarbeiten will. Nach dem εἰρηνική von V. 17 erscheint in V. 18 zweimal der Leitbegriff εἰρήνη.

---

847 Vgl. die Einfügung von ἔργων in einigen späteren Handschriften, was immerhin ein berechtigtes Interpretament darstellt.

848 F. *Büchsel*, ThWNT III, 952; *Beyschlag* 179.

849 *Ropes* 250; *Mayor* 132; *Johnson* 274f.

850 So z. B. *Windisch* 26; *Blass-Debrunner* § 117,1; *Bauer-Aland* Sp. 31; *Mußner* 174; *Belser* 157.

851 ThWNT VIII, 569.

852 Vgl. wieder *Wilckens* a.a.O. 570f.

Dabei meint „**Frieden**" die Eintracht zwischen den Gläubigen.[853] Als Zweites beobachten wir die Wiederaufnahme des Begriffes καρπός aus V. 17. War dort von den „guten Früchten" die Rede, so lesen wir jetzt in V. 18 von der „**Frucht der Gerechtigkeit**".[854] Beides ist offenbar eng miteinander verwandt. Es geht um ein Gesamtverhalten des glaubenden Menschen, das von Werner *Foerster* als „Lebensgerechtigkeit als der Übereinstimmung mit Gottes Willen" definiert wird.[855]

Offenbar liegt Jakobus daran, immer wieder das Ganze des Christenlebens in den Blick zu bekommen und sich nicht in Details der Tugendlehre zu verlieren. Mit seiner Formulierung und mit seiner Absicht kommt Jakobus in eine erstaunliche Nähe zu Paulus in Phil 1,11.[856] Erneut fällt uns auf, dass Jakobus eine besondere Beziehung zum δικαιοσύνη-Begriff hat. Insofern setzt 3,18 fort, was in 1,20 und 2,23 begonnen wurde.[857] Vermutlich fußt Jakobus mit seinem δικαιοσύνη-Begriff auf der Lehre Jesu, wie sie z. B. in Mt 5,20 vorgetragen wird.[858] Weil von der „**Frucht**" die Rede ist, kann auch von einem „säen" oder „**aussäen**" gesprochen werden. Ähnlich wie Paulus[859], benutzt Jakobus σπείρειν im übertragenen Sinne. Es bedeutet dann ein Grundlegen, einen Anfang machen von Seiten des Menschen. Unabdingbar für die Lebensgerechtigkeit ist, dass wir diese „Frucht der Gerechtigkeit" „**in Frieden**" säen. Sonst begründen wir Unrecht. Was aber bedeuten die Schlussworte τοῖς ποιοῦσιν εἰρήνην? Zunächst kann man feststellen, dass hier sehr wahrscheinlich die Bergpredigt zugrunde liegt (Mt 5,9: εἰρηνοποιοί).[860] Aber ist der Dativ ein Dativus commodi, oder ein Dativus instrumentalis bzw. actionis? Viele Autoren entscheiden sich für Ersteres. Wir schließen uns dieser Auffassung an, da ein Dativus instrumentalis oder actionis eine Tautologie darstellen würde. Möglich bleibt jedoch beides.[861] Ποιεῖν εἰρήνην ist vermutlich mehr als „Frieden stiften", obwohl die gängige Übersetzung so lautet.[862] Entsprechend

---

853 Vgl. W. *Foerster*, ThWNT II, 415.

854 *Johnson* 275: „the fruit that is righteousness". Ebenso *Beyschlag* 179; *Belser* 158.

855 A.a.O. 203.

856 Zu Letzterem vgl. *Foerster* a.a.O. 214.

857 Vgl. wieder *Foerster* a.a.O. 202ff.

858 Vgl. *Foerster* a.a.O. 200f.

859 Vgl. *Schulz*, ThWNT VII, 546f.

860 *Johnson* 275; *Bieder* 95,4; *Davids* 66; *Burdick* 164; *Kittel*, ZNW 43, 89; *Guthrie* 743.

861 Für die zweite Möglichkeit z. B. *Johnson* 275; *Ropes* 251.

862 Z. B. die Lutherbibel; *Bauer-Aland* Sp. 459; W. *Foerster* a.a.O. 417f.

dem hebr. עשה שלום muss mit „**Frieden praktizieren**“ übersetzt werden.[863] Sicherlich nimmt das „Frieden stiften“ hier einen hohen Rang ein. Aber Jakobus wendet sich in 3,18 nicht nur an die Friedensstifter, sondern an alle, die unter der Anleitung der himmlischen Weisheit im Frieden wirken und den Frieden bei andern fördern. Insgesamt lässt sich Jak 3,13–18 so zusammenfassen: Die gottgegebene himmlische Weisheit führt zu einem gottgemäßen Leben und sorgt für den Frieden in den Gemeinden, der dringend nötig ist.

Im Rückblick auf Jak 3,13–18 sei noch Folgendes angemerkt: 1) Die Beschreibung der himmlischen Weisheit in 3,17 ist fast so etwas wie ein „Hohelied der Weisheit“. Sie hat ein Vorbild in Weish 7,22ff. 2) Überhaupt ist die Verwurzelung des Jakobus in der atl-jüdischen Tradition auch in diesem Abschnitt auffallend. Fast alle Begriffe (σοφός, ἐπιστήμων, πραΰτης, σοφία, ζῆλος, usw.) lassen sich auf das Hebräische zurückführen. In diese Tradition hinein mischt sich seltsam die Koine mit ihren Bildungen wie ἀδιάκριτος, ἀνυπόκριτος, usw. 3) Außerdem drängt sich erneut die Lehre Jesu als Grundlage für die Lehre des Jakobus auf. Vgl. zu σοφός und ἐπιστήμων Mt 23,34; zu πραΰτης Mt 5,5; zu καρδία Mt 5,21ff.; 12,34ff.; 15,18f.; zu δικαιοσύνη Mt 5,20; zu ποιεῖν εἰρήνην Mt 5,9.14).[864] 4) Es besteht ferner eine enge Beziehung zwischen 2,1ff. und 3,13ff. Das lässt sich festmachen an Begriffen wie προσωπολημψία / διακρίνειν (2,1.4) und ἀδιάκριτος (3,17), an ἔλεος (2,14 und 3,17), an δικαιοσύνη (2,23 und 3,18), an δείκνυμι (2,18 und 3,13) oder am Begriff der ἔργα (2,14ff.; 3,13). Die Lehre des Jakobus hat Konsistenz. 5) Für die Lehrer, die in 3,13 **auch** angesprochen sind, bleibt das Vorbild entscheidend. Ihr Leben als Glaubenskonsequenz ist letztlich entscheidend, und nicht ihre Logik, – ihre Intelligenz, ihre analytische Begabung o. dgl. Hierin lebt der Sofer von Sir 39 ebenso fort wie bei den Rabbinen, und vor allem – bei Jesus selbst. 6) Die Anregung von Herbert *Preisker*, über die Beziehung der himmlischen Weisheit zur Christologie nachzudenken, behält ihr Recht. *Preisker* meinte sogar: „alle genannten Prädikate (= der himmlischen Weisheit in Jk 3,17) gehen auf Christus in Anlehnung an die Evangelien“.[865] Andererseits sollten wir nicht außer Acht lassen, dass jedenfalls Jakobus selbst diese Spur nicht weiter verfolgt hat.

---

[863] Ebenso *Ropes* 251; *Belser* 158.

[864] Vgl. *Bieder* 95,4; *Davids* 66.

[865] ThWNT II, 586,4.

11. Mahnung zur Eintracht (Jak 4,1–12)

I **1 „Woher kommen Kämpfe und woher Streitigkeiten unter euch? Kommen sie nicht von da her, dass in euren Gliedern eure Lüste ihre Feldzüge unternehmen? 2 Ihr seid begierig und habt nicht. Ihr tötet und seid voll eifriger Gier und könnt's nicht erreichen. Ihr streitet und kämpft. Ihr habt's nicht, weil ihr nicht bittet. 3 Ihr bittet und erlangt's nicht, weil ihr in böser Absicht bittet, damit ihr's in euren Lüsten verschwenden könnt. 4 Ihr Ehebrecherinnen! Wisst ihr nicht, dass die Freundschaft mit der Welt Feindschaft gegen Gott ist? Wer also mit der Welt Freund sein will, der erweist sich[866] als Feind Gottes. 5 Oder meint ihr, die Schrift sage ohne Grund: Nach Neid verlangt es den Geist, den er in uns hat wohnen lassen? 6 Er gibt aber reichlicher Gnade. Deshalb sagt er: Gott widersteht den Hochmütigen, aber den Demütigen gibt er Gnade. 7 Seid also Gott untertan. Widersteht dem Teufel, dann flieht er von euch. 8 Naht euch zu Gott, dann naht er sich euch. Reinigt die Hände, ihr Sünder, und heiligt die Herzen, ihr Menschen mit zwei Seelen! 9 Klagt und trauert und weint! Euer Lachen verwandle sich in Trauer und die Freude in Niedergeschlagenheit. 10 Demütigt euch vor dem Herrn! Dann wird er euch erhöhen. 11 Verleumdet einander nicht, Brüder! Wer einen Bruder verleumdet oder seinen Bruder richtet, der verleumdet das Gesetz und richtet das Gesetz. Wenn du aber das Gesetz richtest, bist du kein Täter des Gesetzes, sondern ein Richter über das Gesetz. 12 Einer nur ist Gesetzgeber und Richter, nämlich der, der retten und verdammen kann. Du aber, wer bist du, dass du den Nächsten richtest?"**

II Zunächst stellt sich das Problem der Abgrenzung des Abschnitts. Eine Frage wie πόθεν eröffnet häufig einen neuen Abschnitt (vgl. Τί 2,14; τίς σοφός 3,13; θέλεις δὲ γνῶναι 2,20). Ferner wechselt jetzt der Ton. Gegenüber der eher lehrhaften Darlegung in 3,1–18 wird der Ton in 4,1ff. schärfer und nähert

[866] Zur Übersetzung des καθίσταται vgl. A. *Oepke*, ThWNT III, 449.

sich den prophetischen Anklagen des AT (μοιχαλίδες 4,4; ἁμαρτωλοί und δίψυχοι 4,8). Zudem erscheinen neue Begriffe, die in Kap. 3 noch nicht auftauchten (πόλεμοι, μάχαι, ἡδοναί, μέλη, διάβολος, Ausdrücke der Trauer, ταπεινοῦν, καταλαλεῖν). Solche Beobachtungen haben dazu geführt, dass die meisten Autoren mit 4,1 einen neuen Abschnitt beginnen lassen.[867]

Das Ende des Abschnitts ist schwieriger zu bestimmen. Teils fasst man wie *Paulsen* (488) die Verse 1–12 zusammen, teils wie *Kümmel* nur die Verse 1–10 (356f.). Der enge sachliche Zusammenhang der Angriffe auf den ἀδελφόν und πλησίον in V. 11–12 mit den πόλεμοι und μάχαι ἐν ὑμῖν lässt es als berechtigt erscheinen, den Abschnitt insgesamt bis V. 12 einschließlich abzustecken.

In 4,1–12 zeichnen sich sodann drei Unterabschnitte ab: 1) Das Thema der ἡδοναί als Ursache für die innergemeindlichen Kämpfe (4,1–4); 2) das Thema der Demut, die neue Gnade ermöglicht (4,5–10); und 3) schließlich das Thema des Verleumders und Richters der Brüder (4,11–12).

Gegen Schluss nehmen die Imperative wieder zu (ὑποτάγητε, ἐγγίσατε, καθαρίσατε, ἁγνίσατε, ταλαιπωρήσατε, πενθήσατε, κλαύσατε, μετατραπήτω, ταπεινώθητε, καταλαλεῖτε).

Auch wenn wir auf den Unterschied zu Kap. 3 hingewiesen haben, darf doch das Verbindende nicht vergessen werden. Von bitterem Eifer und Streitsucht ist der Weg nicht weit zu Kampf und Streit. Die falsche Weisheit als „irdische", „seelische" und „dämonische" führt rasch zur Freundschaft mit der Welt und ihren Gelüsten. So bleibt auch das positive Ziel des Jakobus dasselbe: Den Frieden und ein gottgemäßes Leben in den Gemeinden wiederherzustellen.

1 V. 1 beginnt mit einer Frage. Πόθεν fragt nach Ursprung und Ursache. Die III
doppelte Setzung von πόθεν intensiviert die Frage. Es geht um das, was ἐν ὑμῖν = in den Gemeinden geschieht. Dort sind πόλεμοι und μάχαι. Otto *Bauernfeind* definiert sie als „lieblose geistige Kriege und Schlachten".[868] An äußere Kriegshandlungen ist gegen *Schlatter* nicht zu denken.[869] Die πόλεμοι καὶ μάχαι von Jak 4,1 stehen ja in Zusammenhang mit ζῆλος und ἐριθεία in 3,13ff. Allerdings wird jetzt das Feindselige und Mörderische der Wortkriege

[867] Zu den Ausnahmen zählt *Johnson*, der 3,13–4,10 unter dem Titel „Call to Conversion" vereinigt (467).

[868] ThWNT IV, 533.

[869] Vgl. *Schlatter*, Jak, 197 und wieder *Bauernfeind* a.a.O.

stärker betont. Zu vergleichen ist die Situation in den paulinischen Briefen. Nach I Tim 3,3; II Tim 2,23f.; Tit 3,9 soll der Christ ἄμαχος sein. Dort sind es gerade die Irrlehrer, die μάχαι hervorrufen (vgl. auch I Tim 1,4).

Jakobus gibt selbst die Antwort: Die lieblosen geistigen Kriege und Schlachten kommen von den „**Lüsten**“, die „**in**“ den „**Gliedern**“ der Gemeindeglieder ihre Feldzüge unternehmen (στρατευομένων).[870]

Halten wir zunächst fest: „Dem Verfasser schwebt jedenfalls der … Gedanke vor, dass aus dem inneren Krieg der äußere hervorbricht“.[871] Jakobus bleibt also seiner Spur treu, dass für die Mängel der Gemeinde die Ursache in den Herzen gesucht werden muss (vgl. 1,13ff.; 2,4; 3,14). Wir haben schon darauf hingewiesen, dass er damit der Lehre Jesu treu bleibt (vgl. Mt 5,21ff; 15,19). Zweitens: Für die „**Kämpfe**“ und „**Streitigkeiten**“ macht er weder den Teufel noch irgendwelche Dämonen verantwortlich, sondern die menschlichen Personen selbst. Damit bleibt er erneut in der Spur, die er in 1,13ff. gelegt hat. Allerdings sprach er damals von den ἐπιθυμίαι, die sich im menschlichen Herzen regen. Jetzt spricht er von den ἡδοναί („**Lüsten**“), die „**in euren Gliedern ihre Feldzüge unternehmen**“. Aber ἡδονή und ἐπιθυμία sind eng miteinander verwandt, wie es nicht zuletzt Tit 3,3 beweist.[872] Die Aussage, dass die ἡδοναί „**in euren Gliedern**“ kämpfen, ist geradezu paulinischer Sprachgebrauch (vgl. Röm 6,13.19; 7,5.23). Gemeint ist, dass die „**Glieder**“ Instrumente der Lüste werden sollen.[873] Jedoch ist hier nicht gemeint, dass die bösen Lüste aus den Gliedern, also aus dem Leib, erwachsen.

Vielmehr kommen sie aus dem Herzen (vgl. 1.13ff.; 2,4; 3,14). Dass die ἡδοναί „**in euren Gliedern ihre Feldzüge unternehmen**“, hat also den Sinn: Die Lüste ringen darum, den Menschen mit seinen Gliedern zum Schauplatz ihrer Selbstverwirklichung zu machen. Gerade die Hingabe an die Lüste ist ein Kennzeichen der Irrlehrer (II Tim 3,4; II Petr 3,3; Jud 16). Wir stellen jedoch fest, dass Jakobus in 4,1ff., nicht – jedenfalls nicht explizit! – irgendwelche Irrlehrer angreift, sondern ganz allgemein die Gemeinde anklagt[874] („**unter euch**“). Das elende Kapitel von den innerchristlichen Streitigkeiten setzt sich also von 3,13ff. nach 4,1ff. fort. Vgl. zur Geschichte der Urchristenheit

[870] Zur Übersetzung vgl. O. *Bauernfeind*, ThWNT VII, 702.

[871] *Bauernfeind* a.a.O. 713.

[872] Vgl. auch den Artikel von G. *Stählin* im ThWNT II, 911ff. über die ἡδονή.

[873] *Horst*, ThWNT IV, 566.572.

[874] Also nicht nur die Lehrer! Richtig *Ropes* 252. Auch *Windisch* 26 schränkt unerlaubt ein auf den „Neid der besitzlosen Klasse“.

Mt 20,20ff. und Act 6,1ff. Charakteristischerweise stellt Jakobus von 3,13 bis 4,12 kein einziges Mal die Frage: „Wer hat recht?"! Offenbar interessiert ihn diese Frage nicht! Er geht vielmehr auf das Thema der Streitigkeiten so ein, dass er die Sünde der „Kämpfe" und „Streitigkeiten" aufdeckt und davor warnt. Wir beachten, dass sich vom griechischen Wort für „**Kampf**", πόλεμος, unser Fremdwort „polemisch" ableitet. Von daher verbietet sich jede Polemik unter Christen.

2 In V. 2 und 3 beschreibt Jakobus einige Konsequenzen der Streitsucht: „**Ihr seid begierig und habt nicht. Ihr tötet und neidet und könnt's nicht erreichen. Ihr streitet und kämpft. Ihr habt's nicht, weil ihr nicht bittet**"(V. 2). Darüber steht ein einziges Leitwort: frustra, vergeblich also und frustriert. „**Ihr seid begierig**" (ἐπιθυμεῖτε) meint das ichsüchtige Verlangen des natürlichen Menschen.[875] Erneut wird uns klar: die Wiedergeburt durch Gott hebt nicht auf, dass ein Mensch, genauer gesagt: ein Christ, weiterhin von Ichsucht und Lust gesteuert werden kann. Die „Zweinaturen-Lehre" im Sinne des Nebeneinanders von geistlichem und natürlichem Menschen ist also Paulus (Röm 7) und Jakobus gemeinsam.[876] Man darf in diesem Zusammenhang das „**begierig sein**" keineswegs auf die Habgier beschränken. Vielmehr ist an Machtpositionen aller Art zu denken, nicht zuletzt an diejenige der Wortführer und Prediger. „**Und habt nicht**": Es geht hier in erster Linie um ein „geistiges Haben".[877] Macht und Einfluss, aber auch Erkenntnis und Zufriedenheit werden im Wege der „Kämpfe" und „Streitigkeiten" nicht erlangt. Die Lüste bleiben trotz aller Anstrengungen unbefriedigt. Die zweite Aussage spitzt die Konsequenzen der Streitsucht noch zu: „**Ihr tötet und seid voll eifriger Gier und könnt's nicht erreichen**". Diese Zuspitzung ist so scharf, dass *Erasmus* das φονεύετε durch φθονεῖτε ersetzen wollte.[878]

Wenden wir uns zuerst dem ζηλοῦτε zu. Die Lutherübersetzung verengt es zu einem „neiden". Neid ist aber nur ein Element neben andern. Entsprechend dem ζῆλος in 3,14 und 3,16 bleiben wohl die meisten bei der Übersetzung „eifern" für ζηλοῦν.[879] Jedoch mahnt der Kontext dazu, die Komponenten der Rivalität, Missgunst und der neiderfüllten Gesinnung nicht zu vergessen. Am

---

875 F. *Büchsel*, ThWNT III, 172: „Die ἐπιθυμία ist verkrampfte Selbstsüchtigkeit".

876 Ebenso *Büchsel* a.a.O.

877 Vgl. dazu H. *Hanse*, ThWNT II, 818ff.

878 Ebenso *Calvin*; *Windisch* 27; *Mayor* 136f.; *Belser* 162.

879 So z. B. *Mußner*; *Schlatter*; *Windisch*; *Bauer-Aland*; Einheitsübersetzung; *Johnson* 277.

nächsten kommt wohl Albrecht *Stumpff* der Bedeutung des ζηλοῦν in Jak 4,2: „mit mißgünstiger Gier streben".[880] Dann aber muss auch φονεύειν ebenso wie ἔχειν, πόλεμοι, und μάχαι in einem geistigen Sinne verstanden werden.[881] „**Töten**" bedeutet dann: den andern um seine Position, ja sogar um seine Existenz bringen wollen. Unser Wort „Rufmord" drückt etwas von dem aus, was wir mit unsern Wortkriegen anrichten können.[882] Und der Erfolg dieser destruktiven Bemühungen? „**Und ihr könnt's nicht erreichen**". In dem Verb ἐπιτυγχάνειν schwingt etwas mit von der Erkenntnis, dass der Mensch eine Zielerreichung nur als Geschenk erfahren kann. Es liegt also nicht in der Macht des Bestrebens, das Erstrebte auch zu erreichen. Letzten Endes scheitern alle diejenigen, die durch „Kampf" und „Streit" und Gier etwas erkämpfen wollen. Hier blitzt etwas vom Elend des Menschen auf, der sich wie ein Sisyphus quält – aber letztlich vergeblich. „**Ihr streitet und kämpft. Ihr habt's nicht, weil ihr nicht bittet**". Die erste Vershälfte wird dadurch bekräftigt. Zugleich wird jedoch ein neuer Gedanke thematisiert: Die falsch Kämpfenden „**bitten nicht**". Es fällt auf, dass αἰτεῖσθαι ὑμᾶς (Med.) in V. 3 von αἰτεῖτε (Akt.) abgelöst wird. In der Auslegung wird darüber diskutiert, ob im Sinne antiker Unterscheidungen beide Male eine unterschiedliche Bedeutung vorliegt, und z. B. ersteres ein Beten mit dem Herzen, letzteres hingegen ein Beten nur mit den Lippen bedeutet.[883] Es scheint, dass das Medium in V. 2 eine gesteigerte persönliche Involvierung ausdrückt, also eher die subjektive Seite betont, während das Aktiv eher das objektive Geschehen beschreibt. Ein wirkliches Gebet stellt Jakobus demnach bei den Gierigen und Streitlustigen nicht fest. Er muss dies aber im folgenden Vers noch erläutern.

Für Hintergrund und Formulierung von Jak 4,2 sind zwei Sachverhalte wichtig: 1) Der Stil der Anklage in Hag 1,6ff.,[884] und 2) die Bergpredigt, die das „töten" schon mit dem Zorn beginnen lässt. Hat Jakobus diese Überlieferungen im Blick gehabt, was man allerdings vermuten kann, dann steht er in der Kontinuität prophetischer Anklage. Besonders V. 4 wird diese Annahme unterstützen. Zweitens aber steht er dann auch hier wieder in der Linie der

---

880 ThWNT II, 890.

881 Kurze Beschreibung der Diskussion bei *Bauer-Aland* Sp. 1723.

882 Vgl. Neue Jerusalemer Bibel 1759: „morden ist nicht unbedingt im Vollsinn zu nehmen". Ferner *Mußner* 178f.; *Johnson* 277; *Beyschlag* 185f.

883 Vgl. *Blass-Debrunner* § 316,3; *Bauer-Aland* Sp. 48; G. *Stählin* in ThWNT I, 191f.

884 So mit Recht *Windisch* 27.

Bergpredigt Jesu.[885] Daraus ergibt sich die Nähe zu I Joh 3,15, das ebenfalls mit der Bergpredigt zusammenhängt.

3 In V. 3 greift Jakobus jetzt den neuen Gedanken vom Gebet der Streitsüchtigen noch einmal auf. Beten sie wirklich nicht? „Ihr bittet nicht" (μὴ αἰτεῖσθαι ὑμᾶς) hat er soeben festgestellt. Jetzt erklärt er genauer: „**Ihr bittet**" (αἰτεῖτε). Uns scheint, dass der Genuswechsel vom Medium zum Activum doch eine gewisse Aufmerksamkeit hervorrufen soll. Deuten wir richtig, dann will Jakobus nicht leugnen, dass bei den Streitsüchtigen durchaus ein Gebet in objektivem Sinne, d. h. als Gebetshandlung vorkommt.[886] Will er darüber hinaus an die Jesusworte in Mt 7,7ff. und Lk 11,9ff. erinnern, die jeweils von einem aktivischen αἰτεῖν ausgehen? Jedenfalls ist der Bezug zu Mt 7,7ff.par unübersehbar.[887] Das Gebet der Streitsüchtigen wird jedoch nicht erhört: αἰτεῖτε καὶ οὐ λαμβάνετε. Hier liegt ein bewusster Gegensatz zu Mt 7,8par vor: πᾶς γὰρ ὁ αἰτῶν λαμβάνει. Was ist der Grund für die fehlende Erhörung? „**Weil ihr in böser Absicht bittet, damit ihrs in euren Lüsten verschwenden könnt**". Δαπανᾶν, „aufwenden" oder pejorativ „**verschwenden**", taucht auch im Gleichnis vom verlorenen Sohn auf (Lk 15,14). Der entscheidende Punkt bei Jak 4,3 liegt darin, dass hier nicht im Glauben (vgl. 1,6) gebetet wird, auch nicht in Not und Bedrängnis, sondern ganz egoistisch und gar nicht im Sinne Gottes, vielmehr zur Befriedigung unrechter „**Lüste**". Solche Gebete aber werden nach Jakobus nicht erhört.[888]

Ein wichtiger Beitrag zur Gebetslehre des NT! Er deckt sich übrigens mit den alttestamentlichen Feststellungen zum Gebet (vgl. Ps 66,18; Prov 15,8; 28,9). Mit Recht bemerkt *Johnson*, dass Gebet in solchen Fällen zum Götzendienst wird (278).

Erschütternd bleibt, dass Menschen – in diesem Fall bekennende Christen! – beides miteinander verbinden können: Gebet bzw. Gottesdienst einerseits, und Streitsucht bzw. die Befriedigung der Lüste andrerseits. Aber Gott wird, wie es *Schlatter* (Jak 198) formuliert, „nicht der Diener unserer eigensüchtigen Begierden".[889]

---

885 So z. B. *Bieder* 95,4. *Davids* 66 verweist auf Mt 7,7.

886 Ähnlich *Beyschlag* 187. Auch *Mayor* interpretiert das Medium als „subjektives" Genus (138). *Ropes* 259 lehnt dagegen jede „difference in meaning" bei Aktiv und Medium ab.

887 Vgl. *Bieder* 95,4; *Davids* 66; *Mußner* 179; *Kittel*, ZNW 43, 89.

888 Auch nicht nach Johannes (vgl. I Joh 5,14).

889 Vgl. *Mayor* 138: „This wrong prayer is without submission".

4 Bis V. 3 reicht die Erklärung der Ursachen für „Kämpfe" und „Streitigkeiten" (vgl. V.1). In V. 4 folgt nun die prophetische Anklage: „**Ihr Ehebrecherinnen! Wisst ihr nicht, dass die Freundschaft mit der Welt Feindschaft gegen Gott ist?**" Hier muss man alle voreiligen Schemata aufgeben. Jakobus überrascht uns mit einer erfrischend neuen Sprache und Stilistik.

Schon im Femininum μοιχαλίδες steckt eine Überraschung. Viele Textzeugen wurden zur Ergänzung durch ein maskulinisches μοιχοι veranlasst, weil ihnen das Femininum allein deplaziert erschien. Aber das solitäre substantivierte μοιχαλίς macht einen guten Sinn. Wahrscheinlich ist es „deshalb gewählt, weil Gott ja als der Eheherr angesehen wird".[890] Gerade diese Anschauung erklärt sich aus der reichen alttestamentlichen Tradition, wonach Israel unter dem Bild einer Frau dargestellt wird und durch das Verlassen des göttlichen Bundes zur Hure wird (vgl. Jer 2,2; 3,6ff.; Ez 16 und 23; Hos 2,4ff.). Neben der alttestamentlichen Tradition fordert noch ein weiteres Moment Beachtung. Das ist der Sprachgebrauch Jesu. So spricht Jesus z. B. in Mt 12,39; 16,4; Mk 8,38 vom „ehebrecherischen Geschlecht" (γενεὰ μοιχαλίς) seiner Tage, das ihn ablehnt. Man hat den Eindruck, dass Jakobus bewusst an diesen Sprachgebrauch Jesu anknüpfen will.[891] Fazit: Wer sich so verhält, wie die von den Lüsten Getriebenen in V. 1–3, der trennt sich sowohl von Gott als auch von Christus. Er hat deshalb die Strafe zu erwarten, die diejenigen trifft, die sich des Ehebruchs schuldig machen. Der Ausruf μοιχαλίδες wird auf diese Weise zum Bußruf.

Die Formulierung „**Wisst ihr nicht?**" zielt auf die Antwort: „Sicher wissen wir es". Christen wissen also, „**dass die Freundschaft mit der Welt Feindschaft gegen Gott ist**". Hier erscheinen κόσμος und θεός als gegensätzliche Größen. Das ist ein nahezu johanneischer Sprachgebrauch. Nicht umsonst wird I Joh 2,15 als engste Parallele verzeichnet.

Was bedeutet κόσμος bei Jakobus? Der Kosmos „befleckt" den Christen, zieht ihn in eine Atmosphäre der Unreinheit und der Gottlosigkeit (Jak 1,27). Die Sicht des κόσμος ist eine andere als die des Glaubens (2,5). Die „Ungerechtigkeit" kann zum Merkmal des Kosmos avancieren (3,6). Jetzt, in Jak 4,4, stehen sich κόσμος und θεός wie zwei Personen, die grundsätzliche Gegner sind, gegenüber. Insgesamt überrascht die Häufigkeit des Begriffes

---

[890] F. *Hauck*, ThWNT IV, 743; vgl. Neue Jerusalemer Bibel 1759; *Ropes* 260; *Mußner* 180; *Johnson* 278; *Beyschlag* 188.

[891] G. *Kittel*, ZNW 43, 89.

κόσμος und seine Akzentuierung bei Jakobus. Hermann *Sasse* definierte κόσμος bei Jakobus als „Inbegriff der unerlösten Kreatur".[892] *Sasse* arbeitete auch die enge Parallele zu Paulus heraus (vgl. z. B. Gal 6,14; Röm 12,2; I Kor 7,31; Kol 2,20). Zu den Spielregeln und Existenzweisen dieser unerlösten Welt gehören auch ζῆλος, ἐριθεία, πόλεμοι, μάχαι und ἡδοναί. Jakobus wehrt jetzt in 4,4 der Vorstellung, als könne der Christ in beidem zu hause sein: In der Existenzweise der „Welt" und in der Existenzweise des Glaubens. Die scharfe Gegenüberstellung κόσμος – θεός erinnert in der Tat an das Jesuswort in Mt 6,24: „Niemand kann zwei Herren dienen ... Ihr könnt nicht Gott dienen und dem Mammon". Man kann sich gut vorstellen, dass Jakobus auf der Basis von Mt 6,24 argumentieren wollte.[893]

Man darf allerdings – gegen *Ropes* (259) – nicht in den Fehler verfallen, hinter Jak 4,4 nur den Kampf ums Geld zu vermuten. Es geht in Jak 4,1–4 ja höchstens in zweiter Linie um ökonomische Interessen, vielmehr zuerst um spirituelle und geistige Interessen.

Das Wort φιλία kommt im NT nur in Jak 4,4 vor. Gustav *Stählin* hat auf die Nähe zu φίλος (τοῦ) θεοῦ in 2,23 hingewiesen, sofern es sich um die φιλία τοῦ θεοῦ handelt.[894] Φιλία geht zurück auf hebr. אֲהֲבָה, אהב, lieben, drückt sowohl die Liebe Gottes zu seinem Volk (z. B. Dtn 7,13; Hos 11,1), als auch die Liebe des Gottesvolkes zu seinem Gott aus (z. B. Ex 20,5; Dtn 6,5). In φιλία liegt also eine Tiefendimension, die keine Verwechslung mit unsern modernen zahlreichen und vielseitigen „**Freundschaften**" zulässt. Gerade die Ausschließlichkeit der Liebe zu Gott erlaubt es nicht, gleichzeitig eine „**Freundschaft mit der Welt**" zu pflegen. W. *Foerster* übersetzt φιλία τοῦ κόσμου deshalb sachgemäß mit „Liebe zur Welt".[895] Mit dieser Auffassung steht Jakobus, das sei noch einmal betont, in völliger Kongruenz mit Paulus (vgl. besonders Röm 8,7) und mit Johannes (vgl. I Joh 2,15; 4,7ff.).

Was nun ἔχθρα τοῦ θεοῦ betrifft, so ist auch da auf den allgemeinen Sprachgebrauch des NT zu verweisen. Ἐχθρός ist das, „was Gott und seinem Christus feindlich ist".[896] Es kann geradezu den Teufel bezeichnen (Mt 13,24ff.; Lk 10,19).[897] In Röm 8,7 ist das fleischliche Denken ἔχθρα εἰς

[892] ThWNT III, 894.
[893] So z. B. *Bieder* 95,4; *Guthrie* 743; *Davids* 66; *Mayor* 139; *Belser* 163.
[894] ThWNT IX, 165.
[895] ThWNT II, 814.
[896] W. *Foerster*, ThWNT II, 813.
[897] Vgl. *Foerster* a.a.O. 814.

θεόν. Man darf auch hier nicht am Emotionalen hängen bleiben. Es geht vielmehr um einen objektiven Gegensatz zu Gott, der sich durchaus mit einer emotionalen Gottesliebe verbinden lässt.[898]

Nach dem soeben Ausgeführten leuchtet der zweite Satz von V. 4 ohne weiteres ein: **„Wer also mit der Welt Freund sein will** (φίλος τοῦ κόσμου), **der erweist sich als ein Feind Gottes** (ἐχθρὸς τοῦ θεοῦ)**“.** *Stählin* bezeichnet diesen Satz mit Recht als „notwendig“.[899] „Voraussetzung dieser These ist ein Dualismus, der immerhin vergleichbar ist mit dem des Johannes“ (vgl. I Joh 2,15).[900]

Halten wir am Ende des Unterabschnitts 4,1–4 fest: Wenn Christen sich in solche Streitigkeiten einlassen, verletzen sie den Neuen Bund, den Christus gestiftet hat. Sie folgen dann ihren eigenen sündigen Lüsten. Dies stellt Jakobus in scharfer prophetischer Anklage fest. Er stellt zugleich fest, dass man nicht gleichzeitig ein „Freund Gottes“ und ein „Freund der Welt“ sein kann.

5 V. 5 eröffnet den zweiten Unterabschnitt mit der Hauptthematik „Demut“. Diese Thematik legt sich von 3,13–18 her nahe. Denn dort wird die himmlische Weisheit im Gegensatz zur Streitsucht als „friedfertig, gütig, folgsam“ charakterisiert. Das alles aber sind Elemente der Demut.

Im Einzelnen bietet V. 5 „besondere Probleme“.[901] Sie liegen zuerst in der Syntax. Endet die Frage bei ἐν ἡμῖν oder erst bei χάριν in V. 6? Hinzu kommen inhaltliche Probleme: Wo sagt die Schrift so etwas? Wer ist Subjekt im Schriftzitat? Welches πνεῦμα ist gemeint?

Relativ leicht verständlich ist die Einleitung ἢ δοκεῖτε ὅτι κενῶς ἡ γραφὴ λέγει. Δοκεῖν bezeichnet hier wie öfters ein „**meinen**“ im Sinne einer Auffassung (vgl. Mt 17,25; 22,17; I Kor 3,18; 8,2).[902] Auch Jakobus verwendet es so (1,26). Jakobus frägt also, ob es die Auffassung in den Gemeinden sei, **„dass die Schrift ohne Grund sagt...**“ Offensichtlich erwartet er die Antwort „nein“. Ausgeschlossen, dass die Schrift „**ohne Grund**“ redet! Κενῶς bedeutet nach A. *Oepke,*[903] dass kein realer Inhalt vorhanden bzw. ein solcher vorge-

---

898 Vgl. wieder *Foerster* a.a.O. 814f. Falsch dort allerdings die Übersetzung von ἔχθρα τοῦ θεοῦ mit „Haß gegen Gott“.

899 ThWNT IX, 165.

900 *Stählin* a.a.O.

901 *Mußner* 181.

902 Vgl. G. *Kittel*, ThWNT II, 235f.

903 ThWNT III, 659.

täuscht ist. Das kommt dann auf die Bedeutung „ohne Grund“ hinaus.[904] Schon zum zweiten Mal benutzt Jakobus die Wendung ἡ γραφὴ λέγει (λέγουσα). Vgl. oben 2,23 und die Erklärung dort. Auch in 4,5 wird die Schrift gewissermaßen personifiziert. Ferner ist klar, dass Jakobus seine Ausführung auf die Schrift gründen will. Er ist also ein ausgesprochener Schrifttheologe. Die Nähe zu Paulus haben wir schon vermerkt.[905] *Schrenk* zufolge kann Jak 4,5 „kaum anders als vom Schriftganzen gesagt sein“[906] – also nicht nur von einer einzelnen Schriftstelle. Die ersten Worte des folgenden Schriftzitates πρὸς φθόνον ἐπιποθεῖ sind zugleich die umstrittensten. Grundsätzlich gibt es hier zwei Verstehensmöglichkeiten: a) Man nimmt als Subjekt die 3. Person Einzahl in ἐπιποθεῖ und setzt deshalb ὅ θεός als Subjekt voraus, b) man sieht das Subjekt in τὸ πνεῦμα. Da beides grundsätzlich möglich ist, muss der Kontext darüber entscheiden, was näher liegt. Wir beobachten:

a) Seit V. 1 ist niemals „Gott“ das Subjekt gewesen. Könnte er jetzt mit einem unbestimmten „er“ als Subjekt eingeführt werden?

b) Der Leser verbindet vor allem bei lautem Lesen ἐπιποθεῖ unwillkürlich mit dem unmittelbar anschließenden τὸ πνεῦμα. Hätte Jakobus dieses τὸ πνεῦμα **nicht** als Subjekt betrachtet, dann hätte er es vermutlich stärker vom Verb ἐπιποθεῖ abgesetzt.

c) Die Eigenschaft φθόνος bzw. φθονερῶς lässt sich nur schwer mit Gott verbinden, weil vorher φονεύειν, ζηλοῦν, ἐπιθυμεῖν durchweg negativ gefärbt waren (V. 2). Auf Grund dieser Beobachtungen scheint es uns angemessener und nahe liegender, das Subjekt des zitierten Satzes im πνεῦμα zu erblicken. Deshalb scheidet für uns die Übersetzungsmöglichkeit „Eifersüchtig begehrt Gott den Geist ...“ aus, obwohl sie in der Literatur sehr häufig vertreten wird.[907]

Geht man davon aus, dass τὸ πνεῦμα das Subjekt darstellt, dann bestehen immer noch zwei verschiedene Möglichkeiten, die gesamte Sequenz τὸ πνεῦμα ὃ κατῴκισεν ἐν ἡμῖν[908] zu deuten. πνεῦμα kann ja entweder auf den

---

904 Vgl. *Bauer-Aland* Sp. 871.

905 Vgl. auch G. *Schrenk*, ThWNT I, 753.

906 A.a.O.

907 So z. B. von der Neuen Jerusalemer Bibel; *Luther*bibel; Revidierte Elberfelder Bibel; E. *Schweizer*, ThWNT VI, 445; *Bauer-Aland* Sp. 603 (unsicher); *Mußner* 176ff.; *Schlatter*, Jak, 199f.; *Ropes* 262ff.; *Mayor* 141f.; *Belser* 164f.; *Beyschlag* 192f.; *Grünzweig* 131f.

908 So ist zu lesen, vgl. *Blass-Debrunner* § 67,1.

heiligen Geist oder gemäß Gen 2,7; 6,17; 7,15; 7,22 auf den schöpfungsmäßigen Geist = Lebensodem bezogen werden. Wenn es aber heißt, dass das πνεῦμα πρὸς φθόνον[909] verlangt, dann wird man auch auf dem Hintergrund von Jak 3,14ff.; 4,2; Gal 5,19ff. u. a. Stellen gerade nicht an den heiligen Geist denken können. Es bleibt also nur die Deutung auf den schöpfungsmäßigen, menschlichen Geist, den Gott nach Gen 2,7 „in uns (allen!) hat wohnen lassen" bzw. „dem Gott eine Wohnung in uns angewiesen hat".[910] Da die Aussage ὃ κατῴκισεν ἐν ἡμῖν „fast formelhaft" ist[911], macht es hier viel weniger Schwierigkeiten, das Subjekt „Gott" vorauszusetzen wie vorher in ἐπιποθεῖ.

Πρὸς φθόνον überrascht als singuläre Formulierung. *Blass-Debrunner* schlagen vor, es im Sinne von φθονερῶς zu verstehen.[912] *Bauer-Aland* erwägen, ob die Stelle Jak 4,5 „verdorben" sei (Sp. 1710). Wir haben schon darauf hingewiesen, dass es lexikalisch schwierig ist, πρὸς φθόνον (= φθονερῶς?) als positive Eifersucht aufzufassen.[913] φθόνος bzw. φθονερῶς drücken nun eben das Neidischsein aus. An sämtlichen Stellen des NT hat φθόνος diesen verwerflichen Klang. Sollte es ausgerechnet – nach Jak 3,14ff.; 4,2 – in Jak 4,5 anders sein? Es empfiehlt sich also, φθόνος als abzulehnenden „**Neid**" zu verstehen.

Es besteht aber auch keine Notwendigkeit, das einhellig bezeugte πρὸς φθόνον abzuändern.[914] Vielmehr macht die ganze Stelle auch im Kontext einen guten Sinn: der oft so begabte schöpfungsmäßige menschliche Geist „**verlangt nach Neid**".[915]

Damit sagt er außerdem dasselbe, was er gerade kurz zuvor in 3,13ff. von der irdischen Weisheit ausgeführt und dann in 4,2 bekräftigt hatte. Mit Hilfe der heiligen Schrift zeigt er also auf, dass solche vom Neid gesteuerten Kämpfe und Streitigkeiten schon längst angekündigt sind – eben im Wort Gottes selbst.

---

909 Die Konjektur von *Wettstein* πρός τὸν θεόν ist mangels Anhalt an den MSS abzulehnen.

910 Zur Übersetzung vgl. O. *Michel*, ThWNT V, 158; *Bauer-Aland* Sp. 863; *Johnson* 280.

911 *Michel* a.a.O.

912 § 239,8.

913 So auch *Johnson* 281f.

914 So auch *Windisch* 27.

915 Ebenso *Peters* 159f.; ähnlich *Johnson* 281f.

Doch wo steht das? Ein direkter Beleg ist hier ebenso wenig zu finden wie in Joh 7,38; I Kor 9,10; II Kor 4,6; Eph 5,14. Dennoch kann sich Jakobus bei der Aussage: „**Die Schrift sagt**“ auf zweierlei berufen. Das ist einmal Mt 5,18f. Wir wissen aus Joh 18,9.32; I Kor 9,14 und I Tim 5,18, dass schon damals Jesusworte als Schriftworte (γραφή) behandelt wurden. Das ist zum zweiten eine Kombination aus verschiedenen Schriftstellen des AT, wie sie z. B. in Joh 7,38 vorliegt.[916]

6 Hier, bei Jak 4,5, wird man vor allem an Gen 6,5 und 8,21 denken müssen. An ein Apokryphon zu denken,[917] ist also unnötig. Neid und Gelüste sind in V. 5 noch einmal als Sünde aufgedeckt. Wie soll man sie heilen? Darauf antwortet jetzt V. 6: „**Er gibt aber reichlicher (oder: größere) Gnade**“. Der folgende Satz zeigt, dass mit dem „er“ Gott gemeint ist. Gerade die abrupte Sprechweise[918] des Jakobus, die dem vorigen ἡ γραφὴ λέγει jetzt das μείζονα δὲ δίδωσιν χάριν entgegen stellt, hebt das Profil der Antwort hervor. Nicht der **Mensch** kann sich heilen! Nein, nur Gottes „**Gnade**“ tut es. Damit nähert sich Jakobus dem Sprachgebrauch Jesu, wonach für Gott alles möglich ist (vgl. Mt 19,26). Er rückt aber auch nahe heran an den Sprachgebrauch des Paulus, wonach es größere und kleinere χαρίσματα, gnädige Gaben Gottes, gibt (I Kor 12,31; 13,13; 14,5).[919] Offenbar ist für Jakobus die göttliche Gnade dort am nötigsten, wo es um die Überwindung und Heilung von Sünde geht. H. *Conzelmann* behauptet in ThWNT, IX, 390: „Unklar ist Jk 4,6“. Jak 4,6 ist jedoch keineswegs „unklar“. Es empfängt vielmehr seinen Inhalt a) aus dem Schriftzitat in Gestalt von Prov 3,34, b) aus der neutestamentlichen Begrifflichkeit der χάρις.

Aus dem Zitat geht hervor, dass Jakobus χάρις als Übersetzung von hebr. חֵן betrachtet – ebenso wie die LXX. W. *Zimmerli* hat herausgearbeitet,[920] dass חֵן und חֶסֶד nahe beieinander liegen, und dass wir deshalb bei beiden an eine „Gütebeziehung“ denken dürfen, an ein „in“ freier Güte geschehendes Verhalten Gottes, das dem schwachen Menschen aufhilft.[921]

Im NT und auch bei Jakobus ist die „Gütebeziehung“ in Christus begründet, in der Gemeinschaft des Neuen Bundes, die dieser Christus gestiftet hat. So ist

---

916 So auch *Mayor* 140f.

917 Wie z. B. *Mußner* 184; *Schlatter*, Jak, 199; *Windisch* 27; *Beyschlag* 191.

918 *Johnson* 282: „abrupt turn“.

919 Vgl. dazu W. *Grundmann*, ThWNT IV, 537.

920 Im selben ThWNT-Artikel wie *Conzelmann*! ThWNT IX, 366ff.

921 *Zimmerli* a.a.O. 377.

der Sinn von Jak 4,6a sehr klar: Gott rettet die in Sünde gefallenen Christen durch eine die Sünde überragende Gnade, die auf Christus beruht (vgl. Röm 5,20).[922]

Das anschließende διὸ λέγει kann sowohl auf Gott als auch auf die Schrift bezogen werden.[923] Der Sinn bleibt derselbe. Denn was die Schrift sagt, sagt Gott selbst.

Das Zitat aus Prov 3,34 entspricht bis auf ὁ θεός genau der LXX. Letztere hat statt ὁ θεός ein κύριος. Was beweist das Zitat? Ein Doppeltes: a) Gott gibt tatsächlich Gnade (חֵן/χάρις), b) er gibt sie aber nur denjenigen, die „**demütig**" sind. Hier liegt eine Art von Brachylogie vor.[924] Denn Jakobus hat bei der „größeren Gnade" ja nicht erwähnt, dass sie Bekenntnis der Sünde und Heilsverlangen voraussetzt. Jetzt aber wird klar, dass er diese Voraussetzung macht. Gottes Gnade heilt nicht einfach jeden Streitlustigen. Sie will vielmehr „**demütig**" begehrt sein. Das heißt: Jak 4,6 ist ein Ruf zur Buße, der auf die prophetische Anklage von 4,4f. folgt.

Notieren wir noch einige Einzelheiten: Ταπεινός ist uns schon in 1,9 begegnet. Es entspricht dem hebr. עני bzw. ענו. Gemeint ist ein Mensch, der seine Abhängigkeit von Gott erkennt und bejaht und sich deshalb von Gott beschenken lässt.[925] Auch Petrus zitiert in I Petr 5,5 die Stelle Prov 3,34 im selben Wortlaut. In dieser mehrfachen Zitierung von Prov 3,34 im NT „wird die Spur einer gemeinchristlichen Paränese sichtbar".[926] Vermutlich benutzt diese gemeinchristliche Paränese nicht einfach die alttestamentliche Weisheitsliteratur, sondern orientiert sich an den Jesusworten in Mt 23,12; Lk 14,11; 18,14.[927] Die ὑπερηφάνοι von Jak 4,6; I Petr 5,5 entsprechen hebr. לֵצִים = Übermütige, Zügellose, Gewissenlose, Freche. Man könnte hier auch übersetzen: „dreiste Sünder". Ch. *Barth* bestimmt die לֵצִים in Prov 3,34 als „arrogan-

[922] *Mußner* 184 deutet das „größer" anders: die heilende Gabe Gottes sei größer als die Schöpfungsgabe, die den Geist des Menschen schuf. Ähnlich wie wir *Ropes* 265.

[923] *Mayor* 145; *Johnson* 282; *Mußner* 184.

[924] Vgl. *Blass-Debrunner* § 483.

[925] Vgl. W. *Grundmann*, ThWNT VIII, 10.19.

[926] *Grundmann* a.a.O. 19.

[927] Vgl. wieder *Grundmann* a.a.O. 16.

te Thoraverächter".[928] Mit dieser Definition wird sehr gut auch das zum Ausdruck gebracht, was Jakobus mit dem Terminus ὑπερηφάνοις sagen will.[929]
7 Aus dem Schriftzitat zieht Jakobus in V. 7 selbst die Konsequenz: „**Seid also Gott untertan. Widersteht dem Teufel!**" Ὑποτάγητε[930] bezeichnet „das freiwillige Sichunterordnen"[931] und hat hier ingressive Bedeutung: „Ordnet euch von nun an Gott unter".[932] Dieses ὑποτάσσεσθαι ist das charakteristische Verhalten der „Demütigen" (V. 6) und andererseits das genaue Gegenteil von dem, was die „Hochmütigen" tun. Auch das ἀντιτάσσεσθαι V. 6 wird in V. 7 wieder aufgenommen, und zwar in Form des ἀντίστητε. „**Widerstehen**", ἀντιστῆναι, bedeutet, den „Kampf gegen den Satan"[933] zu führen. Dieses ἀντιστῆναι taucht an zwei weiteren markanten Stellen des NT auf, nämlich als wörtlich wiederholtes ἀντίστητε in 1. Petr 5,8f. und als στῆναι πρὸς in Eph 6,11. Das heißt, Petrus und Paulus behandeln dasselbe Thema wie Jakobus, und zwar in derselben Richtung und mit demselben paränetischen Material. Hat man in dieser urchristlichen Paränese Jesu Sieg in der Versuchungsgeschichte als ἀντιστῆναι τῷ διαβόλῳ verstanden?[934] Die Fortsetzung bei Jakobus καὶ φεύξεται ἀφ' ὑμῶν (vgl. Mt 4,11; Lk 4,13) spricht dafür. Jedenfalls vertreten sowohl Paulus als auch Petrus und Johannes (I Joh 2,13ff.) und Jakobus den Lehrsatz, dass die Christen dem Satan Widerstand leisten müssten. Glaube erweist sich als praktisch auch im Kampf, der dem Christen auferlegt ist. Der Christ kann diesen Kampf führen, weil er Gott kennt, unter dem Schutz Gottes steht und die Waffenrüstung Gottes besitzt.

Wie geschieht der Kampf bei Jakobus? V. 8 wird dazu Wesentliches sagen. Aber jetzt schon ist klar: durch die Unterordnung unter Gott, durch Aufgeben von Gelüsten, von Streitsucht und Neid, durch Befolgen der himmlischen Weisheit.

---

928 ThWAT IV, Sp. 570.

929 *Windisch* 27 meint zu Jak 4,6: „Hier ist sicher der Text nicht in Ordnung". Aber der Text, der übrigens in *Nestle-Aland* ohne Varianten erscheint, lässt sich sehr gut verstehen.

930 Passiver Aorist für das Medium.

931 G. *Delling*, ThWNT VIII, 43.

932 *Blass-Debrunner* § 337,1.

933 W. *Foerster*, ThWNT II, 80.

934 Auch *Mayor* weist 146 auf die Versuchungsgeschichte hin, ebenso *Belser* 168; *Grünzweig* 133.

„**Dann flieht er (der Diabolos) von euch**". Diese Aussage des Jakobus ist von überwältigender Zuversicht erfüllt. Der Christ kann also den Teufel zum Weichen bringen. Nicht durch eigene Kraft und Waffen! Sondern durch die Nähe zu Gott (V. 8!). Wir haben schon darauf hingewiesen, dass sich hier die Erfahrung Jesu aus der Versuchungsgeschichte wiederholt, auf die Jakobus vermutlich Bezug nimmt (vgl. Mt 4,11; Lk 4.13). Das καὶ vor φεύξεται ist konsecutiv.[935] Das φεύγειν darf nicht mit der Flucht eines Herrschers nach der endgültigen Niederlage verglichen werden, sondern hat eher den Sinn von „meiden", „sich scheuen", „sich zurückhalten".[936] *Schlatter* bemerkt hier: „Unter das satanische Regiment fällt nur, wer unter dasselbe fallen will" (Jak 201).

Aber der tiefste Grund für den Rückzug des Diabolos ist nicht die Kraft des Christen. Der tiefste Grund ist die Nähe Gottes, die den Christen umgibt.

8 „**Naht euch zu Gott, dann naht er sich zu euch**" (V. 8). Ἐγγίσατε ist schon der dritte Imperativ in V. 7f.. Jakobus wird offenbar zu kurzen Sätzen und einer Fülle von Imperativen gedrängt. Ἐγγίσατε kann aber nur derjenige sagen, der die „Gewißheit der Verwirklichung des Nahekommens"[937] besitzt. Wie kann der Christ Gott „**nahen**"? Indem er ihn vertrauensvoll anruft (vgl. Joel 3,5; Act 2,21; Röm 10,13; I Kor 1,2). Den Zugang zum Vater im Himmel besitzt er ja durch Jesus Christus (Hebr 4,16). Mit größter Gewissheit sagt Jakobus außerdem: „**dann naht er sich zu euch**". Wie in V. 7 ist das καὶ als konsekutiv zu verstehen. Woher weiß Jakobus, dass Gott sich dem Rufenden „**nahen**" wird? Antwort: sowohl aus dem AT (vgl. Ps 145,18; Joel 3,5; Sach 1,3; Mal 3,7) als auch aus der Verkündigung Jesu (vgl. Lk 11,5–13).

Allerdings sollten wir uns von der erkannten Sünde abwenden. Deshalb der Aufruf: „**Reinigt die Hände, ihr Sünder, und heiligt die Herzen, ihr Menschen mit zwei Seelen!**" *Blass-Debrunner* rechnet hier mit einem Parallelismus membrorum in Gestalt von 11:11 Silben (§ 489,1). Die Sprache ist ganz hebräisch und nimmt Bezug auf den alttestamentlichen Kult (vgl. Ex 30,19). Das „**reinigen der Hände**" bedeutet sowohl das Abtun von Schmutz und Sünde, als auch die Vorbereitung auf die neue Gottesbegegnung (vgl. Jes 1,16f.; Ps 18,21.25; Mk 7,1ff.). Natürlich geht es nicht um das äußere Händewaschen, sondern um die innere, geistliche Reinigung.[938] Das „**heiligen**" der „**Herzen**"

---

[935] *Blass-Debrunner* § 442,2.
[936] Vgl. *Bauer-Aland* Sp. 1706.
[937] H. *Preisker*, ThWNT II, 331.
[938] Vgl. F. *Hauck*, ThWNT III, 419.429; E. *Lohse*, ThWNT IX, 419.

soll ebenfalls die innere Reinigung zum Ausdruck bringen.[939] Zur Verbundenheit von „Händen" und „Herzen" vgl. Ps 24,4; 73,13; Sir 2,12; 38,10.[940] Nach 1,8 begegnet uns in 4,8 schon zum zweiten Mal das typisch jakobeische δίψυχος. Der Parallelismus mit ἁμαρτωλός stellt es außer Zweifel, dass hier der wankelmütige Mensch gemeint ist, der sich weder ganz für Gott noch ganz gegen Gott entscheiden kann und gerade dadurch die Liebe und Ehre Gottes verletzt. Wie „**reinigt**" und „**heiligt**" sich der Christ? Durch Eingestehen der Schuld, Bekenntnis der Schuld vor Gott und gegebenenfalls auch vor Menschen, Bitte um Vergebung und Gnade (vgl. Lk 18,9ff.; I Joh 1,9f.). Festzuhalten bleibt, dass auch bekehrte Christen nach Jakobus wieder zu Sündern werden können, wenn sie sich gegen Gott sperren (vgl. wieder I Joh 1,8ff.).

9 In V. 9 und 10 verschärft sich der Ruf zur Umkehr. „**Klagt und trauert und weint!**"[941] ist ja keine allgemeine Lebensregel. Vielmehr handelt es sich um anschauliche Bilder für die innere Buße und Betrübnis über die eigene Sünde, die zu einer echten Umkehr gehören. Es ist eben kein Zufall, dass πενθήσατε und κλαύσατε auch in Lk 6,25 auftauchen. Offenbar bezieht sich Jakobus zurück auf das Jesuswort in Lk 6,21.25, evtl. auch Mt 5,4.[942] Ταλαιπωρεῖν[943] bedeutet „sein Elend fühlen" und ihm in der Klage Ausdruck verleihen. Πένθειν bezeichnet das Trauern, das sich" in Klagen und Tränen" äußert.[944] Κλαίειν wird vom Weinen in vielerlei Situationen gebraucht. Allen drei Begriffen ist gemeinsam, dass sie als „Mahnung zur Buße"[945] eingesetzt werden und dass sich in ihnen „das Zugeben und Bejahen der Abhängigkeit von Gott"[946] kundgibt. Gemeinsam ist ihnen aber auch, dass die innere Umkehr nicht verborgen bleibt, sondern sichtbar und leibhaftig zu Tage tritt. Das bedeutet eine ernsthafte Anfrage an Leser aus dem europäischen Raum, die am liebsten alles auf einen „Herzensglauben" reduzieren möchten.

Fraglich ist der Sinn der anschließenden Worte. Ist die Sequenz von ὁ γέλως bis κατήφειαν als Drohung mit dem göttlichen Gericht zu verstehen,

---

939 F. *Hauck*, ThWNT I, 124.

940 *Mußner* 185.

941 Nach *Blass-Debrunner* § 337,1 handelt es sich um ingressive Aoriste: „werdet traurig" usw.

942 So auch G. *Kittel*, ZNW 43, 89; *Bieder* 95,4; *Davids* 66.

943 Ntl. Hapaxlegomenon.

944 R. *Bultmann*, ThWNT VI, 42.

945 *Bultmann* a.a.O. 43.

946 K. H. *Rengstorf*, ThWNT III, 723.

wie es R. *Bultmann* immerhin erwägt? Aber *Bultmann* kommt selbst zu dem Schluss, dass eine Drohung in diesen Kontext nicht passt. Es müsse sich vielmehr um eine „Mahnung“ handeln, „die zur Klage ruft“.[947] Wichtig ist die Feststellung von K. H. *Rengstorf*, dass im Alten wie im Neuen Testament „das Lachen als Haltung Ausdruck menschlicher Sicherheit gegenüber Gott“ „sei“.[948] Die Umkehrung von „**Lachen**“[949] in „**Trauer**“ findet sich wieder bei Jesus in Lk 6,25. Allerdings dient sie dort als Gerichtsweissagung, während es in Jak 4,9 um einen Ruf zur Buße geht. Sprachlich nicht ganz einfach ist das χαρά neben γέλως. Es kann hier nicht die wahre, tiefgegründete „**Freude**“ gemeint sein, sondern nur die weltliche, gottentfremdete und egoistische, Freude. Sie soll der „**Niedergeschlagenheit**“ – κατήφεια nur bei Jak im NT! – weichen. Das heißt also der Einsicht in die eigene Sündhaftigkeit und praktizierte Sünde, mit der man sich gegen Gott vergangen hat (vgl. Jes 32,11f.; Joel 2,12f.; Sach 11,2f.). *Ropes* notiert mit Recht (272), dass κατήφεια den Beigeschmack des Sichschämens hat.

10 Das Thema der Demut, die neue Gnade ermöglicht, wird abgerundet[950] durch V. 10: „**Demütigt euch vor dem Herrn! Dann wird er euch erhöhen**“. Wie oft hat Jesus ähnlich gesprochen (vgl. Mt 23,12; Lk 14,11; 18,14)! So liegt es wieder nahe, dass Jakobus bewusst bei Jesusworten anknüpft.[951] Prophetische und weisheitliche Aussagen wie Ez 17,24; 21,31; Prov 3,34 bilden den Hintergrund für Jesus wie für Jakobus. Das Weiterwirken der Jesustradition belegen auch Paulus und Petrus (Phil 2,8 f; I Petr 5,6). „Vor **dem Herrn**“ ist hebr. לפני אדוני und darf nicht lokal gedeutet werden. Sicherlich ist Jak 4,10 mit „veranlaßt durch die Zitierung von Prv 3,34 LXX ... in Jak 4,6“.[952] Aber nicht nur! Vielmehr hat die ganze Sequenz der Verse 5–10 ihren Zielpunkt in V. 10, und der lässt sich ganz präzise so zusammenfassen: Kehrt um zum Herrn! Das geschieht durch das Aufgeben der Kämpfe und Streitigkeiten, von denen in V. 1–4 die Rede war. Ταπεινώθητε darf nicht auf die Aussage „Unterwerft euch Gott!“[953] verengt werden. Wie in 1,9f. und 4,6

---

947 A.a.O. 43. Ebenso *Windisch* 28; *Johnson* 285.

948 A.a.O. 722. Vgl. *Rengstorf*, ThWNT I, 656ff.

949 Das Substantiv ist ntl. Hapaxlegomenon.

950 Die alten Handschriften bestätigen den abrundenden Charakter durch das teilweise eingefügte Vgl. *Mußner* 186.

951 Ebenso *Kittel*, ZNW 43, 90; *Guthrie* 743 (denkt an Mt 5,5); *Davids* 67.

952 W. *Grundmann*, ThWNT VIII, 19.

953 So aber *Grundmann* a.a.O.; *Belser* 170.

ist es vielmehr im Zusammenhang mit dem hebr. עָנִי oder עָנָו zu sehen. Von daher bekommt ταπεινώθητε den Sinn: Sucht die Verbindung mit Gott als Menschen, die ganz auf die Gnade angewiesen sind! Darauf folgt die feste Verheißung: „**Dann**[954] **wird er euch erhöhen**". Das heißt: Er wird euch wieder Gnade schenken und mit neuen Aufträgen betrauen. Woher weiß das Jakobus? – Von Jesus (Mt 23,12; Lk 14,11; 18,14), von Prov 3.34 (vgl. V. 6!), und von den Propheten Israels (vgl. Ez 17,24; 21,31). Inmitten der Mahnung zur Eintracht kommt also auch das Evangelium zur Sprache.

11 Es folgt nun der dritte Unterabschnitt: das Verleumden und Richten unter den Brüdern. „**Verleumdet einander nicht, Brüder**!" (V. 11). Die Reihe der aoristisch-ingressiven Imperative[955] wird jetzt abgelöst durch einen präsentischen Imperativ, der eher eine allgemeine Weisung zum Ausdruck bringt.[956] Es ist deutlich, dass Jakobus einen bestehenden Zustand im Auge hat. Christen, die einander „**verleumden**" – gibt es das? Ja. Damals wie heute. Was heißt „verleumden" (καταλαλεῖν)? Gerhard *Kittel* definiert es als „das böswillige, ehrabschneiderische, verleumderische Reden", das immer eine Feindlichkeit ausdrückt.[957] Die Häufigkeit der καταλαλιά in den neutestamentlichen Briefen zeigt, wie schwer die frühen Christen mit diesem Laster kämpften (vgl. I Petr 2,1ff.; Röm 1,30; II Kor 12,20).[958] Gerade diejenigen, die nach Jak 3,1ff. nach der Ehre trachteten, die Lehrer der Gemeinde zu sein, schnitten also anderen die Ehre ab.[959] Auch heute noch bleibt die reformatorische Auslegung des achten Gebots eine wesentliche Markierung: „Wir sollen Gutes von ihm (= unserm Nächsten) reden und alles zum Besten kehren".

„**Wer einen Bruder verleumdet oder seinen Bruder richtet, der verleumdet das Gesetz**[960] **und richtet das Gesetz**". Warum? Weil das Gesetz verbietet, den Bruder zu „**verleumden**" (vgl. Lev 19,16.18; Ps 50,20; 101,5; Prov 20,19; 30,10).[961] Daher richtet sich jede Verleumdung zugleich gegen das

---

954 καί ist konsecutiv.

955 Vgl. wieder *Blass-Debrunner* § 337.

956 *Blass-Debrunner* § 335–336.

957 ThWNT IV, 4; *Schlatter*, Jak, 203 übersetzt: „Redet nicht gegeneinander".

958 *Kittel* a.a.O. 4f. erweitert den Blick in den altkirchlichen Gebrauch.

959 Allerdings darf die Anklage nicht **nur** auf die Lehrer bezogen werden (so richtig schon *Beyschlag* 198).

960 Über das Fehlen des Artikels vor νόμος vgl. *Blass-Debrunner* § 258,3.

961 Vgl. wieder *Kittel* a.a.O. 5.

Gesetz Gottes. Im „**richten**“ liegt Lieblosigkeit und Selbstgerechtigkeit.[962] Wir sehen hier, wie hoch Jakobus das „**Gesetz**“ bewertet. Er denkt hier ganz ähnlich wie Paulus (Röm 7,12). Wer aber gegen das Gesetz handelt – „**Wenn du aber das Gesetz richtest**“, – der ist „**kein Täter des Gesetzes, sondern ein Richter über das Gesetz**“. Das heißt, der oder die Betreffende stellt sich praktisch über das Gesetz. Vielleicht knüpft Jakobus hier an die in Mt 7,1ff. überlieferte Jesustradition an.[963] Der Begriff ποιητὴς νόμου erinnert uns an das ποιητὴς λόγου in Jak 1,22, sowie an Röm 2,13 und die ποιητής/ποιεῖν-Formulierungen in Mt 7,21; I Joh 2,17; 3,7; Jak 1,25; 2,12. Außerdem entspricht das ποιητὴς νόμου in Jak 4,11 dem עוֹשֵׂי הַתּוֹרָה in den Qumranschriften (vgl. 1 Q p Hab VII,11; VIII,1; XII,4f.). Im ganzen Anschauungsbereich des alten Israel und auch in der frühen christlichen Gemeinde kam es nicht darauf an, dem Gesetz in Gedanken zuzustimmen, sondern es zu „**tun**“, ein „**Täter**“ zu sein. *Schlatter* (Jak, 204) bemerkt dazu: „uns dünkt es aber angenehmer, unser eigenes Urteil hoffärtig an die Stelle des Gesetzes zu bringen, als ein Täter des Gesetzes zu sein“. Bei Paulus vgl. man Röm 14,4.13; I Kor 4,5. Zu beachten ist, dass die letzten Worte im Griechischen nur lauten: ἀλλὰ κριτής. Man kann daraus folgern, dass die Übertreter sich an die Stelle Gottes setzen, also selbst „**Richter**“ und Gesetzgeber sein wollen![964] Näher aber liegt es, zu κριτής ein τοῦ νόμου zu ergänzen, denn es geht im ganzen Vers um das Verhältnis zum Gesetz.[965]

12 Denen, die sich über das Gesetz erheben wollen, gibt Jakobus zu bedenken: „**Einer nur ist Gesetzgeber und Richter,**[966] **nämlich der, der retten und verdammen kann. Du aber, wer bist du, dass du den Nächsten richtest?**“ (V. 12). Jetzt geht es wirklich um den Gegensatz Gott – Mensch. Nicht mehr das Verhältnis von Mensch und Gesetz ist jetzt also das Thema, sondern das Verhältnis von Mensch und Gott. Der Übergang von dem einen zu dem andern Thema ist aber deshalb leicht möglich, weil das Gesetz ja von Gott gegeben ist. Er allein „**ist Gesetzgeber und Richter**“. Wenn ein Mensch sich anmaßt, zu richten, dann greift er dem ewigen „**Richter**“ ins Amt.

---

962 Vgl. *Mußner* 187.

963 Das vermuten jedenfalls *Guthrie* 743; *Davids* 67; *Bieder* 95,4; *Kittel*, ZNW 43, 90.

964 So z. B. *Beyschlag* 200; *Ropes* 275.

965 So auch *Belser* 171; Neue Jerusalemer Bibel 1760; *Windisch* 29.

966 Καὶ κριτὴς scheint die besser bezeugte und ursprüngliche Textform zu sein. Vgl. *Johnson* 294.

„**Richter**" ist Gott an zahlreichen Stellen des Alten und Neuen Testaments (vgl. Gen 16,5; 18,25; Ps 50,6; 58,12; 68,6; 75,8; Jes 33,22; Mt 5,25; Act 10,42; 2 Tim 4,8; Hebr 12,23). In Jak 5,9 wird allerdings Jesus Christus als der Richter bezeichnet, was nach Mt 25,14; 25,31ff.; Joh 5,22ff.; Act 10,42 nicht verwundert. Κριτής geht auf hebr. שֹׁפֵט zurück, das sowohl den Herrscher als auch den Richter bezeichnet.[967] Von da her wohnt dem Wortfeld κρίνειν / κριτής bei Jakobus auch das Element des „Herr seins" bzw. „sich zum Herrn aufschwingen wollen" inne.

Νομοθέτης kommt nur hier im NT vor.[968] Der Versanfang εἷς ἐστιν νομοθέτης[969] nimmt sehr wahrscheinlich auf das Schema Jisrael in Dt 6,4 Bezug (κύριος εἷς ἐστιν). Dann aber gibt Jakobus zu erkennen, dass derjenige, der seinen Bruder verleumdet oder richtet, am Bekenntnis Israels und am ersten Gebot frevelt! „**Der, der retten und verdammen kann**", ist Gott – und wieder nur er allein! 'Απολέσαι bedeutet eigentlich „vernichten", „verderben", „umbringen, „töten".[970] Gemeint ist das eschatologische „verderben" des göttlichen Richters, also eben das, was wir herkömmlich „**verdammen**" nennen. Die Formulierung „**der retten und verdammen kann**" erinnert stark an Mt 10,28. Vermutlich hat Jakobus sich auch hier wieder an die Jesusüberlieferung angelehnt.[971] „**Du aber, wer bist du, dass du den Nächsten richtest?**"[972] Diese Frage könnte bei Paulus stehen (vgl. Röm 14,4). Gott darf „**den Nächsten richten**" und wird es tun. „**Du aber**", das heißt „**du**" als sündiger Bruder in der Gemeinde und als sündiger Mensch, darfst es nicht.

Jakobus mahnt also zur Eintracht, indem er jedes Gemeindeglied an die Verantwortung vor dem göttlichen Richter erinnert. Im Namen Gottes deckt er die Zwietracht in der Gemeinde als Sünde auf. Die Überwindung dieser Sünde geschieht nicht durch eine Strukturreform, sondern durch die von Christus ermöglichte Demut und neue Gnade.[973]

---

967 Vgl. H. *Niehr*, ThWAT VIII, Sp. 408ff.; V. *Herntrich*/F. *Büchsel*, ThWNT III, 920ff.

968 Vgl. W. *Gutbrod*, ThWNT IV, 1082.

969 Der Artikel vor νομοθέτης ist vermutlich nicht ursprünglich.

970 A. *Oepke*, ThWNT I, 393ff.

971 Vgl. *Johnson* 294.

972 Zur Form der Frage vgl. *Blass-Debrunner* § 475,2.

973 Dass hinter 4,1ff. der Streit zwischen Juden und Christen bzw. Judenchristen und Heidenchristen stünde, ist eine nicht zu begründende Hypothese. Gegen *Mußner* 188f.; *Schlatter*, Jak, 198f.

12. Warnung vor überheblicher Selbstsicherheit (Jak 4,13–17)

I **13 „Wohlan nun,[974] die ihr sagt: Heute oder morgen werden wir in die und die Stadt[975] gehen und dort ein Jahr zubringen und Handel treiben[976] und Gewinn machen – 14 die ihr nicht wisst, was morgen ist, wie[977] dann euer Leben sein wird; denn Rauch seid ihr, der kurz erscheint und dann verschwindet – 15 statt dass ihr sagt:[978] Wenn der Herr will, dann werden wir leben und dies oder das tun.[979] 16 Nun aber rühmt ihr euch mit euren Prahlereien. All solches Rühmen ist böse. 17 Wer nun weiß, Gutes zu tun, und tut's nicht, dem ist es Sünde.“**

II „Ein unmittelbarer Zusammenhang mit den vorausgehenden Darlegungen des Briefes besteht nicht“, sagt *Mußner* (189). Die Frage ist, ob es einen mittelbaren Zusammenhang gibt. Wenn man νῦν mit *Stählin* als „weiterführende Partikel“ versteht,[980] dann darf ein solcher Zusammenhang nicht ausgeschlossen werden. Immerhin begegnet uns dieses νῦν zweimal in 4,13–17 (V. 13.16) ergänzt durch das οὖν in V. 17. Jede Verbindung zu 4,1–12 ist wohl so aufzufassen, dass derjenige, der sich zum Richter anstelle Gottes aufschwingt (V. 11f.), und auch derjenige, der sich in Hochmut von Gott emanzipiert und eine selbstherrliche Autonomie anstrebt (V. 6ff.), jener Überheblichkeit huldigt, die Jakobus in 4,13–17 verurteilt. Insofern trifft *Mußner* einen wesentlichen Punkt, wenn er die Verse 13–17 „Wider den selbstmächtigen Lebensentwurf“ tituliert.

Die Struktur der Anklage: „**ihr sagt**“ – „**ihr wisst nicht**“ – „**statt dass ihr sagt**“ erinnert an die alttestamentliche Prophetie.[981] Genauer noch: Sie erinnert

974 Zur Übersetzung vgl. *Blass-Debrunner* § 107,7; G. *Stählin*, ThWNT IV, 1101.
975 Zur Übersetzung vgl. *Blass-Debrunner* § 289,3.
976 Vgl. *Blass-Debrunner* § 148,1.
977 Vgl. *Blass-Debrunner* § 298,3; 186,4.
978 Zur Übersetzung vgl. *Blass-Debrunner* § 403,1.
979 Vgl. *Blass-Debrunner* § 289,4; 291,2; 442,14.
980 ThWNT IV, 1101.
981 So *Mußner* 189 nach *Dibelius*.

stark an Maleachi (vgl. Mal 1,2. 6f.; 12f.; 2,14.17; 3,7f.13f.) und auch an Hesekiel (z. B. Ez 12,9f.22; 18,25.29; 33,20). Eine dialogische Prophetie bildet also den Rahmen für die Äußerungen des Jakobus. Auch die Verurteilung des „**Rühmens**" erinnert an prophetische Vorbilder (z. B. Jer 9,22f.). Dieses Thema begegnete uns bereits in 1,9ff.

Es zeigt sich also, dass der Jakobusbrief zwischen mehr prophetischen und mehr lehrhaften Passagen wechselt. Von da aus fällt ein interessantes Licht auf die Tatsache, dass „Lehrer" und „Prophet" auch sonst im NT eng miteinander verbunden sind (vgl. Mt 23,34; Act 13,1; I Kor 12,28).

13 Das ἄγε νῦν (V. 13) markiert den Beginn eines neuen Abschnitts. III
Zugleich deutet es an, dass ein gewisser Zusammenhang mit dem Vorausgehenden jedenfalls im Bewusstsein des Verfassers existiert. Die ganze Sentenz V. 13–15, gekennzeichnet durch λέγοντες V. 13, οἵτινες V. 14 und ἀντὶ τοῦ λέγειν V. 15, steht zum folgenden Vers 16 im Verhältnis eines Anakoluth.[982] Die Interjektion ἄγε νῦν hat vermutlich den Sinn: „**Wohlan nun** – ihr werdet schon sehen, was dabei herauskommt". Sie trägt unüberhörbar den Ton einer Androhung des Gerichts.

Die Formulierung „**ihr sagt**", – das „**ihr**" steht nicht explizit da, ist aber aus dem Kontext zu erschließen – lässt auf Gemeindeglieder schließen, die sich in der beschriebenen Weise äußern. Was von ihnen zitiert wird, scheint auf den ersten Blick keine Sünde zu sein: „**Heute oder morgen werden wir in die und die Stadt gehen und dort ein Jahr zubringen und Handel treiben und Gewinn machen**".

Ἐμπορεύεσθαι deutet auf die Tätigkeit des ἔμπορος, des begüterten Kaufmanns bzw. Großhändlers.[983] Schon soziologisch ist es interessant, dass solche ἔμποροι zur Gemeinde gehörten. Das trifft sich mit unserer Deutung von 1,9ff. und 2,1ff., wonach sich auch Reiche unter den Gemeindegliedern befanden. Diese Beobachtungen stimmen zugleich mit den Angaben der Apostelgeschichte überein, die uns ebenfalls auf reiche Gemeindeglieder hinweisen (vgl. Act 5,1ff.; 8,26ff.; 9,36; 12,12; 13,4ff.; 16,14; 17,4.9.34; 18,1ff.; 28,7ff.).[984] Auch die sonstigen Aussagen in V. 13 sind in dieser Hinsicht inte-

---

982 Vgl. *Bauer-Aland* Sp. 14; *Mußner* 190; *Beyschlag* 204; *Johnson* 296.

983 Vgl. *Bauer-Aland* Sp. 518 und Mt 13,45; 22,5; Apk 18, 3.11.15.23.

984 Schon deshalb sollte man nicht davon reden, dass in Jak 4,13 nur „Söhne Israels" (*Belser* 176) gemeint seien, bzw. „Diasporajuden" (*Beyschlag* 204).

ressant. Κερδαίνειν ließe sich statt mit „**Gewinn machen**" auch mit „uns etwas ersparen" übersetzen.[985]

Aber zum Kontext passt besser die Bedeutung „**einen (geschäftlichen) Gewinn machen**".[986] Christliche Kaufleute sind damals wie heute auf „Profit" angewiesen, wenn sie Existenz und Beruf sichern wollen. Ein solches „Gewinn"-Streben ist, wie Jak 4,13 zeigt, noch keine Sünde. Bemerkenswert ist ferner die Aussage, sie wollten „**in der und der Stadt ein Jahr zubringen**". Es handelt sich offenbar um christliche Kaufleute bzw. Handelsleute, die wie der Socher des AT umherreisen. Solche Socherim begegnen uns in imponierender Weise z. B. in Ez 27,12ff.[987] Hinter ihnen steht also eine alte orientalische Tradition. Zeitweise ließen sich diese reisenden Kaufleute in besonderen Kaufmannsquartieren der handeltreibenden „**Städte**" nieder, wie es noch im Mittelalter, z. B. im Fondaco dei Tedeschi in Venedig, der Fall war. Sie reisten mit ihren Waren an, schlugen sie möglichst günstig los und kauften an Ort und Stelle typische Produkte, die sie dann in ihrer Heimat wieder mit möglichst hohem Aufschlag zu verkaufen suchten.

Zu den soziologischen Dimensionen kommt in V. 13 jedoch eine weitere, eine theologische Dimension hinzu. Sie konkretisiert sich in den Worten „**Heute oder morgen**". Das „**Heute**" „eröffnet" die Zeit, es „blickt ... auf die Zukunft voraus".[988] Wer gar über das „**Heute oder morgen**" verfügen will, maßt sich an, Geschichte im Griff zu haben, Zukunft „machen" zu können. Dann aber ist Jak 4,13 mit Ernst *Fuchs* als typischer Ausdruck „für die törichte Verfügung über die eigene Zeit anzusehen".[989]

Es ist deutlich, dass eine solche törichte Verfügung sowohl der Lehre Jesu in Mt 6,34; Lk 12,16ff. als auch der Weisheit Israels (Prov 27,1) widerspricht.[990]

14 Der überheblichen Selbstsicherheit hält Jakobus in V. 14 entgegen: „**die ihr nicht wisst, was morgen ist,**[991] **wie dann euer Leben sein wird**". Dass

---

985 Vgl. H. *Schlier*, ThWNT III, 671f.

986 So auch H. *Schlier*, a.a.O. 672.

987 Vgl. meinen Kommentar „Der Prophet Hesekiel" in der WStB, 2. Teil, Wuppertal, 2000, 48ff., sowie H. *Seebass*, ThWAT V, Sp. 814ff. und *Mittmann*, Art.: Handel und Verkehr, GBL 2, 515ff.

988 E. *Fuchs*, ThWNT VII, 269f.

989 A.a.O. 270.

990 Vgl. *Davids* 67.

991 Zu ἡ αὔριον vgl. *Blass-Debrunner* § 266,1.

der Mensch[992] „**nicht weiß, was morgen ist**", ist sowohl bei Jesus als auch in der alttestamentlichen Spruchliteratur zu finden (Mt 6,34; Prov 27,1). Ποία ἡ ζωὴ ὑμῶν fassen *Blass-Debrunner* als „wie (elend) beschaffen euer Leben sein wird" auf (§ 298,3). Sie sehen in der Wortstellung τῆς αὔριον ein Hyperbaton (§ 186,4; 477,2) und vertreten deshalb die Übersetzung „die ihr nicht wisst, wie elend morgen euer Leben sein wird" oder „... wie elend das Leben des morgigen Tages sein wird"(§ 186,4). Aber der Gedanke des Elends legt sich weder vom Kontext noch von den Parallelen bei Jesus und in der Spruchliteratur her nahe. Freilich wird der Mensch in all seiner Schwäche und Vergänglichkeit offenbar. Dies unterstreicht der kräftige Vergleich: „**denn Rauch**[993] **seid ihr, der kurz erscheint und dann verschwindet**".[994] Der Vergleich mit dem „**Rauch**" findet sich auch in Hos 13,3; Ps 37,20 und 102,4, der Gedanke selbst steht Ps 39,6.12 nahe. Man vgl. ferner Hi 14,1ff.; Prov 27,1; Koh 6,12; Weish 2,4ff.; 5,8ff.; Sir 11,19. Die LXX übersetzt das hebr. עָשָׁן in Hos 13,3 mit ἀτμίς, also demselben Begriff, den wir in Jak 4,14 vorfinden. Für das alttestamentliche עָשָׁן notiert R. North: „Rauch ist ... Symbol der Flüchtigkeit und Vergänglichkeit".[995] Die Qumranschriften bezeugen denselben Wortgebrauch (1 QM XV, 10; 1 Q 27, 1,1,6). Wie also will der vergängliche Mensch, der „**Rauch**" ist, so selbstherrliche Pläne machen? Die Sätze des Jakobus führen weit über das Exempel der Kaufleute hinaus. Hier werden grundsätzliche Anfragen auch an den modernen Menschen mit seinen Vorstellungen von Verfügbarkeit, Machbarkeit und Planbarkeit gestellt. Dabei sollte man sich dessen bewusst bleiben, dass der Mensch einerseits überlegen und planen muss, um seiner Verantwortung gerecht zu werden (vgl. Mt 7,24ff.; Lk 16,1ff.), dass er aber andererseits nicht der Hybris verfallen darf, sich für unabhängig von Gott zu erklären.

15 Gerade diese Spannung wird nun im 15. Vers besprochen: „... **statt dass ihr sagt: Wenn der Herr will, dann werden wir leben und dies oder das tun**".[996] Der Grundton von V. 13 bestand in den Worten „**wir** werden". Der Grundton von V. 15 lautet: „**Wenn der Herr will**". V. 15 ordnet also das göttliche Subjekt dem menschlichen vor, während das göttliche Subjekt in V. 13 keine Rolle spielte. V. 15 lehnt damit eine menschliche Unabhängigkeit im

---

992 *Davids* 67.

993 Zur Übersetzung „Rauch" vgl. *Beyschlag* 205.

994 Zu ἔπειτα καὶ vgl. *Blass-Debrunner* § 459,5.

995 ThWAT VI, Sp. 440.

996 Zur Übersetzung vgl. *Blass-Debrunner* § 291,2; 403,1; 442,14.

Verhältnis zu Gott ab. Allerdings verzeichnet Hans *Windisch* die Aussagen des Jakobus, wenn er (zu V. 14) anmerkt: der Vers „verurteilt alles Plänemachen als unsinnig", und dann (zu V. 15) wieder bemerkt, die „Ergebung in Gottes Willen" sei nötig (29). Es kann weder von dem einen noch von dem andern die Rede sein. Denn auch in V. 15 werden „Pläne gemacht". Und dies nicht in einer fatalistischen „Ergebung", sondern in einem vertrauensvollen Achten auf den Willen des Herrn. Sehen wir uns die Einzelheiten an: Das καί nach θελήσῃ „ist wesentlich durch das Hebr. bedingt" und muss mit „**dann**" übersetzt werden.[997] Grammatisch möglich wäre allerdings auch die Übersetzung „Wenn der Herr will und (wenn) wir leben, dann ..." Aber mit Recht ziehen *Blass-Debrunner*[998] schon das erste καί in den Nachsatz, sodass sich die obige Übersetzung „**Wenn der Herr will, dann** usw." ergibt.[999]

Wer ist hier der κύριος? Die Beziehung auf Jesus bleibt möglich (vgl. 1,1; 2,1). Da wir uns aber im Umkreis alttestamentlicher und weisheitlicher Gedanken befinden, liegt die Beziehung auf Gott den Vater näher (vgl. 1,7; 4,10).[1000] Eine solche Beziehung wird auch durch Paulus nahe gelegt, der sich sehr oft bei seinen Planungen von „Willen Gottes" (τοῦ θεοῦ θέλοντος u. ä., Act 18,21; Röm 1,10; 15,32; I Kor 4,19; 16,7; vgl. Hebr. 6,3) abhängig weiß. Vor allem die paulinische Wendung ἐὰν ὁ κύριος θελήσῃ in I Kor 4,19 deckt sich vollkommen mit Jak 4,15. Noch einmal sei betont, dass auch diejenigen, die der Lehre des Jakobus in 4,15 folgen, Pläne machen. Sie sagen ja: „**Wir werden dies oder das tun**". Menschliche Verantwortung und noch stärker unsere Verantwortung vor Gott gebieten es, dass wir oft auf viele Jahre hinaus planen müssen.[1001] Aber der entscheidende Punkt liegt nach V. 15 darin, dass wir sämtliche Pläne unter den Vorbehalt des Willens Gottes stellen. Und auch dies sei noch einmal betont: Es geht in Jak 4,15 keinesfalls um fatalistische oder gar schicksalsergebene Verhaltensweisen, sondern um die Gewissheit und Zuversicht, dass Gott das Beste für uns will (vgl. Röm 8,28). So ist die be-

---

997 *Blass-Debrunner* § 442,5. Auch *Ropes* 280 spricht von „Christian submission to divine providence". Er hält im Gegensatz zu unserm Kommentar die Aussage von Jak 4,15 für „strictly heathen".

998 § 442,14.

999 Ebenso Neue Jerusalemer Bibel 1760; *Ropes* 280; *Belser* 176.

1000 Ebenso *Mußner* 192; *Ropes* 279.

1001 Vgl. *Schlatter*, Jak, 205: „Wir sind zum Handeln, zur umsichtigen Tatkraft verpflichtet, die ihre Pläne entwirft und mit Rüstigkeit für die Zukunft sorgt".

rühmte conditio Iacobaea in V. 15 kein Schatten oder gar eine Drohung über unserem Leben, sondern ein Ausdruck gläubiger Zuversicht.

16 Leider trifft Jakobus bei den Adressaten eine andere Haltung an: „**nun aber rühmt ihr euch mit euren Prahlereien. All solches Rühmen ist böse**"(V. 16). Prägend für diese Haltung sind die ἀλαζονεῖαι („**Prahlereien**"). Gerhard *Delling* sieht im ἀλαζών „eine Art Wechselbegriff" zum ὑπερήφανος (vgl. 4,6). Er definiert den ἀλαζών als jemanden, „der mehr aus sich macht, als hinter ihm steckt".[1002] 'Αλαζονεία lässt sich dann in Jak 4,16 als eine Redeweise verstehen, „die so tut, als ob sie von sich aus über die Zukunft verfügen könne".[1003] Damit rückt Jak 4,16 nahe an I Joh 2,16. Vor allem aber ist Jak 4,16 mit Weish 5,8 zu vergleichen, wo ὑπερηφανία und ἀλαζονεία in einem Parallelismus membrorum erscheinen.[1004] Der Ruhm in Jak 4,16 wird also zum Selbstruhm, doch „**all solches Rühmen ist böse**". Nicht nur die Linie der alttestamentlich-jüdischen Weisheit setzt sich auf diese Weise bei Jakobus fort, sondern auch die Linie der Propheten (vgl. Jer 9,22f.). Die „**Prahlereien**" bezeichnen nicht den Gegenstand, dessen man sich „**rühmt**", sondern den Grund: sie rühmen sich, weil sie prahlen. Man vergesse nicht, dass es sich hier um Gemeindeglieder, um Christen, handelt!

17 Gerade weil es sich um Christen handelt, müssen sie wissen, was sie tun. Das heißt zugleich: Sie müssen auch wissen, wie man es besser, Gott wohlgefälliger macht. Unter dieser Voraussetzung verstehen wir den Sinn von V. 17: „**Wer nun weiß, Gutes zu tun,**[1005] **und tut's nicht, dem**[1006] **ist es Sünde**". „**Gutes zu tun**" heißt in diesem Zusammenhang: Vom Selbstruhm Abstand nehmen und sich nach Gottes Willen richten. Oder anders formuliert: es heißt, Gott die Ehre geben. Wer dies trotz vorhandener Gotteserkenntnis „**nicht tut**", dem wird sein Verhalten zur „**Sünde**". Hier bewegt sich Jakobus ganz in der Nähe zu Lk 12,47, schließt sich vielleicht bewusst an dieses Jesuswort an.[1007]

Drei Dinge entnehmen wir diesem Schlussvers des Abschnitts 4,13–17: 1) Wer Gottes Willen kennt, hat mehr Verantwortung als jemand, der Gottes Willen nicht kennt. 2) Auch Christen können bewusst gegen Gottes Willen

---

[1002] ThWNT I, 227.

[1003] A.a.O. 228.

[1004] So auch Dieter *Georgi*, Weisheit Salomos, JSHRZ III/4, 1980, 417.

[1005] *Blass-Debrunner* § 264,2: „etwas Gutes".

[1006] Zur Satzkonstruktion vgl. *Blass-Debrunner* § 297,3.

[1007] Vgl. *Davids* 67.

handeln. 3) Mit dem Hinweis auf die „**Sünde**“ warnt Jakobus noch einmal eindringlich vor überheblicher Selbstsicherheit.

13. Ein Bußruf an die Reichen (Jak 5,1–6)

I **1 „Wohlan nun, ihr Reichen! Weint und heult über die Nöte, die über euch kommen werden! 2 Euer Reichtum ist verfault, und eure Kleider sind von Motten zerfressen worden, 3 euer Gold und Silber ist verrostet, und ihr Rost wird gegen euch zum Zeugnis dienen[1008] und wird[1009] euer Fleisch wie Feuer fressen. Ihr habt euch Schätze gesammelt noch in den letzten Tagen.[1010] 4 Siehe, der Lohn der Arbeiter, die eure Felder[1011] abgemäht haben, der von euch vorenthalten wurde, schreit, und die Rufe der Schnitter sind in die Ohren des Herrn Zebaoth gedrungen. 5 Ihr habt auf der Erde geschwelgt und üppig gelebt, ihr habt noch am Schlachttag eure Herzen gemästet. 6 Ihr habt verurteilt, ihr habt getötet den Gerechten, er widersetzt sich euch nicht“.**

II Das ἄγε νῦν am Anfang des 1. Verses hat eine doppelte Funktion: Es markiert einen Neueinsatz des Briefschreibers und es führt gleichzeitig die im ἄγε νῦν von 4,13 eröffnete Aussagereihe fort. Wo endet der Abschnitt 5,1ff.? Die Anrede ἀδελφοί in V. 7 löst die Anrede οἱ πλούσιοι in 5,1ff. ab. Sie führt in V. 7ff. zu dem neuen Themenprofil eines vierfachen μακροθυμεῖν / μακροθυμία hinüber. Diese Beobachtungen empfehlen es, den Abschnitt 5,1ff. mit V. 6 enden zu lassen.[1012]

Aber wiederum ist zu vermerken, dass 5,1–6 eng an das Vorgehende anschließt: Die Reichen von 5,1ff. erinnern an die wohlhabenden Kaufleute von 4,13ff., das Weinen und Heulen von 5,1 an 4,9, der Egoismus der Reichen an

---

[1008] Vgl. hierzu *Blass-Debrunner* § 145,2.

[1009] Zum Futur vgl. *Blass-Debrunner* § 74,6.

[1010] Vgl. *Blass-Debrunner* § 256,3.

[1011] χῶραι wird von *Ropes* 288 mit „estates“ / „farms“ übersetzt, was möglich bleibt.

[1012] So auch *Kümmel* 356f.; *Paulsen* 488; *Mußner* 193; *Beyschlag* 210; *Windisch* 30; *Ropes* 282.

die Selbstsicherheit von 4,13ff. und gleichzeitig an den Hochmut von 4,6ff. Über die Verbindung zum folgenden Abschnitt vgl. die Einleitung zu 5,7ff.

Der prophetische Charakter dieser Verse 5,1–6 ist noch stärker ausgeprägt als es in 4,13–17 der Fall war. Dabei findet z. T. archaisch anmutendes Bildmaterial Verwendung (s. die Einzelexegese). Im Unterschied zu der merkantilen und urbanen Welt von 4,13ff. dominiert hier in 5,1ff. die landwirtschaftlich-konservative Welt Galiläas und Judäas.

1 Wie in 4,13 bedeutet ἄγε νῦν in 5,1 soviel wie: „**Wohlan nun** (– ihr werdet schon sehen, was dabei herauskommt)". Man spürt, dass ein Gericht angekündigt wird.[1013] III

Die Gerichtsankündigung gilt den „**Reichen**". Die allgemeine Formulierung οἱ πλούσιοι fällt auf. Es wird also keine spezielle Gruppe angeklagt, sondern von „**Reichen**" in einer traditionellen, personalisierenden Sprache gesprochen, die inhaltlich auf die Gefahren des **Reichtums** zielt. Diese Sprache hat in Israel eine lange Geschichte. Sie begegnet bei den Propheten (z. B. Jer 9,22), in den Psalmen (z. B. 49,7ff.) und in der Weisheitsliteratur (z. B. Prov 11,28), in der zwischentestamentarischen Literatur, vor allem im äthHenoch (z. B. 46,7; 63,10; 94,8; 96,4), und schließlich im NT. Hier konzentriert sie sich auf Lukas (1,53; 6,24; 12,21; 16,19ff.; 18,23f.; vgl. aber auch I Tim 6,9). Allerdings nimmt auch Jakobus das Thema der Reichen bzw. des Reichtums relativ häufig auf (1,10f.; 2,1ff.; 5,1ff.).

Von da aus lässt sich verstehen, weshalb Jakobus altes Bildmaterial verwendet. Ferner besteht die Möglichkeit, dass er in 5,1ff. an die Jesustradition anknüpft, wie sie im Lukasevangelium enthalten ist, z. B. Lk 6,24.[1014] Jedenfalls liegt hier ein prophetischer Bußruf vor.

Von da aus lässt sich außerdem die Frage beantworten, ob hier Gemeindeglieder oder Außenstehende angesprochen werden. Die Antwort muss lauten: Sowohl als auch.[1015] In erster Linie werden freilich die reichen Angehörigen der Gemeinde zur Buße gerufen. Aber der Abschnitt lässt sich keineswegs auf Gemeindeglieder beschränken (vgl. insbesondere die Erklärung zu den Versen 5 und 6).

[1013] Vgl. *Blass-Debrunner* § 107,7.

[1014] Vgl. *Davids* 67; *Kittel*, ZNW 43, 90; *Beyschlag* 211.

[1015] *Mayor* 153. *Windisch* 30 sucht „die Reichen bei den Ungläubigen (Juden oder Heiden) und unter den Christenfeinden".

„**Weint und heult!**“ werden sie angesprochen. Das κλαύσατε ist uns schon in 4,9 begegnet. Das Verb ist typisch für Ermahnungen zur Buße.[1016] Κλαίειν deutet außerdem darauf hin, dass die Umkehr sichtbar und leibhaftig zu Tage treten soll. 'Ολολύζειν, ein lautmalerisches, eng mit ἀλαλάζειν zusammengehörendes Wort,[1017] taucht in der LXX bezeichnenderweise nur in den prophetischen Gerichtsreden auf.[1018] Hier ist es Ausdruck von Schreck und Entsetzen. Insofern urteilt H. W. *Heidland* mit Recht, dass Jak 5,1 „Der prophetischen Predigt entspricht“.[1019] Als Grund für Weinen und Heulen werden „**die Nöte, die über euch kommen werden**“ genannt. „**Nöte**“, ταλαιπωρίαι, bilden wieder ein Pendant zu dem ταλαιπωρήσατε von 4,9. Wir bewegen uns also im Horizont der Warnung vor dem kommenden Gericht. Ταλαιπωρία (auch in Röm 3,16 nach Jes 59,7) bedeutet Elend und Not, die auf dem Weg der Sünde bzw. als dessen Ergebnis erfahren werden.[1020] Der Ausdruck muss nicht unbedingt eschatologisch verstanden werden, jedoch legt der Kontext hier ein eschatologisches Verständnis nahe.[1021]

Mußner bemerkt zu Jak 5,1: „Es handelt sich dabei nicht um eine Aufforderung zur Buße, sondern um prophetische Ankündigung des unabwendbaren Unheils“(193).[1022] Diese Interpretation lässt jedoch außer Acht, dass wir uns in einem Kontext von Bußrufen bewegen (vgl. schon 2,1ff.; dann 4,4ff.; 4,13ff.). Sie lässt ferner außer Acht, dass die sehr ähnlich gelagerten Weherufe Jesu in Lk 6,24ff. – evtl. Modell für Jakobus – ebenfalls als Bußrufe und **nicht** als Ankündigung „unabwendbaren Unheils“ zu verstehen sind. Im Gegenteil: prophetische Predigt **dieser Art** hat in beiden Testamenten das Ziel, sündiges Verhalten aufzugeben und neu die Gemeinschaft mit Gott zu suchen.

2 „**Euer Reichtum ist verfault, und eure Kleider sind von Motten zerfressen worden**“, fährt Jakobus in V. 2 fort. Man beachte die Alliteration σέσηπεν – σητόβρωτα.[1023] Σήπειν bedeutet nicht nur „**verfaulen**“ im organischen Sinn, sondern auch das Verschwinden in jeglicher Hinsicht und bei allen Mate-

---

1016 R. *Bultmann*, ThWNT VI, 43.

1017 Außerdem ntl. Hapaxlegomenon.

1018 H. W. *Heidland*, ThWNT V, 174.

1019 A.a.O.

1020 Vgl. *Bauer-Aland* Sp. 1602.

1021 Ebenso *Mayor* 153f.; *Ropes* 284; *Windisch* 30; *Beyschlag* 212.

1022 Ebenso *Ropes* 282; *Beyschlag* 211.

1023 Vgl. *Blass-Debrunner* § 488.

rialien „mit Ausnahme des Feuers".[1024] Die Wendung „**euer Reichtum ist verfault**" braucht also nicht auf Naturalien eingeschränkt zu werden. Sie besagt ganz allgemein das Aufhören jeglichen „Reichtums": „euer Reichtum ging den Weg alles Irdischen".[1025] Es schließt sich der Satz über die „**Kleider**" (τὰ ἱμάτια) an: „**eure Kleider sind Mottenfraß geworden**", also ebenfalls verzehrt.[1026] Σητόβρωτον ist wieder ein neutestamentliches Hapaxlegomenon. Jak 5,2 spricht auch hier „im prophetischen Perfekt" vom „nahen und unentrinnbaren Ende des irdischen Reichtums".[1027] Beim Hintergrund ist zunächst zu beachten, dass hier eine alttestamentliche Bildwelt fruchtbar gemacht wird (vgl. Jes 51,8; Hi 13,28). Sodann aber fällt die sprachliche und inhaltliche Nähe zum Buch der Sprüche (11,4.28) und zu Mt 6,19f.; Lk 12,33 auf. Hier lässt sich mit guten Gründen vermuten, dass Jakobus auf die dortige Jesustradition rekurriert.[1028] „**Kleider**" (ἱμάτια) gehören im Orient seit alter Zeit zu den Zeichen des Reichtums (vgl. Gen 41,42; Lk 7,25; 15,22; 16,19; 20,46; Act 12,21; 20,33).[1029]

3 V. 3 bildet die „Fortsetzung der Schilderung des Gerichts".[1030] Die Edelmetalle „**Gold**" und „**Silber**" zeugen ebenso wie die Kleider von Reichtum. – Im prophetischen Perfekt, ausgehend vom Tage des Gerichts, wird festgestellt, dass sie dann „**verrostet sind**". Κατιόω stellt wiederum ein neutestamentliches Hapaxlegomenon dar. Aber können „**Gold und Silber**" überhaupt „**rosten**"? In der Antike wurde dies zumindest teilweise verneint.[1031] Die Bibel hingegen bejaht es (vgl. Sir 29,13; Jak 5,3). Doch was ist mit dem „**Zeugnis**" gemeint, das vom „**Rost gegen euch**"[1032] abgelegt wird? Prinzipiell gibt es hier zwei Möglichkeiten der Erklärung: a) Der Rost zeigt an, dass die Armen vergessen wurden und aller Reichtum nur zur eigenen Befriedigung aufgehäuft

---

1024 O. *Bauernfeind*, ThWNT VII, 96f.

1025 So *Bauernfeind* a.a.O. 97; *Beyschlag* 212. Anders *Windisch* 30.

1026 Vgl. *Bauernfeind*, a.a.O. 277.

1027 *Bauernfeind* a.a.O. Anders *Mußner* 194: Die Reichen versäumten es, den Armen etwas abzutreten. Wie *Bauernfeind* auch *Johnson* 299; *Belser* 179f.; *Beyschlag* 212.

1028 Ebenso *Kittel*, ZNW 43, 90; *Davids* 67; *Bieder* 95,4; *Guthrie* 743; *Belser* 179.

1029 Vgl. *Johnson* a.a.O.

1030 *Beyschlag* 213.

1031 Vgl. O. *Michel*, ThWNT III, 336.

1032 *Ropes* 286 übersetzt „to you", „giving you proof of the facts". Diese Übersetzung bleibt möglich. Vgl. aber *Johnson* 300; *Belser* 180.

wurde: „Sie wußten Gutes zu tun und taten es nicht".[1033] b) Der Rost zeigt die Vergänglichkeit und Nutzlosigkeit alles irdischen Besitzes an. Die Reichen haben auf Vergängliches gebaut, statt ihr Vertrauen auf den ewigen Gott zu setzen.[1034] Aus dem Kontext lassen sich beide Deutungen rechtfertigen. Es ist auch nicht auszuschließen, dass Jakobus an beides gedacht hat. Der Abendländer neigt zu exklusivistischen Alternativen, die das Denken im Orient nicht unbedingt treffen. Zum alttestamentlichen Hintergrund vgl. wieder Am 8,4ff.; Prov 11,4; Sir 29,14ff. Die Nähe zu den Jesusworten in Mt 6,19f. ist auch hier ganz deutlich.

Am Ende „**wird ihr Rost**" das „**Fleisch**" der Reichen „**wie Feuer fressen**".[1035] Das „**Feuer**" erinnert hier an das Gerichtsfeuer Gottes (vgl. Ps 21,10; Mt 3,10ff.; Mk 9,48).[1036] So wie der Rost selbst die edelsten Metalle „**frisst**", so „**frisst**" er im übertragenen Sinne das „**Fleisch**", nämlich die Leiber, der gottlosen Reichen. Er bezeugt ja ihre Gottlosigkeit und bringt sie dadurch ins Gericht.

Der Satz „**Ihr habt euch Schätze gesammelt noch in den letzten Tagen**" rückt noch einmal ihre Schuld ins Licht. „**In den letzten Tagen**" sollte man auf die Rettung aus dem Gericht bedacht sein. Das haben sie versäumt. Man sollte sich überdies „nicht Schätze auf Erden sammeln", sondern „Schätze im Himmel", wie es Jesus in Mt 6,19f. sagte. Auch hiergegen haben sie verstoßen. Jak 5,3 zeigt deutlich das eschatologische Bewusstsein des Jakobus.

Die „**letzten Tage**" sind mit dem Kommen Jesu angebrochen und enden mit der Wiederkunft Jesu. So sagt es Jesus selbst (Mt 3,17 u. ö.). So sagt es die ganze neutestamentliche Tradition (Act 2,17; II Tim 3,1; I Petr 1,20; II Petr 3,3; I Joh 2,18; Hebr 1,1 f). In 5,7–9 tritt diese eschatologische Orientierung des Jakobus noch stärker hervor.[1037] Weisheitslehrer, Prophet, eschatologischer Bußprediger – dies alles ist Jakobus in einer Person.

4 Schon in V. 2 und 3 stellte sich die Frage nach dem sozialen Verhalten. In V. 4 aber wird dieses zum eindeutigen und dominierenden Thema: „**Siehe, der**

[1033] So *Schlatter*, Jak, 207; ich selbst in meinem Jakobus-Kommentar in der WStB 93; *Mußner* 194; *Windisch* 30.

[1034] So z. B. *Mayor* 155; O. *Michel*, ThWNT II, 336; *Ropes* 286.

[1035] Teilweise wird ὡς πῦρ zu θησαυρίζειν gezogen, z. B. bei *Ropes* 287. Aber diese Verbindung ist weniger natürlich, vgl. *Johnson* a.a.O.; *Beyschlag* 215; *Belser* 180.

[1036] Vgl. *Mußner* 195.

[1037] Leider nennt *Michel* diese eschatologische Orientierung „apokalyptisch" (a.a.O.) Vgl. *Johnson* 301; *Beyschlag* 215f.

Lohn der Arbeiter, die eure Felder abgemäht haben, der von euch vorenthalten wurde, schreit ...". Mit dem „**siehe**" = הִנֵּה wird uns erneut der semitische Sprachhintergrund sichtbar gemacht. Die „**Arbeiter**", die auf den „**Feldern**" mähen, sind üblicherweise Tagelöhner. Mit dem „**Lohn**" der Tagelöhner aber sind wir mitten in der alttestamentlich-jüdischen Sozialgesetzgebung (vgl. Lev 19,13; Dtn 24,14f.; Jer 22,13; Mal 3,5; Sir 34,27; Tob 4,15). Am nächsten steht Jak 5,4 die Anordnung in Dtn 24,14f.: „Du sollst den Lohn eines Notleidenden und Armen ... nicht zurückhalten ... An dem Tag, an dem er arbeitet, sollst du ihm auch seinen Lohn geben. Die Sonne soll darüber nicht untergehen, denn er ist in Not und lechzt danach. Dann wird er nicht den Herrn gegen dich anrufen, und es wird keine Strafe für eine Sünde über dich kommen". Alle wesentlichen Begriffe von Jak 5,4 („**Lohn**" / „**Arbeiter**" bzw. „arbeiten" / „**vorenthalten**" bzw. „zurückhalten" / „**Herr**" / „**schreien**" bzw. „rufen") sind hier wieder zu finden! Es ist deshalb nicht leicht zu entscheiden, ob Jakobus nur in traditioneller Sprache redet, oder ob er die tatsächlichen Verhältnisse seiner Zeit vor Augen hat. Immerhin zeigen die ἐργάται von Mt 20,1ff., dass die „**Arbeiter**" als Landarbeiter und Tagelöhner zur damaligen Realität Palästinas gehörten. „Die bedrückende und hoffnungslose Situation" solcher Landarbeiter in der Zeit des 1. Jh. hebt Willibald *Bösen* hervor.[1038] Parallel zu den ἐργάται sind die θερίσαντες / θερισταί erwähnt. Werden sie zusätzlich zu den vorhandenen Knechten eingestellt, handelt es sich ebenfalls um Tagelöhner. W. *Bösen* kennzeichnet ihre Lage ähnlich wie die der sonstigen „Arbeiter" / Tagelöhner: „(es) gelingt ... dem Schnitter kaum, das Niveau des besitzlosen, in seiner Existenz stets gefährdeten Tagelöhners zu überwinden und in der Sozialpyramide weiter nach oben zu steigen".[1039]

Sich an solchen Menschen zu verfehlen, ist in der Tat eine mitmenschliche Sünde und damit eine Sünde gegen Gott. Ob ἀποστερεῖν oder ἀφυστερεῖν[1040] als „rauben" oder „**vorenthalten**" im Sinne von „nicht rechtzeitig ausbezahlen" aufzufassen ist, lässt sich nicht sicher entscheiden. Der alttestamentliche und neutestamentliche Kontext spricht eher für das Letztere. So oder so: Der einbehaltene Lohn „**schreit**" (κράζει), nämlich anklagend bei Gott, ähnlich dem Blut Abels in Gen 4,10.[1041] Infolgedessen „**sind die Rufe der Schnitter**

1038 Galiläa als Lebensraum und Wirkungsfeld Jesu, Freiburg i. Brsg.; 1985, 199.

1039 A.a.O.

1040 Welches von beiden ursprünglich ist, lässt sich kaum mehr entscheiden.

1041 Vgl. W. *Grundmann*, ThWNT III, 903.

in die Ohren des Herrn Zebaoth gedrungen".[1042] Aἱ βοαί – wobei βοή ein neutestamentliches Hapaxlegomenon bildet – sind als „Notschrei der Bedrängten und Vergewaltigten zu Gott" aufzufassen.[1043] E. *Stauffer* hat auf den reichen alttestamentlichen Hintergrund dieses Begriffes hingewiesen.[1044] Schon das AT warnt „vor dem Hilferuf der Arbeiter, die vergeblich auf ihren Lohn warten und ihre Klage vor Gott bringen"[1045] (vgl. wieder Dtn 24,15). *Stauffer* stellt fest: „In der gleichen Vorstellungswelt bewegt sich der Drohruf wider die reichen Ausbeuter Jk 5".[1046] Ob die Worte εἰς τὰ ὦτα κυρίου Σαβαώθ wirklich aus Jes 5,9 stammen, wie z. B. *Nestle-Aland*[1047] annehmen, ist sehr unsicher. Jakobus könnte sie auch ohne Erinnerung an Jes 5,9 formuliert haben.[1048] In jedem Falle aber belegt der Ausdruck κύριος Σαβαώθ („**Herr Zebaoth**") die Verwurzelung des Jakobus im Alten Testament.[1049] Übrigens kommt der Ausdruck κύριος Σαβαώθ nur zweimal im NT vor, nämlich in Röm 9,29 (zitatweise) und in Jak 5,4. Erneut dokumentiert sich hier eine Gemeinsamkeit zwischen Paulus und Jakobus.

Zwar ist Jak 5,4 kein Rezept für die Gestaltung des Sozial- und Arbeitsrechts. Dennoch lassen sich hier gewisse Grundsätze erkennen, die auch die moderne Rechtsordnung befolgen sollte. Wer sich auf Christus beruft und wer andere anstellt bzw. für sich arbeiten lässt, muss zumindest zweierlei praktizieren: a) Er muss auf den angemessenen „**Lohn**" bedacht sein, und er darf b) diesen „Lohn" nicht für seine selbstsüchtigen Zwecke „**vorenthalten**" bzw. mindern oder nur verspätet auszahlen. Dass damit noch nichts zu Situationen der Insolvenz oder wirtschaftlicher Engpässe gesagt ist, versteht sich von selbst.

Es wiegt schwer, dass Jakobus auch bei christlichen Reichen mit solchen sozialen Sünden rechnet. Im Israelland kann Jak 5,4 sogar im Wortsinne gemeint sein. In der Diaspora lässt sich aber leicht auch eine übertragene Anwendung von Jak 5,4 vorstellen.

1042 Zur Grammatik vgl. *Blass-Debrunner* § 83,1; 210,2.
1043 E. *Stauffer*, ThWNT I, 624f.
1044 A.a.O.
1045 *Stauffer*, a.a.O. 625.
1046 A.a.O.
1047 596. Ebenso *Mayor* 158.
1048 Ähnlich *Belser* 181; *Beyschlag* 217.
1049 *Mayor* 158 zieht aus der Sprache des Jakobus die Konsequenz, dass der Jak „is adressed to Jews" – eine zu weitgehende Konsequenz (vgl. Röm 9,29)!

5 In V. 5 und 6 erreicht die prophetische Anklage ihren Gipfel. Der Gipfel der Verfehlungen der Reichen liegt in der Eigenliebe und der Verletzung der Gottesliebe. Fünf perfecta prophetica blicken vom Standpunkt des Gerichts auf ihr verfehltes Leben zurück: ἐτρυφήσατε – ἐσπαταλήσατε – ἐθρέψατε – κατεδικάσατε – ἐφονεύσατε. Die Zeichnung dieses Lebens erinnert stark an Lk 16,19ff. Es ist möglich, dass Jakobus an Lk 16,19ff. anknüpft.[1050] Es besteht aber auch die Möglichkeit, dass er an eine Weisheitstradition wie die von Weish 2,6ff. anknüpft.[1051]

„**Ihr habt auf der Erde geschwelgt**" (V 5): Das klingt, wie wenn von außerhalb der „**Erde**" auf das Erdenleben zurückgeschaut würde.[1052] Τρυφάω ist neutestamentliches Hapaxlegomenon und bedeutet „ein üppiges Leben führen", „in Saus und Braus leben", „**schwelgen**". Ist „**schwelgen**" Schuld? In Sir 14,4 wird τρυφήσουσιν vermutlich malo sensu gebraucht und mit „prassen" zu übersetzen sein. Kontext und Wortgeschichte legen es also nahe, in dem „**schwelgen**" von Jak 5,5 einen eigensüchtigen Lebensstil zu sehen, der kein Herz hat für andere. Nahe verwandt damit ist σπαταλᾶν (neben Jak 5,5 noch I Tim 5,6). In Sir 21,15 bildet der σπαταλῶν den Gegensatz zum gesetzestreuen ἐπιστήμων und in I Tim 5,6 ist die Witwe, die σπαταλῶσα lebt, fern von Christus und lebendig tot. Es geht also wieder um den gottvergessenen, ja sogar gottwidrigen, nur dem Ich ergebenen Lebensgenuss. Dieser ist Sünde, während Reichtum und „gute Tage haben" an sich keine Sünde ist (vgl. Phil 4,12). Doch was heißt: „**Ihr habt noch am Schlachttag eure Herzen gemästet**"? „**Herz**" steht hier für das heute übliche „Ich". Τρέφειν, ernähren, ist normalerweise ein positives Verb.[1053] Hier aber begegnet es in einer Reihe mit σπαταλᾶν und τρυφᾶν und erhält von daher die Bedeutung „**mästen**". Der „**Schlachttag**", ἡμέρα σφαγῆς, wird in der Literatur auf Jer 12,3 zurückgeführt.[1054] Dann handelt es sich um den Tag des göttlichen Gerichts, dem die Reichen wie Schlachtschafe zum Opfer fallen. Dabei spielt es keine Rolle, ob man mit zahlreichen Handschriften vor ἐν ein ὡς einfügt oder nicht. Allerdings klingt ὡς nach einer lectio, die den Text erleichtern und glätten will und die deshalb keinen Anspruch auf Ursprünglichkeit hat. Die Fülle der Belege,

---

1050 Vgl. *Davids* 67; *Schlatter*, Jak, 208.

1051 Vgl. *Nestle-Aland* 596; Neue Jerusalemer Bibel 1760.

1052 Ebenso *Mayor* 159; *Beyschlag* 218.

1053 Vgl. *Bauer-Aland* Sp. 1645f.

1054 So z. B. O. *Michel*, ThWNT VII, 936.938; *Nestle-Aland* 596; *Johnson* 303.

die Otto *Michel* zusammengetragen hat[1055] (vgl. u. a. 1 Qtt XV, 17; äthHen 16,1; 94,9; 98,10; 99,6 und alttestamentlich Jes 34,5ff.; Jer 12,3; 46,10; 50,26f.; Ez 39,17; Zeph 1,7), führt zu einer Erklärung, wonach nicht die Reichen ihrerseits die Armen wie Schafe schlachten oder die Katastrophe der Armen noch für ihre eigene „Mästung" nutzen,[1056] sondern selbst das göttliche Gericht erleiden. Aber bis unmittelbar dahin, „**noch am Schlachttag**", haben sie ihr gottloses Leben fortgesetzt und sich nicht um ihre Rettung gekümmert. Letzteres auf die geschichtliche Katastrophe Jerusalems im Jahre 70 n. Chr. zu beziehen, wäre eine Engführung.[1057] Auf dieses Jahr 70 deutet der Text in keiner Weise. Die Übersetzung „für den Schlachttag", die z. B. *Ropes* (290f.) favorisiert, würde griechisches τῇ ἡμέρᾳ σφαγῆς oder eine Konstruktion mit εἰς, πρός o. ä. voraussetzen. So bleibt die Übersetzung **„(noch) am Schlachttag**" vorzuziehen.[1058]

6 Mit V. 6 kommt noch einmal ein etwas anderer Ton in den Abschnitt. Nicht nur die Eigenliebe wird seitens der Reichen gepflegt, sondern auch der Gerechte Gottes mit Hass verfolgt. Unverbunden stehen κατεδικάσατε, ἐφονεύσατε an der Spitze des Verses – eine unverkennbare Steigerung. Wenn Gottlose richten, dann wird aus Recht schnell Unrecht. Deshalb beinhaltet der Vorwurf „**ihr habt verurteilt**" einen „Mißbrauch des Rechtes".[1059] Und deshalb steckt in der Aussage „**ihr habt getötet**" auch eine Mordanklage. Wen traf der Vernichtungswille der gottlosen Reichen? Jakobus sagt kurz – für unsere Begriffe viel zu kurz! – : „**den Gerechten**". Ist dabei „an ein Einzelbeispiel gedacht", wie *Blass-Debrunner* schreiben?[1060] Oder geht es kollektiv um die „Vergewaltigung armer Christen durch reiche Gegner", wie Gottlob *Schrenk* meint?[1061] Für beides lassen sich gute Argumente finden. Die Verfolgung des „Gerechten" im kollektiven Sinne stellt einen weisheitlichen Lehrstoff dar, wie vor allem Weish 2,10ff. unter Beweis stellt. Zu Recht führt Dieter *Georgi* diesen Lehrstoff auf die „prophetische Kritik" z. B. eines Amos

[1055] A.a.O. 935ff.

[1056] Vgl. dazu wieder *Michel* a.a.O. 938. So *Windisch* 31.

[1057] Vgl. wieder *Michel* 938, 15.

[1058] Auch *Mußner* 198,1; *Mayor* 159f.; *Belser* 183.

[1059] G. *Schrenk*, ThWNT III, 625.

[1060] § 139,2.

[1061] ThWNT II, 192. Ebenso *Beyschlag* 219; *Windisch* 31; *Belser* 183; *Ropes* 291; *Johnson* 304.

(4,1; 8,4ff.) zurück.[1062] Ganze Teile von Jak 5,6 lassen sich in Weish 2,10ff. wieder finden: vgl. besonders das θανάτῳ ἀσχήμονι καταδικάσωμεν αὐτόν in Weish 2,20.[1063] Andrerseits ist ὁ δίκαιος im NT ein messianischer, auf Jesus angewandter Begriff (vgl. Mt 27,19; Lk 23,47; Act 3,14f.; 7,52; 22,14; I Petr 3,18; I Joh 2,1.29; 3,7). Und auch dieser „**Gerechte**" wird durch φονεῖς aus dem Weg geräumt (Act 7,52) und getötet (Act 3,15).[1064] Angesichts dieser Sachlage empfiehlt es sich nicht, die beiden Deutungsmöglichkeiten, die oben genannt wurden, gegeneinander auszuspielen. Am nächsten liegt für uns die Erklärung, dass Jakobus auf beides hinweisen wollte: die Verfolgung armer Christen durch reiche Gewaltmenschen, die ja schon in 2,6 ausgesagt war, und zugleich die Verfolgung des „Gerechten" par excellence, nämlich Jesu, die von der gesamten neutestamentlichen Tradition überliefert wird.[1065]

In diesen Rahmen passt dann auch die Aussage: „**er widersetzt sich euch nicht**". Vgl. dazu besonders I Petr 2,23 mit der Schilderung der messianischen Passion: οὐκ ἀντελοιδόρει, οὐκ ἠπείλει. Gerade der I Petrusbrief folgert daraus die Anweisung an **alle** Gerechten: μὴ ἀποδιδόντες κακὸν ... ἢ λοιδορίαν κτλ. (3,9). Darüber hinaus ist vor allem an die Bergpredigt zu denken, die jedes ἀντιστῆναι τῷ πονηρῷ untersagt (Mt 5,39). Wieder also liegt es nahe, sowohl an den „**Gerechten**" im allgemeinen Sinne zu denken als auch an den Gerechten in einem speziellen messianischen Sinne, nämlich Jesus selbst.[1066]

Das Präsens will darauf hinweisen, dass keiner der Gerechten, erst recht nicht Christus, zu Mitteln des tätlichen Widerstandes gegriffen hat. Es handelt sich um eine Art Praesens continuum. Infrage kommt allerdings auch ein Praesens historicum.[1067]

Können sich aber christliche Reiche solcher Anklagen schuldig machen? Ja, insofern sie die christliche Glaubenspraxis verleugnen und sich in das Spektrum der gottlosen Reichen einfügen.

Alles in allem enthüllt sich Jak 5,1–6 als ein Bußruf an die Reichen, seien sie nun christlich oder nicht. Wer sich diesen Bußruf sagen lässt, zur Einsicht

---

1062 JSHRZ III, 4, 1980, 407.

1063 Richtig *Belser* 183; *Mayor* 160; *Johnson* 304.

1064 Vgl. G. *Schrenk* a.a.O. 190f.

1065 Ebenso *Schlatter*, Jak, 209; im Endergebnis auch *Mußner* 198.

1066 *Johnson* will ὁ θεός als Subjekt zu ἀντιτάσσεται ergänzen, aber das vorausgehende ὁ δίκαιος macht diese Annahme beinahe unmöglich.

1067 Vgl. *Blass-Debrunner* § 321.

kommt und sich bekehrt, der darf auf Gottes Gnade hoffen (vgl. 4,6ff.). Zu dieser Gnade will Jakobus hinführen (vgl. 5,19f.!).

14. Mahnung zur Geduld bis zur Wiederkunft Jesu (Jak 5,7–11)

I **7 „Habt also Geduld, Brüder, bis zum Kommen des Herrn. Siehe,
der Bauer wartet auf die kostbare Frucht der Erde und bleibt da-
bei geduldig, bis sie den Frühregen und den Spätregen empfängt. 8
Habt auch ihr Geduld! Stärkt eure Herzen, denn das Kommen des
Herrn ist nahe. 9 Seufzt nicht, Brüder, gegeneinander, damit ihr
nicht gerichtet werdet! Siehe, der Richter steht vor der Tür. 10
Nehmt, Brüder, zum Vorbild des Ertragens von Leiden und der
Geduld die Propheten, die im Namen des Herrn geredet haben. 11
Siehe, wir preisen diejenigen glücklich, die standhaft ausgeharrt
haben. Ihr habt gehört von der Standhaftigkeit Hiobs und habt das
Ende gesehen, das der Herr herbeigeführt hat. Denn der Herr ist
voll Erbarmen und voller Mitleid“.**

II Meist nimmt man die Verse 7–11 zu einem eigenständigen Abschnitt zusammen.[1068] Zu überlegen ist, ob V. 12 noch zu diesem Abschnitt hinzugefügt werden soll, wie es gelegentlich in der Literatur geschieht.[1069] Aber die Thematik des Schwörens hat eine neue, eigene Bedeutung.

Schon das erste Wort in V. 7ff. – μακροθυμήσατε – schlägt den Ton und das Thema dieser Verse an: es geht um die christliche Geduld.[1070] Das Wortfeld μακροθυμεῖν / μακροθυμία begegnet uns hier viermal. Hinzu kommt noch zweimal ὑπομένειν / ὑπομονή in V. 11.

Ein weiterer Themenkreis wird durch die Begriffe παρουσία τοῦ κυρίου, κρίνεσθαι / κριτής angesprochen. Hier geht es um die Wiederkunft Jesu und das eschatologische Gericht. Kein anderer Abschnitt des Jakobusbriefes ist so

---

[1068] So z. B. *Beyschlag* 221; *Johnson* 311; *Kümmel* 356f.; *Mußner* 199; Neue Jerusalemer Bibel; *Paulsen* 488; *Peters* 182; *Ropes* 292.

[1069] So z. B. *Grünzweig* 155; *Windisch* 31.

[1070] *Horst*, ThWNT IV, 388: ein „Abschnitt, in dem μακροθυμία das Leitmotiv ist“.

stark von der Eschatologie durchtränkt wie 5,7–11. Dieses Bild verstärkt sich noch durch das Auftreten der Begriffe ἤγγικεν (V. 8) und πρὸ τῶν θυρῶν (V. 9). Dass man Jakobus jedoch keine unmittelbare Naherwartung zuschreiben darf, ergibt sich aus der Betonung der Geduld und dem Bild vom geduldigen, aufs Warten angewiesenen Landmann (V. 7).

Seit 4,11 war uns die Anrede „**Brüder**" (ἀδελφοί) nicht mehr begegnet. Jetzt taucht diese Anrede gleich dreimal auf (V. 7.9.10). Das zeigt, dass sich Jakobus wieder mit einem engeren Adressatenkreis beschäftigt, nämlich der christlichen Gemeinde im strengen Sinne.

Ferner fällt auch hier der alttestamentlich-palästinische Sprach- und Bildcharakter auf. Man beachte z. B. das dreifache „**siehe**" (V. 7.9.11), das Bild vom geduldigen Landmann, die Begriffe „**Frühregen**" und „**Spätregen**", die Hinweise auf die „**Propheten**" und „**Hiob**", nicht zuletzt die Wendung παρουσία τοῦ κυρίου.

7 Zunächst stellt uns V. 7 vor die Frage, wie das οὖν und damit der Anschluss an die vorausgehenden Verse zu beurteilen ist. Οὖν hat normalerweise eine kausative und konsekutive Bedeutung.[1071] Es entspricht insofern dem deutschen „**also**". Eine ähnliche grammatische Konstruktion wie in Jak 5,7 haben wir auch in 4,7 und 4,17 vor uns. Offenbar zieht Jakobus aus der Schilderung der Reichen in 5,1–6 eine geistliche und theologische Konsequenz für die christliche Gemeinde („**Brüder**"), nämlich sich auf das Gericht Gottes so einzustellen, dass sie im Unterschied zu den Reichen dort bestehen können. III

Diese Konsequenz ist keineswegs selbstverständlich. Denn sie besteht weder im Kampf gegen die Reichen noch im Ausschluss der Reichen aus der Gemeinde, sondern in der – „**Geduld**"! Die Weisung μακροθυμήσατε ist wohl als effektiver Imperativ Aorist aufzufassen, der nicht nur für einen bestimmten Zeitraum gilt.[1072] Μακροθυμεῖν vereinigt in sich die Elemente von Ausdauer, Geduld, Standhaftigkeit und Ertragenmüssen.[1073] In dieser Weisung „**Habt also Geduld**" berührt sich Jakobus mit dem, was Paulus über die christliche Liebe sagt (I Kor 13,4; I Thess 5,14), aber auch mit der Geduldsparänese der Johannesoffenbarung (Apk 13,10).

[1071] Vgl. *Blass-Debrunner* § 451.

[1072] *Blass-Debrunner* § 337,2: „der Befall gilt absolut bis zum Ende ohne Rücksicht auf die Dauer".

[1073] Vgl. *Horst*, ThWNT IV, 377.388.

Nicht zuletzt zeigt sich hier der Zusammenhang mit der alttestamentlich-jüdischen Weisheitsliteratur, die ganz ähnlich ein solches μακροθυμεῖν empfiehlt (z. B. Koh 7,8ff.; Sir 2,1ff.).[1074] Negativ gefasst bedeutet μακροθυμεῖν: nicht auf das Einschreiten Gottes und seinen rächenden Zorn zu drängen. Positiv gefasst bedeutet es: Trotz der Erfahrung von Bosheit und Gewalt, speziell seitens der Reichen, geduldig im Glauben, in der Hoffnung und in der Liebe bleiben.

Das soll so geschehen „**bis zum Kommen des Herrn**" (ἕως τῆς παρουσίας τοῦ κυρίου)[1075] Der κύριος ist Jesus, die παρουσία τοῦ κυρίου seine Wiederkunft in Macht und Herrlichkeit wie bei Matthäus (24,3.27), Paulus (I Kor 15,23; I Thess 2,19; 3,13; 4,15; 5,23; II Thess 2,1.8.9), Petrus (II Petr 1,16; 3,4) und Johannes (I Joh 2,28). Terminologisch hat Albrecht *Oepke* darauf bestanden, dass παρουσία im NT nie auf das Kommen Christi im Fleisch angewandt werde und deshalb „niemals die Bedeutung Wiederkunft annimmt".[1076] Es bezeichne streng die „Ankunft Christi in messianischer Herrlichkeit". Allein dies wird ja traditionell eben mit dem Begriff der „Wiederkunft" ausgedrückt, den zu vermeiden wir deshalb keinen Anlass sehen. Jakobus sieht offenbar in der Wiederkunft Jesu das nächste große heilsgeschichtliche Ereignis und zugleich die Einleitung des Gerichts über alle Menschen. Interessant ist auch, dass er weder den Begriff παρουσία noch die Wendung παρουσία τοῦ κυρίου erklären muss. Beides ist offenbar seinen Lesern wohlvertraut.

Jakobus, der Bilder und Illustrationen ungewöhnlich liebt (vgl. 1,6.10f. 23f.; 2,2ff.15ff.; 3,3ff.), gibt auch in 5,7 eine Illustration. Er verwendet dazu das Bild des Landmanns, des „**Bauern**", wie dies in ähnlicher Weise Jesus (Mt 13,3ff.; Mk 4,26ff.; Joh 15,1ff.) und Paulus tun (I Kor 9,10; II Tim 2,6). Man kann sogar ernstlich der Meinung sein, dass sich Jakobus hier an das Jesus-Gleichnis von Mk 4,26ff. anlehnt.[1077] Denn der „**Bauer**" ist in Jak 5,7

1074 Vgl. *Horst* a.a.O. 380.

1075 Vgl. dazu *Blass-Debrunner* § 455,6.

1076 ThWNT V, 863. Leider behandelt *Oepke* 866 die Parusieerwartung in Jak 5,7f. sehr stiefmütterlich.

1077 So z. B. *Davids* 67. *Bösen* 198 sieht im γεωργός einen Pächter, was sich nicht unbedingt auf Jak 5,7f. übertragen lässt. Die Aufteilung des γεωργός in „Bauer" und „Winzer", die *Bauer-Aland* Sp. 314f. vornehmen, entspricht zwar modernen Anschauungen, aber kaum dem alten Israelland, wo eben Ackerbau auch den Weinbau einschloss.

nicht wegen seiner Arbeitsleistung vorbildlich, sondern wegen seines geduldigen Wartens und seines Sichverlassens auf ein Wachstum, das nur Gott schenken kann. Die „**Erde**“ braucht „**Frühregen**“ und „**Spätregen**“, bis sie ihre „**kostbare Frucht**“ bringen kann. πρόϊμος und ὄψιμος (ὑετός)[1078] sind wieder neutestamentliche Hapaxlegomena. „**Frühregen**“ und „**Spätregen**“ sind typisch für das Israelland (Dtn 11,14; Jer 5,24; Hos 6,3). Sie sind zugleich im AT typische Gottesgaben. Das „warten auf“ / „erwarten“ (ἐκδέχεσθαι) schließt also beides ein: a) die Abhängigkeit von der erforderlichen Regenmenge, b) das vertrauensvolle Harren auf die Gaben Gottes. Auch in 5,17f. bemerken wir das lebhafte Interesse des Jakobus am Regen und den Verhältnissen seiner israelitischen Heimat. Es ist mit Händen zu greifen, dass hier ein Autor aus dem Israelland schreibt. Der „**Frühregen**“ fällt normalerweise im Oktober, der „**Spätregen**“ im Zeitraum März/April/Mai.[1079]

Auf Gott vertrauende Geduld: dazu also ruft Jak 5,7 auf. Nach *Schlatter*s schönen Worten ist es „die mit Gewißheit und Ruhe ausgerüstete Geduld“ (Jak, 210).

8 Wie wichtig Jakobus der Ruf zur Geduld war, merkt man daran, dass er ihn zu Anfang des 8. Verses wörtlich wiederholt: Μακροθυμήσατε.[1080] Das καὶ ὑμεῖς blickt auf das Beispiel des Bauern zurück. „**Auch ihr**“ bedeutet also eine Verhaltensnorm, die durch das Beispiel des geduldigen Bauern gewonnen werden kann. Damit ist endgültig klar: Keine Revolution! Keine eigenmächtige Veränderung der Verhältnisse! Hass und Ungeduld gegen Reiche und Mächtige verbieten sich. Das hoffnungsvolle Ausharren führt ja zum Ziel so gewiss Jesus wiederkommt. Gerade in diese Richtung zielt die anschließende Mahnung: „**Stärkt eure Herzen**!“ στηρίξαι ὑμῶν τὰς καρδίας findet sich auch in I Thess 3,13 – eine weiterer Beweis für die sprachliche und gedankliche Verwandtschaft zwischen Jakobus und Paulus. Wer zum στηρίζειν aufruft, der hat die Sorge, dass die Adressaten „angefochten sind und in der Gefahr stehen, in ihrem Glauben wie in ihrem Wandel unsicher oder lässig zu werden.“[1081] Jakobus will also auch hier eine Festigung in Glauben und Lehre

---

[1078] Vgl. dazu *Blass-Debrunner* § 35,1; 241,7.

[1079] *Bösen* 46f.; J. M. *Houston*, GBL 3, 1276ff.

[1080] Das οὖν ist zwar gut bezeugt, dürfte aber doch der Absicht entsprungen sein, V. 7 auch darin wörtlich zu wiederholen.

[1081] G. *Harder*, ThWNT VII, 656.

angesichts der Anfechtung und Versuchung.[1082] Seit 1,2ff. zieht sich diese Thematik durch den Brief. Notiert sei an dieser Stelle die Verwandtschaft mit dem Anliegen des Hebräerbriefes in Hebr 10,36ff.

Begründet wird Geduld und Stärkung durch die Nähe der Parusie: ὅτι ἡ παρουσία τοῦ κυρίου ἤγγικεν. Das „**Kommen des Herrn**" erweist sich als ein fester Begriff. Jetzt aber wird er zugespitzt durch das ἤγγικεν – es „**ist nahe**". Rechnet Jakobus also mit einer unmittelbar bevorstehenden Parusie?[1083] Eine solche Annahme wäre ebenso falsch, wie wenn man Jesus oder Paulus eine solche Naherwartung unterstellen wollte. Jesus hat seine Jüngerschaft auf lange Zeiträume, auf ein langes Warten eingestellt (Mt 24,6.8.13f.45ff.; 25,1ff.19). Paulus hatte mehrfach Grund, auf weitere Epochen im Geschichtsverlauf hinzuweisen und zu betonen, dass der Tag des Herrn noch nicht da sei (I Kor 15,23ff.; I Thess 5,1; II Thess 2,1ff.). Bei Jakobus zeigt das Bauern-Gleichnis in V. 7, dass auch er mit einem längeren Zeitraum bis zur Parusie rechnet. Wie aber ist das ἤγγικεν dann zu verstehen? Offensichtlich hat es dieselbe Bedeutung wie das ἤγγικεν beim Täufer und bei Jesus (Mt 3,2; 4,17), im I Petrusbrief (I Petr 4,7) und der Sache nach auch in Hebr 10,37: Schon jetzt bestimmt der Horizont der Parusie alles Denken und Handeln, alles Geschehen in der Gemeinde steht unter dem Vorzeichen der Parusie. Eine genauere Zeitangabe wird damit nicht verbunden – schon gar keine drängerische oder enthusiastische. Mit Recht weist Herbert *Preisker* darauf hin, dass Jak 5,8 mit den Evangelien und Paulus[1084] in einer Linie steht. Es sei der typisch urchristliche „term für alle hochgespannte eschatologische Einstellung". „**Das Kommen des Herrn ist nahe**": Das bedeutet in der Tat eine lebendige Erwartung der Wiederkunft. Es bedeutet aber keine schwärmerische, in menschlichen Zahlenangaben erfassbare Eschatologie. Vielmehr hat das „**Kommen des Herrn**" hier auch eine eminent seelsorgerliche Komponente: es soll vor Kurzschlusshandlungen bewahren. *Horst* hat den Gehalt dieser Ermahnung sehr schön zum Ausdruck gebracht: es gehe hier um eine „überwindende(n) Standhaftigkeit, die nicht aus den heroischen Tiefen des eigenen

---

[1082] Sachgemäß bestimmt deshalb *Blass-Debrunner* § 337,1 den Imp. Aor. als ingressiven Aorist: „Beginnt eure Herzen zu stärken", „stärkt sie mehr und mehr", „macht eure Herzen stark".

[1083] So denkt es sich *Beyschlag* 223 („in nächster Nähe") oder *Belser* 187 („in nächster Nähe"!).

[1084] ThWNT II, 331.

Herzens geholt wird, sondern aus der Gewißheit der Nähe der Parusie".[1085] Auffallenderweise verbindet auch J. A. *Bengel* die Geduld sehr eng mit der Wiederkunftserwartung: „Was ist uns nöthig? Weisheit, Geduld, Treue, Wachsamkeit".[1086]

9 Bisher erschienen die Reichen von V. 1–6 als Hintergrund der Ermahnungen in V. 7–8. Nun aber, in V. 9, wechselt die Szenerie. Jetzt geht es nämlich um das Verhalten innerhalb der Gemeinde, um das gegenseitige Verhältnis der „**Brüder**": „**Seufzt nicht, Brüder, gegeneinander**". Diese Mahnung ließe sich leichter verstehen, wenn zu den „**Brüdern**" in der Gemeinde tatsächlich auch einige Reiche zählten – so, wie wir es bisher angenommen haben. Denn dann wäre das Verhältnis „reich und arm" innerhalb der Gemeinde nach 1,9ff. und 2,1ff. erneut aufgenommen.

Außerdem wäre im Anschluss an das Verhältnis „Reich und arm" und die damit verbundenen Spannungen jetzt die Paränese vom Spezialfall zum allgemeinen Fall erweitert. „**Seufzen**" bezöge sich dann ebenso gut auf die Unterdrückung der Armen durch die reichen Gemeindeglieder wie auf alle anderen Beschwernisse, die sich die Gemeindeglieder gegenseitig zumuten. Jedenfalls hat sich die Mahnung „**Seufzt nicht gegeneinander**" von jeder Beschränkung auf einen speziellen Fall gelöst. „Das Seufzen geschieht auf Grund eines drückenden Zustandes, unter dem der Mensch leidet und aus dem er sich heraus sehnt, weil er nicht seinem Wesen oder seinen Erwartungen und Hoffnungen entspricht".[1087] Nach Jakobus sollen die Gemeindeglieder aber gerade nicht „heraus", sondern „drunterbleiben", Geduld haben (ὑπομένειν, μακροθυμεῖν). Die Aussage κατ' ἀλλήλων[1088] („**gegeneinander**") drückt eine feindselige Haltung aus, die der brüderlichen Liebe widerspricht. Wer aber in dieser feindseligen Haltung verharrt, wird „**gerichtet**" (vgl. Mt 7,1; Röm 2,1). Das heißt, er wird am Ende durch Gottes Gericht verurteilt.[1089] Jakobus unterstreicht diese Aussage durch eine Hinzufügung, der ein Aufmerksamkeitsruf vorausgeht: „**Siehe, der Richter steht vor der Tür**". Wer ist „der **Richter**" (ὁ κριτής)? Ist es Gott, der Vater, wie u. a. Friedrich *Büchsel* meint?[1090] Dafür sprechen Hebr 12,23; Jak 4,12. Oder ist es Jesus Christus, wie

---

[1085] ThWNT IV, 388.

[1086] In der Erklärten Offenbarung, 2. Aufl., 1773, 1175.

[1087] Joh. *Schneider*, ThWNT VII, 601.

[1088] Vgl. *Blass-Debrunner* § 225.

[1089] Vgl. F. *Büchsel*, ThWNT III, 936.

[1090] A.a.O. 944. Auch *Ropes* 297.

u. a. Adolf *Schlatter* meint?[1091] Dafür spricht die Parallelität mit der Parusie des Herrn in V. 7 und 8 sowie Act 10,42; 17,31; II Tim 4,8. Bei diesen Fragen ist zu bedenken, dass Gott als der Richter und der Messias, Gottes Sohn, als der Richter für das Urchristentum eng zusammengehören und keine exklusiven Alternativen darstellen (vgl. Joh 5,22ff.). Man wird aber im Umkreis der Thematik παρουσία τοῦ κυρίου den Richter in Jak 5,9 eher auf Christus als auf Gott, den Vater, zu deuten haben.[1092] **„Er steht vor der Tür"** ist ein „Ausdruck für größte Nähe".[1093] Mit diesem Ausdruck wird das ἤγγικεν von V. 8 wieder aufgenommen. Allerdings ist die Nähe durch die Worte **„vor der Tür"** dringlicher gemacht, sozusagen noch näher geworden! Andrerseits bleibt die Spannung „mit Geduld (evtl. lange) warten" – „nahe" / „vor der Tür" erhalten. Πρὸ τῶν θυρῶν ist „formelhaft" und bedeutet nicht eine Mehrzahl von Türen.[1094]

Offensichtlich begegnet uns hier eine den Lesern schon vertraute, im Urchristentum allseits bekannte und verständliche eschatologische Sprache (vgl. Mt 24,33 par; Röm 13,11ff.; Apk 1,3). Möglicherweise hat Jakobus in 5,9 sogar in Anlehnung an Mt 7,1 und 24,33 formuliert.[1095]

10 Was Jakobus in den Versen 7–9 als Mahnung vorgetragen hatte, das konkretisiert er in den V. 10–11 an Beispielen aus der Heiligen Schrift. Das ist dasselbe Verfahren, das wir schon in 2,14ff. beobachtet haben. Neben die dortigen Beispiele Abraham und Rahab treten jetzt zuerst **„die Propheten"**, dann **„Hiob"**.

Zum dritten Mal begegnet uns in diesem kleinen Abschnitt die Anrede **„Brüder"** (V. 10). Jakobus befindet sich hier in einer intensiven Diskussion mit seinen christlichen Adressaten. Er weiß, dass seine Ausführungen außerhalb der Gemeinde nicht gehört werden und keine Chance haben.

„Nehmt zum Vorbild des Ertragens von Leiden und der Geduld die Propheten ...",[1096] oder: „nehmt zum Vorbild des Ausharrens im Leiden[1097] die Propheten ...". Dieser Satz macht nur Sinn bei einer im Alten Testament

---

[1091] Jak, 211. Ebenso *Beyschlag* 224; *Johnson* 317; *Mußner* 205.

[1092] Vgl. auch Mt 13,41ff.; 24,30f.45ff.; 25,19ff.31ff.; 26,64; II Thess 1,7ff.; 2,8ff.; Apk 19,11ff.

[1093] J. *Jeremias*, ThWNT III, 174.

[1094] Vgl. *Blass-Debrunner* § 141,8; 213,2.

[1095] So z. B. *Mayor* 162; *Davids* 67; *Kittel*, ZNW 43, 90; *Guthrie* 744; *Johnson* 317.

[1096] Zur Satzkonstruktion vgl. *Blass-Debrunner* § 157,3.

[1097] So *Blass-Debrunner* § 442,29.

geschulten Hörerschaft. Denn – wie das Beispiel Hiobs zeigt – es können nur alttestamentliche, nicht aber neutestamentliche „**Propheten**“ gemeint sein. Interessanterweise begnügt sich Jakobus nicht mit dem Begriff „**Propheten**“, sondern erläutert ihn umgehend durch die Hinzufügung „**die im Namen des Herrn** (ἐν τῷ ὀνόματι κυρίου) **geredet haben**“. Einerseits nimmt er damit alttestamentliche Sprache auf, z. B. Dan 9,6: הַנְּבִיאִים אֲשֶׁר דִּבְּרוּ בְּשִׁמְךָ.[1098] Andrerseits markiert er damit den engen Gottesbezug der wahren Propheten im Unterschied zu den falschen Propheten. Dieser enge Gottesbezug macht ihr Beispiel zum Glaubens-„**Vorbild**“. Ὑπόδειγμα ersetzt das attische παράδειγμα[1099] und kann die Bedeutung „**Muster**“ oder „**Modell**“ annehmen. Die christlichen Gemeindeglieder sollen also die Propheten zum „**Vorbild nehmen**“, zum Muster und Modell ihres eigenen Lebens machen.[1100]

In Jak 5,10 geht es nicht um die Lehre der Propheten, sondern um deren Lebenspraxis. Das Interesse an dieser Lebenspraxis teilt Jakobus mit Jesus (Mt 5,12 par; 23,31.35.37; Lk 4,24ff.; 13,33.34), Lukas (Act 7,52) und dem Hebräerbrief (Hebr 11,32ff.). Er teilt es aber auch mit Sirach (48,1ff.; 49,1ff.) sowie dem 1. und 2. Makkabäerbuch (I Makk 2,58ff.; II Makk 2,1ff.). Evtl. ist Jakobus hier von der Jesustradition beeinflusst.[1101] Vorbildlich nennt Jakobus die prophetische Lebenspraxis τῆς κακοπαθείας καὶ τῆς μακροθυμίας. Wilhelm *Michaelis* hat mit guten Gründen die Auffassung vertreten, dass κακοπαθεία[1102] in Jak 5,10 als „**Ertragen von Drangsal**“ und nicht einfach als „Leiden“ / „Drangsal“ zu verstehen sei.[1103] Μακροθυμία, das Substantiv zu dem dreimaligen μακροθυμεῖν in den Versen 7 und 8, bedeutet daneben die standhafte „**Geduld**“.[1104] Πίστις und ὑπομονή sind enge Nachbarbegriffe dieser μακροθυμία.[1105]

Der Prophet als gläubiger Dulder: Dieses Motiv ist typisch für die altbiblische und jüdische Tradition. Schon der Pentateuch zeichnet Mose nach diesem

1098 Vgl. dazu aber auch *Blass-Debrunner* § 206,4. Inhaltlich vgl. G. *Friedrich*, ThWNT VI, 832f.

1099 H. *Schlier*, ThWNT II, 32.

1100 Vgl. *Schlier*, a.a.O. 32f.

1101 *Davids* 67; *Guthrie* 743; *Kittel*, ZNW 43, 85.

1102 Zur Form vgl. *Blass-Debrunner* § 23,3.

1103 ThWNT V, 937. Ebenso *Bauer-Aland* Sp. 806; *Horst*, ThWNT IV, 388. Κακοπαθεία ist neutestamentliches Hapaxlegomenon.

1104 Vgl. *Bauer-Aland* Sp. 990; *Horst* a.a.O.

1105 Vgl. wieder *Bauer-Aland* a.a.O.

Bilde (Num 12). Die Ankündigung eines „Propheten wie mich" in Dtn 18,15 lässt die Züge des Leidens auch beim zweiten Mose, dem Messias erwarten. Verfolgte Propheten begegnen uns zur Zeit Ahabs und Isebels (I Reg 18,3ff.; 19,1ff.; 22,7ff.). Für den jesajanischen Gottesknecht werden die Leidenszüge und das Dulden „wie das Lamm, das zur Schlachtbank geführt wird", sogar hervorstechend (Jes 50,6; 53,1ff.). Bei Jeremia ist die gesamte prophetische Existenz von Leiden, Ausharren und Geduld geprägt (z. B. 10,19ff.; 11,18ff.; 15,10ff.; 16,1ff.; 17,14ff.; 18,18ff.; 20,7ff.; 26,7ff.; usw.). Hesekiels Existenz weist dazu eine Reihe von Parallelen auf (z. B. 3,22ff.; 4,1ff.; 24,15ff.; 33,30ff.). Daniel wurde seit etwa dem 3. Jh. v. Chr. unter die Propheten gezählt.[1106] Er ist geradezu der Prototyp des leidenden und geduldigen Propheten. In dieser Rolle steht neben ihm Hiob, der vor der Zeitenwende ebenfalls zu den Propheten gezählt wurde.[1107] Da auch David als Prophet galt (Mt 22,43; Act 2.30), müssen in diesen Horizont die Psalmen einbezogen werden, vor allem die „Leidenspsalmen" (22; 69). Hinzu treten weitere prophetische Einzelschicksale, wie das des Jona (vgl. Mt 12,40; 16,4), des Uria (Jer 26,20ff.), oder des Secharja, des Sohnes Jojadas (II Chr 24,20ff.; Mt 23,35).

Jüdische und christliche Lehrer haben sich mit dieser Thematik beschäftigt. Als Beispiel für erstere mag „Das Martyrium Jesajas" dienen, das nach Erling *Hammershaimb* ins „letzte Drittel des 1. Jh. n. Chr." gehört und auf dessen Überlieferung evtl. Hebr 11.37 anspielt.[1108] Als Beispiel für letztere nennen wir Hebr 11,32ff., wo u. a. „David und Samuel und die Propheten" aufgeführt sind.[1109] Schließlich ist nicht zu vergessen, dass auch Johannes der Täufer mit seinem Martyrium in diese Reihe duldender und leidender Propheten hineingehört. Alle diese Züge prophetischer Leidensexistenz tauchen bei Jesus, dem Propheten aus Nazareth und dem Messias, wieder auf und kommen hier zur Vollendung (vgl. I Petr 1,19; 2,21ff.). Die Leidensweissagungen Jesu gründen sich nicht zuletzt auf die Leidensexistenz der Propheten (vgl. Mt 12,40; 16,4; 23,37ff.; Lk 13,33; 24,25ff.44ff.). Hans *Windisch* hat die Vermutung ausgesprochen, dass Jakobus „wohl schon längere Reihen von prophetischen Zeugen" kannte (32).[1110]

1106 Vgl. die LXX sowie *Josephus* Contra Ap I, 40; Mt 24,15.

1107 *Josephus* a.a.O.; Jak 5,11.

1108 *Hammershaimb* nennt a.a.O. ferner: jer Talm Sanh X, 2; b Sanh 103 b; b Jeb 49 b.

1109 In einen umfassenden Kontext gestellt durch *Friedrich*, ThWNT VI, 835f.

1110 Vgl. *Johnson* 318; *Mayor* 163; *Belser* 189.

11 Wer sich am prophetischen Muster und Vorbild orientiert, darf mit dem eschatologischen Lob Gottes rechnen: „**Siehe, wir preisen diejenigen glücklich, die standhaft ausgeharrt haben**"(V. 11). Die Formulierung „**wir preisen glücklich**" zeigt evtl. an, dass sich Jakobus hier auf Mt 5,10ff. berufen will.[1111] Die Makarismen des NT beziehen sich, wie F. *Hauck* betont hat, auf das „Teilhaben am Heil des Reiches Gottes".[1112] Μακαρίζειν findet sich allerdings nur zweimal im NT, in der Seligpreisung der Mutter des Messias in Lk 1,48 und in Jak 5,11.[1113] Auch darin zeigt sich der alttestamentlich-semitische Sprachcharakter des Jakobusbriefes. Jakobus benutzt jetzt aber in V. 11 die Wortfelder ὑπομένειν und ὑπομονή statt μακροθυμεῖν und μακροθυμία wie in V. 7–10. Dadurch verschiebt sich der Akzent in Richtung menschlicher Aktivität, von der Geduld zur Standhaftigkeit als dem bewussten Aufsichnehmen der Drangsal.[1114] F. *Hauck* formuliert es so: „Bei den meisten Stellen im NT geht ὑπομένειν auf das standhafte Aushalten des Christen unter den Schwierigkeiten und Glaubensproben der gegenwärtigen schlimmen Weltzeit".[1115] Zugleich nimmt Jakobus in 5,11 den Klang von 1,12 wieder auf. Damit kommt auch der στέφανος τῆς ζωῆς als eschatologische Belohnung wieder in den Blick.

„**Ihr habt gehört von der Standhaftigkeit Hiobs**": Das also darf Jakobus voraussetzen – dass seine Adressaten davon tatsächlich „**gehört**" haben. Dies kann entweder in der jüdischen oder in der christlichen Synagoge bzw. Gemeinde geschehen sein. Mit „**Hiob**" setzt sich analog zu Hebr 11 die Reihe der biblischen Beispiele bei Jakobus fort (vgl. Abraham 2,21ff.; Rahab 2,25; Elia 5,17f.). Er zählt nach Jak 5,10f. zu den „**Propheten**", jedenfalls im sachlichen Sinn. Ob Jakobus das Buch Hiob zum Prophetenkanon rechnet, wie es wahrscheinlich *Josephus* getan hat,[1116] bleibt offen.

„**Hiob**" wird in AT und LXX „Zur Beispielgestalt frommen Aushaltens".[1117] Die LXX benutzt im Hiobbuch 13-mal das Verb ὑπομένειν und 1

[1111] Anders *Mußner* 206: es handle sich um das wir der „spätjüdischen Ruhmeskataloge".

[1112] ThWNT IV, 369f.

[1113] *Hauck* a.a.O. 370.

[1114] Vgl. wieder *Hauck* a.a.O. 370ff. sowie a.a.O. 589ff.

[1115] A.a.O. 590.

[1116] Contra Ap I, 40.

[1117] F. *Hauck*, ThWNT IV, 588.

mal das Substantiv ὑπομονή[1118] – Leitbegriffe auch für Jak 5,11. Immerhin besitzt das alttestamentliche Hiobbuch den bemerkenswerten Umfang von 42 Kapiteln. Hesekiel nimmt zweimal Bezug auf Hiob (14,14.20). Ben Sira reiht Hiob unter die Vorbildgestalten seines berühmten „Lobs der Väter" ein (49,9). Dabei geht er davon aus, dass Ez 14,14.20 von demselben Hiob spricht wie das Hiobbuch. Das Tobitbuch, das nach Beate *Ego*[1119] auf ca. 200 v. Chr. zu datieren ist, enthält in der Vulgata–Fassung Hinweise auf Hiob (2,12ff.). Doch sind diese Hinweise vermutlich sekundär. Hingewiesen sei ferner auf „Das Testament Hiobs" (1. Jh. v. Chr. – 2. Jh. n. Chr.?), das nach Berndt *Schaller*[1120] „das umfangreichste und zugleich bedeutendste Zeugnis der Hiob–Haggadah des antiken Judentums" darstellt. Es zeichnet Hiob in ähnlicher Weise wie Jakobus.[1121] Auch der Talmud[1122] lobt Hiob als ein Vorbild. Interessanterweise bestätigt der Koran die alttestamentlich-jüdische und christliche Überlieferung: Hiob ist ein Prophet (Sure 4,163), ein Vorbild des Duldens (Sure 21,83ff.) und ein „trefflicher Diener Gottes" (Sure 38,44).

Jakobus erinnert an „**das Ende**", „**das der Herr**" in der Hiobgeschichte „**herbeigeführt hat**" (τὸ τέλος κυρίου). Sehr wahrscheinlich denkt er dabei an Hi 42.[1123] Für die Paränese des Jakobus im Rahmen der Verse 7–11 ist wichtig: Christen, die geduldig und standhaft sind, haben im Reich Gottes ebenso eine vielfältige Belohnung zu erwarten! Sachlich entspricht Jak 5,11 der paulinischen Ausführung in II Kor 4,17: „Unsere Trübsal, die zeitlich und leicht ist, schafft eine ewige und über alle Maßen gewichtige Herrlichkeit". Die Erwähnung des κύριος benutzt Jakobus dazu, eine Bemerkung über Gottes Existenz und Handeln hinzuzufügen: „**Denn der Herr** (ὁ κύριος) **ist voll Erbarmen und voller Mitleid**". Οἰκτίρμων findet sich auch in der berühmten Selbstpräsentation Gottes vor Mose in Ex 34,6 (LXX). Statt πολύσπλαγχνος findet sich dort πολυέλεος. In Ps 103,8 (LXX 102,8) treffen wir ebenfalls οἰκτίρμων und πολυέλεος (vgl. Ps 111,4). Dass Jakobus auf diese Aussagen des AT zurückgreift, dürfte außer Zweifel stehen.

1118 A.a.O.

1119 JSHRZ II, 6, 1999, 899f.

1120 JSHRZ III, 3, 1979, 303.

1121 *Johnson* 319f.

1122 Z. B. b Baba mezia 58b.

1123 Darauf legen auch die Suren 21 und 38 Wert. *Augustin, Beda, Lyra, Estius, Wetstein, Lange* dachten an das Ende Jesu (vgl. *Mußner* 206,7; *Beyschlag* 225). Wie wir jedoch *Johnson* 320f.; *Windisch* 32.

Wieder hat Mohammed in Sur 21,83ff. und 38,43 diese Tradition übernommen. „Der Stamm οἰκτ- dient ... weit überwiegend, zur Wiedergabe von Bildungen vom Stamme רחם, daneben für Bildungen von חנן. Der Sinn der Wörter ist stets Mitleid, Erbarmen".[1124] Meist wird eine solche Aussage über Gott gemacht. Das Adjektiv οἰκτίρμων bedeutet also in Jak 5,11, dass Gott „**voller Mitleid**" auf die duldenden Christen blickt und ihnen eine herrliche Rettung verschaffen will. Πολύσπλαγχνος, neutestamentliches Hapaxlegomenon, ist „in der klass Gräzität nicht nachgewiesen".[1125] Vielleicht stellt Jak 5,11 sogar das erste Vorkommen dieses Wortes dar.[1126] Wir haben πολύσπλαγχνος mit „**voll Erbarmen**" wiedergegeben, um dem Kompositum gerecht zu werden. Der Grundsinn ist „barmherzig".[1127] „Im eschatologischen Kontext", der in Jak 5,11 vorauszusetzen ist, geht es also um „Gottes endzeitliches Erbarmen" über die im jetzigen Äon leidenden und duldenden Christen.[1128] Mit Recht bemerkt *Köster*[1129] zum Schluss von Jak 5,11: „Der Satz wirkt wie ein alttestamentliches Zitat und ist ohne Zweifel eine griechische Wiedergabe des im Alten Testament häufigen Satzes רַחוּם וְחַנּוּן יהוה oder ähnlicher hebräischer Formeln" (vgl. auch Joel 2,13; Jon 4,2).

Wir stehen am Schluss der Mahnung zur Geduld bis zur Wiederkunft Jesu in Jak 5,7–11. Noch einmal sei die eschatologische Prägung dieses Abschnitts unterstrichen. Hier begegnet uns noch die volle und echte Parusieerwartung der Urchristenheit, die mit dem Begriff der „Naherwartung" eher verdeckt als enthüllt wird. Gespannteste eschatologische Konzentration und auf lange Zeiträume angelegte Geduld und Standhaftigkeit vereinigen sich hier. Kein Ton von Revolution wie bei den Zeloten, bei Spartakus oder ähnlichen Bewegungen jener Zeit! Vielmehr Bereitschaft zum aktiven Ertragen und Ausharren ganz im Geiste Jesu. Der Einfluss der Jesusworte ist hier deutlich zu spüren. Sprache und Denken bleiben durch und durch semitisch, alttestamentlich. Ein beeindruckendes Zeugnis des messianischen Judenchristentums aus den Anfängen christlichen Glaubens!

1124 R. *Bultmann*, ThWNT V, 162.
1125 H. *Köster*, ThWNT VII, 549.
1126 Vgl. *Köster* a.a.O. 557.
1127 Vgl. wieder *Köster* a.a.O.
1128 *Köster* a.a.O.
1129 A.a.O.

15. Warnung vor dem Schwören (Jak 5,12)

I **12 „Vor allem aber, meine Brüder, schwört nicht, weder beim Himmel noch bei der Erde noch irgend einen andern Eid. Es sei aber euer Ja ein Ja und euer Nein ein Nein, damit ihr nicht dem Gericht verfallt".**

II Die Einordnung in den Kommentaren schwankt. Manche ziehen Jak 5,12 zu den vorausgehenden Versen 7–11.[1130] Andere fassen die Verse 12–20 als Schlussmahnungen o. ä. zusammen.[1131] Wieder andere betrachten Jak 5,12 als zwar kleinen, aber doch selbständigen eigenen Abschnitt.[1132] Die neue Thematik des Schwörens und die andersartige Struktur der Verse 13ff. legen es nahe, Jak 5,12 tatsächlich als eigenständigen Abschnitt zu betrachten.

III **12** Das ἀδελφοί μου intensiviert die einfache Anrede ἀδελφοί (V. 7.9.10). Auch der Versanfang „**Vor allem aber** (πρὸ πάντων δέ)"[1133] bringt eine eigenartige Betonung in den Vers. Πρό drückt hier einen Vorrang aus.[1134] Warum ist für Jakobus die Sache mit dem Schwören so wichtig? Man kann an verschiedene Faktoren denken: 1) ist im Rabbinat des 1. Jh. der Umgang mit den Schwurformeln ein wichtiges Problem gewesen. Denn „Der Eid galt dem Gesetz als unentbehrlicher Bestandteil der Rechtspflege".[1135] Hier musste der Kampf um die Frage entbrennen: Welcher Schwur ist gültig? Die Talmudtraktate Nedarim (b Ned 13 b ff.), und Schebuoth („Eide") bezeugen eine lebhafte Diskussion. So lesen wir z. B. in b Ned 14 b: „Wenn jemand bei der Tora gelobt, so hat er nichts gesprochen; wenn bei dem, was darin geschrieben ist, so sind seine Worte gültig".[1136] Welche Stellung sollte die messianische, christusgläubige Gemeinde beziehen? Dass sich Jakobus dieser Frage widmet, zeigt, dass seine Adressaten noch Glieder der jüdischen Glaubensgemeinschaft sind. 2) Jesus selbst musste sich als Messias dieser Frage stellen und hat dies in

---

[1130] So z. B. *Grünzweig* 155; *Windisch* 31f.

[1131] Z. B. *Johnson* 325f.; Neue Jerusalemer Bibel; *Paulsen* 488.

[1132] So z. B. *Kümmel* 356f.; *Mußner* 211ff.; *Peters* 190; Revidierte Elberfelder Bibel.

[1133] Vgl. *Blass-Debrunner* § 213,3.

[1134] *Bauer-Aland* Sp. 1406. Anders *Mußner* 211, der hier nur einen „Briefstil" „technischer" Art sieht. Dagegen vgl. *Johnson* 326f.

[1135] J. *Schneider*, ThWNT V, 178.

[1136] Vgl. wieder J. *Schneider* a.a.O.

Mt 5,33ff.; 23,16ff. getan. Jakobus lag daran, an Jesu Lehre anzuknüpfen. 3) Die Streitigkeiten in der Gemeinde, die in Jak 3,13ff.; 4,1ff.; 5,7ff. erkennbar werden, führten zu Schwüren und Unwahrhaftigkeiten. Jakobus will dagegen Stellung nehmen.

Wie sieht die Stellungnahme des Jakobus aus? Sie untersagt in der Gemeinde („**meine Brüder**") **jeden** Schwur: „**Schwört nicht**"! Joh. *Schneider* hat den Sachverhalt gut erfasst: „Das Schwören hat in der christlichen Gemeinde keine Berechtigung, denn es ist nur da nötig, wo die Wahrhaftigkeit nicht mehr als die alles Reden bestimmende Norm vorausgesetzt werden kann".[1137] Jakobus ist hier radikaler als Ben Sira. Letzterer verurteilt nur den πολύορκος, den „Mann, der viel schwört" (Sir 23,9ff.; 27,14).[1138] Jakobus dagegen sagt: „schwört (überhaupt) nicht". Johannes *Schneider* ist auch darin Recht zu geben, dass Jakobus durch sein μὴ ὀμνύετε[1139] „die christliche Gemeinde von der jüdischen Praxis des Schwörens geschieden" hat.[1140] Ob allerdings „ein absolutes Schwurverbot" vorliegt, das auch vor staatlichen Instanzen gilt, muss entgegen der Meinung von Joh. *Schneider* und M. *Dibelius*[1141] bezweifelt werden.

Die Stellungnahme des Jakobus wird verdeutlicht durch die Konkretisierung „(schwört nicht,) **weder beim Himmel[1142] noch bei der Erde noch irgend einen andern Eid**". Spätestens hier frappiert die Ähnlichkeit mit Mt 5,34ff., wo wir ebenfalls die Abfolge „**beim Himmel**" – „**bei der Erde**" – „**einen andern Eid**" haben. Es kann denn auch kein Zweifel bestehen, dass Jakobus hier Mt 5,34ff. bis in den Wortlaut hinein übernimmt.[1143] Modifiziert wird diese Annahme u. a. bei Johannes *Schneider*, der „die echte Form des Jesuswortes nicht bei Mt, sondern bei Jakobus" findet und bei Jakobus eine gegenüber Matthäus „selbständige Tradition" annimmt.[1144] Was die Verhältnisbestimmung zwischen Matthäus und Jakobus betrifft, so wird man hier nicht über Vermutungen hinauskommen. Uns scheint, dass Jakobus eine ihm bekannte,

---

1137 A.a.O. 182.

1138 Vgl. *Schneider* a.a.O. 179.

1139 Zur Form vgl. *Blass-Debrunner* § 92,1.

1140 A.a.O. 182.

1141 Vgl. *Schneider* a.a.O. 182 und 182,59.

1142 Zu den Akkusativ-Formen vgl. *Blass-Debrunner* § 149,2.

1143 Ebenso *Burdick* 164; *Davids* 97; *Bieder* 95,4; *Guthrie* 743; J. *Schneider* a.a.O. 181f.; *Windisch* 32; *Mayor* 165; *Kittel*, ZNW 43, 84; *Riesner* 85.

1144 A.a.O. 181f.

längere Traditionsform in der allgemeinen Wendung ἄλλον τινὰ ὅρκον zusammengefasst hat. Diese längere Traditionsform könnte in Mt 5,34ff. vorliegen. Wichtiger ist: Jakobus lehrt hier nichts anderes als Jesus in Mt 5,34ff.

Es ist typisch für Jakobus, dass er dem Schwurverbot sofort eine positive Aussage folgen lässt: **„Es sei**[1145] **aber euer Ja ein Ja und euer Nein ein Nein“**.[1146] Auch hier besteht eine engste Nähe zu Mt 5,34, speziell zu Mt 5,37 (ἔστω δὲ ὁ λόγος ὑμῶν ναὶ ναί, οὒ οὔ). Die Verbreitung dieser Jesuslogien wird durch II Kor 1,17 bezeugt. Jesus und Jakobus formulieren mit ihren Sätzen die unbedingte Wahrheitspflicht, die in der Gemeinde des Messias gilt. Jeder Schwur würde diese Wahrheitspflicht gefährden. „Jede Schwurformel wird damit ausgeschlossen“.[1147]

Wer anders handelt, also seine Wahrheitspflicht verletzt, **„verfällt dem Gericht“**. Im NT ist κρίσις „zumeist das Strafgericht“.[1148] So auch hier in Jak 5,12. Wer also nicht die Wahrheit sagt, muss im Endgericht die göttliche Strafe erleiden. Zum dritten Mal schließt sich Jakobus hier an die Jesuslogien an. Denn nach Mt 12,36f. müssen alle Menschen über jedes ῥῆμα ἀργόν Rechenschaft geben ἐν ἡμέρᾳ κρίσεως. Dann gilt: ἐκ τῶν λόγων σου καταδικασθήσῃ. Wie wir gesehen haben, hat sich Jakobus schon in 3,1ff. auf die Jesusüberlieferung von Mt 12.36f. bezogen. Der Hinweis auf das göttliche **„Gericht“** gibt der ganzen Mahnung von Jak 5,12 den Charakter einer sehr ernsten Warnung.

Die Frage nach Schwur und Eid hat die Christenheit immer wieder beschäftigt. In seinem Artikel über „Eid: III. Ethisch“ in der 1. Auflage der RGG (II, 1910, Sp. 239ff.) nennt O. *Scheel* als Gegner des Eids: *Athanasius*, *Basilius* d. Gr., *Chrysostomus*, Albigenser, Katharer, Waldenser, Wiedertäufer, Mennoniten, Jansenisten, Korntaler Brüdergemeinde. Vor allem in der Reformationszeit entbrannte der Streit zwischen Lutheranern und Reformierten einerseits und Täufern andrerseits. Der siebente Artikel der Schleitheimer Artikel 1527 formuliert für die dort versammelten Täufer: „Sehet, darum ist alles Schwören verboten“.[1149] Die Lutheraner lehnten im Sinne der altkirchlichen Lehrbildung

---

1145 Zu ἤτω vgl. *Blass-Debrunner* § 98,3.

1146 Zur Übersetzung vgl. *Blass-Debrunner* § 266,1; 432,1.

1147 J. *Schneider* a.a.O. 180.

1148 F. *Büchsel*, ThWNT III, 942.

1149 Zitiert nach Kirchengeschichtliches Lesebuch, hrsg. von H. *Rinn* und J. *Jüngst*, 3. Aufl., Tübingen, 1915, 263. Vgl. G. *Maier*, „Die Johannesoffenbarung und die Kirche“, WUNT 25, 1981, 214.

ein solches radikales Schwurverbot ab. Das geschah schon 1530 in Confessio Augustana XVI, wo ausdrücklich bemerkt wird: „Hie werden verdammt die Wiedertaufer, so lehren, dass der obangezeigten (u. a. auferlegte Eide tun) keines christlich sei".[1150] Die Konkordienformel von 1580 verwirft es noch einmal „Dass ein Christenmensch mit guten Gewissen kein Eid schweren noch mit Eide seinem Landesfürsten oder Oberherrn die Erbholdigung tun könne" (Epitome XII. gegen Articuli anabaptistici).[1151]

Im Blick auf die Gemeindekatechese des Jakobus ist eines ganz deutlich: Innerhalb der Gemeinde Jesu wird jedes Schwören ausgeschlossen. Da Jakobus aber zum Verhältnis Staat-Gemeinde nicht Stellung nimmt, darf man Jak 5,12 für dieses Verhältnis auch nicht heranziehen. Vor allem im Blick auf Jesu eigene Praxis nach Mt 26,63f. und auch im Blick auf Gottes Verfahren nach Hebr 6,13ff.; 7,20ff. ist es berechtigt, wenn Christen im Außenverhältnis, speziell dem Staat gegenüber, einen Eid ablegen.[1152]

16. Empfehlung des Gebets (Jak 5,13–18)

13 „Wird jemand unter euch von einem Übel betroffen, dann soll I
er beten. Ist jemand guten Mutes, dann soll er Loblieder singen. 14 Ist jemand unter euch krank, dann soll er die Ältesten der Gemeinde herbeirufen, und sie sollen über ihm beten und ihn im Namen des Herrn mit Öl salben. 15 Und das Gebet des Glaubens wird den Kranken retten, und der Herr wird ihn aufrichten. Und wenn er Sünden getan hat, wird ihm vergeben werden. 16 Bekennt also einander die Sünden und betet füreinander, damit ihr geheilt werdet. Das Gebet eines Gerechten vermag viel und erweist sich als wirksam. 17 Elia war ein Mensch von gleicher Art wie wir. Und als er ins Gebet ging,[1153] dass es nicht regnen sollte, regnete es nicht auf

---

[1150] Zitiert nach BSELK, 5. Aufl., Göttingen, 1963, 71.

[1151] A.a.O. 824.

[1152] Hier ist CA XVI zuzustimmen. Joh. *Schneider* kann dies in ThWNT V, 183ff. und 462ff., nicht widerlegen. Ähnlich wie wir A. *Schlatter*, Die christliche Ethik, 2. Aufl., Stuttgart, 1924, 120ff.; *Mußner* 212; *Belser* 193; *Windisch* 32f.

[1153] Zur Ähnlichkeit mit der hebr. Syntax vgl. *Blass-Debrunner* § 198,9.

der Erde drei Jahre und sechs Monate. 18 Und er betete wieder, und der Himmel gab Regen, und die Erde brachte ihre Frucht".

II Achtmal taucht in diesen sechs Versen das Stichwort εὐχή / δέησις / προσευχή / εὔχεσθαι / προσεύχεσθαι auf. Das Thema des Gebets ist dominant. Die Wortfelder κακοπαθεῖν / ἀσθενεῖν / κάμνειν / ἰᾶσθαι begegnen uns 4-mal. Jakobus geht also stark auf die Thematik des Leidens ein, ohne dass letztere jedoch so beherrschend wäre wie die des Gebets. Die Imperative melden sich mit Wucht auch in diesem Abschnitt (insgesamt 6-mal). Der allgemein-imperativische Teil erfährt eine typische Ergänzung, nämlich durch ein biblisches Beispiel. Hierfür dient Elia, in ähnlicher Weise, wie es vorher Hiob, Abraham und Rahab getan haben.

Es fehlt hier nicht an überraschenden Motiven. Das erste und einzige Mal im Jakobusbrief ist hier von „**Ältesten**" die Rede (V. 14). Dasselbe gilt für die Erwähnung der Musik (ψάλλειν V. 13), und auch für die der ἐκκλησία (V. 14). Das einzige Mal in der gesamten Briefliteratur des NT wird hier das Salben mit Öl erwähnt (V. 14). Auch das Verfahren im Krankheitsfall, das die Verse 13ff. schildern, ist im NT singulär.

Die Abgrenzung des Abschnitts ist verhältnismäßig deutlich. Voraus geht die Warnung vor dem Schwören (V. 12). Nach unserm Abschnitt wechselt das Thema erneut (Irren von der Wahrheit, V. 19–20). So besteht an der Zusammengehörigkeit der Verse 13–18 kein Zweifel.

III **13** Der Anfang des dreizehnten Verses – κακοπαθεῖ τις – hat am ehesten in 1,5 eine Parallele. Doch ist die dichte Abfolge von Indikativ und Imperativ in V. 13 und 14 ohne exakte Parallele im Brief.

Κακοπαθεῖν weist zurück auf κακοπαθία in V. 10. Das Verb ist im NT selten (II Tim 2,9; 4,5; Jak 5,13). Κακοπαθεῖν hat in Jak 5,13 die Bedeutung „**von einem Übel betroffen werden**".[1154] Das ἐν ὑμῖν ist lokal aufzufassen: „**Unter euch**".[1155] Dieses ἐν ὑμῖν zeigt, dass es nicht um allgemeine Lebensregeln geht, sondern um Situationen innerhalb der christlichen Gemeinde. Wer hier von einem Übel betroffen wird, der „**soll beten**". Für „**beten**" steht προσεύχεσθαι, also die allgemeinste Wortform für das Gebet: „προσευχή

[1154] So W. *Michaelis*, ThWNT V, 937; ähnlich *Bauer-Aland* Sp. 806.
[1155] *Blass-Debrunner* § 164,4.

bezeichnet das Gebet im umfassendsten Sinne".[1156] Das Beten in Jak 5,13 darf demnach nicht auf die Bitte, dass das Übel aufhören möge, beschränkt werden. Es kann auch das Gebet um Treubleiben, Durchhalten, Gesegnetwerden bedeuten.

Dem κακοπαθεῖν tritt das εὐθυμεῖν gegenüber. Im NT hat es den Sinn: „**guten Mutes sein**". Das subjektive Element ist bei εὐθυμεῖν größer als bei κακοπαθεῖν. Oder anders formuliert: auch in einer objektiven Notlage kann der Mensch „guten Mutes" sein. Dafür bieten Paulus und Silas in Philippi ein Beispiel (Act 16,25). Wer guten Mutes ist, „**soll Loblieder singen**" (ψαλλέτω). Ψάλλειν heißt „**lobsingen" / „Loblieder singen**". Gerhard *Delling* zufolge ist in Jak 5,13 mit ψάλλειν „Der dankende häusliche Lobpreis des Christen" gemeint.[1157] Wir halten fest: zum Christenleben gehört beides, das Getroffenwerden von Übeln, „Schicksalsschläge", und auch das „Guten-Mutes-sein", also fröhlich und frohgemut sein. Weder das „Immer-nur-lächeln" noch das ewige Ernst-Dreinschauen sind dem Leben des Christen angemessen. Nicht umsonst sagt Paulus: „Ich kann ... beides, satt sein und hungern, beides, Überfluss haben und Mangel leiden" (Phil 4,12). Nicht umsonst muss er uns mahnen: „Freut euch mit den Fröhlichen und weint mit den Weinenden" (Röm 12,15) – weil eben beide zur Gemeinde gehören.

Anlässlich Jak 5,13 sei auf das reiche musikalische Leben der frühen Christen und die wohl anzunehmende musikalische Innovationskraft dieser frühen Christen hingewiesen. Zu erinnern ist an I Kor 14,15.26; Eph 5,19; Kol 3,16. Zu erinnern ist aber auch an die eschatologische Bedeutung der Lobgesänge in der Apokalypse (5,9; 14,3; 15,3). Bei aller gedrängten Kürze hat Roland *Deines* in einem ausgezeichneten Artikel die Bedeutung des Liedes in der Bibel dargestellt.[1158] Er weist u. a. auf „die vom Geist geschenkte Neudichtung" der frühen Christen hin und insistiert gleichzeitig mit Recht darauf, dass die alttestamentlichen Psalmen als „Vorbilder" wirkten.[1159]

14 Mit V. 14 kommt Jakobus speziell auf das Gebet in Krankheit zu sprechen. Er verweilt bei diesem Thema bis V. 16a. In diesem kurzen Unterabschnitt gibt es einige Überraschungen.

„**Ist jemand unter euch krank, dann soll er die Ältesten der Gemeinde herbeirufen**": so beginnt V. 14. Wie in V. 13 bedeutet ἐν ὑμῖν „in eurer Ge-

[1156] H. *Greeven*, ThWNT II, 807.
[1157] ThWNT VIII, 503.
[1158] GBL 2, 891ff.
[1159] A.a.O. 892.

meinde" (lokal!).[1160] 'Ασθενεῖ ist wie κακοπαθεῖ und εὐθυμεῖ dem Satz vorangestellt, gefolgt durch einen Imperativ (diesmal allerdings ein Imp. Aor.). Zunächst bedeutet ἀσθενεῖν ganz allgemein kraftlos oder schwach sein.[1161] Von daher könnte man auch Jak 5,14 in diesem Sinne auffassen und in einer gewissen Parallele zu V. 13 a übersetzen: „Ist jemand unter euch schwach ..." Aber im NT sind die ἀσθενοῦντες häufig sehr speziell die Kranken (vgl. Mt 10,8; Mk 6,56; Lk 10,9; Joh 5,5; Act 28,9; Gal 4,13).[1162] Im Kontext von Jak 5,14ff. legt es sich ebenfalls nahe, von der Bedeutung „**krank sein**" auszugehen.[1163] Allerdings kann ἀσθενεῖν hinüberspielen zu der Bedeutung einer „Schwäche des religiösen und sittlichen Zustands", die überwunden werden muss, ja sogar zu der Bedeutung „Sünde".[1164] *Stählin* sieht demzufolge in V. 16 die Auffassung enthalten: „Krankheit ist der Sünde Sold".[1165] Es wird gut sein, diese Erklärung im Kopf zu behalten.

Nun sollen also „**die Ältesten der Gemeinde herbeigerufen**" werden. Durch wen? Durch den Kranken selbst! Nicht durch andere. Es bleibt also der Verantwortung des Einzelnen überlassen, ob er das tun will. Allerdings ist V. 14a als eine deutliche Empfehlung formuliert. Der hier gebrauchte Imperativ des Aorist stellt gegenüber dem Imperativ des Praesens die „schärfere Befehlsform" dar und drückt eine „Anweisung für das Handeln im Einzelfall" aus.[1166]

Sehr selbstverständlich ist hier von den „**Ältesten der Gemeinde**" die Rede, den πρεσβύτεροι τῆς ἐκκλησίας. Dieser Ausdruck muss also bei allen Briefempfängern wohlbekannt gewesen sein. Aus der Sicht heutiger Forschung ist dieser Sachverhalt aber alles andere als selbstverständlich. Zum einen wurde der Begriff ἐκκλησία in der liberalen Exegese immer wieder einem späteren Stadium der christlichen Reflexion zugeordnet und als Argument für eine Spätdatierung verwandt.[1167] Ist jedoch der Jakobusbrief zusammen mit Forschern wie *Adamson*, *Burdick*, *Elwell-Yarbrough*, *Elliott–Binns*, *Floor*, *Guth-*

[1160] *Blass-Debrunner* § 164,4.

[1161] *Bauer-Aland* Sp. 231; G. *Stählin*, ThWNT I, 489.

[1162] Vgl. dazu *Stählin* a.a.O. 491.

[1163] So auch *Bauer-Aland* a.a.O.; *Stählin* a.a.O.

[1164] *Stählin* a.a.O. 490.

[1165] A.a.O. 491.

[1166] *Blass-Debrunner* § 335.

[1167] Z. B. *Kümmel* 80.88. Vgl. K. L. *Schmidt*s grundlegenden Artikel in ThWNT III, 502ff.

rie, G. *Kittel*, *Mariani*, *Michaelis*, *Robinson*, *Schlatter*, *Stuhlmacher*, *Stulac*, *Tasker* und *Zahn* vor 60. n. Chr. einzuordnen und der ersten christlichen Generation zuzurechnen, dann spricht einiges dafür, dass der Begriff der ἐκκλησία durchaus auch der Jesustradition zuzutrauen ist. Auf jeden Fall ist er dann früh. Genauer gesagt: er hat seinen Platz im frühesten Judenchristentum und darf keineswegs auf das Konto eines konstruierten „Frühkatholizismus" gesetzt werden. Zum andern erheischt der Begriff der πρεσβύτεροι unsere Aufmerksamkeit. Es dürfte Einverständnis darüber bestehen, dass „die Ältesten" ihr Vorbild in der jüdischen Synagoge und den dortigen Ältesten haben. Das ist auch in Günter *Bornkamm*s Artikel über πρέσβυς, πρεσβύτερος usw. im Theologischen Wörterbuch zum Neuen Testament festgehalten.[1168] Nun nimmt *Bornkamm* aber eine schwerwiegende Verschiebung vor. Entgegen den Texten lässt er eine „Ältestenverfassung" erst für die Zeit „der zunehmenden Judaisierung (der Urgemeinde)" zu und sieht gar im außerpalästinischen Raum „erst die Schriften der nachapostolischen Zeit" als Zeugen für das Ältestenamt an – darunter den Jakobusbrief![1169] In Wahrheit ist es umgekehrt: Älteste gibt es seit den frühen apostolischen Zeiten (vgl. Act 11,30; 14,23). So spricht auch der spätestens um 60 n. Chr. anzusetzende Jakobusbrief in größter Selbstverständlichkeit von den „Ältesten der Gemeinde".

Übrigens sind die Presbyter im Jakobusbrief nicht „als einziges Amt" erwähnt, wie G. *Bornkamm* in seinem Artikel schrieb.[1170] Vielmehr erwähnt Jakobus in 3,1ff. ebenso wie Paulus in I Kor 12,29; Eph 4,11 ausdrücklich auch die Lehrer.

Was sollen die herbeigerufenen Ältesten tun? „**Sie sollen über ihm (= dem Kranken) beten und ihn im Namen des Herrn mit Öl salben**". Für „**beten**" steht wieder allgemeines προσεύχεσθαι, sodass nicht auf das Bittgebet um Befreiung von der Krankheit eingeschränkt werden darf. Die Wendung „**über ihm**"[1171] erklärt sich wohl so, dass die Hände der Betenden über dem Betreffenden ausgebreitet wurden oder ihm sogar die Hände aufgelegt wurden.

Der Plural bringt vermutlich zum Ausdruck, dass es sich um ein gemeinsames Gebet handelt. Überraschend wirkt die Empfehlung: „**sie sollen ihn im Namen des Herrn mit Öl salben**". Ein Zusammenhang mit Lk 10,34 ist nicht sehr wahrscheinlich. Denn dort desinfizieren und lindern Öl und Wein auf

---

[1168] Band VI, 1959, 651ff.
[1169] A.a.O. 663f.
[1170] A.a.O. 664.
[1171] Vgl. *Bauer-Aland* Sp. 585.

durchaus medizinische Weise und von einer Salbung oder gar einem Gebet ist dort nicht die Rede. Dagegen besteht ein enger Zusammenhang mit Mk 6,13, wie alle Exegeten erkennen.[1172] Dort heißt es bei der Aussendung der Zwölf: „sie salbten viele Kranke mit Öl und machten sie gesund". „**Öl**", ἔλαιον, ist Olivenöl.[1173] „**Salben**" heißt bestreichen. Den äußeren Vorgang beschreibt Heinrich *Schlier* so: „Die Ölsalbung geschieht unter Anrufung des Namens des Herrn und ist eingeschlossen vom Gebet, das ... die Heilung und Vergebung bewirkt".[1174] Die Stellung der Worte ἐν τῷ ὀνόματι τοῦ κυρίου am Schluss des Verses hat die Funktion einer Betonung. Evtl. will Jakobus das, was „**im Namen des Herrn**" geschieht, absetzen von äußerlich ähnlichen magischen oder heidnischen Praktiken. Τοῦ κυρίου deutet man am besten in Parallele zu I Kor 1,2 und ähnlichen Stellen auf Jesus: also „im Namen Jesu". Ist diese Deutung richtig, dann hätten wir hier einen weiteren indirekten Beleg für die Bedeutung des κύριος-Titels, der Jesus gegeben wird (vgl. 1,1; 2,1).[1175]

Doch nun erhebt sich die Frage: Welche Bedeutung hat das „**Öl**"? Hat es wie in Lk 10,34 rein medizinische Bedeutung? – Hat es exorzistische Bedeutung mit dem Zweck, den Krankheitsdämon auszutreiben? In der Tat versteht *Schlier* Jak 5,14 als „medizinisch-exorzistische Handlung".[1176] Fasst man dazuhin ἀσθενεῖν im Sinne *Stählins* als sündigen Zustand auf, dann wird man umso leichter dem Gedanken an einen Exorzismus Raum geben. Ist dann das Öl, um wieder mit *Schlier* zu sprechen, eine „sakramentale Materie?".[1177] Betrachtet man sorgfältig den Text von Jak 5,14ff., dann wird man dort weder von einer Art Exorzismus, noch von einer „sakramentalen Materie" etwas finden. Vielmehr wirkt das „Gebet des Glaubens" bzw. das „Gebet eines Gerechten", nicht aber eine Materie wie das Öl.[1178] Es ist vermutlich wie in Mk 6,13 Zeichen des messianischen Friedens, der Vergebung und Heilung erst möglich macht (vgl. Lk 7,37ff.; Hebr 1.9). In diese Richtung deutet jedenfalls der Gebrauch des „**Namens des Herrn**".

[1172] Z. B. H. *Schlier*, ThWNT I, 230ff.; *Johnson* 331; *Mußner* 224.

[1173] *Schlier*, ThWNT II, 468.

[1174] ThWNT I, 232. Jedoch sehen Forscher wie *Schlatter* (Jak, 213) oder *Johnson* 331 die Salbung dem Gebet vorangehen. Dagegen *Ropes* 305.

[1175] Die HS-Variante Ἰησοῦ Χριτοῦ ist demnach sachlich zutreffend. Vgl. *Mußner* 221; *Johnson* 331.

[1176] ThWNT I, 232.

[1177] A.a.O.

[1178] Ebenso *Schlatter*, Jak, 214; ähnlich *Johnson* 332.

Halten wir noch fest: a) In den von Jakobus angeschriebenen Gemeinden setzt sich die alte Übung von Mk 6,13 fort. b) Von Jak 5,14ff. öffnet sich ein Weg zum Verständnis der alten talmudischen Geschichten,[1179] wonach sogar Rabbinen galiläische Christen aufsuchten, um geheilt zu werden. – Ein Rätsel bleibt, weshalb gerade protestantische Christen über längere Zeiträume hinweg Jak 5,14ff. keine Beachtung geschenkt haben.

Schließlich sieht man an Jak 5,14ff., dass es auch unter den frühen Christen viele Kranke gab. Die Meinung, ein wahrer Christ werde nicht krank, ist unsinnig. Erst in der neuen Schöpfung werden Krankheit, Leid und Schmerz aus der Gemeinde der Erlösten verschwinden (Apk 21,4).

15 „**Und das Gebet des Glaubens wird den Kranken retten**", fährt Jakobus in V. 15 fort. Für „**den Kranken**" steht hier ὁ κάμνων. *Bauer-Aland* Sp. 816 nehmen nur für Jak 5,15 die Bedeutung „**Kranker**" an. Sonst bedeutet κάμνειν „ermüden, ermatten". *Bauer-Aland* erwägen deshalb, ob man κάμνειν in Jak 5,15 nicht als „hoffnungslos krank sein", „hinwelken" verstehen müsse, oder gar als „sterben". Die Parallele mit ἀσθενεῖν legt jedoch die Bedeutung „krank sein" näher. Heinrich *Greeven* übersetzt denn auch: „das gläubige Gebet wird den Kranken retten".[1180] Was ist nun „**das Gebet des Glaubens**" bzw. „das gläubige Gebet" (ἡ εὐχὴ τῆς πίστεως)? Zunächst: Es dient der Abgrenzung. Das „**Gebet**" der Ältesten wirkt nicht, weil sie ein Amt haben, es wirkt **nicht** ex officio. Sondern es wirkt nur dann, wenn es aus dem Glauben kommt. Vgl. dazu Mk 9,14 und besonders Mk 2,5: „Als nun Jesus ihren **Glauben** sah ..." Zweitens muss man mit Heinrich *Greeven* feststellen: „Damit ist jede magische Wirkung des Öles, mit dem die Gemeindeältesten den Kranken salben sollen, ausgeschlossen".[1181] Drittens erweist sich auch hier, dass Jakobus ein Theologe der πίστις, des Glaubens, ist. Insofern wird unsere Deutung von 2,14ff. bekräftigt. Viertens aber erweist sich Jak 5,14 als enge Sachparallele zu Mk 16,18, dem sog. „unechten Markusschluss", wo der künftigen Gemeinde gerade die Heilungsgabe verheißen wird. Fünftens ist festzuhalten, dass das gläubige Gebet im Namen Jesu geschieht. Es wird also Gott die Entscheidung freistellen, ebenso wie es Jesus z. B. in Gethsemane getan hat (Mt 26,39).

1179 Z. B. b Aboda zara 27b; Tos Chullin 2,22f. (so auch *Mußner* 221).

1180 ThWNT II, 775. Ebenso *Mußner* 217ff.

1181 A.a.O. Vgl. *Schlatter*, Jak, 214.

Schwierig bleibt das richtige Verständnis des σῴζειν in Jak 5,15. Die zentrale Frage wird bei *Mußner* gestellt: Sind die Futura in Jak 5,15 „logisch oder eschatologisch zu verstehen“? Trifft Letzteres zu, dann bedeutet σῴζειν nicht unbedingt die körperliche Heilung, wie das z. B. Werner *Foerster*[1182] anzunehmen scheint. Gerade *Foerster* weist darauf hin, dass der Jakobusbrief σῴζειν „einheitlich von der Rettung im Endgericht“ verwendet, also eschatologisch. Nur 5,15 soll eine Ausnahme sein. Ist diese Ausnahme zwingend? Σῴζειν geht in der LXX mehrheitlich auf hebr. **ישׁע** zurück.

ישׁע bedeutet „retten, befreien, helfen, zu Hilfe kommen“.[1183] Setzt man dieses **ישׁע** auch für Jak 5,15 voraus, dann ist keineswegs die körperliche Heilung versprochen, sondern eben ganz umfassend Gottes gnädige Hilfe. Diese Hilfe kann sicherlich auch in einer Heilung bestehen, aber auch in einem Durchtragen und in der Rettung im Endgericht trotz Ausbleibens der körperlichen Heilung. In diesem weiteren Sinne möchten wir „retten“ (σῴζειν) hier verstehen.[1184]

Das Folgende schließt sich der bisher gegebenen Deutung sehr gut an. „**Der Herr wird ihn aufrichten**“: Der „**Herr**“ ist Christus. Ἐγείρειν, hebr. **קוּם**, hat griechisch den weiteren Sinn von „aufwecken“, „aufrichten“.[1185] Auch hier kann sowohl das körperliche Gesundmachen als auch das seelische Aufrichten und Durchtragen trotz bleibender Krankheit gemeint sein.

Klar ist die Aussage: „**Und wenn[1186] er Sünden getan hat, wird ihm (durch Gott) vergeben werden**“. Die Vergebungsgewissheit war für die junge christliche Gemeinde zentral (vgl. Mk 2,5ff.; Lk 7,47; 11,4.5ff.; Joh 20,23). Die Vergebung geschieht in jedem Falle, ob nun eine körperliche Heilung eintritt oder nicht. Insofern hat das „**Gebet des Glaubens**“ eine verlässliche, unüberbietbare Wirkung. Allerdings bleibt es höchst interessant, dass Jakobus das Thema Krankheit und Gebet nicht ohne das Thema Vergebung behandeln will. Steht ihm hier Mk 2,1ff. vor Augen? Man wird mindestens zweierlei dazu bemerken müssen: a) Ohne innere Reinigung ist äußere Heilung für Jakobus

---

1182 ThWNT VII, 990.

1183 G. *Fohrer*, ThWNT VII, 970.

1184 Ebenso *Schlatter*, Jak, 214. *Mußner* a.a.O. und *Ropes* 308 beharren dagegen darauf, dass hier die körperliche Heilung gemeint sei. Doch auch *Johnson* spricht sich 332f. ähnlich wie wir für den weiteren Sinn aus.

1185 Vgl. A. *Oepke*, ThWNT II, 332ff., der allerdings das Verb in Jak 5,15 als „wohl(!) geradezu gesund machen“ erklärt.

1186 Vgl. *Blass-Debrunner* § 374,4.

nicht vorstellbar. b) Jakobus rechnet offensichtlich mit der Möglichkeit, dass Krankheit im Einzelfall („**Und wenn**"!) tatsächlich eine Folge von Sünde sein kann.[1187] Freilich bleibt er meilenweit entfernt von dem Schema, dass **jede** Krankheit eine Folge von Sünde sein müsse, und auch von dem Schema, dass ein wirklich gläubiger Mensch nicht krank werde. Er liegt aber auch nicht auf der Linie moderner Auffassungen, wonach Krankheit **niemals die** Folge von Sünde sein könne. Gerade in 5,15 liegt er vielmehr auf der Linie Jesu (vgl. Joh 5,14 mit Joh 9,2f.).

16 V. 16a schließt das Thema „Gebet in Krankheit" ab: „**Bekennt also einander die Sünden und betet füreinander, damit ihr geheilt werdet**". Das „**also**" zieht die Konsequenz aus den Versen 14 und 15. Weil das Gebet um Vergebung erhört wird, deshalb soll ein Sündenbekenntnis erfolgen und dieses Sündenbekenntnis Vergebung und Heilung möglich machen. V. 16 zeigt, dass das Gebet der Ältesten ein „**bekennen**", d.h. ein Aussprechen vor Gott, voraussetzt. Otto *Michel* bemerkt zu Jak 5,16: es war „besonders in Krankheitsfällen Sitte, einander die Sünden zu bekennen".[1188]

Damit sollte jedenfalls Sünde und Schuld als Krankheitsursache beseitigt werden. Sicherlich darf das „**einander**" nicht so verstanden werden, dass nun auch die Ältesten dem Kranken ihre Sünden bekennen. Vielmehr hat „**einander**" einen generellen Sinn: wer immer in die Lage einer Krankheit kommt, soll vor den Ältesten ein Sündenbekenntnis ablegen. Das „**betet füreinander**" macht es den Ältesten zur Pflicht, auf ein Ersuchen hin den Kranken zu besuchen. Das „**damit ihr geheilt werdet**" drückt den finalen Sinn des Gebets aus.[1189] Jeder Christ darf also kindlich um Heilung von Krankheit bitten. Allerdings kann ἰᾶσθαι auch einen übertragenen Sinn („wiederherstellen" o. ä.) annehmen.[1190] Zu beachten bleibt Albrecht *Oepke*s Anmerkung zu Jak 5,16, hier sei die Fürbitte „der Ältesten als besonders wirksam empfohlen, die Fürbitte aber nicht auf deren Kreis beschränkt".[1191]

1187 So auch *Stählin*, ThWNT I, 491.

1188 ThWNT V, 215.

1189 Vgl. *Blass-Debrunner* § 369; 388,2.

1190 *Bauer-Aland* Sp. 749; A. *Oepke*, ThWNT III, 204. *Mußner* bezieht 227 das ἰᾶσθαι bzw. die Fürbitte nur auf die Sündervergebung. Dagegen *Ropes* 309: „ὅπως ἰαθῆτε refers to bodily healing". Die adäquate Weite bei *Johnson* 335.

1191 A.a.O. 214. Ebenso *Ropes* 309.

Historisch verdient es noch festgehalten zu werden, dass für Jakobus das Gebet nicht nur eine vornehme Aufgabe der Apostel ist (Act 6,4), sondern auch der Ältesten.

Mit der zweiten Hälfte von V. 16 lenkt Jakobus zurück zu seinem Generalthema, der allgemeinen Empfehlung des Gebets. Freilich sind die positiven Erfahrungen beim Gebet für die Kranken nicht vergessen, wenn er schreibt: „**Das Gebet eines Gerechten vermag viel und erweist sich als wirksam**". Δέησις, „**Gebet**", hat vorwiegend die Bedeutung „Bittgebet", ohne dass man es doch auf diese Bedeutung beschränken dürfte.[1192] Die Erwähnung des δίκαιος kommt etwas überraschend. Übernimmt Jakobus hier eine sprichwortartige Aussage? Warum sagt er nicht δέησις τῆς πίστεως o. ä? Man kann nur vermuten, dass Jakobus schon das Beispiel des Elia vor Augen steht, und dass er deshalb dem Begriff δίκαιος als der Bezeichnung der alttestamentlichen Frommen[1193] den Vorzug gibt. Ferner mag eine Rolle spielen, dass Jakobus den wahrhaft Glaubenden auch als Täter des Gesetzes sieht (1,19ff.; 2,1ff.14ff.).[1194] „**Gerechter**": damit hat Jakobus jedenfalls eine Bezeichnung gefunden, die die Menschen Gottes im Alten wie im Neuen Bund zusammenfasst. Ihr Gebet „**vermag viel**" sagt Jakobus. Ἰσχύειν bedeutet verändernde Kraft.[1195] Weil und insofern der allmächtige Gott das Anliegen auch des armseligsten Menschen sich zu Eigen macht, hat das Gebet mehr Kraft als alle Ressourcen dieser Welt.

Wir sind in Jak 5,16 nahe bei den Jesusaussagen von Mk 9,23 und 29. Es sollte aber auch die Vorsicht nicht übersehen werden, die in dem jakobeischen πολύ steckt. „**Viel**" heißt nicht „alles". Woher dieser Vorbehalt? Weil **Jakobus** gerade bei Jesus gesehen hat, dass der heilige Wille Gottes über allem steht. Diesem heiligen Willen gegenüber, der auch Gegenstand des Vaterunsers ist, nimmt der wahrhaft Gerechte seinen eigenen Willen und seine Bitte zurück, damit des Vaters Wille geschehen kann. Vgl. Mt 26,39 sowie bei Paulus II Kor 12,8f. Ἐνεργουμένη, „**es erweist sich als wirksam**":[1196] Das Medium ἐνεργεῖσθαι findet sich im NT nur bei Paulus und Jakobus.[1197] Ἐνεργουμένη muss wohl als Ausdruck dafür verstanden werden, dass das

---

[1192] Vgl. H. *Greeven*, ThWNT II, 40.806.

[1193] G. *Schrenk*, ThWNT II, 191.

[1194] Vgl. wieder *Schrenk* a.a.O. 192.

[1195] Vgl. W. *Grundmann*, ThWNT III, 400ff.

[1196] Zur Übersetzung vgl. *Blass-Debrunner* § 316,1.

[1197] G. *Bertram*, ThWNT II, 651.

Gebet **göttliche** Kräfte entbindet.[1198] So stellt uns Jak 5,16 letzten Endes vor das Lob Gottes.[1199]

17 Als Beispiel für seinen Generalsatz in 16b nimmt Jakobus den „**Elia**" (V. 17). Er setzt damit die Reihe der alttestamentlichen Vorbildexempel fort: Abraham (2,21ff.), Rahab (2,25), Hiob (5,11), und nun eben Elia. Die Verteilung ist nicht uninteressant: 2 Beispiele (Abraham, Rahab) entstammen der Tora, 2 den Propheten (Elia, Hiob nach damaliger Auffassung). „Gesetz und Propheten" sind die hebräische Bibel (Mt 5.17; 22,40).

„**Elia**" verkörpert zusammen mit Mose das Judentum. „Keine biblische Persönlichkeit", schreibt Joachim *Jeremias*,[1200] „hat das religiöse Denken des nachbiblischen Judentums so stark beschäftigt, wie diejenige des Propheten Elias". Ja, das AT selbst eröffnet diese Reflexion (Mal 3,23f.). Sirach, der äth Henoch, der 1. Makkabäer und der 4. Esra stehen in dieser Reihe (Sir 48,1ff.; äthHen 89,52; 90,31; 93,8; I Makk 2,58; IV Esr 6,26). Im NT begleitet die Elia-Erwartung das Wirken Jesu, ja er selbst wird z. T. mit Elia identifiziert (vgl. Mt 16,14; Joh 1,21; Lk 4,25f.; 9,54; Mt 27,47ff.; Mk 9,11ff.). Das Material ist hervorragend zusammengestellt bei J. *Jeremias* ThWNT II, 930ff.

Was Jakobus an Elia zeigen kann, hat deshalb Beweiskraft. Zunächst betont Jakobus seine Menschlichkeit (ἄνθρωπος ἦν) und seine Zugehörigkeit zur Welt **unserer** Konditionen. Ὁμοιοπαθὴς ἡμῖν bedeutet: „genau so empfindend", „genau so befindlich", „gleich geartet wie wir".[1201]

Nach W. *Michaelis* wird „damit abgewehrt, dass Elia übermenschliche Kräfte besessen habe".[1202] Diese reine Menschlichkeit überrascht auf dem Hintergrund mancher jüdischer Stimmen der damaligen Zeit. Aber Jakobus ist es wichtig, was wir erwarten dürfen – wir schwache Menschen. Ein religiöses Genie könnte uns nur verunsichern. Er bat, „**dass es nicht regnen sollte**". Wo steht das? Eine solche Bemerkung finden wir weder in I Reg 17,1 noch in Lk 4,25. Man kann höchstens aus dem Kontext von I Reg 17–18 schließen, dass Elia sich alle Beschlüsse Gottes im Gebet zu Eigen gemacht hat. Unter diesen Umständen vermuten wir, dass Jakobus in 5,17 – wie J. *Jeremias* an-

---

1198 Vgl. *Bertram* a.a.O. 649ff.

1199 'Ενεργουμένη verursacht einige Übersetzungs- und Verstehensprobleme, vgl. *Johnson* 335; *Ropes* 309f.; *Mußner* 227f.

1200 ThWNT II, 930f.

1201 W. *Michaelis*, ThWNT V, 938f.

1202 A.a.O. 939.

nahm auf – „palästinische Tradition“[1203] zurückgeht. Daraufhin, so sagt Jakobus, habe es **„auf der Erde drei Jahre und sechs Monate“** nicht geregnet.[1204] Die **„Erde“** befolgte, was Gott in Erhörung des Gebets des Elia anordnete. Hier lag also ein **„Gebet eines Gerechten“** vor, **„das sich als wirksam erwies“.** Doch woher kommen die **„drei Jahre und sechs Monate“**? Erste Antwort: Aus der Lehre Jesu (Lk 4,25).[1205] Zweite Antwort: Aus der jüdischen Exegese, aus „palästinischer Tradition“.[1206] Diese Exegese konnte an die „Drei“-Zahl der Jahre in I Reg 18,1 anknüpfen. Ob sie die **„sechs Monate“** für den Zeitraum ansetzte, bis Elia tatsächlich das Wunder vom Karmel erlebte? Vgl. noch Apk 11,6.

18 In V. 18 wird das Elia-Beispiel fortgesetzt: „**Und er betete wieder, und der Himmel gab Regen, und die Erde brachte ihre Frucht** (ließ ihre Frucht wachsen)“.[1207] „**Himmel**“ und „**Erde**“ repräsentieren die gesamte Schöpfung (vgl. Gen 1,1). Jakobus zeigt hier, dass das Gebet die ganze Schöpfung berühren und ihre Kräfte verändern kann. Geschichtlich knüpft er an II Reg 18,41ff. an. Das doppelte Gebet in V. 17 und 18 soll zeigen: Der Mensch kann nicht nur **einmal,** gewissermaßen als eine große Ausnahme seines Lebens, erfahren, dass das Gebet „sich als wirksam erweist“. Nein, er kann es immer wieder neu erfahren.

So hat Jakobus gezeigt, dass „**das Gebet eines Gerechten viel vermag**“, und dadurch seine Leser ermutigt.

17. Mahnung, den Irrenden zu helfen (Jak 5,19–20)

I **19 „Meine Brüder, wenn jemand unter euch von der Wahrheit abirrt und jemand ihn zurückbringt, 20 der soll wissen: Wer einen Sünder von seinem Irrweg zurückgebracht hat, der wird dessen Seele vom Tode erretten und eine Menge Sünden zudecken.“**

1203 A.a.O. 936.

1204 Zur Übersetzung vgl. *Blass-Debrunner* § 129,1.

1205 Vgl. *Davids* 67.

1206 So wieder *Jeremias* a.a.O.; auch F. *Godet* in seinem Lukas-Kommentar zu Lk 4,25; ähnlich *Ropes* 310f.

1207 Vgl. *Blass-Debrunner* § 75,2.

Jak 5,19–20 wird häufig als selbständiger Unterabschnitt behandelt.[1208] Diese II
Gliederung ist berechtigt. Denn die Stichworte πλανᾶσθαι, πλάνη und ἐπιστρέφειν zeigen eine neue Thematik an.

In V. 13–18 fehlte die Anrede ἀδελφοί (μου). Jetzt kehrt Jakobus mit dem eröffnenden ἀδελφοί μου in den Gedankenduktus zurück, den wir zuletzt in 5,12 vorfanden und der dann zurückweist auf 5,7ff.; 4,11f.; 3,1ff. usw.

Dass Gemeindeglieder von der Wahrheit abirren, ist uns im Brief der Sache nach öfters begegnet (vgl. 1,16.26; 2,1ff.14ff.; 4,1ff.11f.13ff.; 5,1ff.7ff.12). Aber nun werden πλανᾶσθαι und πλάνη tragende Begriffe und vor allem der Vorgang der Hilfe in solchen Situationen in den Mittelpunkt des Interesses gerückt.

Insofern geht es weder um eine „conclusion"[1209] noch um irgendeine übliche „Schlussbemerkung", sondern um eine sehr akzentuierte, noch einmal neue Aufmerksamkeit fordernde und eigengewichtige Schlussparänese.

Übrigens fehlt in V. 19 jede verbindende Konjunktion. V. 19f. ist also grammatikalisch ganz unabhängig vom vorausgehenden Abschnitt. Darf man daraus schließen, dass sich Jakobus sehr wohl dessen bewusst war, dass er jetzt noch ein neues und selbständiges Thema anschnitt?

19 Zuerst muss die Frage gestellt werden, die wohl jeder nachdenkliche Leser III
empfindet: Warum lässt Jakobus seinen reichgestalteten Brief gerade mit diesen Versen enden? Es ist doch kein Zufall, wenn er die Hilfe für irrende Gemeindeglieder an den Schluss setzt – vielleicht sogar betont nach dem Gesetz des Achtergewichts? Wir sind in unserem Kommentar der Meinung, dass hier noch einmal ein betonter Akt der Seelsorge geschieht – so wie ja der ganze Brief einen seelsorgerlichen Charakter trägt. Es genügt also nicht, den Brief als „Paränese" oder „katholisch" zu kennzeichnen, er ist vielmehr im seelsorgerlichen Sinne auch ein echter Hirtenbrief.

Erneut steht Jakobus damit in der Linie Jesu, dem die nachgehende Seelsorge bei Irrenden wichtig war (vgl. z. B. Mt 18,6ff.; 18,15ff.; Lk 5,27ff.; 15,1ff.; 22,32).

V. 19: Zu ἀδελφοί μου s. oben (vgl. V. 12; V. 7.9.10; 4,11; 3,1). Vielleicht trägt die Wendung „**meine Brüder**" hier doch einen Ton der Dringlichkeit.

[1208] So z. B. *Kümmel* 356f.; *Mußner* 230; *Ropes* 313.

[1209] Gegen *Ropes* 313.

Jakobus setzt den Fall: „**wenn jemand unter euch von der Wahrheit abirrt** ...“ ’Εάν bezeichnet das unter Umständen zu Erwartende“.[1210] Es drückt zugleich „das sich unbestimmt häufig Wiederholende“ aus,[1211] ist also sowohl Eventualis als auch Iterativus. Das heißt, Jakobus rechnet ganz praktisch mit dem Vorkommen solcher Fälle. Nicht die ideale, sondern die reale Gemeinde schwebt ihm vor. Die „**Wahrheit**“, ἀλήθεια, ist letzten Endes Christus und der christliche Glaube (vgl. 1,18 und Joh 14,6). Das „**abirren von der Wahrheit**“ bedeutet also ein praktisches, evtl. sogar prinzipielles Verlassen der Christusnachfolge und des christlichen Glaubens, und nicht nur ein Tun der Ungerechtigkeit,[1212] und auch nicht nur, wie *Bultmann*[1213] meinte, ein Verlassen der „Rechtschaffenheit“. Mit Recht weist Herbert *Braun* auf den alttestamentlich-jüdischen Charakter der Sprache des Jak gerade in 5,19 hin. Mit Recht zieht er auch Hebr 3.10ff. als nahe Parallele heran.[1214] Ferner bildet Paulus in Gal 6,1 eine nahe Parallele zu Jak 5,19. Über die Ursache des Abirrens sagt Jakobus nichts. Nur dies wird durch das ἐν ὑμῖν („**unter euch**“ im lokalen[1215] Sinn) markiert, dass es um innergemeindliche Fälle geht.

Der ἐάν-Satz setzt sich fort: „**und wenn jemand ihn zurückbringt ...**“ ’Επιστρέφειν bedeutet griechisch ganz allgemein „jemanden bzw. sich umkehren, umwenden“.[1216] Die LXX verwendet es meist für die Übersetzung von שׁוּב.[1217] Im NT berühren sich die Wortfelder ἐπιστρέφειν und μετανοεῖν verhältnismäßig eng.[1218] So kann ἐπιστρέφειν heißen: jemanden bekehren. Georg *Bertram* erklärt Jak 5,19 so: „In transitivem Sinn steht unser Verbum in der Gemeindeanweisung Jk 5,19f. von der Rückführung des in die Irre gegangenen Gemeindegliedes durch den christlichen Bruder“.[1219] Es handelt sich also darum, dass der/die Abgeirrte wieder in die Christusnachfolge und zum praktizierten christlichen Glauben zurückgebracht wird. Wie – das sagt Jakobus nicht. Hier muss der Geist Gottes die Anleitung geben. Es kommt für Ja-

---

1210 *Blass-Debrunner* § 373,1.

1211 *Blass-Debrunner* § 371,4.

1212 Gegen *Bauer-Aland* Sp. 69.

1213 ThWNT I, 243. Doch vgl. dort auch 244f.

1214 ThWNT VI, 244f.

1215 *Blass-Debrunner* § 164,4.

1216 G. *Bertram*, ThWNT VII, 722.

1217 A.a.O. 723.

1218 A.a.O. 726.

1219 A.a.O. 727.

kobus nur auf das Kerngeschehen an. Zweierlei sei noch notiert: a) Das unbestimmte τίς („jemand“) lässt keine Einschränkung auf die Ältesten oder überhaupt irgendwelche Amtsträger zu. Das „zurückbringen“ ist also eine Pflicht und Chance aller Gemeindeglieder („**Brüder**“). b) Jakobus hält es für möglich, dass Abgeirrte wieder zurückfinden. Von einer Grenze der Rückkehrmöglichkeit, wie sie z. B. in Hebr 6,4ff. ausgesprochen ist, spricht er nicht. Ebenso wenig ist etwas von einer Prädestination bei ihm zu finden.

20 Jakobus schließt seinen Brief mit einer Verheißung (V. 20). Aber auch da entlässt er uns nicht ohne Überraschungen. Der Helfer, der den Irrenden wieder zurückbringt, „**soll wissen**“: Im γινωσκέτω, einem starken Imp. Praes., steckt eine Zusicherung, die zu dem betreffenden Handeln ermutigt. Auch hier ist zum Ausdruck gebracht, dass sich der „**Irrweg**“, ἡ ὁδὸς πλάνης, korrigieren lässt. Hinter ὁδός steckt hebr. דרך, das uns aus der prophetischen Verkündigung des AT wohl bekannt ist. Ganz unbefangen redet Jakobus davon, dass ein Mensch den „**Sünder zurückgebracht hat**“, obwohl dieses Zurechtbringen und Zurückbringen eigentlich ein Werk Gottes bzw. des Heiligen Geistes ist. Aber da Christen in Kraft und Namen Christi handeln, ausgestattet mit der himmlischen Weisheit (3,17) und mit der Möglichkeit des erhörten Gebets (5,15f.), gibt es keinen Grund, weshalb nicht der menschliche Mitarbeiter Gottes (vgl. I Kor 3,9) als Subjekt des Handelns dargestellt werden soll. Jakobus tut hier nichts anderes als dem Sprachgebrauch Jesu zu folgen, der in ganz analogen Fällen formuliert: „so hast du deinen Bruder gewonnen“ (ἐκέρδησας τὸν ἀδελφόν σου, Mt 18,15). Es scheint uns ziemlich sicher, dass sich Jakobus in 5,19f. an Mt 18,10ff.15ff. anlehnt.[1220] Alttestamentlich stehen vermutlich Ez 3,18f.; 33,1ff. und evtl. Ps 51,15 im Hintergrund.

„**Wer (also) einen Sünder von seinem (= des Sünders) Irrweg zurückgebracht hat, der wird dessen Seele vom Tode erretten**“. Gemeint ist die „**Seele**“ bzw. das „**Leben**“ des Christen, der in die Irre geht und deshalb ein ἁμαρτωλός wurde.[1221] Ἁμαρτωλός, hebr. רָשָׁע, ist derjenige, der Gottes Wort und Gebot übertritt.[1222] Wer irrt, weicht ja gerade vom Weg des Wortes und des Gebotes ab. Σῴζειν (τήν) ψυχήν ist typisch jakobeische Sprache (vgl. 1,21). „**Die Seele vom Tode erretten**“ drückt einen **eschatologischen** Sach-

1220 So auch *Davids* 67; *Johnson* 338.

1221 Anders *Schlatter*, Jak, 218f., der beides („Seele erretten“ und „Sünden zudecken“) auf den Helfenden selbst bezieht. Aber wie wir auch *Mußner* 232; *Ropes* 315; *Johnson* 338.

1222 Vgl. K. H. *Rengstorf*, ThWNT I, 324ff.

verhalt aus.[1223] Gemeint ist also die Rettung im Endgericht. Der θάνατος kann **hier** nicht der irdische Tod sein. Er kann nur den „zweiten Tod“, die Verdammnis bezeichnen (vgl. Apk 2,11; 20,6.14; 21,8). Kann es etwas Schöneres und Wichtigeres geben, als einen Menschen aus dem endzeitlichen Verderben zu „**retten**“?

Doch was besagen die Schlussworte: „**der wird eine Menge Sünden zudecken**“? Die Frage lautet: Bei dem Zurückgebrachten oder bei sich selbst? Beides ist denkbar. Für die letztere Auffassung lässt sich z. B. Jak 2,13 anführen: „Barmherzigkeit triumphiert über das Gericht“, oder die Bergpredigt: „die Barmherzigen werden Barmherzigkeit erlangen“ (vgl. auch Mt 18,21ff.; 25,35ff.). Dementsprechend versteht z. B. Albrecht *Oepke* Jak 5,20 so, „dass echte Liebe sich selbst den Zugang zur göttlichen Vergebung sichert“.[1224] *Oepke* ist wenigstens darin zuzustimmen, dass Prov 10,12, die alttestamentliche Grundstelle, vermutlich ein „geflügeltes Wort war“[1225] (vgl. I Petr 4,8). Doch was sagt die alttestamentliche Grundstelle Prov 10,12, die von Jakobus zitiert wird? Hier „deckt die Liebe alle Übertretungen zu“ – und zwar beim andern! Prov 17,9 erhärtet diese Deutung, I Petr 4,8 widerspricht ihr nicht, und wenn I Kor 13,7 davon beeinflusst ist, spricht auch I Kor 13,7 eher für ein Zudecken beim andern. Die Rückführung ist also in der Lage, „eine Menge Sünden“ beim Verirrten „zuzudecken“, sodass er jetzt wieder mit Gott im Reinen ist. Eine solche Aussage deckt sich nicht nur mit der Botschaft Hesekiels in Ez 18 und 33, sondern auch mit der gesamten Verkündigung Jesu. Sie stimmt überdies mit Jak 4,6ff. vollkommen überein. Obwohl offensichtlich eine Mehrheit der Ausleger eine „sühnende Kraft“[1226] für den Zurechtbringenden annimmt, ziehen wir die andere Deutung vor: dass nämlich „**eine Menge Sünden**“, auf dem Irrweg begangen, bei dem Zurückgebrachten „**bedeckt**“ = gesühnt wird, wenn man ihn zurückbringt.[1227]

1223 Vgl. W. *Foerster*, ThWNT VII, 997.

1224 ThWNT III, 559f.

1225 A.a.O. 560.

1226 So W. *Grundmann*, ThWNT I, 319. Ähnlich *Oepke* a.a.O.; Neue Jerusalemer Bibel 1761; *Schlatter*, Jak, 218f.; *Ropes* 315.

1227 G. *Bertram* lässt diese Deutung wenigstens offen (ThWNT VII, 727). *Mußner* möchte 233 beides annehmen: das Bedecken der Sünde beim Bekehrenden ebenso wie beim Bekehrten. Diese Lösung ist mindestens sympathisch und lässt sich exegetisch gut begründen. Wie wir *Johnson* 339.

Umkehr, Teschuwa, ist Leben. „Groß ist die Umkehr“, lehren die Rabbinen (b Joma 86 a und b).[1228] Sie kann „**Sünden zudecken**“ = zum Verschwinden bringen. Im NT hängt jede Sühne an Jesus Christus. Er ist es, der für uns zur Sühne gemacht ist (Röm 3,25; II Kor 5,19ff.; I Petr 1,18f.; 2,24). Der Zurückgebrachte findet durch ihn die Tilgung seiner Sünden. So steckt in den Schlussworten καλύψει πλῆθος ἁμαρτιῶν ein indirekter Hinweis auf den, der die Mitte des jakobeischen Denkens bildet: Jesus Christus.

[1228] Vgl. J. *Behm*, ThWNT IV, 991ff.

III. Verzeichnisse

1. Literaturverzeichnis

Adamson, James B., The Epistle of James, NIC, 1976 [Adamson]

Aland, Kurt, Der Herrenbruder Jakobus und der Jakobusbrief, ThLZ 69 (1944) Sp. 97-104 [Aland]

Baasland, Ernst, Jakobsbrevet, Kommentar till nya Testamentet 16, Uppsala 1992 [Baasland]

Baltzer, Klaus/*Köster*, Helmut, Die Bezeichnung des Jakobus als 'ΩΒΛΙΑΣ, ZNW 47 (1955) 141-142 [Baltzer-Köster]

Bauckham, Richard, James and the Jerusalem Church, in: The Book of Acts in its First Century Setting, Vol 4, The Book of Acts in its Palestinian Setting, Grand Rapids 1995, 415-480 [Bauckham]

Belser, Johannes Evang., Die Epistel des heiligen Jakobus, Freiburg i. Br. 1909 [Belser]

Bengel, Johann Albrecht, Gnomon, deutsch von C. F. Werner, 2. Bd., Leipzig ^{4}1932 [Bengel]

Beyschlag, Willibald, Handbuch über den Brief des Jacobus, KEK, ^{4}1882 [Beyschlag]

Bieder, Werner, Christliche Existenz nach dem Zeugnis des Jakobusbriefes, ThZ 5 (1949) 93-113 [Bieder]

Bösen, Willibald, Galiläa als Lebensraum und Wirkungsfeld Jesu, Freiburg/Basel/Wien 1985 [Bösen]

Bultmann, Rudolf, Theologie des Neuen Testaments, Tübingen ^{5}1965 [Bultmann]

Burdick, Donald W., James, in: The Expositor's Bible Commentary 12, Grand Rapids 1981, 161-205 [Burdick]

Carson, D. A./*Moo*, Douglas J./*Morris*, Leon, An Introduction to the New Testament, Grand Rapids 1992 [Carson-Moo-Morris]

Chilton, Bruce, Introduction, James the Just und Christian Origins, ed. By Bruce *Chilton* and Craig A. *Evans*, NT., XCVIII, 1999, 3-15 [Chilton]

Dale, R. W., The Epistle of James, The Expositor's Library, London 1895 [Dale]

Davids, Peter H., James and Jesus, in: Gospel Perspectives 5, Sheffield 1984, 63-84 [Davids]

Dibelius, Martin, Zur Formgeschichte des Neuen Testaments, ThR 3, 1931, 207-242 [Dibelius, ThR]

Dibelius, Martin, Der Brief des Jakobus, KEK 15, ^{7}1921 [Dibelius]

Eichholz, Georg, Die Theologie des Paulus im Umriß, Neukirchen-Vluyn ^{5}1985 [Eichholz, Theol]

Eichholz, Georg, Glaube und Werk bei Paulus und Jakobus, TEH, Neue Folge 88, 1961 [Eichholz, Glaube]

Eichholz, Georg, Jakobus und Paulus, TEH, Neue Folge 39, 1953 [Eichholz, Jak]

Eisenman, Robert, Jakobus, der Bruder von Jesus, München 1998 [Eisenman]

Elwell, Walter A./*Yarbrough*, Robert W., Encounterinng the New Testament, Grand Rapids 1998 [Elwell-Yarbrough]

Eusebius von Caesarea, Kirchengeschichte, hrsg. Von H. *Kraft*, München 1967 [Euseb]

Feine, Paul, Theologie des Neuen Testaments, Leipzig ^{5}1931 [Feine]

Floor, L., Jakobus, CNT(K), 3. Serie, 1992 [Floor]

Frenschkowski, Marco, Das Jakobus-Ossuar, DtPfrBl, 103. Jg., Heft 3, März 2003, 119-123 [Frenschkowski]

Galling, Kurt, Textbuch zur Geschichte Israels, Tübingen ^{2}1968 [Galling]

Goppelt, Leonhard, Theologie des Neuen Testaments, 2 Bde, Göttingen 1975/1976 [Goppelt, I bzw. Goppelt, II]

Graf-Stuhlhofer, Franz, Martin Luthers Bibelgebrauch in quantitativer Betrachtung, in: Theologisches Gespräch 24, 2000, 111-120 [Graf-Stuhlhofer]

Grünzweig, Fritz, Der Brief des Jakobus, WStB, 1973 [Grünzweig]

Guthrie, Donald, New Testament Introduction, Leicester ^{5}1978 [Guthrie]

Hauck, Friedrich, Der Brief des Jakobus, in: NTD 10, Die Kirchenbriefe, ^{8}1957, 3-33 [Hauck]

Hengel, Martin, Jakobus der Herrenbruder – der erste „Papst"?, in: Glaube und Eschatologie, Festschrift für Werner Georg Kümmel zum 80. Geburtstag, hrsg. von Erich *Gräßer* und Otto *Merk*, Tübingen 1985, 71-104 [Hengel, GuE]

Hengel, Martin, Der Jakobusbrief als antipaulinische Polemik, in: Tradition and Interpretation in the New Testament, Essays in Honor of E. Earle Ellis, ed. By Gerald F. *Hawthorne* with Otto *Betz*, Grand Rapids/Tübingen 1987, 248-278 [Hengel, Polemik]

Hengel, Martin, Paulus und Jakobus, Kleine Schriften III, WUNT 141, 2002 [Hengel, KS]

Hirsch, Emanuel, Geschichte der neuern evangelischen Theologie 5, Gütersloh 1951 [Hirsch]

James the Just and Christian Origins, ed. By Bruce *Chilton* and Craig *Evans*, Leiden/Boston/Köln 1999 (= NT.S,98) [James the Just]

Johnson, Luke Timothy, The Letter of James, Anc B, 37 A, 1995 [Johnson]

Kawerau, Gustav, Die Schicksale des Jakobusbriefes im 16. Jahrhundert, ZKWL 10 (1889) 359-370 [Kawerau]

Keller, Samuel, Der Brief des Jakobus, Meiringen/Leipzig o.J. [Keller]

Kittel, Gerhard, Der Jakobusbrief und die apostolischen Väter, ZNW 43 (1950/51) 54-112 [Kittel, ZNW 43]

Kittel, Gerhard, Der geschichtliche Ort des Jakobusbriefes, ZNW 41 (1942) 71-105 [Kittel, ZNW 41]

Kittel, Gerhard, Die Stellung des Jakobus zu Judentum und Heidenchristentum, ZNW 30 (1931) 145-157 [Kittel, ZNW 30]

Knopf, Rudolf, Art.: Katholische Briefe, 3. Jakobusbrief, RGG 3, ^{1}1912, Sp. 1020-1024 [Knopf]

Kümmel, Werner Georg, Einleitung in das Neue Testament, Heidelberg, ^{21}1983 [Kümmel]

Kümmel, Werner Georg, Das Neue Testament, Geschichte der Erforschung seiner Probleme, Freiburg/München ^{2}1970 [Kümmel, NT]

Lampe, Peter, Ärmlich ungeniert, in: Frankfurter Allgemeine Zeitung, 25. Oktober 2002 [Lampe]

Lautenschlager, Markus, Der Gegenstand des Glaubens im Jakobusbrief, ZThK 87 (1990) 163-184 [Lautenschlager]

Lohmeyer, Ernst, Probleme paulinischer Theologie, ZNW 29 (1930) 1-59 [Lohmeyer]

Lohse, Eduard, Die Entstehung des Neuen Testaments, Berlin ¹1976 [Lohse]

Lohse, Eduard, Die Texte aus Qumran, München 1964 [Lohse, Qumran]

Luther, D. Martin, Die gantze Heilige Schrifft Deutsch, Wittenberg 1545 (Neudruck 1972) [Luther, Schrifft]

Maier, Gerhard, Der Jakobusbrief, Edition C – Bibelkommentar 23, Neuhausen-Stuttgart 1988 [Maier, Jak]

Maier, Gerhard, Mensch und freier Wille, WUNT 12, 1971 [Maier, WUNT]

Maier, Gerhard, Reich und arm, ThDi 22, 1980 [Maier, Reich]

Martin, Ralph P., New Testament Foundations 2, Grand Rapids 1978 [Martin]

Marxsen, Willi, Der "Frühkatholizismus" im Neuen Testament, BSt 21, 1958 [Marxsen]

Mayer, Reinhold, Der Babylonische Talmud, München ²1963 [Mayer]

Mayor, Joseph B., The Epistle of St. James, Grand Rapids ²1910 (neugedruckt 1954) [Mayor]

Meyer, Arnold, Das Rätsel des Jakobusbriefes, BZNW 10, 1930 [Meyer]

Michaelis, Wilhelm, Einleitung in das Neue Testament, Bern ²1954 [Michaelis]

Moo, Doglas J., James, TNTC, ¹1985 [Moo]

Mußner, Franz, Der Jakobusbrief, HThK XIII/I, ⁵1987 [Mußner]

Neudorfer, Heinz-Werner, Ist Sachkritik nötig? Anmerkungen zu einem Thema der biblischen Hermeneutik am Beispiel des Jakobusbriefs, KuD 43, 1997, 279-302 [Neudorfer]

Neue Jerusalemer Bibel, Freiburg/Basel/Wien 1985 [Neue Jerusalemer Bibel]

Des Wirttembergischen Prälaten Friedrich Christoph *Oetinger* sämmtliche Predigten, hrsg. von Karl Chr. Eberh. *Ehmann*, I, Reutlingen 1832 [Ötinger]

Paulsen, Henning, Art.: Jakobusbrief, TRE XVI, 1987, 488-495 [Paulsen]

Peters, Hans-Jürgen, Der Brief des Jakobus, WStB, Ergänzungsfolge, 1997 [Peters]

Pratscher, Wilhelm, Der Herrenbruder Jakobus und die Jakobustradition, FRLANT 139, 1987 [Pratscher]

Riesner, Rainer, 76. James, The Oxford Bible Commentary, ed. By John Barton and John Muddiman, Oxford 2001, 1255-1263 [Riesner, James]

Riesner, Rainer, Jesus als Lehrer, WUNT II, 7, 1981 [Riesner]

Riesner, Rainer, Synagogues in Jerusalem, in: The Book of Acts in its First Century Setting, Vol 4, The Book of Acts in its Palestinian Setting, Grand Rapids 1995, 179-211 [Riesner, Synagogues]

Robinson, John A. T., Redating the New Testament, London 1976 [Robinson]

Ropes, James Hardy, A Critical and Exegetical Commentary on the Epistle of St. James, ICC, 1916, Reprinted 1961 [Ropes]

Ruckstuhl, Eugen, Art.: Jakobus (Herrenbruder), TRE XVI, 1987, 485-488 [Ruckstuhl]

Schlatter, Adolf, Der Brief des Jakobus, ausgelegt für Bibelleser, Stuttgart ^{5}1928 [Schlatter, Jak]

Schneider, Johannes, Die Kirchenbriefe, NTD 10, 1961 [Schneider]

Schrage, Wolfgang, Der Jakobusbrief, in: Die „Katholischen" Briefe, NTD 10, ^{11}1973 [Schrage]

Stuhlmacher, Peter, Biblische Theologie des Neuen Testaments 2, Göttingen 1999 [Stuhlmacher, Bibl Th]

Stuhlmacher, Peter, Gerechtigkeit Gottes bei Paulus, FRLANT 87, ^{2}1966 [Stuhlmacher, Ger]

Stuhlmacher, Peter, Vom Verstehen des Neuen Testaments, NTD, Ergänzungsreihe 6, Göttingen ^{2}1986 [Stuhlmacher, NTD]

Stulac, George M., James, The IVP New Testament Commentary Series, 1993 [Stulac]

Tasker, R. V. G., The General Epistel of James, TNTC, ^{10}1980 [Tasker]

Texte der Kirchenväter, hrsg. von Alfons *Heilmann*, 5 Bde, München 1963-1966 [Texte der Kirchenväter I,II,usw.]

Windisch, Hans, Die Katholischen Briefe, HNT 15, ^{2}1930 [Windisch]

Windisch, Hans, Rezension: Arnold Meyer, Das Rätsel des Jacobusbriefes, in: Gnomon 10 (1934), 379-384 [Windisch, Gnomon]

Zahn, Theodor, Brüder und Vettern Jesu, in: FGNK 6, II, 1900 [Zahn, FGNK 6]

Zahn, Theodor, Einleitung in das Neue Testament, 1. Bd., Leipzig 1897 [Zahn, Einl]

Zahn, Theodor, Grundriß der Geschichte des Neutestamentlichen Kanons, Wuppertal ^{3}1985 [Zahn, Grundriß]

2. Autorenverzeichnis

3. Stichwortverzeichnis